MW01002576

# CONTROL INTERNO Y FRAUDES

Rodrigo Estupiñán Gaitán

*CUARTA EDICIÓN*

*Catalogación en la publicación - Biblioteca Nacional de Colombia*

Estupiñán Gaitán, Rodrigo

    Control interno y fraudes: análisis de informe COSO I, II y III con base en los ciclos transaccionales / Rodrigo Estupiñán Gaitán. -- 4a ed. -- Bogotá: Ecoe Ediciones, 2021.
    482 p. – (Ciencias empresariales. Auditoría)

    Incluye complemento virtual SIL (Sistema de Información en Línea) www.ecoeediciones.com. -- Incluye reseña del autor en la pasta. -- Contiene bibliografía.

    ISBN 978-958-503-195-1

    1. Control interno 2. Auditoría 3. Contraloría de empresas I. Título II. Serie

CDD: 658.4013 ed. 23                                   CO-BoBN– a1083352

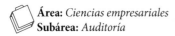

**Área:** *Ciencias empresariales*
**Subárea:** *Auditoría*

# ECOE
## EDICIONES

© Rodrigo Estupiñán Gaitán

► Ecoe Ediciones S.A.S.
info@ecoeediciones.com
www.ecoeediciones.com
Carrera 19 # 63C 32, Tel.: 919 80 02
Bogotá, Colombia

**Primera edición:** Bogotá, octubre del 2021

**ISBN:** 978-958-503-195-1
**e-ISBN:** 978-958-503-196-8

Directora editorial: Claudia Garay Castro
Corrección de estilo: Laura Lobatón
Diagramación: Denis Rodriguez
Carátula: Wilson Marulana
Impresión: Carvajal Soluciones de
Comunicación S.A.S
Carrera 69 #15 -24

*Prohibida la reproducción total o parcial por cualquier medio*
*sin la autorización escrita del titular de los derechos patrimoniales.*

*Impreso y hecho en Colombia - Todos los derechos reservados*

# CONTENIDO

# ÍNDICE DE FIGURAS

# ÍNDICE DE TABLAS

# Sistema de
# Información en Línea

Al final del libro encontrará el código para ingresar al **Sistema de información en Línea** - **SIL** - donde podrá encontrar archivos complementarios y de referencia.

# INTRODUCCIÓN

En el año 1983, se publicó por primera vez el libro *Control Interno y Fraudes* por la Editora ROESGA, cuyo propietario era el autor del presente libro, C. P. Rodrigo Estupiñán Gaitán; posteriormente se firma una alianza con Ecoe Ediciones, quien presenta ahora su tercera edición (cuarta edición en conjunto). En conjunto, aproximadamente 35.000 ejemplares ya han sido vendidos en Latinoamérica y han servido de base para realizar evaluaciones de control interno y riesgos, y auditorías bajo los ciclos transaccionales desarrollados en esta obra.

La modificación de las ediciones se ha debido a la evolución de los modelos de evaluación de gobierno, control y riesgos (GCR), y en especial por la participación directa y dinámica del *Committee of Sponsoring Organization of the Treadway* (COSO), organizado en 1958[1], y el Instituto de Auditoría Interna (IIA[2], sigla en inglés), el cual ha emitido el modelo de Las Tres Líneas de Defensa, ahora llamado solamente Las Tres Líneas, este ha dinamizado los controles y gestión de los riesgos.

---

1   De acuerdo con Ferrater (2004), el término general se usa en lógica, en epistemología y en metodología. Se dice que un concepto es general cuando se aplica a todos los individuos de una clase dada; por ejemplo, el concepto de 'hombre' es un concepto general (p. 1450).

2   Establecido en 1941, el Instituto de Auditores Internos (IIA) es una asociación profesional con sede central en Altamonte Springs, Florida, Estados Unidos, y tiene representación en todos los países de Iberoamérica.

En esta nueva edición se presentan los enfoques y se dan recomendaciones especiales sobre la aplicación de los nuevos modelos de evaluación de controles y de gestión de riesgos, a saber, el COSO 2013 y el COSO ERM 2017. Igualmente se presenta el pronunciamiento del IIA, en 2013, sobre Las Tres Líneas de Defensa, debido a la importancia del personal o capital humano, que, al estar inmerso en los procesos, controles internos y actividades cotidianas, posee mayor influencia y conocimiento sobre el riesgo, para identificarlo y prevenirlo.

En el 2013, COSO formalizó una nueva versión del *Marco Estructurado del Control Interno*, en la cual mantuvo los mismos cinco componentes de control, pero adicionó 17 principios a aplicar en cada uno de estos y 69 puntos de interés a fin de que fuese más accesible para las entidades y permitiese un mayor entendimiento del aspecto que se quiere evaluar. Tales reformas fueron aceptadas por las empresas que conocían el COSO de 1992.

Los cambios en el COSO ERM 2017, denominado *Integrando Estrategia y Desarrollo*, se realizaron bajo un nuevo enfoque en la administración de riesgos, los cuales permiten que las organizaciones sean capaces de adoptar el camino más adecuado para refinar su estrategia en un entorno de cambios constantes. El COSO ERM 2017 está organizado bajo cinco nuevos componentes y 20 principios aplicables a todos los niveles de la gestión de riesgos; reconoce la globalización de los mercados, sus operaciones y el incremento de la volatilidad, complejidad y ambigüedad en los negocios; ejecuta la estrategia y sus objetivos con mayor comprensión y alineación al desempeño en la gestión del riesgo, a los cambios tecnológicos y a la proliferación de datos en la toma de decisiones; crea mayores expectativas de gobierno y supervisión; y logra mayor transparencia para sus grupos de interés.

El modelo de las Tres Líneas de Defensa[3] se utiliza para ayudar a las organizaciones a comprender y organizar las diversas actividades y responsabilidades que conforman la gestión de riesgos y el control, como apoyo del gobierno corporativo[4] de la empresa. El mismo gobierno corporativo, la auditoría externa y las entidades de

---

3    Es un modelo que surgió hace 20 años en el Reino Unido, en el sector de servicios financieros, y fue presentado al mundo latino por la AIA en el 2013. Las líneas de defensa son Primera, las funciones gerenciales son responsables de la administración diaria de los riesgos operativos y de la implementación de controles efectivos; Segunda, una serie de funciones (riesgo, control, calidad, cumplimiento, asesoría legal, seguridad de la información y otras) son responsables de ayudar a la gerencia a identificar, comprender y controlar los riesgos; Tercera, la auditoría interna proporciona una garantía objetiva e independiente de la efectividad de la gestión de riesgos y el control.

4    Conformado por el consejo de administración o junta directiva, y la alta Dirección, quienes ejercen supervisión y liderazgo.

vigilancia y control gubernamentales desempeñan funciones de control y riesgo, las cuales podrían catalogarse como una cuarta línea de defensa.

Este modelo fue criticado por no reflejar la realidad actual de las organizaciones y enfocarse en la defensa y la protección del valor sin tener en cuenta el contexto más amplio de la gobernanza, el éxito organizacional y la creación de valor. Por ello, fue modificado en el año 2020, se agregaron nuevos principios de aplicación y cambió su nombre a *Las Tres Líneas*. Esta versión presenta nuevas formas de entender y aplicar el modelo, sin invalidar la versión de las Tres Líneas de Defensa.

Para lograr una mejor aplicación de los diferentes modelos, se agrega un capítulo de integración del coso 2013 con las Tres Líneas de Defensa, el cual ayudará aún más a conocer y emplear estos modelos. Además, se acompaña con cuestionarios en Excel disponibles en el sil, el apoyo virtual de Ecoe Ediciones.

El coronavirus SARS-CoV-2 o Gran Pandemia del siglo xxi se trata en varios capítulos y se agrega una adenda de *Transparencia Internacional* de 2020, que analiza la pandemia y muestra el aumento de la corrupción en el mundo debido a ese fenómeno sanitario.

Ecoe ediciones propuso al autor implementar las ediciones iniciales y organizar un texto más amplio utilizando los nuevos diseños de *Control interno coso i* y Administración de riesgos *e.r.m.* enmarcado en el llamado *coso ii* y el Gobierno Corporativo, así como los enfoques de prevención de fraudes y sus modalidades. Adicionalmente, se incluyen documentos de presentación para quienes administran y controlan entidades del sector real de la economía, del sector financiero y otros.

El libro consta de ocho partes organizadas sistemáticamente desde las actividades económicas, la empresa, sus riesgos, sus controles internos, su forma de evaluación, los ciclos transaccionales, sus prácticas contables inadecuadas (estafas, desfalcos, fraudes y otras irregularidades). Para concluir con la presentación de informes de control interno y de investigaciones especiales.

El autor finalmente quiere agradecer al Contador Público Miguel Antonio Cano C. (q.e.p.d.), por su gentil colaboración en la elaboración del libro y por permitir la inclusión de un magnífico artículo suyo, *El fraude y la estafa en los negocios y Auditoría forense*, con el apoyo adicional del C. P. René Castro M., conferencista internacional, autor de varios libros y actual director para Colombia de la ifac-Federación Internacional de los Contadores Públicos.

*In memoriam*

No olvidaremos a nuestro colega y amigo C. P. Miguel Antonio Cano Castaño, quien colaboró en las dos primeras ediciones que publicó Ecoe Ediciones. Su muerte natural prematura enlutó nuestra profesión, ya que fue un gran conferencista y líder en el tema contra la corrupción y el fraude en general, dejándonos varios artículos que conservaremos mientras el suscrito viva y proceda a presentar nuevas ediciones de este libro.

Que Dios lo tenga en su gloria en compensación a todo el bien que realizó en la tierra como profesional, hijo, esposo, padre, hermano y amigo inmortal.

El Autor

# PARTE 1
## LOS HECHOS ECONÓMICOS, LA EMPRESA Y SU CONTROL

Las necesidades económicas nacen principalmente de la costumbre humana, se modifican permanentemente y generan posibilidades de empresa y, lógicamente, riesgos, los cuales se coordinan entre los entes administrativos y de control. En esta primera parte se muestra la relación entre la actividad económica, sus transacciones básicas y los riesgos potenciales de la empresa, para concluir en los planes y procedimientos de organización requeridos para un adecuado control interno, administrativo y contable.

Esta parte se complementa con aspectos históricos y las primeras reglamentaciones de control interno, así como con los cambios en las organizaciones debido a la evolución de las empresas.

Incluye tres capítulos:

- La actividad económica, la empresa y su control interno.
- Control interno en sus primeras reglamentaciones.
- El cambio en las organizaciones y el control interno.

CAPÍTULO 1

# LA ACTIVIDAD ECONÓMICA, LA EMPRESA Y SU CONTROL INTERNO[5]

## 1.1 La economía

La religión, intensamente, y la economía, extensamente, son las dos fuerzas más importantes del mundo, pues el carácter humano se forma en su trabajo diario. La economía estudia el mayor drama humano:

> Los esfuerzos del hombre por conseguir lo necesario para satisfacer el número siempre mayor y más variado de sus necesidades, lo cual jamás logrará, pues el hombre es esclavo de necesidades insaciables e infinitas, mientras que la naturaleza es tacaña con sus limitados recursos (J. M. Ferguson).

Este drama, cuya magnitud es imprescindible captar, existe en todo sistema económico, sin excepción alguna, sea la economía de mercado o la socialista, es decir, en todos los países del mundo.

---

5   Este capítulo es una transcripción del escrito elaborado por el Contador Benemérito de las Américas, Aurelio Fernández Díaz (Q. E. P. D.), como homenaje póstumo de su aporte a la literatura de Control Interno de habla hispana.

**Figura 1. La economía y la religión como fuerzas del mundo**

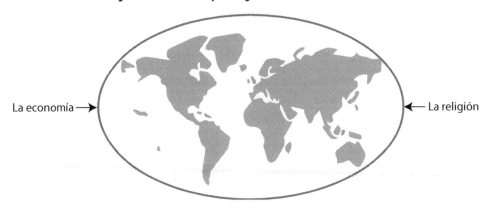

La economía →                                                    ← La religión

Fuente: elaboración propia.

## 1.1.1 Las necesidades económicas

Las necesidades son variadas y, en su conjunto, insaciables en el tiempo. Se dividen en tres grandes grupos: biológicas, de una sociedad en crecimiento y culturales.

- Necesidades biológicas: las básicas que el hombre, como las bestias, necesita para vivir, a saber, alimento, vestido y habitación.
- Necesidades de una sociedad en crecimiento: igualmente básicas, pero atendidas cuando la sociedad ha capitalizado lo suficiente para sufragarlas, a saber, la salud, la educación y las comunicaciones.
- Necesidades culturales: creadas por las presiones de la costumbre, la moda y la vanidad humana.

En el presente, el ambiente de consumismo impulsado por la tecnología ha desarrollado nuevos bienes de consumo, no básicos, siempre crecientes y cambiantes, producidos masivamente y promovidos a través de sofisticadas técnicas de mercadeo, creando necesidades culturales que hace apenas 50 años no existían.

Para satisfacer estas necesidades tenemos recursos o factores de la producción que podemos dividir en dos categorías:

- Los recursos o factores materiales.
- Los recursos o factores humanos.

### 1.1.1.1 Factores materiales y humanos de la producción

- La tierra y el capital son factores materiales:
  - ¤ Tierra: los recursos naturales utilizados en el proceso productivo, tales como tierra, forestal, minerales, recursos acuáticos y similares.

¤ Capital:

- Bienes creados por el hombre para facilitar la producción de otros, como las plantas y equipos de producción y distribución, los inventarios, así como la infraestructura a nivel privado y público.
- La formación tecnológica que ayuda a la invención y desarrollo técnico, que, a su vez, aumenta la productividad de bienes y servicios.
- La cobertura informática con base en red e internet.
- La formación de capital impone diferir el consumo de bienes para consumirlos posteriormente en mayor cantidad y calidad.
- El dinero no es capital, sino un simple medio de intercambio.

- La mano de obra y el empresario son factores humanos:

  ¤ La mano de obra es la utilización física y mental del ser humano en la producción de bienes y servicios.

  ¤ El empresario se considera como un factor especial de la producción porque:

  - Asume la iniciativa de coordinar los recursos o factores de la producción para procesar bienes y servicios.
  - Toma las decisiones básicas de las políticas de su empresa.
  - Es un innovador, al introducir nuevos productos, técnicas o formas de organización.
  - Asume el riesgo comercial y el control inherente en toda empresa.

## 1.2 El conflicto económico y la empresa

El creciente número de necesidades a satisfacer originadas por el aumento de la población; el mejoramiento de la calidad de vida; la costumbre, la moda y la propaganda masiva; el contrabando y la competencia desleal; y la globalización de la economía; contrasta con los escasos y limitados recursos de la producción, creando un conflicto que se resume en tres preguntas:

- ¿Qué bienes y servicios, y cuántos?
- ¿Cómo debemos producir estos bienes y servicios?
- ¿Para quién debemos producir estos bienes y servicios? O planteado de otra forma, ¿cómo distribuiremos los ingresos para que los consumidores potenciales puedan adquirir los bienes y servicios producidos?

Estas tres cuestiones fundamentales son comunes a todas las economías, sea la economía de mercado o la socialista, lo que cambia es la forma de resolverlas. En la economía de mercado es la empresa, no el Estado, la que asume la responsabilidad de resolver estos tres planteamientos fundamentales.

La *Empresa* es la persona natural o jurídica, pública o privada, lucrativa o no lucrativa, que asume la iniciativa, decisión, innovación y riesgo para coordinar los factores de la producción en la forma más ventajosa para producir y/o distribuir bienes y/o servicios que satisfagan necesidades humanas. Aunque una empresa produzca bienes de capital para otra empresa, esta producción, en su proceso productivo, llegará indefectiblemente al último consumidor, que es siempre un ser humano (todo bien o servicio que no contribuya al consumo y beneficio del ser humano es una pérdida social).

## 1.3 La actividad económica en la empresa

La actividad económica es un hecho real económico realizado para intercambiar o transferir bienes o servicios. En ocasiones, el hecho económico ocurre con o sin la participación de la empresa. Toda empresa, lucrativa o no lucrativa, realiza alguna actividad económica, la cual ocurre por:

- Transacciones, al comprar y pagar, vender y cobrar, vender y cobrar bienes y servicios.
- Transferencias, al trasladar internamente en la empresa bienes y servicios de una persona a otra, de un departamento a otro, de una división a otra.
- Decisiones operativas internas que originan cambios de políticas, de precios, corrección de errores y similares.
- Decisiones externas dictadas por terceros, sin que ocurra intercambio alguno de bienes y servicios, como cambios en las leyes y regulaciones fiscales, cambiarias, laborales, mercantiles.
- El tiempo a través de las acumulaciones y la depreciación.
- Actos fuera del control de la empresa: catástrofes, terremotos, inundaciones, guerras, etc.

### 1.3.1 Transacciones básicas y riesgos potenciales de la empresa

Para evaluar el control administrativo contable de cualquier empresa, grande o pequeña, organizada en forma rudimentaria o sofisticada, es necesario familiarizarse con las siguientes cinco actividades básicas y los siete riesgos potenciales de fraude y error a los que están sujetas estas cinco actividades.

Toda empresa realiza las siguientes actividades básicas[6]:

- Posee un sistema de información a través del cual reconoce, calcula, clasifica, registra, resume y reporta sus operaciones.
- Vende bienes o servicios y los compra.
- Compra bienes y servicios y los paga.
- Contrata mano de obra y la paga.
- Mantiene control de sus inventarios y de sus costos, cuando produce bienes y servicios.

Toda actividad básica está sujeta a los siguientes riesgos potenciales[7]:

- Transacciones que no están debidamente autorizadas.
- Transacciones contabilizadas que no son válidas.
- Transacciones realizadas que no están contabilizadas.
- Transacciones que están indebidamente valuadas.
- Transacciones que están indebidamente clasificadas.
- Transacciones que no están registradas en el período que corresponde.
- Transacciones que están indebidamente anotadas en los subdiarios o submayores, o incorrectamente resumidas en el mayor[8].

Para prevenir o detectar estos siete riesgos potenciales, la empresa establece controles administrativos y contables.

## 1.4 El control interno administrativo

Existe un solo sistema de control interno, a saber, el administrativo. Este es el plan de organización adoptado por cada empresa con sus correspondientes procedimientos y métodos operacionales y contables, para ayudar, mediante el establecimiento de un medio adecuado, a cumplir el objetivo administrativo de:

- Mantenerse informado de la situación de la empresa.
- Coordinar sus funciones.
- Asegurarse del logro de los objetivos establecidos.
- Mantener una ejecutoria eficiente.
- Determinar si la empresa opera conforme con las políticas establecidas.

---

6   En la parte tres, se desarrolla la naturaleza de estas actividades, organizadas en ciclos de operación o transaccionales.

7   En la parte tres, se desarrollan los diferentes riesgos específicos por ciclos transaccionales.

8   Ver *Prácticas contables inadecuadas en cada ciclo transaccional*, capítulo 5 de la parte siete.

Para verificar el logro de estos objetivos la administración establece:

- El control del medio ambiente o ambiente de control.
- El control de evaluación de riesgo.
- El control y sus actividades.
- El control del sistema de información y comunicación.
- El control de supervisión o monitoreo.

### 1.4.1 El control interno contable

Como consecuencia del control administrativo sobre el sistema de información, surge, como un instrumento, el control interno contable, con los siguientes objetivos:

- Que todas las operaciones se registren oportunamente, por el importe correcto, en las cuentas apropiadas y en el período contable en que se llevan a cabo, para permitir la preparación de estados financieros y mantener el control contable de los activos.
- Que todo lo contabilizado exista y que lo que exista esté contabilizado, y se investigue cualquier diferencia para adoptar la consecuente y apropiada acción correctiva.
- Que las operaciones se realicen de acuerdo con las autorizaciones generales y específicas de la administración.
- Que el acceso de los activos se permita solo con autorización administrativa.

## 1.5 La empresa

La Empresa es la persona natural o jurídica, pública o privada, lucrativa o no lucrativa, que asume la iniciativa, decisión, innovación y riesgo para coordinar los factores de la producción en la forma más ventajosa para producir o distribuir bienes o servicios que satisfagan las necesidades humanas y, por ende, la sociedad en general.

Las empresas se clasifican por el origen de la inversión, el objeto social, los productos, el tamaño, el tipo de sociedad, la persona natural y el sector económico.

- Por el origen de la inversión: de carácter privado, de economía mixta, industrial y comercial del Estado, estatal o pública, multinacional, consorcio, asociación, de origen nacional, extranjeras o mixtas.
- Por su objeto social: con ánimo de lucro (sociedades comerciales, de economía mixta, empresas industriales y comerciales del Estado) y sin ánimo de lucro (asociaciones, fundaciones, cooperativas, estatal o pública).

- Por los productos que producen o comercializan: comerciales, manufactureras o mixtas; de servicios (hoteles, restaurantes, vigilancia, transporte, comunicaciones, actividades inmobiliarias, enseñanza, comunitarias, sociales, personales, etc.); agropecuarias; ganaderas; de caza; de silvicultura; mineras, etc.

- Por el tamaño: grandes, medianas, pequeñas o microempresas.

- Por el tipo de sociedad:

  - Anónimas[9]: sociedad de capital formada por acciones (abierta o cerrada), con un mínimo de cinco accionistas, su responsabilidad va hasta el monto de las acciones.

  - Limitadas: con mínimo dos aportantes, es decir, al menos un socio capitalista y un socio industrial (trabajo o conocimiento), su responsabilidad es hasta el monto de sus aportes.

  - Colectiva: sociedad de personas con responsabilidad ilimitada (cuando no realice actos de comercio es civil).

  - En Comandita: con un mínimo de socios (gestores y comanditarios); cuando los aportes se hacen en acciones, se denomina En Comandita por Acciones.

  - Bajo leyes especiales, las de Economía Solidaria (cooperativas, precooperativas, fondos de empleados, empresas mutuales): de responsabilidad limitada, su número de asociados es amplio y existen límites para cada clase.

  - Existen empresas formadas por personas naturales que ejecutan actos de comercio, algunas legalizadas bajo la figura jurídica de Empresa Unipersonal, la cual tiene obligaciones y derechos similares a las de las sociedades comerciales.

- Por sectores económicos: sector real (manufactureras o industriales y comerciales), sector financiero (bancos, corporaciones financieras, compañías de financiamiento comercial, de *leasing*, de *factoring*, fiduciarias y de seguros), sector educativo (colegios, universidades, institutos de educación formal e informal), sector solidario (cooperativas, precooperativas, sociedades mutuales, etc.).

---

9  En Colombia, se formalizó la Sociedad por Acciones Simplificada (SAS) constituida mediante contrato o acto unilateral que consta en un documento privado solamente. Para su validez, deberá registrarse mercantilmente en la Cámara de Comercio, es decir, no requiere escritura pública. Es importante anotar que estas sociedades no se inscriben en el registro nacional de valores ni se negocian en bolsa de valores. Tributariamente, se rige por las normas establecidas para las sociedades anónimas.

Las transacciones normales o actividades de los negocios de una empresa se clasifican en cinco ciclos transaccionales (ver Figura 30, Hechos económicos y transacciones, en la parte cuatro, capítulo 1, página 157): dentro de la Administración Financiera, el de "tesorería"; en la Administración Operativa, el de "adquisición y pago", el de "transformación o producción o conversión" y el de "ingresos o ventas y/o servicios"; estos se encuentran coordinados y encadenados en el ciclo de apoyo de reconocimiento de hechos económicos, registro, procesamiento de la información contable y estadística, denominado "ciclo de la Información".

**Figura 2. La actividad económica, la empresa y su control interno**

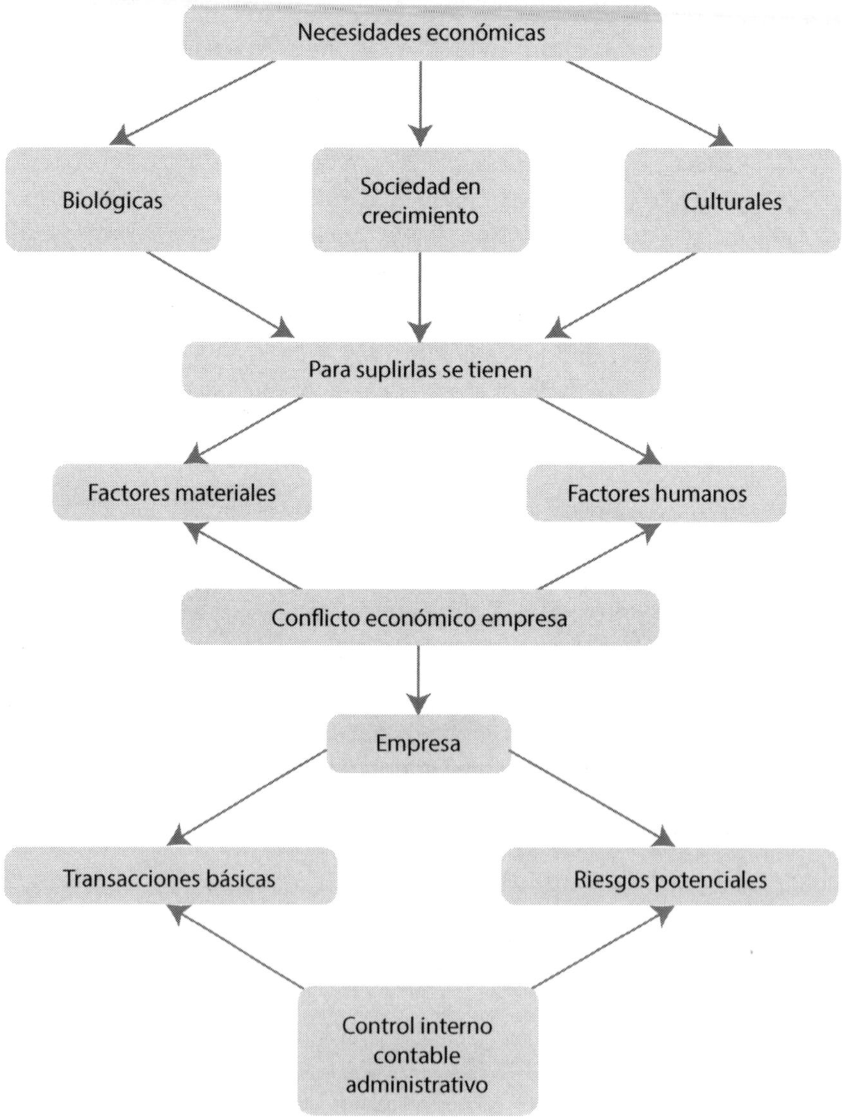

Fuente: elaboración propia.

# CAPÍTULO 2

# EL CONTROL INTERNO EN SUS PRIMERAS REGLAMENTACIONES

## 2.1 Evolución histórica

En lo referente a la Empresa, los controles internos han aumentado a través del tiempo, en la antigüedad y durante más de un siglo, las primeras empresas creadas eran dirigidas por sus propietarios, quienes supervisaban directamente sus actividades, bajo procedimientos de control elaborados por ellos mismos.

Cuando la complejidad de las operaciones de la empresa y las expansiones necesarias aumentaron, se nombraron terceros tanto en la dirección central como en las oficinas regionales. Lo cual, además, generó la necesidad de realizar una mejor división del trabajo y, por ende, de asignar responsabilidades a diferentes frentes operativos, administrativos y financieros, de manera que se crearon nuevos controles distanciados de sus dueños directos, supervisados o monitoreados por terceros.

El cambio de controles fue también motivado por la modernización de los medios manuales a los automáticos para la preparación y procesamiento de información, los cuales agilizaron las operaciones de una empresa. Sin embargo, estos nuevos medios permitieron el surgimiento de nuevos riesgos debido no solo a la confianza dada inicialmente por estos medios, sino también al abuso del conocimiento sobre el manejo técnico y composición de los *softwares*[10], para ejecutar fraudes difíciles de detectar e investigar. Contrariamente a las intervenciones realizadas en los medios manuales que, aunque la investigación era más larga, daban mayor seguridad al comprobar si el error descubierto era intencional o no intencional.

Esos cambios tecnológicos afectan el control de los activos; las políticas de aplicación, captación y colocación de recursos; la gestión de las cuentas por cobrar; la rotación de los inventarios; las decisiones de endeudamiento; lo cual dificulta la óptima gestión de una organización.

### 2.1.1 Función de control entregada a terceros

La evolución de los negocios, debido a la diversidad y a la complejidad de las operaciones, ha requerido, para el buen desarrollo y cumplimiento de las misiones y metas trazadas, entregar la función de gestión y control a terceros. Esto exige la implementación de nuevos controles internos bajo una responsabilidad delegada y la coordinación de los propietarios que aseguren la confianza o seguridad razonable. De modo que, para alcanzar los objetivos de la empresa, se determinan, mantienen y orientan las actuaciones de la gestión delegada hacia la realización de:

a. Planes de organización.

b. Métodos y procedimientos para proteger los activos.

c. Actividades de acuerdo con las directrices de la Dirección.

d. Actividades desarrolladas eficiente y eficazmente.

e. Registros contables fidedignos.

## 2.2 Definición inicial de *control interno*[11]

En 1949, el Comité de Procedimientos del AICPA[12] definió el control interno así:

> El control interno abarca el plan de organización y los métodos coordinados y medidas adoptadas dentro de la empresa para salvaguardar sus activos, verificar la adecuación y fiabilidad de la información de la contabilidad, promover la eficiencia operacional y fomentar la adherencia a las políticas establecidas de dirección (p. 243).

---

10　Para producción de estadísticas, elaboración de informes, facturación, gestión de inventarios, contabilidad, etc.

11　Las definiciones realizadas a través del tiempo son tratadas en diferentes capítulos de este libro.

12　*American Institute of Certified Public Accountants* - AICPA (siglas en inglés).

Esta definición evidencia que el control interno comprende la estructura, las políticas, el plan de organización, el conjunto de métodos[13] y procedimientos, y las cualidades del personal de la empresa que aseguran que:

a. Los activos estén debidamente protegidos.

b. Las actividades se desarrollen eficiente y eficazmente.

c. Se cumplan las políticas y directrices establecidas por la Dirección de la empresa.

d. Se cumplan las disposiciones y regulaciones que, en general, le aplican.

e. Los registros contables sean fidedignos y se verifique su validez.

Según esta definición, el control interno no se limita exclusivamente a controles contables, sino que incluye controles dirigidos a la planeación, al desarrollo de las operaciones, consecución y conservación de empleados competentes, presentación de informes contables y no contables, y lógicamente al cumplimiento de leyes y regulaciones que le aplica. Por ello, en el año 1958, se amplió y dividió la definición en dos partes: *control interno contable y control interno administrativo* (tal como se estudió en el capítulo 1 de esta primera parte).

## 2.2.1 Clases de control

Para cumplir tal definición, se clasifican los controles en el ambiente de control, los controles directos y los controles generales.

### 2.2.1.1 Ambiente de control

El ambiente de control es la base o el marco de los controles internos que se implementen. El cual muestra las condiciones de operación del conjunto de los sistemas de información, contabilidad y control, y determina su confiabilidad desde su planificación estratégica.

El ambiente de control, en general, es fundamental para que la Dirección de la empresa, incluyendo a sus dueños, establezca y supervise adecuadamente las políticas y los procedimientos establecidos. El ambiente de control abarca la cultura del riesgo de parte de los dueños y de la alta gerencia, así como la organización y estructura de la empresa.

---

13 Estos métodos son (a) de asignación de responsabilidades en las funciones operativas de compras, producción, ventas, y (b) de apoyo, entre los que se encuentran A) elaboración de los presupuestos, B) supervisión de activos, C) administración de personal, D) base de datos en los apoyos informáticos, E) asesoría jurídica, F) preparación y presentación de información contable, entre otros.

La cultura del riesgo, de parte de los dueños y de la alta gerencia o dirección superior, es fundamental para establecer los diferentes controles, pues determina los niveles de conducta y el espíritu e intensidad hacia los controles y al personal, de modo que se eviten vulnerabilidades o poca confianza en el sistema de control establecido.

La organización y la estructura establecidas en la empresa deben dirigirse a un adecuado flujo de tareas y responsabilidades, y lograr procedimientos adecuados dirigidos no solo al cumplimiento de objetivos operativos, sino principalmente a la protección de los activos, registros y validez de la información estadística y financiera.

### 2.2.1.2 Controles directos

Los controles directos están diseñados para evitar errores y fraudes que afecten las operaciones, las funciones de procesamiento y la preparación y presentación de información contable y no contable. La efectividad del funcionamiento de los controles directos está relacionada con la efectividad del ambiente de control y la existencia de controles generales adecuados. Estos controles se dividen en: (a) controles gerenciales, (b) controles independientes, (c) controles o funciones de procesamiento, y (e) controles para salvaguardar activos.

#### Controles gerenciales

Los informes que procedimentalmente se preparan y se aprueban por la gerencia o aquellos que, por las circunstancias, solicita la gerencia a empleados o funcionarios que no hayan participado en la ejecución de la operación o supervisión de este. Entre estos controles están la preparación y aprobación del presupuesto, la ejecución del presupuesto, informes de excepción que incluyan transacciones individualmente significativas, hechos inusuales o variaciones significativas respecto de lo presupuestado generados automáticamente por el departamento de sistemas informáticos.

#### Controles independientes

Realizados por personal distinto al que participa en la operación o el control. Se consideran entre ellos los siguientes:

a. Las conciliaciones de saldos de las cuentas del estado de situación financiera, entre estas, las conciliaciones bancarias.
b. Las conciliaciones resultantes de las confirmaciones a deudores o acreedores.
c. Los recuentos físicos.
d. Las verificaciones de secuencia y de orden cronológico.
e. Las revisiones selectivas de los departamentos de auditoría o supervisores.

### Controles o funciones de procesamiento

Procesos de validación de información tomada del procesamiento de datos, los cuales son realizados de manera manual o sistematizada para asegurar la ejecución de todos los pasos y así garantizar la integridad del procesamiento de las operaciones. Entre algunos ejemplos tenemos (a) los informes de recepción que identifican al proveedor, los bienes recibidos, las fechas, las cantidades, etc.; (b) comprobantes de consignación; (c) verificación y aprobación de la lista de desembolsos antes de elaborar cheques o emitir las transferencias bancarias correspondientes.

Estos controles son realizados como parte del proceso de las transacciones por personal operativo (controles de procesamiento) o por el sistema (funciones de procesamiento).

### Controles para salvaguardar activos

Medidas de seguridad para controlar la existencia física de los bienes, el acceso a las instalaciones que resguardan bienes de inventario de mercaderías, tesorería, producción, etc., las cuales solo son utilizadas y transitadas por personal autorizado, para realizar determinadas operaciones. Dentro de esos controles se encuentran: (a) controles para la entrada y salida de mercancías en los almacenes o plantas productivas; (b) custodia de determinados activos (dinero, títulos valores, tenencia exclusiva de equipos de cómputo); y (c) controles de entradas o contraseñas para ingresar a las instalaciones, control de tiempo del personal, contraseñas para entrar al sistema computarizado, manejo de archivos, etc.

### Controles generales

Un principio fundamental del control interno es que las funciones de autorización, custodia y registro en toda organización deben separarse o, al menos, si no se establecen independientemente, no ir contra el principio de costo - beneficio. Estas funciones están relacionadas con ese principio original del control interno, para determinar límites en las responsabilidades y autorizaciones adecuadamente en la organización empresarial.

Este control se evalúa con los complementos de investigación entre los participantes de la operación, quienes pueden estar segregados. Sin embargo, existen relaciones interpersonales que entorpecen los controles determinados bajo los principios estudiados de segregación adecuada de los deberes, igualmente ocurren colusiones entre los participantes de esa segregación de deberes o funciones.

## 2.2.2 Otras clasificaciones de los controles

Algunos tratadistas clasifican los diferentes controles existentes en una empresa como controles contables o financieros, administrativos u operativos.

Los controles contables[14] o financieros se realizan para garantizar la protección de los activos y la validez de la información contable, estos son el plan de organización y el conjunto de métodos y procedimientos para salvaguardar los activos y garantizar la fiabilidad de los registros contables. Entre las principales actividades de control se encuentran los límites de autorización de operaciones, la segregación de funciones, los manuales de procedimientos contables, los controles físicos de activos, la ejecución presupuestal, etc.

Los controles administrativos[15] u operativos están dirigidos a la promoción de la eficiencia y al aseguramiento de la mayor eficacia posible. Estos incluyen procedimientos dirigidos a la eficiencia operativa y al acatamiento de las políticas de eficacia, las cuales comprenden preparación de presupuestos, cumplimiento de metas, análisis de estadísticas, controles de calidad, sistemas de información, revisiones analíticas, análisis comparativo de desviaciones, etc.

## 2.3 Responsabilidad

La implementación y mantenimiento de un sistema de control interno es responsabilidad de la Dirección, la cual lo somete a aprobación o modificación cuando las circunstancias lo exijan. Para ello, se utilizan directamente las medidas de supervisión implementadas, sin dejarlas a interpretación de los mandos medios, tal como se explicó en la existencia de controles gerenciales atrás.

La Dirección era inicialmente la responsable del control interno en las organizaciones, bajo los nuevos parámetros, el principal responsable es la junta directiva o los consejos de administración. No obstante, la Dirección está expuesta a riesgos importantes en cuanto:

- Se tomen decisiones basadas en informaciones erróneas, en datos recibidos equivocados, estados financieros intermedios o finales preparados incorrectamente.
- Se produzcan pérdidas no controladas en los activos de la empresa.

---

14   Ver en el capítulo 1 de esta parte, enfocado al estudio de los posibles riesgos de una empresa en las transacciones, el estudio especial referido al control interno contable, para profundizar en los controles administrativos que se deben abordar a fin de implementar adecuadamente los controles internos en una entidad.

15   Ver en el capítulo 1 de esta parte, enfocado al estudio de los posibles riesgos de una empresa en las transacciones, el estudio especial referido al control interno administrativo, para profundizar en los controles administrativos que se deben abordar a fin de implementar adecuadamente los controles internos en una entidad.

Por ello, la Dirección debe estar al tanto de las decisiones e informes presentados por cuenta de la empresa, a fin de ejercer su función de control gerencial adecuadamente y no permitir que le "metan un gol", como se dice vulgarmente. Para ello, se asegura la existencia de un sistema de control interno adecuado para prevenir, detectar, evitar o mitigar los riesgos anotados en el anterior párrafo. Esto proporciona a la Dirección una seguridad razonable o confianza relativa en el desarrollo de su administración, ya que un sistema de control interno adecuado identificar prontamente los errores intencionales o no intencionales.

## 2.4 Limitaciones del control interno

Todo sistema de control interno, por muy completo que sea, siempre será relativo en su aplicación, debido a que la mente humana supera cualquier control establecido, aunque sea exigente. Teniendo en cuenta que las transacciones y sus procesos son realizados por personas y máquinas (pero las máquinas obedecen a los seres humanos), existen vulnerabilidades en los procesos, los registros y la información que producen errores no identificados. Entre varios ejemplos, se presentan los siguientes:

- Errores de interpretación de las instrucciones dadas.
- Errores de juicio.
- Falta de atención del personal.
- Fallos humanos.
- Malentendidos.
- Negligencia.
- Errores intencionales o fraudes.

## 2.5 Objetivos del control interno

Los objetivos generales del control interno se refieren a la obtención de una seguridad razonable en la parte operativa, de información y de cumplimiento de leyes y regulaciones aplicables.

Dentro de los objetivos específicos, referidos a una transacción o hecho económico preciso[16], están:

---

16   En la parte cuatro, El control interno por ciclos transaccionales, se explica cómo se generan las transacciones, basándose en la teoría de que existen dos hechos económicos indirectos, a saber, hechos económicos externos (legales, financieros, tecnológicos, económicos, ambientales, etc.) y hechos económicos internos (operativos, financieros, tecnológicos, administración de personal, registros, informes, etc.); y uno directo que son los hechos económicos precisos.

- Su autorización apropiada.
- Su ejecución.
- Su registro en cuentas apropiadas.
- Custodia o salvaguarda de los activos.

En el capítulo 1, *Enfoque tradicional del control interno*, de la segunda parte de este libro, *El control interno en el ambiente empresarial*, se exponen los objetivos y los elementos de control interno formalizados por el AICPA en el año 1949. Los cuales se separaron como control interno contable y administrativo en el año 1958, por el COSO I en 1992 y adicionados por el COSO 2013, cuyos enfoques son tratados en capítulos apartes.

# CAPÍTULO 3

## EL CAMBIO EN LAS ORGANIZACIONES Y EL CONTROL INTERNO

Debido a los cambios tecnológicos, las aplicaciones económicas y la globalización de la economía, las organizaciones han evolucionado rápidamente. Por ello los riesgos y, por ende, los controles se han modificado del nivel empresarial de una sociedad industrial o de consumo al nivel de una sociedad de la información del conocimiento y, tecnológicamente, de una cultura telefónica a una cultura telemática. Igualmente, a nivel laboral, los cambios han sido fantásticos apoyados fundamentalmente en las comunicaciones y en Internet (entre otros), en un ambiente totalmente computarizado. Didácticamente resumimos los cambios en las organizaciones en la tabla 1.

**Tabla 1. Cambios en las organizaciones**

| Ayer | Hoy |
|------|-----|
| **Nivel empresarial** | |
| Modelo tecnoburocrático | Administración en red |
| Disciplina y autoridad | Informalidad y participación |
| Centralizado y vertical | Descentralizado y multidisciplinario |
| Predominio económico | Alto contenido social |
| Monopolios | Competencia |
| Normalización excesiva | Negociador y colectivo |
| Burocratización | Eficiente, eficaz, efectivo |
| Control reactivo y supervisión | Control proactivo y autocontrol |
| Sociedad industrial o de consumo | Sociedad de la información o del conocimiento |
| **Nivel tecnológico** | |
| Tecnología analógica | Tecnología digital |
| Productos tradicionales | Productos novedosos |
| Productos de vida larga | Productos de vida corta |
| Centrado en la operación | Centrado en la inteligencia |
| Especialización funcional | Acción sistemática |
| **Nivel laboral** | |
| Una obligación social | Acción más agradable |
| Tareas rutinarias | Creatividad |
| Autoridad y jerarquía | Participación y flexibilidad |
| Obediencia y puntualidad | Compromiso y negociabilidad |

Fuente: elaboración propia.

## 3.1 Nuevos sistemas

En línea con los avances tecnológicos y económicos, los sistemas de control interno se han rodeado de nuevos subsistemas desarrollados informáticamente. Estos subsistemas están integrados en el esquema de la organización por el conjunto de planes, métodos, principios, normas internas, procedimientos y mecanismos de verificación y evaluación. Tal conjunto procura la adecuada comunicación y utilización de las actividades operativas, las actuaciones en general y la administración de la información, así como la utilización razonable de los recursos bajo las normas constitucionales y legales vigentes, y las políticas trazadas por la administración, en atención a una planeación estratégica de las siguientes metas:

- Conseguir que la empresa cuente con un adecuado y efectivo sistema de control interno.
- Disponer de un sistema de evaluación ajustado a las necesidades de la empresa o ente económico.

- Lograr la aplicación de normas y procedimientos, salvaguarda de bienes y eficiente uso de recursos, así como el correcto y oportuno registro y manejo de información.

- Propender por la apropiación y aplicación de las políticas en la ejecución de planes, programas y proyectos.

- Lograr que la empresa cuente con controles eficientes, eficaces y económicos para implementarlos conscientemente y crear un ambiente de autocontrol.

**Figura 3. Objetivos de los controles internos[17]**

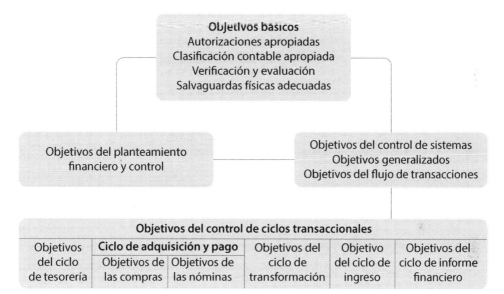

Fuente: elaboración propia.

## 3.2 Nueva cultura de control

Los cambios en las organizaciones generan cambios en los sistemas de control porque los riesgos varían, las necesidades son otras y las culturas se transforman. Por lo tanto, se cuestiona si se asume una nueva cultura de control o si se permanece estático frente a cambios como los siguientes:

- Durante muchos años los elementos básicos de la economía eran la tierra, el capital y el trabajo, ahora son más importantes el conocimiento, la información y la tecnología.

---

17 En el capítulo 1, *Los hechos y las transacciones*, de la parte cuatro, se explican en detalle estos objetivos.

- Tradicionalmente se observaban grandes infraestructuras en las empresas, que requerían mayor esfuerzo para su control; hoy, gracias al *outsourcing* y a otras estrategias, las compañías adelgazan permanentemente su infraestructura y se facilita su control.

- La segregación de funciones en las actividades ha cambiado por el auto-control ante la inminente reducción de personal de las organizaciones.

- En las organizaciones, la presencia física del personal disminuye debido al teletrabajo.

- Hasta la década de los 80, el desarrollo de nuevos inventos fue lento, trans-currían grandes períodos de tiempo entre uno y otro; hoy, en muchos casos, una nueva invención no es percibida, prueba de ello es la tecnología de las comunicaciones.

- Los valores morales se modificaron. Antiguamente, la tramitología era escasa porque se creía en la buena fe de las personas, en oposición, actual-mente la tramitología ha aumentado y se facilita la corrupción. Así las cláusulas excesivas en los contratos incrementan los controles por el alto riesgo asumido al verificar lo escrito.

- La delincuencia común evolucionó a estructuras delictivas que, con el producto de sus fraudes, cuentan con mejor tecnología y conocimiento que las mismas autoridades de control.

- Las fronteras se desdibujan para dar paso a la globalización, mientras que las normas y procedimientos nacionales se modifican lentamente o per-manecen inmodificables, atadas a un pasado que entorpece y hasta impide la investigación de delitos.

Son innumerables los cambios en las actividades humanas, lo cual exige un ma-yor esfuerzo de los organismos de control para velar por el cumplimiento de los objetivos. Sin embargo, ¿vale la pena imponer más normas?, ¿establecer más procedimientos, concertar parámetros, motivar la creatividad, fomentar el auto-control o concientizar al talento humano sobre lo que no se debe hacer?

De acuerdo con Nava Villareal (2013), readaptada a las circunstancias de organización y control,

> La globalización y los cambios tecnológicos tan galopantes, han hecho que las organizaciones y por ende la administración [y su control], estén cambian-do su estructura y paradigmas cada vez con más frecuencia, moviéndose de estructuras rígidas a nuevas formas de organización flexibles que han demos-trado que son más eficientes que los modelos tradicionales.

> La administración se transformó del tener como propósito el elevar la pro-ductividad del trabajo y los volúmenes de producción en sus inicios, a un enfoque con una filosofía de administración comprometida con la mejora

continua para responder a las necesidades y expectativas del cliente, y un modelo más humanista basado en valores [incluyendo sus bases de control y riesgos].

Las expectativas que se tienen del cambio es que continuará de acuerdo a [sic] los estudios y conclusiones elaborados por los especialistas y futurólogos profesionales, tomando en cuenta cada día más la responsabilidad de sustentabilidad del medio ambiente, la ética empresarial, la oportuna gestión del riesgo, los valores morales y la "espiritualidad" en los negocios (pp. 109-110).

### 3.2.1 El control con la COVID-19

En Latinoamérica, aproximadamente desde febrero del 2020 y en la fecha de esta nueva edición, la pandemia ha exigido replantear los procesos de negocio, de manera que se asegure la no paralización de los negocios. Las restricciones de movilidad y la prioridad de atender las exigencias sanitarias obligaron a simplificar la aprobación y ejecución de las operaciones, de modo que se priorizó, en la toma de decisiones, la operación y no el control interno. Lo cual ha generado nuevos riesgos en escenarios de contingencia generalizada y ha incentivado la aparición de los tres elementos de Donald R. Cressey[18] (1961), en cuanto:

a. Incentivo o presión, por necesidades personales.

b. Oportunidad, por eliminación de controles al priorizar operaciones sobre el control.

c. Racionalización, dando como justificación los efectos de la pandemia de la COVID-19.

---

18  Donald R. Cressey (1919-1987), sociólogo y criminólogo estadounidense, realizó contribuciones innovadoras al estudio del crimen organizado, sociología del derecho penal y el delito de "cuello blanco".

# Cuestionario
## La Empresa y los hechos

- ¿Cuál es la influencia de la economía y la religión en el carácter humano?
- ¿Cómo plantea Ferguson el concepto macroeconómico?
- Explique por qué el hombre es esclavo de sus necesidades y qué apoyo tiene en los recursos naturales.
- ¿Los sistemas económicos influyen en las necesidades humanas?
- ¿Las necesidades económicas se pueden considerar estáticas o dinámicas?
- ¿En cuántos grupos se dividen las necesidades económicas? Indíquelas
- Ejemplifique las necesidades biológicas.
- Ejemplifique las necesidades de una sociedad en crecimiento.
- Ejemplifique las necesidades culturales.
- ¿Cómo ha influido en el mundo el ambiente de consumismo impulsado por la tecnología?
- Para satisfacer las necesidades, ¿cuáles recursos tiene la producción de bienes y servicios?
- Ejemplifique los factores materiales.
- Ejemplifique los factores humanos.
- ¿El dinero en el entorno económico se puede considerar como capital?
- ¿Por qué el empresario se considera como un factor especial en la producción?
- ¿Por qué se origina el creciente número de necesidades?
- ¿Qué conflicto crea los escasos y limitados recursos de la producción?
  - ¿Quién asume la responsabilidad de resolver las necesidades en una Economía de Mercado o en una Socialista?
  - En concepto macro, ¿qué se entiende por empresa?
  - ¿Cuál es la diferencia entre una empresa y una sociedad?
  - ¿Qué se considera una pérdida social dentro de la producción de bienes y servicios?
  - ¿Qué se entiende por actividad económica?
  - ¿Por qué ocurren actividades económicas en una sociedad con ánimo o sin ánimo de lucro?
  - Clasifique las ocurrencias de una actividad económica en factores internos y externos que la afectan.
  - ¿Cuáles son las actividades básicas de una empresa?
  - Clasifique las actividades económicas por medio de ciclos transaccionales.

- ¿Qué riesgos potenciales sujetan las actividades básicas?
- ¿Qué debe hacer una empresa para prevenir o detectar los riesgos potenciales?
- ¿Cuántos sistemas de control interno existen en una empresa?
- ¿El Control Interno Contable es un sistema o un instrumento de control?
- Defina integralmente un sistema de control interno.
- ¿Qué controles establece la gerencia para verificar el logro de los objetivos administrativos?
- ¿Qué objetivos surgen sobre un sistema de información dentro del control interno contable?
- ¿Por qué las organizaciones y, por ende, los riesgos han evolucionado tan rápidamente?
- A nivel macroempresarial, ¿en qué se ha transformado, en los tiempos modernos, una sociedad industrial o de consumo?
- A nivel macrotecnológico, ¿la cultura telefónica en qué se ha convertido?
- ¿A nivel macro por qué ha habido tantos cambios a nivel de trabajo?
- Establezca en forma micro los cambios suscitados de ayer a hoy a nivel empresarial.
- Establezca en forma micro los cambios suscitados de ayer a hoy a nivel tecnológico.
- Establezca en forma micro los cambios suscitados de ayer a hoy a nivel laboral.
- ¿Qué metas y objetivos debe conseguir, disponer, lograr y propender una planeación estratégica?
- Explique gráficamente la relación de los objetivos de planeamiento financiero y control y los de Control de Sistemas.
- ¿Cuáles cambios genera la nueva cultura de control? Indique cinco de ellos.
- Realice una exposición sobre la necesidad de efectuar los cambios de controles en el siglo xix.
- ¿Por qué hubo necesidad de entregar la función de control a terceros?
- ¿Cuáles procedimientos de control fue necesario readaptar con el tiempo?
- Analice la definición inicial de control interno, ¿cuál fue su enfoque inicial?
- Son varios los controles que se deben establecer en una empresa para que exista un adecuado control interno, defina y explique los principales.
- Explique los controles gerenciales, en qué consisten y cuál es su principal filosofía.
- Explique los controles independientes, en qué consisten y cuál es su principal filosofía.

- Explique los controles o funciones de procesamiento, en qué consisten y cuál es su principal filosofía.
- ¿Qué son los controles dirigidos a la salvaguarda de activos, en qué consisten y cuál es su principal filosofía?
- ¿Qué son los controles generales, en qué consisten y cuál es su principal filosofía?
- ¿Qué son los controles contables o financieros, en qué consisten y cuál es su principal filosofía?
- ¿Qué son los controles administrativos u operativos, en qué consisten y cuál es su principal filosofía?
- ¿De quién es la principal responsabilidad de los controles internos?
- ¿Cuáles son las posibles limitaciones que existen en las empresas para la implementación de un adecuado sistema de control interno?
- ¿Qué cambios aparecieron en los controles internos como efecto de la pandemia de la COVID-19, en las entidades empresariales?

## *Discusión*

1. ¿Cuál es el objetivo de esta primera parte Los hechos económicos, la empresa y su control?
2. ¿Por qué se interrelacionan entre sí los siguientes conceptos?
   a. Hecho económico.
   b. Actividad económica.
   c. Factores materiales y humanos en la empresa.
   d. Empresario.
   e. Riesgo.
   f. Control Interno.
3. ¿Cuál es la relación entre el primer y el segundo capítulo?
4. Haga un resumen del tercer capítulo.

# PARTE 2
## EL CONTROL INTERNO EN EL AMBIENTE EMPRESARIAL

El entorno económico, político y social genera cambios en los sistemas de control interno de las organizaciones empresariales. Ya que los riesgos, las necesidades, las culturas y la tecnología se transforman rápidamente. Por ello, su implementación y evaluación no pueden ser responsabilidad aislada de la administración, el contador o la auditoría.

En esta segunda parte, se pretenden romper los paradigmas del control tradicional, al rescatar lo funcional y al enfocarse hacia un control moderno de gestión, cuya responsabilidad sea de todos y, por ende, agregue valor especialmente en la nueva cultura del control, es decir, de autocontrol.

El Marco coso ha revolucionado la implementación del control interno en las empresas, así como las evaluaciones de control interno por parte de auditores internos y externos, a partir del año 1992 (modificado en 2013). Por ello, esta parte profundiza en ese método debidamente actualizado, inclusive a raíz del efecto de la pandemia de covid-19 que ha afectado las diferentes actividades en el mundo (se agregó un capítulo adicional referido a esos efectos).

Incluye cuatro capítulos:

- Enfoque Tradicional del Control Interno con adenda de "Normas y Principios de Control Interno Tradicional - Aplicaciones Empresariales".
- Enfoque contemporáneo del control interno - Informe coso.
- coso 2013: versión Actualizada del Marco Integrado de Control Interno.
- covid-19 y su efecto en los controles internos.

# ENFOQUE TRADICIONAL DEL CONTROL INTERNO

## 1.1 Objetivos del control interno

> El control interno comprende el plan de organización y el conjunto de métodos y procedimientos que aseguren que los activos están debidamente protegidos, que los registros contables son fidedignos y que la actividad de la entidad se desarrolla eficazmente según las directrices marcadas por la [administración] (ICAC, 1991, 14).

De acuerdo con lo anterior, los objetivos básicos son:

- Proteger los activos y salvaguardar los bienes de la institución.
- Verificar la razonabilidad y confiabilidad de los informes contables y administrativos.
- Promover la adhesión a las políticas administrativas establecidas.
- Lograr el cumplimiento de las metas y objetivos programados.

## 1.2 Elementos del control interno

Las finalidades principales del control interno incluyen los controles administrativos y contables, ya explicado en el capítulo *La actividad económica, la empresa y su control interno*. Estos están enfocados en los elementos de control interno de organización, sistemas y procedimientos, personal y supervisión.

**Tabla 2. Elementos del control interno**

| Organización | Sistemas y procedimientos |
|---|---|
| • Dirección | • Manuales de procedimientos |
| • Asignación de responsabilidades | • Sistemas |
| • Segregación de deberes | • Formas |
| • Coordinación | • Informes |
| **Personal** | **Supervisión** |
| • Selección | • Interna |
| • Capacitación | • Externa |
| • Eficiencia | • Autocontrol |
| • Moralidad | |
| • Retribución | |

Fuente: elaboración propia.

El elemento de organización es un plan lógico y claro de las funciones organizacionales que defina las líneas de autoridad y responsabilidad tanto para las unidades de la organización como para los empleados, y que segregue las funciones de registro y custodia.

Los elementos de sistemas y procedimientos consisten en la creación de un sistema adecuado para la autorización de transacciones y procedimientos seguros, a fin de registrar los resultados en términos financieros.

Los elementos de personal consisten en:

- Prácticas sanas y seguras para ejecutar las funciones y obligaciones de cada unidad de personas, dentro de la organización.
- Personal, en todos los niveles, con la aptitud, capacitación y experiencia requeridas para cumplir sus obligaciones satisfactoriamente.
- Normas de calidad y ejecución claramente definidas y comunicadas al personal.

Los elementos de supervisión son una efectiva unidad de auditoría independiente, hasta donde sea posible y factible, de las operaciones examinadas o procedimientos de autocontrol en las dependencias administrativas y de apoyo logístico.

Se agrega la adenda siguiente como guía de aplicación del enfoque utilizado en la evaluación de control interno tradicional.

## 1.3 Normas y principios generales de control interno tradicionales

Para dar respuesta a los problemas de mala gestión, despilfarro y corrupción que preocupan a las empresas, situación que ha motivado la forma de ejercer el control ha llevado a nivel gobierno establecer normas y en las privadas utilizar el método coso y en especial entender de mejor forma la forma de aplicar los procedimientos de control más eficientes, aplicando principios basados en prácticas generales aplicadas en el sector privado como público como son los organizados como métodos de autocontrol, autorregulación; definidos por el MECI[19] en Colombia en el año 2014 para el sector público, como un instrumento de control para asegurar el cumplimiento de los requisitos mínimos de control que deben seguir las empresas, cuya definición son las siguientes:

- Autocontrol: "Mecanismo de tipo subjetivo, a través del cual se controla el trabajo de manera individual. Capacidad de cada servidor público para controlar su trabajo, detectar desviaciones y efectuar correctivos."

- Autorregulación: "Establece métodos participativos al interior de la entidad, buscando en todo momento un entorno de integridad y eficiencia de acuerdo, a la propia implementación y desarrollo del Sistema de Control Interno, lo que lleva a ser conscientes de sus propios procesos y actuar conforme a ellos."

- Autogestión: "Cada entidad logra identificar, planear, ejecutar y evaluar, en últimas desarrollar el debido control y ajustes de los programas y procedimientos, para tomarlos más eficientes, efectivos y eficaces frente a unos objetivos determinados."

El control en las empresas es sinónimo de supervisión, de comprobación mediante la aplicación de dos medidas fundamentales denominadas, "la directiva" para alcanzar los resultados y objetivos bajo presupuestos y "la evaluativa", la cual son los métodos y procedimientos de control previo o posterior realizado hacia el cumplimiento de leyes, financiero o de regularidad y de eficacia, utilizando aplicaciones empresariales generales y específicas como las que se muestran en la tabla 3:

**Tabla 3. Aplicaciones empresariales**

| Generales | Específicos |
| --- | --- |
| Garantía razonable. | Documentación. |
| Respaldo. | Registro adecuado y oportuno de las transacciones y hechos. |
| Personal competente. | Autorización y ejecución de las transacciones y hechos. |
| Objetivos de control. | División de tareas (segregación). |
| Vigilancia de los controles. | Supervisión. |
| Acceso a los recursos y registros ante los mismos. | |

Fuente: elaboración propia.

---

19  MECI (Marco Estructurado de Control Interno).

# 1.4 Normas y principios universales de control interno por áreas de Balance[20]

## 1.4.1 Efectivo

### Normas universales para lograr control interno sobre las operaciones de caja

- Registrar los ingresos en forma inmediata.
- Depositar intactos los ingresos diarios.
- Separar el manejo de efectivo del mantenimiento de registros contables.
- No permitir que ninguna persona maneje una operación desde su inicio hasta su conclusión.
- Centralizar, tanto como sea posible, la recepción de efectivo.
- Ubicar las cajas registradoras de manera que los clientes observen las cantidades registradas.
- Efectuar los desembolsos por medio de cheques, con excepción de caja chica.
- Establecer que las conciliaciones bancarias se efectúen por personas que no sean responsables de la emisión de cheques o del manejo de efectivo.

### Otros controles de caja

- El control interno sobre las ventas de contado.
- El jineteo y los desfalcos.
- Control interno sobre las cobranzas a clientes.
- Situaciones que conducen al jineteo.
- Procedimientos de auditoría diseñados para descubrir el jineteo.

### El control interno sobre los desembolsos

Para asegurar cabalmente los beneficios del control interno que se encuentran implícitos en la utilización de cheques, se sugieren los siguientes procedimientos:

- Los cheques deben prenumerarse y la numeración debe controlarse, los cheques cancelados deberán inutilizarse y archivarse en la secuencia normal de los cheques pagados.

---

20 Transcripción del escrito elaborado por el Contador Benemérito de las Américas, Aurelio Fernández Díaz (Q. E. P. D.), como homenaje póstumo de su aporte a la literatura de enfoque de control interno.

- La cantidad debe imprimirse en los cheques con una máquina protectora. Esta práctica impide la alteración de los cheques.

- Podrán requerirse dos firmas en cada cheque. Esta salvaguarda parece estar cayendo en desuso, probablemente debido a que la segunda firma tiende a ser un acto superficial, por ejemplo, un ejecutivo, antes de salir de viaje de negocios, firma algunos cheques en blanco y los deja en manos de otro funcionario con firma autorizada.

- Los funcionarios autorizados para firmar los cheques deben revisar la documentación comprobatoria y perforarla al momento de firmar, con el fin de prevenir una segunda presentación de estos mismos documentos.

- El funcionario que firma cheques debe controlarlos hasta el momento en que se envían por correo. Normalmente, el cheque llega a manos del funcionario con sus detalles completos a excepción de la firma. Es imperativo que los cheques firmados no regresen a la custodia del empleado que los preparó.

- Las conciliaciones en el manejo de ingresos o desembolsos, y los estados de cuenta del banco deben recibirse directamente por quien lo va a revisar, sin haber sido abiertos.

### *Descubrimiento de fraude en los desembolsos*

- La gerencia y el auditor deben estar alertas para descubrir prácticas como las siguientes:
- La emisión de cheques no registrados.
- La omisión en la conciliación bancaria de cheques en circulación.
- El pago doble de comprobantes.
- La preparación y el pago de comprobantes falsos.
- La disminución de los descuentos sobre compras.
- El aumento de los totales en las columnas de crédito a caja, acompañado de la disminución del efectivo recibido.
- El desfalco por medio de cheques no registrados.
- La disminución de las devoluciones y bonificaciones sobre compras, acompañada por la sustracción de una cantidad de efectivo equivalente.
- La falsificación de cheques y la obtención de firmas autorizadas en cheques en blanco.
- El aumento en las cantidades de los comprobantes.

## 1.4.2 Cuentas por cobrar y transacciones de ventas: documentos por cobrar

### El control interno en las transacciones de ventas y cuentas por cobrar

Usualmente el control interno se logra mejor con una división de funciones, de tal manera que diferentes departamentos o individuos sean responsables de:

- La preparación del pedido de venta.
- La aprobación del crédito.
- La salida de la mercancía del almacén.
- El embarque.
- La facturación.
- La verificación de la factura.
- El mantenimiento de cuentas control.
- La operación del auxiliar de clientes.

### Resumen de los controles internos

Para resumir esta discusión, un adecuado sistema de control interno sobre transacciones de ventas y cuentas por cobrar generalmente incluirá lo siguiente:

- Una organización estructural que provea la segregación de las funciones de crédito y cobranza, embarque, facturación, recepción de efectivo, contabilización de cuentas por cobrar y mantenimiento de las cuentas control del mayor.
- Procedimientos adecuados de autorización para la concesión de crédito.
- Una oportuna facturación a clientes, de los embarques efectuados.
- La utilización de documentos de embarque y facturas prenumeradas, y una política para el control de tales números de serie.
- La verificación independiente de cantidades, precios y precisión aritmética de las facturas.
- La utilización de información independiente, para los pases a las cuentas control del mayor y a los auxiliares de clientes.
- La sistemática preparación de una relación de cuentas por cobrar, clasificada por antigüedad de saldos, para ser revisada por la administración.
- La aprobación de las devoluciones, bonificaciones y cancelaciones de cuentas incobrables, por los ejecutivos apropiados.
- Un efectivo control de las cuentas canceladas.

### Informes para uso de la gerencia

- Estos informes, usualmente, incluyen una relación de las cuentas por cobrar, clasificadas por antigüedad de saldos, con el importe en pesos de cada clasificación, expresado en el porcentaje del total de cuentas por cobrar (indicadores).

- Análisis de cuentas canceladas como incobrables.
- Análisis de las solicitudes de crédito presentadas por los clientes, clasificadas por número de aprobadas y de rechazadas.

## 1.4.3 Inventarios

### El control físico

- La función de recepción.
- La función de almacenaje.
- La función de expedición.
- La función de proceso.
- La función de embarque.

### El control con base en registros

- El sistema de contabilidad de costos.
- El sistema de inventarios perpetuos.
- El sistema de producción.

### Procedimientos de control interno relativos a inventarios

- Los registros de inventarios se correlacionan con el registro de pedidos pendientes, al mostrarse, en las tarjetas de inventario, las cantidades pedidas. Esto contribuirá a evitar el exceso de inventarios proveniente de la duplicación de pedidos.
- Deben existir registros separados para las mercancías en consignación en bodegas exteriores, con subcontratistas o mercancías que, por otras circunstancias, se encuentran en otros lugares. Deben requerirse informes semanales o mensuales de las personas encargadas de la custodia de tales mercancías y efectuarse pruebas selectivas de las cantidades, en caso de que sea factible. Los embarques enviados a tales consignatarios deben evidenciarse por recibidos y firmados.
- Los procedimientos de información se diseñan en forma tal que faciliten el mantenimiento de una adecuada cobertura de seguros sobre los inventarios. Las constantes fluctuaciones en la cantidad y valor de los inventarios crean un problema especial en cuanto a la obtención de una adecuada, aunque no excesiva, cobertura de seguros. El continuo reporte de los valores de los inventarios en las diferentes localidades facilita tanto la obtención de seguros como la presentación de reclamaciones.

### Reportes para uso de la gerencia

Se citan como casos típicos de otros reportes internos relativos a inventarios:

- Una relación de los compromisos de compra.
- Variaciones en los inventarios y reducción en precios establecidos.

- Substanciales variaciones en precios.
- Variaciones entre el inventario en libros y el inventario físico.

## 1.4.4 Documentos por pagar

### Gastos por intereses y pasivos de contingencia

- Designación, por el Consejo de Administración, de dos o tres funcionarios con autoridad para emitir y renovar documentos.
- Establecimiento del importe máximo por el cual los funcionarios designados pueden emitir un documento.
- Elaboración y actualización de un registro de documentos por pagar con información detallada acerca de cada uno.
- Conciliación periódica de los documentos por pagar pendientes con la cuenta de control mayor, por un empleado que no sea responsable del mantenimiento de los ingresos.
- Autorización de los comprobantes por concepto de gastos por intereses, tanto por el tesorero como por el contador.
- Retención y archivo de los originales de todos los documentos pagados.

### Reportes para uso de la gerencia

Mensualmente (o quizá con mayor frecuencia) el Departamento de Contabilidad debe prepararse reportes que enlisten los documentos por pagar pendientes. Los reportes pueden dividirse en varias secciones, como sigue:

- Una relación de los documentos por pagar pendientes a la fecha del reporte anterior y detalles de cualquier colateral gravado para garantizar estos documentos.
- Una cédula de pagos, de principal e intereses, efectuados durante el mes en curso. La eliminación de garantías colaterales sobre documentos retirados durante el mes deberá ser indicada.
- Una lista de nuevos documentos emitidos y antiguos documentos renovados durante el mes en curso.
- Una lista de los documentos actualmente pendientes.
- Una comparación de los gastos por concepto de intereses del mes en curso y de las cifras acumuladas hasta la fecha con las cifras correspondientes al año anterior. Las cifras de gastos por intereses deben relacionarse con el importe promedio de documentos por pagar pendientes durante cada período.

CAPÍTULO 2

# ENFOQUE CONTEMPORÁNEO DEL CONTROL INTERNO - *INFORME COSO*[21]

## 2.1 Definición

El control interno es un proceso, ejecutado por la junta directiva o consejo de administración de una entidad, por su grupo directivo (gerencial) y por el resto del personal, diseñado específicamente para proporcionar una seguridad razonable de cumplir los objetivos en las siguientes categorías:

- Efectividad y eficiencia de las operaciones.
- Suficiencia y confiabilidad de la información financiera.
- Cumplimiento de las leyes y regulaciones aplicables. (coso, 1992, 13, traducción propia).

Esta definición enfatiza ciertos conceptos o características fundamentales sobre el control interno, tales como:

- Es un proceso que hace parte de los demás sistemas y procesos de la empresa, se incorpora en la función de administración y dirección, no es adyacente a estos.

- Está orientado a objetivos, es un medio, no un fin en sí mismo.

---

21  Por sus siglas en inglés, *Committee of Sponsoring Organizations of the Treadway Commission -* coso, emisor del documento *International of control integrated.*

- Proporciona una seguridad razonable, más que absoluta, de que se lograrán los objetivos definidos.
- Es concebido y ejecutado por personas de todos los niveles de la organización a través de sus acciones y palabras.

**Figura 4. Definición del control interno**

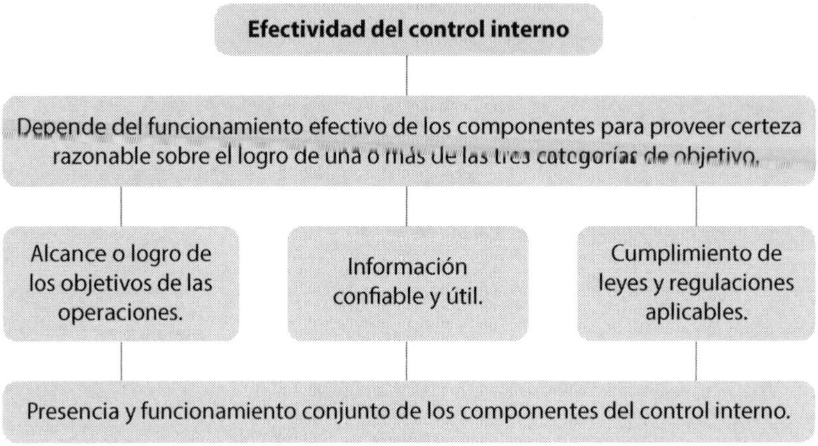

Fuente: elaboración propia.

## 2.2 Componentes

El control interno consta de cinco componentes interrelacionados (a, b, c, d y e), derivados de la forma en que la administración maneja el ente y ligados a los procesos administrativos. Estos componentes son:

a. Ambiente de control.

b. Evaluación de riesgos.

c. Actividades de control.

d. Información y comunicación.

e. Supervisión y seguimiento.

El control interno no consiste en un proceso secuencial, en el cual sus componentes afectan únicamente al siguiente, sino en un proceso multidireccional repetitivo y permanente, en el cual los componentes influyen en los otros y conforman un sistema integrado que reacciona dinámicamente a las condiciones cambiantes. De esta manera, el control interno difiere en cada ente según su tamaño, su cultura y su filosofía de administración. Así, mientras las entidades necesitan de cada uno de tales componentes para mantener el control sobre sus actividades, el sistema de control interno de una entidad generalmente será diferente al de otra.

**Figura 5. Componentes del sistema de control interno**

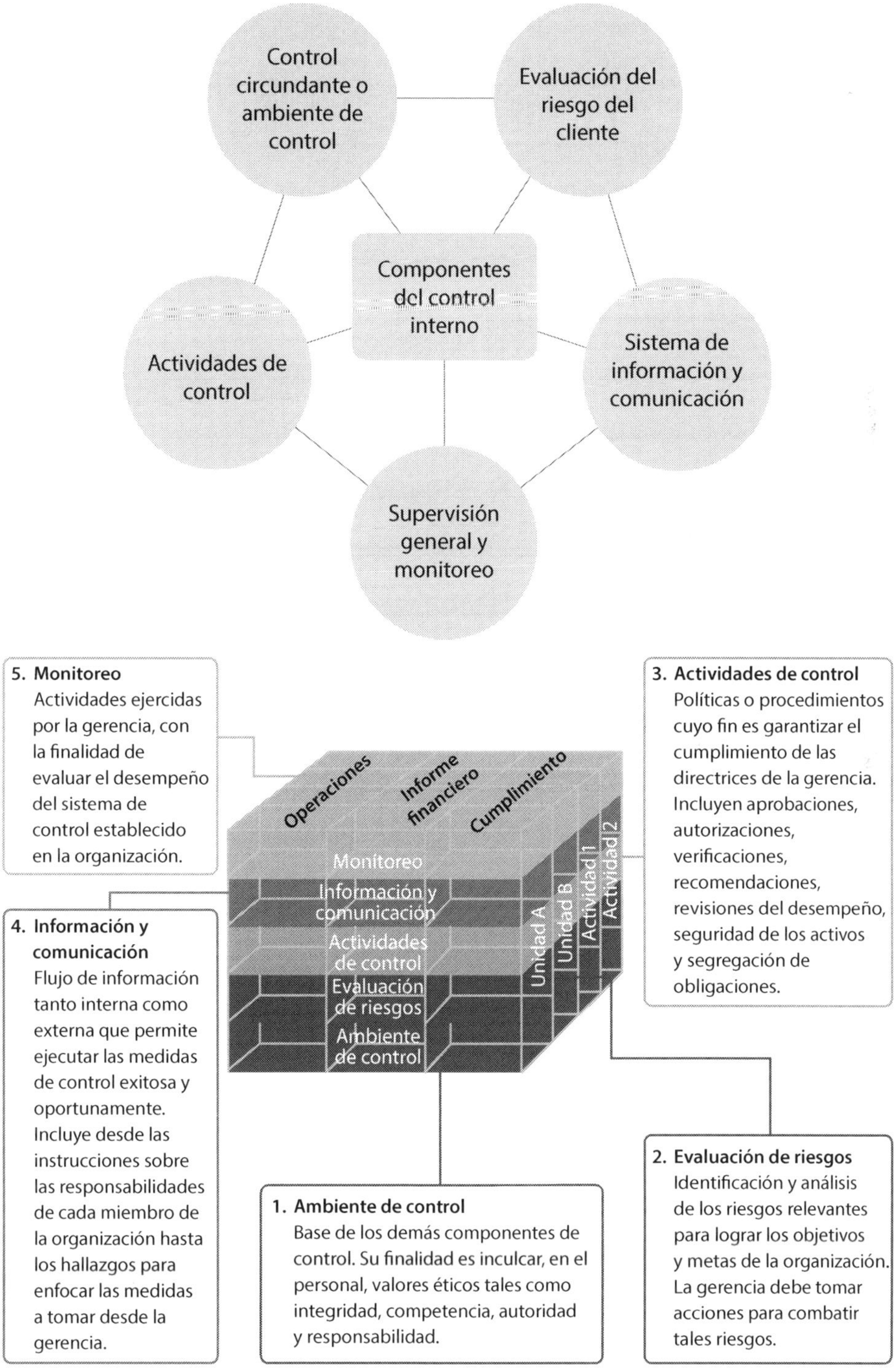
Control circundante o ambiente de control
Evaluación del riesgo del cliente
Componentes del control interno
Actividades de control
Sistema de información y comunicación
Supervisión general y monitoreo
5. Monitoreo
Actividades ejercidas por la gerencia, con la finalidad de evaluar el desempeño del sistema de control establecido en la organización.
Operaciones
Informe financiero
Cumplimiento
Monitoreo
Información y comunicación
Actividades de control
Evaluación de riesgos
Ambiente de control
Unidad A
Unidad B
Actividad 1
Actividad 2
3. Actividades de control
Políticas o procedimientos cuyo fin es garantizar el cumplimiento de las directrices de la gerencia. Incluyen aprobaciones, autorizaciones, verificaciones, recomendaciones, revisiones del desempeño, seguridad de los activos y segregación de obligaciones.
4. Información y comunicación
Flujo de información tanto interna como externa que permite ejecutar las medidas de control exitosa y oportunamente. Incluye desde las instrucciones sobre las responsabilidades de cada miembro de la organización hasta los hallazgos para enfocar las medidas a tomar desde la gerencia.
1. Ambiente de control
Base de los demás componentes de control. Su finalidad es inculcar, en el personal, valores éticos tales como integridad, competencia, autoridad y responsabilidad.
2. Evaluación de riesgos
Identificación y análisis de los riesgos relevantes para lograr los objetivos y metas de la organización. La gerencia debe tomar acciones para combatir tales riesgos.

Fuente: adaptado de coso i (1992).

## 2.3 Niveles de efectividad

Los sistemas de control interno de entidades diferentes operan con distintos niveles de efectividad. En forma similar, un sistema en particular opera de diversa forma en tiempos diferentes. Cuando un sistema de control interno alcanza una calidad razonable, se considera efectivo.

El control interno se juzga efectivo en cada uno de los tres grupos, respectivamente, si el consejo de administración o la junta directiva, y la gerencia tienen una razonable seguridad de que:

- Conocen el grado en el que se alcanzan los objetivos de las operaciones de la entidad.
- Los informes financieros sean preparados en forma confiable.
- Se observen las leyes y los reglamentos aplicables.

Dado que el control interno es un proceso, su efectividad es un estado o condición de este en un punto en el tiempo.

### 2.3.1 Ambiente de control

Consiste en el establecimiento de un entorno que estimule e influencie la actividad del personal con respecto al control de sus actividades. Es esencialmente el principal elemento en el que se sustentan o actúan los otros cuatro componentes y es indispensable, a su vez, para la realización de los propios objetivos de control. Esto es debido a que el ambiente de control o control circundante provee disciplina y estructura para el control e incide en la manera como:

- Se estructuran las actividades del negocio.
- Se asigna autoridad y responsabilidad.
- Se organiza y desarrolla la gente.
- Se comparten y comunican los valores y creencias.
- El personal toma conciencia de la importancia del control.

Existen diferentes factores o elementos que influyen en el ambiente de control, estos son:

- Integridad y valores éticos: su propósito es establecer los valores éticos y de conducta de los miembros de la organización durante el desempeño de sus actividades, ya que la efectividad del control depende de la integridad y de los valores del personal que lo diseña y le da seguimiento.

    Es importante tener en cuenta la forma en que se comunican y fortalecen estos valores éticos. La participación de la alta administración es clave en este asunto, ya que su presencia dominante fija pautas a través de su ejemplo y la gente imita a sus líderes.

Debe tenerse cuidado con los factores que inducen a conductas adversas a los valores éticos, tales como los controles débiles o inexistentes, la alta descentralización sin respaldo del control requerido, la debilidad de la función de auditoría, las sanciones inadecuadas o inexistentes para quienes actúan inapropiadamente.

- Competencia: conocimientos y habilidades que debe poseer el personal para cumplir adecuadamente sus tareas.

- Junta Directiva, Consejo de Administración o comité de auditoría: debido a que estos órganos fijan los criterios que perfilan el ambiente de control, es determinante que sus miembros cuenten con la experiencia, dedicación y compromisos necesarios para tomar las acciones adecuadas e interactúen con los auditores internos y externos.

- Filosofía administrativa y estilo de operación: los factores más relevantes son las actitudes mostradas hacia la información financiera, el procesamiento de la información y los principios y criterios contables, entre otros.

Otros elementos que influyen en el ambiente de control son: la estructura organizativa, la delegación de autoridad y de responsabilidad, y las políticas y prácticas del recurso humano.

**Tabla 4. Factores del ambiente de control**

| Factores de ambiente de control |
| --- |
| La integridad y los valores éticos. |
| El compromiso a ser competente. |
| Las actividades de la junta directiva y el comité de auditoría. |
| La mentalidad y estilo de operación de la gerencia. |
| La estructura de la organización. |
| La asignación de autoridad y responsabilidades. |
| Las políticas y prácticas de recursos humanos. |

Fuente: elaboración propia.

El ambiente de control tiene gran influencia en la manera como se desarrollan las operaciones, se establecen los objetivos y se minimizan los riesgos. Se relaciona igualmente con el comportamiento de los sistemas de información y con la supervisión en general. A su vez, es influenciado por la historia de la entidad y su cultura administrativa.

**Figura 6. Componentes del control circundante o ambiente de control**

| Componentes de control circundante o ambiente de control | | | | |
| --- | --- | --- | --- | --- |
| **Actitud de la alta gerencia** | **Valores y comportamientos** | **Recurso humano y clima organizacional** | **Cultura y conciencia del control** | **Estructura organizacional** |
| Comprometida con el control y su ejercicio. | Liderazgo basado en principios y valores | Crecimiento y desarrollo del recurso humano. | Políticas y procedimientos de control bien definidos. | Responde a la naturaleza, los objetivos y las necesidades del negocio. |
| Prudente y equilibrada al asumir riesgos y exigir resultados. | Se exhorta a la integridad y al comportamiento ético. | Personal capacitado, motivado y comprometido. | Evaluación de desempeño que incluya aspectos de control | Delegación de autoridad y asignación de responsabilidad apropiadas. |
| Apartada del conflicto de intereses. | | | | |

Fuente: elaboración propia.

## 2.3.2 Evaluación de riesgos

La evaluación de riesgos es la identificación y análisis de los riesgos relevantes para lograr los objetivos y es la base para determinar la forma en que tales riegos deben mejorarse. Así mismo, se refiere a los mecanismos necesarios para identificar y manejar riesgos específicos asociados con los cambios, tanto los que influyen en el entorno de la organización como en el interior de esta.

En toda entidad, es indispensable establecer los objetivos tanto globales de la organización como de las actividades relevantes, a fin de obtener con ello una base para identificar y analizar los factores de riesgo que amenazan su oportuno cumplimiento.

La evaluación de riesgos es una responsabilidad ineludible en todos los niveles involucrados en el logro de los objetivos de la empresa. Esta actividad de autoevaluación debe ser revisada por los auditores internos, para asegurar que el objetivo, el enfoque, el alcance y el procedimiento han sido apropiadamente realizados.

Toda entidad enfrenta una variedad de riesgos provenientes tanto de fuentes externas como internas que la gerencia debe evaluar. Esta establece objetivos generales y específicos, e identifica y analiza los riesgos de que tales objetivos no se cumplan o afecten su capacidad, para:

- Salvaguardar sus bienes y recursos.
- Mantener ventaja ante la competencia.

- Construir y conservar su imagen.
- Incrementar y mantener su solidez financiera.
- Mantener su crecimiento.

### 2.3.2.1 Objetivos

La importancia de este componente, en cualquier organización, es evidente, ya que representa la orientación básica de los recursos y esfuerzos, y proporciona una base sólida para un control interno efectivo. La fijación de objetivos es el camino adecuado para identificar los factores críticos de éxito. Una vez que tales factores han sido identificados, la gerencia debe establecer criterios para medirlos y prevenir su posible ocurrencia, a través de mecanismos de control e información, a fin de mantener enfocados permanentemente tales factores críticos de éxito.

Las categorías de los objetivos son las siguientes:

- Objetivos de cumplimiento: dirigidos a la adherencia a leyes y reglamentos, así como a las políticas emitidas por la administración.
- Objetivos de operación: relacionados con la efectividad y eficacia de las operaciones de la organización.
- Objetivos de la información financiera: obtención de información financiera confiable.

En ocasiones la distinción entre otros tipos de objetivos es demasiado sutil, debido a que unos se trasladan o apoyan a otros.

El logro de los objetivos antes mencionados está sujeto a los siguientes eventos:

- Los controles internos efectivos proporcionan una garantía razonable de que los objetivos de información financiera y de cumplimiento serán logrados, debido a que están dentro del alcance de la administración.
- En relación con los objetivos de operación, la situación difiere de la anterior, debido a que existen eventos fuera de control del ente o controles externos. Sin embargo, el propósito de los controles, en esta categoría, es evaluar la consistencia e interrelación de los objetivos y metas en los distintos niveles, la identificación de factores críticos de éxito y la manera en que se reporta el avance de los resultados y se implementan las acciones indispensables para corregir desviaciones.

**Figura 7. Objetivos en la evaluación de riesgos**

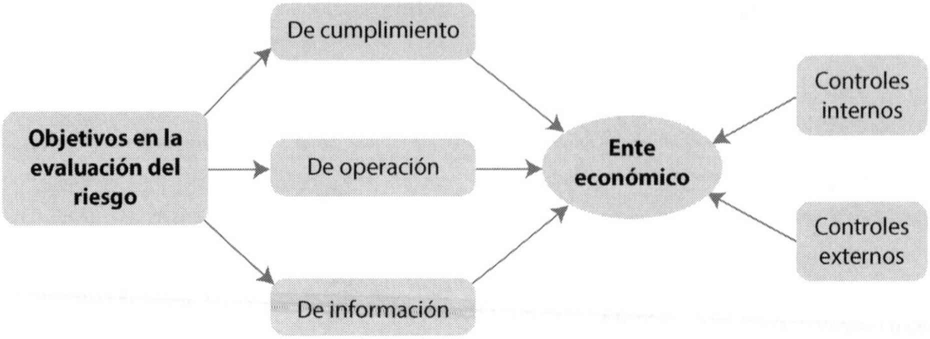

Fuente: elaboración propia.

Todas las entidades enfrentan riesgos y estos deben ser evaluados. La evaluación de riesgos es el proceso mediante el cual se identifican, se analizan y se manejan los riesgos que forman parte importante de un sistema de control efectivo. Para ello la organización debe establecer un proceso suficientemente amplio que tome en cuenta las interacciones más importantes entre las áreas y de estas con el exterior.

Desde luego, los riesgos incluyen no solo factores externos, sino también internos. Por ejemplo, la interrupción de un sistema de procesamiento de información, la calidad del personal, la capacidad o los cambios en relación con las responsabilidades de la gerencia.

Los riesgos de las actividades también deben identificarse, para ayudar a administrar los riesgos en las áreas o funciones más importantes. Las causas, en este nivel, pertenecen a un rango amplio que va desde lo obvio hasta lo complejo, con distintos grados de significación.

El análisis de riesgos y su proceso, sin importar la metodología en particular, debe incluir entre otros aspectos los siguientes:

- La estimación de la importancia del riesgo y sus efectos.
- La evaluación de la probabilidad de ocurrencia.
- El establecimiento de acciones y controles necesarios.
- La evaluación periódica del proceso anterior.

### 2.3.2.2 Manejo de cambios

Este elemento resulta de vital importancia debido a que está enfocado en la identificación de los cambios que influyen en la efectividad de los controles internos. Tales cambios son significativos, ya que los controles diseñados bajo ciertas condiciones podrían no funcionar apropiadamente en otras. De lo anterior, se deriva la necesidad de contar con un proceso para identificar las condiciones que tengan un efecto razonablemente desfavorable en el cumplimiento de los objetivos.

El manejo de cambios está ligado con el proceso de análisis de riesgos y es capaz de proporcionar información para identificar y responder a las condiciones cambiantes. Por lo tanto, la responsabilidad primaria sobre los riesgos, su análisis y manejo es de la gerencia, mientras que al auditor le corresponde apoyar el cumplimiento de tal responsabilidad.

Existen factores que requieren atenderse oportunamente, ya que presentan sistemas relacionados con el manejo de cambios como el crecimiento rápido, la nueva tecnología, las reorganizaciones corporativas y otros aspectos de igual trascendencia.

Los mecanismos contenidos en este proceso deben tener un marcado sentido de anticipación que permita planear e implantar las acciones necesarias, que respondan al criterio costo-beneficio.

**Tabla 5. Técnicas de evaluación de riesgos**

| Técnicas de evaluación de riesgos | |
|---|---|
| Análisis del GESI | Gubernamentales o políticas, económicas, sociales, informáticas o tecnológicas. |
| Análisis del FODA | Internas: Fortalezas y Debilidades. Externas: Oportunidades y Amenazas. |
| Análisis de vulnerabilidad | Riesgos del país, crédito, mercado, jurídico, auditoría, etc. Proveedores, clientes, competencia, productos sustitutos, competidores potenciales. |
| Análisis estratégico de las cinco fuerzas | 1. Nuevos competidores, 2. clientes, 3. Proveedores, 4. la competencia y 5. productos sustitutos. |
| Análisis del perfil de capacidad de la entidad | Infraestructura productiva y capacidad de inventario y de distribución confiable y oportuna. |
| Análisis del manejo de cambio | Proceso de análisis del riesgo e información actualizada para identificar los cambios. |

Fuente: elaboración propia.

## 2.3.3 Actividades de control

Las actividades de control son realizadas por la gerencia y demás personal de la organización para cumplir diariamente con las actividades asignadas. Estas actividades están expresadas en las políticas, sistemas y procedimientos.

Ejemplos de estas son la aprobación, la autorización, la verificación, la conciliación, la inspección, la revisión de indicadores de rendimiento, la salvaguarda de los recursos, la segregación de funciones, la supervisión y entrenamiento adecuados.

**Tabla 6. Actividades de control**

| Actividades de control | |
|---|---|
| Políticas y procedimientos desarrollados a través de la organización, que garantizan el cumplimiento de las directrices de la gerencia y la administración adecuada de los riesgos, a fin de cumplir los objetivos.<br>Incluyen actividades preventivas, de detección y correctivas, tales como: | |
| Aprobaciones y autorizaciones | Análisis de registros de información |
| Reconciliaciones | Verificaciones |
| Segregación de funciones | Revisión de desempeños operacionales |
| Salvaguarda de activos | Seguridades físicas |
| Indicadores de desempeño | Revisiones de informes de actividades y desempeño |
| Fianzas y seguros | Controles sobre procesamiento de información |

Fuente: elaboración propia.

Las actividades de control tienen distintas características: manuales o computarizadas, administrativas u operacionales, generales o específicas, preventivas o de detección. Sin embargo, lo trascendental es que, sin importar su categoría o tipo, apuntan hacia los riesgos (reales o potenciales) en beneficio de la organización, su misión y objetivos, así como a la protección de los recursos propios o de terceros en su poder.

Las actividades de control son importantes no solo porque en sí mismas implican la forma correcta de hacer las cosas, sino también debido a que son el medio idóneo para asegurar el logro de los objetivos.

## 2.3.4. Tipos de Control

Dentro de las actividades de control, las empresas para formular o documentar los diversos procedimientos de control que aseguren el cumplimiento de los mismos, deberán utilizar tres tipos de control como son los controles preventivos, detectivos y correctivos y en especial que se consideran básicos para el logro de metas y objetivos, integra las personas con los objetivos, mide el desempeño y mejoras de su personal, evita tentaciones de fraude, etc.

Controles Internos Preventivos: también denominados "de antes" son los que se usan para una adecuada supervisión de los recursos económicos y materiales o insumos, con el fin de asegurarse de que cumplen con los procedimientos preestablecidos, los cuales evitan costos de corrección o reproceso, evitan o predicen problemas potenciales antes de que aparezcan para hacer los ajustes oportunamente.

Controles Internos de Detección: sirven para identificar errores que no fueron detectados por los controles preventivos y se logran mediante el análisis de las conciliaciones de cuentas, recuentos de inventarios, registro de activos y de desempeño, técnicas automatizadas, análisis de variaciones, cumplimiento de las obligaciones fiscales, etc.

Controles Internos Correctivos: son la toma de acciones para prevenir eventos negativos, son fundamentales para la toma de decisión de la Alta Gerencia y opciones de asumir, eliminar o mitigar errores o riesgos de cada uno de ellos. Son igualmente acciones y procedimientos que puedan requerir reformulación o solución.

**Tabla 7. Tipos de controles**

| Tipos de controles | | | | | |
|---|---|---|---|---|---|
| De detección | | Preventivos | | Correctivos | |
| **Propósito** | **Característica** | **Propósito** | **Característica** | **Propósito** | **Característica** |
| Detectar hechos indeseables. Detectar la manifestación u ocurrencia de un hecho. | Detienen el proceso o aíslan o registran las causas del riesgo. | Prevenir resultados indeseables. Reducir la posibilidad de que se presente un hecho indeseable. | Están incorporados en los procesos de forma imperceptible. | Corregir los efectos de un hecho indeseable. Corregir las causas del riesgo detectado. | Son el complemento de los controles de detección, al producir una acción luego de la alarma. |
| | Ejercen una función de vigilancia. | | Se crean Pasivos ficticiamente en el sistema | | Corrigen la evasión o falta de los controles preventivos. |
| | Actúan cuando se evaden los preventivos. | | Sirven de guías para evitar las causas del riesgo. | | Ayudan a la investigación y corrección de las causas. |
| | No evitan las causas, ni a las personas involucradas. | | Impiden que algo suceda mal. | | Permiten que la alarma sea escuchada y el problema sea resuelto. |
| | Conscientes y obvios, miden la efectividad de los controles preventivos. | | Son baratos, pues evitan costos de correcciones. | | Son mucho más costosos, pues implican correcciones y reprocesos. |
| | Son costosos, pues pueden implicar correcciones. | | | | |

Fuente: elaboración propia.

## 2.3.5 Sistemas de información y comunicación

Los sistemas de información están diseminados en el ente y estos atienden uno o más objetivos de control. De manera amplia, se considera que existen controles generales y controles de aplicación sobre los sistemas de información.

## 2.3.6 Controles generales

Los controles generales tienen como propósito asegurar una operación y continuidad adecuadas, e incluyen el control sobre el centro de procesamiento de datos y su seguridad física, la contratación y el mantenimiento del *hardware* y del *software*, así como la operación en sí misma. También se relacionan con las funciones de desarrollo y mantenimiento de sistemas, soporte técnico, administración de base de datos, contingencias y otros.

**Tabla 8. Controles generales**

| Controles generales | |
|---|---|
| Prestar atención a aquellos controles que: | |
| Establecen un adecuado ambiente de control (conciencia, actitud, disciplina). | Seguimiento de las desviaciones presupuestales. |
| Influyen en la naturaleza o el carácter de los procedimientos de control sobre clases de transacciones o saldos significativos. | Sistema para control de pagos a proveedores. |
| Contribuyen al cumplimiento de los controles específicos. | Contabilidad por áreas de responsabilidad. |
| Políticas y procedimientos presupuestales. | Presupuestos de inversiones de capital. |
| Evaluación con base en control presupuestario. | Seguros y fianzas. |

Fuente: elaboración propia.

### 2.3.6.1 Controles de aplicación

Los controles de aplicación están dirigidos al interior de cada sistema y funcionan para lograr el procesamiento, integridad y confiabilidad, mediante la autorización y validación correspondiente. Desde luego, estos controles cubren las aplicaciones destinadas a las interfases con los otros sistemas con los que interactúan (reciben o entregan información).

Los sistemas de información y tecnología son y serán, sin duda, un medio para incrementar la productividad y competitividad. Ciertos hallazgos sugieren que la integración de la estrategia, la estructura organizacional y la tecnología de información es un concepto clave para el nuevo siglo.

## 2.3.6.2 Información y comunicación

Para poder controlar una entidad y tomar decisiones correctas respecto a la obtención, el uso y la aplicación de los recursos es necesario disponer de información adecuada y oportuna. Los estados financieros constituyen una parte importante de esa información y su contribución es incuestionable.

Es conveniente considerar, en esta parte, las tecnologías que evolucionan en los sistemas de información, pues también, en su momento, permitirán y requerirán diseñar controles a través de ellas. Tal es el caso de internet, el procesamiento de imágenes, el intercambio electrónico de datos e incluso sistemas expertos. Conviene aclarar que los componentes de control interno, sus objetivos y sus estructuras dependen de las necesidades específicas de cada organización, sin embargo, la información contable tiene fronteras. No se puede usar para todo, ni se puede esperar todo de ella. Aunque esto es evidente, hay quienes consideran que la información de los estados financieros es suficiente para tomar decisiones acerca de una entidad.

**Tabla 9. Sistemas de información**

| Sistemas de información | |
|---|---|
| Sistemas de apoyo a iniciativas estratégicas. | Sistemas en línea proveedor - cliente. |
| | Sistemas en línea en los bancos. |
| Sistemas integrados con las operaciones, que soportan las fases de la operación. | Sistemas de manufactura. |
| | Sistemas de inventario. |

Fuente: elaboración propia.

La conciliación eficaz de los sistemas de información permite transmitir mensajes que facilitan el cumplimiento de las responsabilidades y promueven el control.

Frecuentemente se pretende evaluar la situación actual y predecir la situación futura con base únicamente en la información contable. Este enfoque simplista, por su parcialidad, solo puede conducir a juicios equivocados. Para todos los efectos, es preciso ser consciente de que la contabilidad informa, en parte, lo que ocurrió, pero no lo que sucederá en el futuro. Además, en ocasiones, la información no financiera constituye la base para la toma de decisiones, aunque igualmente resulta insuficiente para la adecuada conducción de una entidad.

**Figura 8. Sistema de información como herramienta de control**

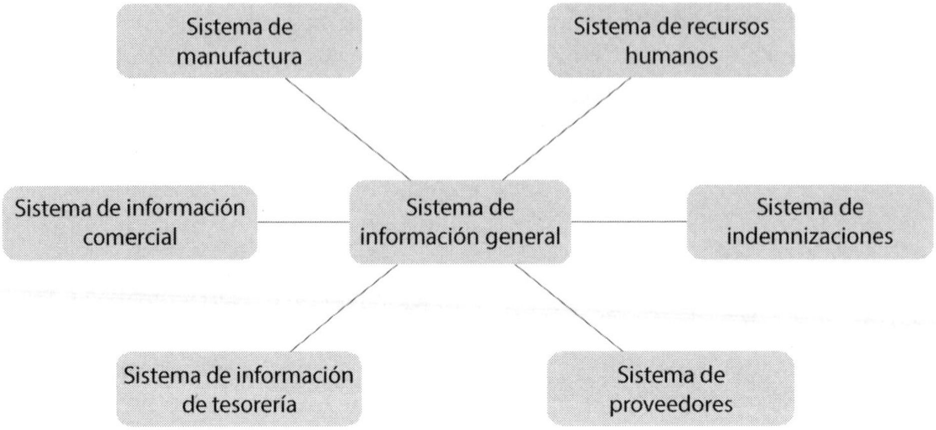

Fuente: elaboración propia.

La información pertinente debe ser identificada, capturada y comunicada al personal en la forma y en el tiempo indicados, de modo que le permita cumplir sus responsabilidades. Los sistemas producen reportes que contienen información operacional, financiera y de cumplimiento que posibilita conducir y controlar la organización. Por ello, el personal debe recibir un mensaje claro de la alta gerencia sobre sus responsabilidades y control; también debe entender su propia participación en el sistema de control, así como la forma en que las actividades individuales se relacionan con el trabajo colectivo. Igualmente, es necesaria la existencia de medios para comunicar información relevante hacia mandos superiores, así como entidades externas.

Los elementos que integran este componente son, entre otros:

- La información generada internamente, así como aquella referida a eventos acontecidos en el exterior. Esta es esencial tanto para la toma de decisiones, como para el seguimiento de las operaciones. La información cumple distintos propósitos en diferentes niveles.

- Los sistemas integrados a la estructura o entrelazados con las operaciones. Se observa una tendencia a que estos se apoyen contundentemente en la implantación de estrategias. Los sistemas de información, como elementos de control, estrechamente ligados a los procesos de planeación estratégica son un factor clave de éxito en las organizaciones.

- Los sistemas integrados a las operaciones son medios efectivos para realizar las actividades de la entidad. Desde luego, el grado de complejidad varía según el caso y se observa que cada día están más integrados a las estructuras o los sistemas de organización.

- La calidad de la información constituye un activo, un medio y una ventaja competitiva en las organizaciones importantes, ya que está asociada a la capacidad gerencial de las entidades. La información, para actuar como un medio efectivo de control, requiere de las siguientes características: oportunidad, actualización, razonabilidad y accesibilidad. Para ello, se invierte una cantidad importante de recursos. En la medida en que los sistemas de información apoyan las operaciones, se convierten en un mecanismo de control útil.

**Tabla 10. Elementos de información**

| Elemento de información |
| --- |
| **Sistema de información.** |
| Información de apoyo de iniciativas estratégicas<br>Información apropiada para planificación y control.<br>Información útil para la toma de decisiones.<br>Información para corregir operaciones fuera de control.<br>Información para apoyo de las operaciones.<br>Información sobre cambios en el entorno. |
| Tipo de informes. |
| Periodicidad. |
| Usuarios. |
| Utilización. |
| Flexibilidad. |

Fuente: elaboración propia.

- La comunicación, en todos los niveles de la organización, debe contar con canales adecuados, para que el personal conozca sus responsabilidades sobre el control de sus actividades. Estos canales comunican los aspectos relevantes del sistema de control interno, la información indispensable para los gerentes, así como los hechos críticos para el personal encargado de realizar las operaciones críticas. Los canales de comunicación con el exterior son el medio a través del cual se obtiene o proporciona información relativa a clientes, proveedores, contratistas, entre otros; así mismo, son necesarios para proporcionar información a las entidades de vigilancia y control sobre las operaciones de la entidad e inclusive sobre el funcionamiento de su sistema de control.

**Figura 9. Elementos de la comunicación**

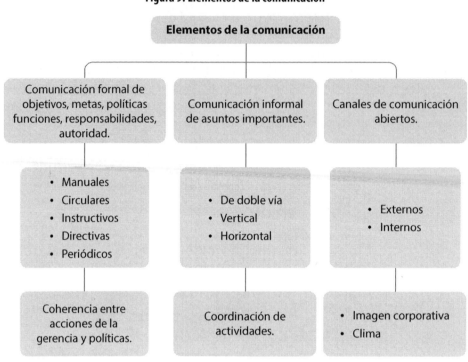

Fuente: elaboración propia.

## 2.3.7 Supervisión y monitoreo

En general, los sistemas de control están diseñados para operar en determinadas circunstancias. Para ello, se toman en consideración los objetivos, los riesgos y las limitaciones inherentes al control, sin embargo, las condiciones evolucionan debido tanto a factores externos como internos, lo cual provoca que los controles pierdan su eficiencia.

Como resultado, la gerencia debe llevar a cabo la revisión y la evaluación sistemáticas de los componentes y elementos de los sistemas de control. Lo anterior no implica una revisión constante de la totalidad de componentes y elementos. Ello dependerá de las condiciones específicas de cada organización y de los distintos niveles de efectividad mostrados por los diferentes componentes y elementos de control.

La evaluación conduce a la identificación de los controles débiles, insuficientes o innecesarios, para promover, con el apoyo decidido de la gerencia, su robustecimiento o implementación. Esta evaluación puede llevarse a cabo de tres formas: durante la realización de las actividades diarias en los distintos niveles de la organización, de manera separada por personal no directamente responsable de la ejecución de las actividades (incluidas las de control) y mediante la combinación de las dos formas anteriores.

**Tabla 11. La función de controlar o supervisar**

| La función de controlar o supervisar | | |
|---|---|---|
| Controlar es un proceso que compara lo ejecutado con lo programado. | Para determinar si hay desviaciones y adoptar las medidas correctivas que mantengan la acción dentro de los límites establecidos. | El propósito del control es tomar acción correctiva para asegurar el cumplimiento de los objetivos organizacionales. |

Fuente: elaboración propia.

### 2.3.7.1 Supervisión y evaluación sistemática de los componentes

La realización de las actividades diarias permite observar si efectivamente los objetivos de control se cumplen y si los riesgos se consideran adecuadamente. Los niveles de supervisión y gerencia juegan un papel importante al respecto, ya que estos son los que permiten concluir si el sistema de control es efectivo o ha dejado de serlo, y determinar las acciones de corrección o de mejoramiento que el caso exige.

**Figura 10. Supervisión general**

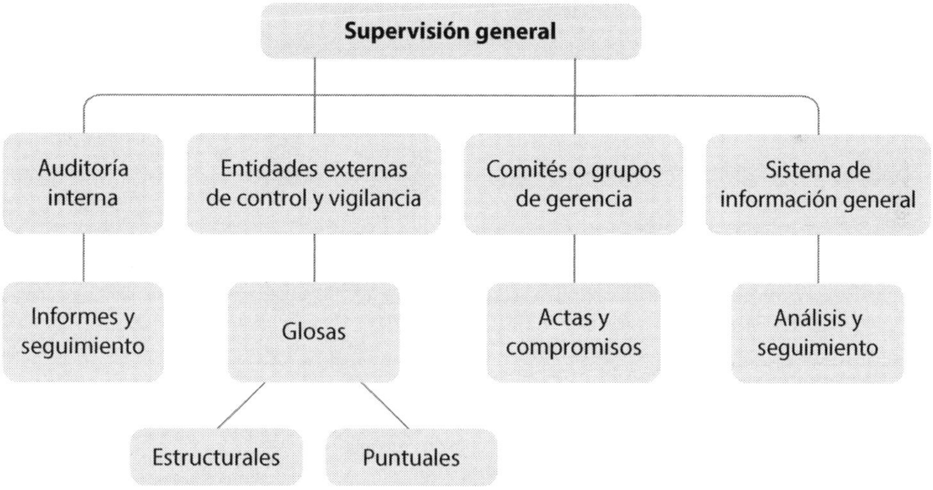

Fuente: elaboración propia.

### 2.3.7.2 Evaluaciones independientes

Las evaluaciones independientes son indispensables para obtener una información valiosa sobre la efectividad de los sistemas de control. La ventaja de este enfoque es que tales evaluaciones tienen carácter independiente, lo que se traduce en objetividad pues están dirigidas respectivamente a la efectividad de los controles y, por adición, a la evaluación de la efectividad de los procedimientos de supervisión y seguimiento del sistema de control.

Los objetivos, el enfoque y la frecuencia de las evaluaciones independientes de control varían en cada organización, dependiendo de las circunstancias específicas. Igualmente, se pueden combinar las actividades de supervisión y las evaluaciones independientes, a fin de maximizar las ventajas de ambas alternativas y minimizar sus debilidades.

¿Quién ejecuta la función de las evaluaciones de supervisión y seguimiento o monitoreo de los sistemas de control? El personal encargado de sus propios controles (autoevaluación), los auditores internos (durante la realización de sus actividades regulares), los revisores fiscales, los auditores independientes, los especialistas de otros campos (construcción, ingeniería de procesos, telecomunicaciones, exploración), etc., cuando se requieran.

### Metodología

La metodología de evaluación comprende desde cuestionarios y entrevistas hasta técnicas cuantitativas más complejas. Sin embargo, lo verdaderamente importante es la capacidad para entender las distintas actividades, componentes y elementos que integran un sistema de control, ya que de ello depende la calidad y profundidad de las evaluaciones. También es importante documentar las evaluaciones con el fin de lograr mayor utilidad de ellas.

**Tabla 12. Supervisión y monitoreo**

| Supervisión y monitoreo |
|---|
| Proceso diseñado para verificar la vigencia, calidad y efectividad del sistema de control interno de la entidad, incluye las siguientes actividades:<br>• Buen criterio administrativo interno.<br>• Supervisión independiente o auditoría externa.<br>• Autoevaluaciones y revisiones de la gerencia.<br>• Supervisión a través de la ejecución de operaciones.<br>El resultado de la supervisión, en términos de hallazgos (deficiencias de control y oportunidades de mejoramiento de control) se informan a los niveles superiores (la gerencia, los comités o la junta directiva). |

Fuente: elaboración propia.

### 2.3.7.3 Actividades de monitoreo (*ongoing*[22])

Las actividades de monitoreo consisten en una evaluación continua y periódica, realizada por la gerencia, de la eficacia del diseño y de la operación de la estructura

---

22 *Ongoing*: estar actualmente en proceso, en continuo movimiento, hacia adelante.

de control interno para determinar si funciona de acuerdo con lo planeado y si debe modificarse y cuándo.

El monitoreo ocurre en el curso normal de las operaciones e incluye las actividades de supervisión, de dirección o administración permanente, y otras necesarias para llevar a cabo las obligaciones de cada empleado y obtener el mejor sistema de control interno[23]. Para un adecuado monitoreo (*ongoing*) se deben tener en cuenta las siguientes reglas:

- El personal debe obtener evidencia de que el control interno funciona adecuadamente.
- Las comunicaciones externas deben corroborar la información generada internamente.
- Se deben efectuar comparaciones periódicas entre las cantidades registradas en el sistema de información contable con los activos físicos.
- Revisar si se han implementado los controles recomendados por los auditores internos y externos.
- Verificar si los seminarios de entrenamiento, las sesiones de planeación u otras reuniones del personal proporcionan retroalimentación a la administración en cuanto a la efectividad de los controles.
- Verificar si el personal es cuestionado periódicamente para establecer si comprende y cumple con el código de ética y las normas legales, y si desempeña regularmente actividades de control.
- Verificar si son adecuadas, efectivas y confiables las actividades del departamento de la auditoría interna.

### Informe de las deficiencias

El proceso de comunicar las debilidades y oportunidades de mejoramiento de los sistemas de control debe dirigirse a los propietarios y a los responsables de operarlos, con el fin de que implementen las acciones necesarias. Según la importancia de las debilidades identificadas, la magnitud del riesgo existente y la probabilidad de ocurrencia, se determinará el nivel administrativo al cual deban comunicarse las deficiencias (en capítulo posterior se presenta un resumen de las deficiencias en las entidades manufactureras, comerciales y financieras en los informes de control interno).

---

23 Los sistemas de control interno requieren ser monitoreados, lo cual es un proceso que valora la calidad del desempeño del sistema en el tiempo, esto se realiza mediante acciones de monitoreo (*ongoing*), evaluaciones separadas o una combinación de las dos.

## 2.3.7.4 Participantes en el control y sus responsabilidades

Todo el personal tiene alguna responsabilidad sobre el control. La gerencia es responsable del sistema de control y debe asumirlo. Los directivos tienen un papel importante en la forma en que la gerencia ejercita el control, no obstante, el personal es responsable de controlar sus propias áreas. De igual manera, el auditor interno contribuye a la marcha efectiva del sistema de control, sin tener responsabilidad directa sobre su establecimiento y mantenimiento. La junta directiva o el consejo de administración y el comité de auditoría vigilan y dan atención al sistema de control interno.

Las partes externas, como auditores externos, revisores fiscales, comisarios, síndicos y distintas autoridades, contribuyen al logro de los objetivos de la organización y proporcionan información útil para el control interno. Ellos no son responsables de su efectividad ni forman parte de él, sin embargo, aportan elementos para su mejoramiento.

Dentro de un ente económico las responsabilidades sobre el control corresponden:

- A la junta directiva o el consejo de administración: establece no solo la misión y los objetivos de la organización, sino también las expectativas relativas a la integridad y a los valores éticos.
- A la gerencia: asegura la existencia de un ambiente propicio para el control.
- A los directivos financieros: entre otras cosas, apoyan la prevención y detección de reportes financieros fraudulentos.
- Al comité de auditoría: organismo que no solo tiene la facilidad de cuestionar a la gerencia en relación con el cumplimiento de sus responsabilidades, sino también asegurar que se tomen las medidas correctivas necesarias.
- Al comité de finanzas: contribuye evaluando la consistencia de los presupuestos con los planes operativos.
- A la Auditoría Interna: a través del examen de la efectividad y del control interno, y mediante recomendaciones sobre su mejoramiento.
- Al área jurídica: lleva a cabo la revisión de los contratos y otros instrumentos legales, con el fin de salvaguardar los bienes de la empresa.
- Al personal de la organización: mediante la ejecución de sus actividades asignadas cotidianamente y las acciones necesarias para su control. También son responsables de comunicar cualquier problema en las operaciones, incumplimiento de normas, posibles faltas al código de conducta y otras violaciones de acuerdo con los diferentes niveles de control establecidos.

**Tabla 13. Niveles de control**

| Niveles de control | |
|---|---|
| **Control de alto nivel** | **Controles específicos de nivel superior** |
| Revisiones de la gerencia. | Indicadores de rendimiento. |
| Auditoría interna. | Informes de excepción. |
| Controles generales de tecnología. | Conciliaciones de terceros. |
| **Control de nivel inferior** | **Controles específicos de nivel inferior** |

Fuente: elaboración propia.

### *Participación externa*

La participación de las entidades externas consiste en lo siguiente:

- Los revisores fiscales y auditores, comisarios, síndicos independientes proporcionan al consejo de administración, a la junta directiva y a la gerencia un punto de vista objetivo e independiente que contribuye al cumplimiento del logro de los objetivos de los reportes financieros entre otros.

- Las autoridades de control y vigilancia participan mediante el establecimiento de requerimientos de control interno, así como en el examen directo de las operaciones de la organización y realizan recomendaciones que lo fortalecen.

# 2.4 Aplicación del control interno en las entidades pequeñas y de mediano tamaño

Las entidades pequeñas y de mediano tamaño aplicarán el control interno, en un significado formal menor, para asegurarse de que los objetivos sean logrados. Las entidades pequeñas con una activa gerencia, involucrada en el proceso de la información, no tendrán una amplia descripción de los procedimientos de contabilidad, sistemas de información sofisticada o políticas escritas, además podrían no tener un código escrito de conducta, pero, en su lugar, desarrollan una cultura que enfatiza la importancia de la integridad y el comportamiento de sus comunicaciones orales y del ejemplo de la gerencia. Similarmente, las compañías pequeñas pueden no tener un miembro independiente o externo a la entidad que forme parte de su junta de directores, sin embargo, estas condiciones no afectarían la valoración del auditor del control de riesgo. Cuando una entidad pequeña o de mediano tamaño tiene operaciones complejas o está sujeta a requerimientos legales y regulatorios, y pertenece a otra entidad importante, significa que formalmente se debe asegurar el logro de sus objetivos de control interno.

# CAPÍTULO 3

## coso 2013: VERSIÓN ACTUALIZADA DEL MARCO INTEGRADO DE CONTROL INTERNO

En 1992, coso publicó el *Marco Integrado de Control Interno* basado en un cambio de definición y su organización mediante cinco componentes, tal como se explica en el capítulo anterior. Esta disposición fue aplicada en entidades privadas y públicas como un tema revolucionario en el enfoque del control interno.

Después de 20 años, en mayo de 2013, coso presenta una versión actualizada de *Control Interno —Marco Integrado—*, debido a experiencias relacionadas con los cambios operativos de negocio no enfocados a nivel sectorial exclusivamente, sino a niveles globales más complejos, y con cambios tecnológicos aprovechables para optimizar los controles. Otro aspecto que influyó se relaciona con los diferentes grupos de interés que se han comprometido en sus empresas, pues exigen transparencia y responsabilidad frente a los sistemas de control interno que apoyan la toma de decisiones y el buen gobierno corporativo, y representan una seguridad razonable en las transacciones, saldos y revelaciones de los reportes financieros o no financieros.

**Figura 11. Evolución COSO 1992 a COSO 2013**

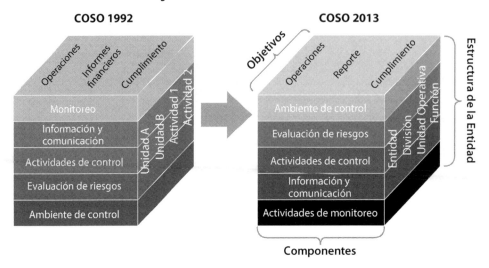

Fuente: Deloitte México (2015, p. 11).

La idea de la nueva versión es mantener eficiente y efectivamente los sistemas de control interno que aumentarán la probabilidad de cumplimiento de los objetivos y se adaptarán a los cambios de su entorno operativo y de negocio. Esta versión parte de la definición y los cinco componentes de la versión anterior y enfatiza en la importancia del criterio profesional de la Dirección en el diseño, implementación, funcionamiento y evaluación de la efectividad del sistema de control interno. Las principales mejoras están en los conceptos fundamentales, de manera que se formaliza una serie de principios asociados a los cinco componentes para tener más claridad al diseñar e implementar un sistema de control interno, y comprender los requisitos de un control interno efectivo.

El *Marco de Control Interno* mejoró el objetivo de la información financiera, al adicionar reportes de información no financiera e internos, debido a los cambios en el entorno empresarial y operativo de las últimas décadas, tales como:

- Las expectativas de supervisión del gobierno corporativo.
- La globalización de los mercados y las operaciones.
- Los cambios y el aumento de la complejidad de las actividades empresariales.
- Las demandas y complejidades de las leyes, reglas, regulaciones y normas.
- Las expectativas de las competencias y responsabilidades.
- El uso y dependencia de tecnologías en evolución.
- Las expectativas relacionadas con la prevención y detección del fraude.

La publicación de 1992 le permitía a una organización establecer, monitorear, evaluar y reportar acerca del control interno, mientras que su actualización del 2013 facilita su uso y aplicación, teniendo en cuenta los cambios en los negocios y el entorno en que operan. Para lo cual se articulan los principios que están presentes y se clarifican los requisitos de un control interno efectivo, a fin de animar a los usuarios a aplicar el control interno en objetivos adicionales (esa evolución es presentada en la figura 14).

**Figura 12. Evolución de COSO**

Fuente: PwC Colombia (2014, p. 8).

## 3.1 Diferenciación de términos

Usualmente se confunden la definición de *control interno* con la de sistema de *control interno*. Control interno es un término genérico que abarca a quien lo realiza y su finalidad, por su parte, el sistema de control interno es el procedimiento o forma de ejecutar el control interno dentro de un mecanismo no administrativo sino de apoyo de las entidades bajo principios de autocontrol[24], autogestión[25] y autorregulación[26]. Analicemos los dos conceptos.

---

24  Autocontrol: capacidad de los funcionarios para evaluar y controlar su trabajo, detectar desviaciones y aplicar correctivos en el ejercicio y cumplimiento de sus funciones, así como mejorar sus tareas y responsabilidades.

25  Autogestión: capacidad para interpretar, coordinar, ejecutar y evaluar efectiva, eficiente y eficazmente el funcionamiento del control interno.

26  Autorregulación: capacidad de aplicar métodos, normas y procedimientos que permitan su desarrollo, implementación y mejoramiento.

### 3.1.1 Sistema de Control Interno

El Sistema de control interno está compuesto por políticas, principios, procedimientos y mecanismos de verificación y evaluación. Su propósito es proporcionar un grado de seguridad razonable para lograr los objetivos de control interno.

### 3.1.2 Definición de control interno, según el coso

El control interno es un proceso realizado por el consejo de administración[27], la dirección[28] y el resto del personal, cuyo fin es proporcionar un grado de seguridad razonable frente al logro de los objetivos relacionados con las operaciones, la información[29] y el cumplimiento (cf. coso, 1992).

Hay varios fundamentos, en esta definición, que conviene resaltar e interpretar, a saber:

- "Es un proceso", es decir que representa tareas y actividades continuas, organizadas en políticas, manuales, sistemas y formularios (aquí radica la confusión entre el sistema y la teoría de control).

- "Es realizado por el consejo de administración, la dirección y el resto del personal", es decir, es efectuado por personas.

- Su fin primordial es "el logro de los objetivos" clasificados en operativos (efectividad y eficiencia, incluye rendimiento operacional y financiero, y la protección de activos), de información (interna y externa sobre información financiera y no financiera, caracterizada por ser confiable, oportuna y transparente) y de cumplimiento (leyes y regulaciones a las que está sujeta la empresa).

- "Seguridad Razonable" no es una seguridad absoluta, en tanto la mente humana es superior a las políticas, reglamentos, disposiciones legales, etc., y las medidas de control interno son vulnerables por rígidas que sean.

---

27  Estamento nombrado por las asambleas para su representación administrativa, que, según la característica jurídica de la empresa, es la junta directiva o el consejo de administración.

28  Aquí se incluye a la alta gerencia y a los jefes de división o de sección.

29  En la versión de 1992 se refería exclusivamente a la suficiencia y confiabilidad de la información financiera, como se mencionó anteriormente, no existe en una organización solamente la información financiera (estados financieros), sino también múltiples informes internos o externos referidos a información específica para fines de dirección y supervisión, por tanto, debe entenderse ahora como "información financiera y no financiera".

El control interno no es un proceso en serie, sino un proceso integrado y dinámico para convertirse en un sistema.

El Marco establecido en el COSO 2013 se reformó en función de toda clase de entidades (grandes, medianas o pequeñas) con o sin ánimo de lucro, y de los organismos públicos o gubernamentales, teniendo en cuenta cada empresa en particular y su estructura organizacional, con vistas en la relación costo - beneficio. No obstante, a pesar de las múltiples recomendaciones presentadas a la primera versión del COSO I (1992), se sucedieron numerosos escándalos financieros, crisis económicas y fraudes financieros (corrupción, malversación de activos y otros).

COSO, en el nuevo modelo, se enfocó en el mejoramiento del control interno y del gobierno corporativo, y en el manejo más transparente de los recursos públicos o privados de cualquier tipo de organización para mitigar, detectar y corregir cualquier circunstancia de errores intencionales o no intencionales en las organizaciones. En este nuevo Marco Integrado de Control Interno, convertido en sistema de control interno, abarca cada una de las áreas de la empresa y engloba cinco componentes relacionados entre sí:

a.  El entorno o ambiente de control.
b.  La evaluación del riesgo.
c.  El sistema de información y comunicación.
d.  Las actividades de control.
e.  La supervisión.

Asimismo, este nuevo marco apoya a la administración, la dirección, los accionistas y demás partes que interactúan con la entidad, al ofrecer una explicación de lo que constituye un sistema de control interno efectivo.

Un sistema de control interno es un proceso integrado y dinámico, y se caracteriza por las siguientes propiedades:

- Permite aplicar el control interno a cualquier sector, de cualquier tipo o tamaño de empresa.
- Presenta un enfoque basado en principios, que proporcionan flexibilidad, aplicables a nivel de entidad, operativo y funcional, lo cual permite, además, la aplicación del criterio profesional al diseñar, implementar y desarrollar el control interno.
- Considera los componentes y principios existentes, su funcionamiento e interacción.
- Proporciona un método para identificar y analizar los riesgos, así como para desarrollar y gestionar respuestas adecuadas a tales riesgos, dentro de unos niveles aceptables y con un mayor enfoque en las medidas antifraude.

- Constituye una oportunidad para ampliar el alcance del control interno más allá de la información financiera, a otras formas de presentación de la información, operaciones y objetivos de cumplimiento.

- Es una oportunidad para eliminar controles ineficientes, redundantes o inefectivos que proporcionan un valor mínimo en la reducción de riesgos para lograr los objetivos de la entidad.

- Brinda mayor confianza en la supervisión efectuada por el Consejo sobre los sistemas de control interno.

- Ofrece mayor confianza respecto al cumplimiento de los objetivos de la entidad.

- Genera mayor confianza en la capacidad de la entidad para identificar, analizar y responder a los riesgos y a los cambios producidos en el entorno operativo y de negocios.

- Permite lograr una mayor comprensión de la necesidad de un sistema de control interno efectivo.

- Ilustra la necesidad de aplicar un criterio profesional oportuno en la dirección para eliminar controles no efectivos, redundantes o ineficientes.

El control interno desarrollado por coso ayuda a las empresas a lograr importantes objetivos y mantener y mejorar sus rendimientos, pues permite desarrollar eficiente y eficazmente sistemas de control interno adaptables a los cambios del entorno operativo, regulatorio y de negocio. Esto se debe a que este modelo de control interno mitiga los riesgos hasta niveles aceptables y, así, crea soportes para la toma de decisiones y el manejo adecuado de los gobiernos corporativos, al insistir que el control a determinar, el cumplimiento de las políticas y procedimientos, las funciones a supervisar y la efectividad de los sistemas de control requieren de juicio y de criterio profesional.

## 3.2 Componentes COSO 2013

**Figura 13. Componentes de Control Interno COSO 2013**

Fuente: elaboración propia.

### 3.2.1 Entorno o ambiente de control

Principal componente de control interno cuya influencia es muy relevante en el resto de los componentes. El entorno de control representa el conjunto de normas, procesos y estructuras que constituyen la base sobre la que se desarrolla el control interno, de modo que el Consejo y la Alta Gerencia marcan el *Tone at the Top* o dan ejemplo de buena conducta y de la importancia del control interno, y supervisan además que el personal subdirectivo lo demuestre igualmente. Ese entorno de control incluye:

a.  La integridad y los valores éticos.

b.  La supervisión adecuada como gobierno corporativo.

c.  La asignación de autoridad y responsabilidad en los diferentes cargos de dirección.

d.  La atracción, desarrollo y retención de profesionales competentes.

e.  La aplicación del rigor a las medidas de desempeño de los empleados.

f.  El establecimiento de esquemas de compensación para incentivar la responsabilidad por resultados de desempeño.

**Tabla 14. Organización de los principios y puntos de interés del Ambiente o entorno de control**

| Componente: 1. Ambiente o entorno de control | |
| --- | --- |
| **Principios** | **Puntos de interés** |
| 1.1. Compromiso con la integridad y los valores éticos. | 1.1.1. La Alta Gerencia da ejemplo de integridad y valores éticos altos. |
| | 1.1.2. Establece un manual de conducta y buenas costumbres. |
| | 1.1.3. Evalúa el compromiso o adhesión del personal al manual de conducta y buenas costumbres. |
| | 1.1.4. Aborda y corrige desviaciones erradas de manera oportuna. |
| 1.2. Supervisión independiente del Consejo Directivo. | 1.2.1. Establece claramente responsabilidades de supervisión internas y externas. |
| | 1.2.2. Aplica experiencia relevante. |
| | 1.2.3. El Consejo de Administración o Junta Directiva funciona claramente independiente. |
| | 1.2.4. Proporciona supervisión al sistema de control interno. |
| | 1.2.5. Establece un comité de auditoría para lograr una supervisión permanente al sistema de control interno. |
| 1.3. Establecer estructuras, autoridad y responsabilidad en la búsqueda de objetivos. | 1.3.1. Considera las estructuras de la empresa. |
| | 1.3.2. Establece líneas de reporte. |
| | 1.3.3. Define, asigna y limita autoridades y responsabilidades. |
| 1.4. Demostrar compromiso para atraer, desarrollar y retener a profesionales competentes. | 1.4.1. Establece políticas y prácticas. |
| | 1.4.2. Evalúa las competencias y corrige las deficiencias. |
| | 1.4.3. Atrae, desarrolla y retiene empleados competentes. |
| | 1.4.4. Planifica y se prepara para los cambios. |
| 1.5. Reforzar la responsabilidad sobre el control interno. | 1.5.1. Hace cumplir la rendición de cuentas mediante estructuras, autoridad y responsabilidad. |
| | 1.5.2. Establece medidas de desempeño, incentivos y recompensas. |
| | 1.5.3. Evalúa medidas de desempeño, incentivos y recompensas para relevancia continua. |
| | 1.5.4. Considera las presiones excesivas. |
| | 1.5.5. Evalúa el desempeño y recompensas, o disciplina a los empleados. |

Fuente: elaboración propia.

## 3.2.2 Evaluación de riesgos

El riesgo se define como la posibilidad de que un acontecimiento ocurra y afecte negativamente a la consecución de objetivos. Cada empresa enfrenta una gran cantidad de riesgos procedentes de fuentes tanto externas como internas, por ello es necesaria la evaluación de riesgos. Esta implica un proceso dinámico e interactivo para identificar y examinar los riesgos de cada objetivo operativo, de información o de cumplimiento, mediante niveles preestablecidos de tolerancia y con suficiente claridad y detalle. De modo que se diagnostica el impacto potencial en los posibles cambios en el entorno externo y en su propio modelo de negocio, y que además provoquen resultados infructuosos del control interno.

**Tabla 15. Organización de los principios y puntos de interés de la Evaluación de riesgos**

| Componente: 2. Evaluación de riesgos | |
|---|---|
| **Principios** | **Puntos de interés** |
| 2.1. Especificar objetivos claros y adecuados. | 2.1.1. Objetivos operacionales. |
| | 2.1.2. Objetivos de reporte financiero externo. |
| | 2.1.3. Objetivos de reporte no financiero externo. |
| | 2.1.4. Objetivos de reporte financiero interno. |
| | 2.1.5. Determina cómo responder a los riesgos. |
| 2.2. Identificar y analizar riesgos. | 2.2.1. Incluye entidad, subsidiaria, división, unidad operativa y niveles funcionales. |
| | 2.2.2. Analiza los factores internos y externos. |
| | 2.2.3. Involucra niveles adecuados de la administración. |
| | 2.2.4. Estima la importancia de los riesgos identificados. |
| | 2.2.5. Evalúa los cambios en el modelo de negocio. |
| 2.3. Evaluar el potencial de riesgo de fraude. | 2.3.1. Considera varios tipos de fraude. |
| | 2.3.2. Evalúa incentivos y presiones. |
| | 2.3.3. Evalúa oportunidades. |
| | 2.3.4. Evalúa actitudes y racionalizaciones. |
| 2.4. Identificar y analizar cambios significativos. | 2.4.1. Evalúa los cambios en el entorno externo. |
| | 2.4.2. Evalúa los cambios en el modelo de negocio. |
| | 2.4.3. Evalúa los cambios en el liderazgo. |

Fuente: elaboración propia.

## 3.2.3 Actividades de control

Las acciones establecidas en una Organización mediante políticas y procedimientos que garanticen el cumplimiento de las instrucciones de la Dirección, para mitigar los riesgos con impacto potencial en los objetivos. Tales actividades de control se ejecutan en las diferentes etapas de los procesos de los negocios y en el entorno tecnológico, los cuales son preventivos o de detección. Para ello, es necesario documentarse debidamente sobre los procedimientos automatizados o manuales tales como autorizaciones, verificaciones, conciliaciones, revisiones del desempeño empresarial e, incluso, la segregación de funciones (en las empresas pequeñas, donde no es posible realizar una adecuada segregación de funciones, la Dirección desarrollará actividades de control alternativas).

**Tabla 16. Organización de los principios y puntos de interés de las Actividades de control**

| Componente: 3. Actividades de control | |
|---|---|
| **Principios** | **Puntos de interés** |
| 3.1. Seleccionar y desarrollar actividades de control. | 3.1.1. Integración con la evaluación de riesgos. |
| | 3.1.2. Considera los factores específicos de la entidad. |
| | 3.1.3. Evalúa el compromiso o adhesión del personal al Manual de conducta y buenas costumbres. |
| | 3.1.4. Aborda y corrige desviaciones erradas oportunamente. |
| | 3.1.5. Considera en qué nivel se aplican las actividades. |
| | 3.1.6. Toma en cuenta la segregación de funciones. |
| 3.2. Seleccionar y desarrollar controles generales de Tecnología de Información (TI). | 3.2.1. Determina la dependencia entre el uso de TI en los procesos del negocio y los controles generales de TI. |
| | 3.2.2. Se establecen actividades de control relevantes a la infraestructura de TI. |
| | 3.2.3. Se establecen actividades de control relevantes para el proceso de gestión de seguridad. |
| | 3.2.4. Se establecen actividades de control relevantes para los procesos de adquisición, desarrollo y mantenimiento de TI. |
| 3.3. Implementar controles a través de políticas y procedimientos. | 3.3.1. Se establecen políticas y procedimientos para permitir la implementación de las directrices de la administración. |
| | 3.3.2. Establece la responsabilidad y rendición de cuentas por la ejecución de las políticas y los procedimientos. |
| | 3.3.3. Se realiza de forma oportuna. |
| | 3.3.4. Se toma acción colectiva. |
| | 3.3.5. Se lleva a cabo por personal competente. |
| | 3.3.6. Se evalúan las políticas y los procedimientos. |

Fuente: elaboración propia.

## 3.2.4 Información y comunicación

La información relevante y de calidad, ya sea de fuentes externas o internas, es necesaria para que la empresa cumpla con sus responsabilidades de control interno y evalúe el logro de sus objetivos. La comunicación es el proceso continuo e iterativo de proporcionar, compartir y obtener información necesaria. La comunicación interna difunde la información a través de la organización, en sentido ascendente, descendente y hacia los diferentes niveles de la entidad, así pues, es útil para que el personal reciba el mensaje y tome en cuenta seriamente sus responsabilidades en cuanto a controles.

La comunicación externa persigue dos finalidades, por un lado, comunicar, desde fuera hacia el interior de la empresa, la información relevante y, por otro lado, proporcionar información interna relevante hacia afuera, en respuesta a las necesidades y expectativas de grupos de interés externos.

**Tabla 17. Organización de los principios y puntos de interés de la Información y comunicación**

| Componente: 4. Información y comunicación | |
|---|---|
| **Principios** | **Puntos de interés** |
| 4.1. Obtener, generar y usar información relevante. | 4.1.1. Identifica los requisitos de la información. |
| | 4.1.2. Captura fuentes internas y externas de datos. |
| | 4.1.3. Procesa datos. |
| | 4.1.4. Mantiene la calidad a lo largo del procesamiento. |
| | 4.1.5. Considera los costos y beneficios. |
| 4.2. Comunicar internamente la información de control interno. | 4.2.1. Se comunica información de control interno. |
| | 4.2.2. La administración se comunica con el consejo directivo. |
| | 4.2.3. Proporciona líneas de comunicación independiente. |
| | 4.2.4. Selecciona métodos relevantes de comunicación. |
| 4.3. Comunicar externamente la información de control interno. | 4.3.1. Se comunica a partes externas. |
| | 4.3.2. Permite comunicaciones entrantes. |
| | 4.3.3. Se comunica con el Consejo de administración o Junta directiva. |
| | 4.3.4. Proporciona líneas de comunicación independientes. |
| | 4.3.5. Selecciona métodos relevantes de comunicación. |

Fuente: elaboración propia.

## 3.2.5 Actividades de supervisión

Las evaluaciones continuas, independientes o combinadas se utilizan para determinar si cada uno de los cinco componentes de control interno está presente y funciona adecuadamente. Las evaluaciones continuas, integradas en los procesos de negocios en los diferentes niveles de la entidad, suministran información oportuna. Las evaluaciones independientes, ejecutadas periódicamente, varían en alcance y frecuencia dependiendo de las evaluaciones de riesgos, la efectividad de las evaluaciones continuas y otras consideraciones de la Dirección.

Los resultados se evalúan comparándolos con los criterios establecidos por las entidades de vigilancia y control, otros organismos reconocidos o la Dirección y el Consejo de Administración; y las deficiencias se comunican a la Dirección y al Consejo, según corresponda.

**Tabla 18. Organización de los principios y puntos de interés de las Actividades de monitoreo**

| Componente: 5. Actividades de monitoreo | |
|---|---|
| **Principios** | **Puntos de interés** |
| 5.1. Completar evaluaciones continuas o separadas. | 5.1.1. Considera una mezcla de evaluaciones permanentes separadas. |
| | 5.1.2. Considera la velocidad del cambio. |
| | 5.1.3. Establece una compresión básica. |
| | 5.1.4. Utiliza personal experto. |
| | 5.1.5. Se integra con los procesos del negocio. |
| | 5.1.6. Se ajusta el alcance y la frecuencia. |
| | 5.1.7. Se evalúa objetivamente. |
| 5.2. Evaluar y comunicar las deficiencias de control interno. | 5.2.1. Evalúa los resultados. |
| | 5.2.2. Comunica deficiencias. |
| | 5.2.3. Monitorea las acciones correctivas. |

Fuente: elaboración propia.

En el complemento virtual SIL, se encuentra en Excel: un cuestionario de gobierno, control y riesgos basado en los cinco componentes de control interno, los 17 principios y los 78 puntos de interés; un cuestionario sin responder y otro completo con sus mapas de riesgo respectivos; presentación en PowerPoint de la elaboración de cada componente y sus mapas de riesgo.

# CAPÍTULO 4

# COVID-19 Y SU EFECTO EN LOS CONTROLES INTERNOS EN LAS EMPRESAS

La pandemia de COVID-19 ha tenido diferentes efectos económicos y financieros a nivel mundial, de los que no han escapado las empresas ni sus controles internos. Puesto que han aparecido nuevos riesgos, adicionales al riesgo de crédito y cobranza, debido al deterioro de las empresas. Entre estos riesgos, destacan los aumentos de fraudes, ocasionados por las necesidades de los empleados y terceros, es decir, el incumplimiento normativo y de los sistemas de reportes internos.

Muchas personas y empresas se han visto afectadas por la pandemia de COVID-19, este contexto de necesidades ha provocado incumplimientos de pagos de cartera, solicitudes de créditos impagables, complicidades en operaciones fraudulentas, etc. Lo cual ha obligado a las empresas a concentrarse en muchas operaciones y descuidar los controles internos relacionados con la segregación de funciones, los sistemas de acceso a activos, los niveles de autorización, la protección física y la supervisión de gestión de excepciones o valores atípicos.

Asimismo, debido al trabajo mayoritariamente virtual, muchos procedimientos de control no se cumplen (verificaciones de desviaciones, controles de procesos clave), las supervisiones son menos rigurosas y las entidades de vigilancia y control flexibilizan los requisitos y plazos para presentar informes e, incluso, expedir normas nacionales y regionales. Lo cual conlleva la disminución de los controles gerenciales y de tercera línea, como es la auditoría interna, y de la rigidez en la revisión de los controles de cumplimiento, esto implica una mayor confianza en los autocontroles.

No obstante, las empresas no pueden permitir la aparición de alguno de los múltiples riesgos originados por la pandemia, especialmente por culpa de las instituciones. Los controles deben permanecer rígidos, si no se pueden cumplir, se deben establecer nuevos controles y medidas preventivas viables y oportunas en concordancia con las posibles vulnerabilidades identificadas en tiempo real.

Las empresas que usan el Marco COSO, para diseñar, implementar, monitorear y evaluar la efectividad del sistema de control interno bajo los cinco componentes, sus 17 principios y sus puntos de interés particulares explicados en el capítulo relacionado con el COSO 2013, se han visto afectadas, debido a descuidos de los controles existentes, a la rebaja de imposiciones de los reguladores y a la realización de procesos virtuales en vez de presenciales. Ello presenta un nuevo enfrentamiento entre la eficiencia de la operación y el cumplimiento de los procedimientos de control interno.

## 4.1 Afectaciones directas

La pandemia estableció restricciones de movilidad y priorizó las obligaciones sanitarias, de manera que las empresas debieron replantear sus procesos de negocio a fin de asegurar el flujo de sus operaciones. Por ejemplo, se aceleró la mudanza del comercio tradicional al comercio virtual a nivel mundial. No obstante, las presiones ejercidas por los grupos de interés frente al cumplimiento de objetivos y la obtención de rendimientos, conllevan la toma de decisiones arriesgadas que ignoran el costo del control interno o los riesgos del negocio, tales como simplificar las aprobaciones y ejecuciones de las operaciones.

Además del desarrollo de esquemas de defraudación utilizados interna y externamente, perfeccionados virtualmente y basados en los tres elementos del fraude de Donald R. Cressey (1961) de presión o motivación[30], oportunidad[31] y racionalización[32,] las encuestas realizadas por la Asociación Iberoamericana de Gestión de Riesgos y Seguros (AIGRYS) y el Foro Económico Mundial identifican las siguientes amenazas:

a. Recesión prolongada.

b. Debilitamiento de la posición fiscal de las principales economías.

c. Restricciones más estrictas del movimiento transfronterizo de bienes y personas.

d. Interrupción prolongada de las cadenas de suministro mundiales.

---

30  Presión: lo que promueve el delito.

31  Oportunidad: método por el cual se cometerá el ilícito.

32  Racionalización: justificación aceptable de los actos del defraudador.

e.  Aumento de ataques cibernéticos.

f.  Fraude de datos.

A nivel estatal se avizora un problema aún más grave, debido a la probable acumulación de deuda, podrían verse afectados los presupuestos gubernamentales y los saldos corporativos durante muchos años. En tanto el Gobierno es el mayor consumidor de las empresas privadas y las relaciones económicas mundiales podrían entrar en crisis insostenibles, se afectaría directamente la empresa privada.

## 4.2 Perspectiva de riesgos de la COVID-19

Por su importancia sobre el futuro, se presenta a continuación un fragmento del estudio realizado por el World Economic Forum, en mayo de 2020, *Perspectiva de Riesgos del Covid 19: Mapeo preliminar y sus implicaciones.*

### Contratiempos de sostenibilidad: riesgos emergentes del estancamiento del progreso

A medida que los países comienzan a reiniciar sus economías, las nuevas prácticas laborales y las actitudes hacia los viajes, los desplazamientos y el consumo, pueden facilitar el logro de una recuperación más baja en carbono y más sostenible. Pero omitir los criterios de sostenibilidad en los esfuerzos de recuperación o volver a una economía global intensiva en emisiones corre el riesgo de obstaculizar la transición resistente al clima y baja en carbono.

Se podrían perder años de progreso mediante una inversión insuficiente en iniciativas de descarbonización de la industria, renovación de infraestructura y adaptación institucional. Esto daría paso a un círculo vicioso de degradación ambiental continua, pérdida de biodiversidad y nuevos brotes de enfermedades infecciosas zoonóticas, así como desastres más dañinos.

### Ansiedades sociales: riesgos emergentes de trastornos sociales

Los altos niveles de preocupación por otro brote de enfermedades infecciosas indican la persistente fragilidad de los sistemas de salud pública y la vulnerabilidad de las sociedades a las paradas repetidas. Es probable que el alto desempleo estructural exacerbe la desigualdad y afecte la salud mental y la cohesión social.

También es probable que una automatización acelerada de la fuerza laboral afecte el bienestar individual y social. Un tercio de los encuestados también espera que una economía en desarrollo se derrumbe a mediano plazo, lo que tendría graves consecuencias humanitarias. En algunos países, las perspectivas educativas y de riqueza de la generación más joven también pueden verse amenazadas.

**Dependencia tecnológica: riesgos emergentes de una adopción abrupta**

La tecnología ha sido fundamental para la forma en que las personas, las empresas y los gobiernos han manejado la crisis de la COVID-19, y la economía sin contacto puede crear nuevas oportunidades de empleo en un mundo post pandémico.

Sin embargo, una mayor dependencia de la tecnología ha aumentado los riesgos de ciberseguridad. Casi dos quintas partes de los expertos en riesgos encuestados consideraron que era muy probable que los nuevos patrones de trabajo que conducen a ataques cibernéticos y fraude de datos. La rápida implementación de nuevas soluciones tecnológicas ha exacerbado otros riesgos, como la fragmentación digital, las violaciones de la privacidad y la desigualdad.

Es probable que el COVID-19 desafíe las expectativas de gobernanza tecnológica, y la desconfianza o el mal uso de la tecnología podría tener efectos sociales duraderos.

**Implicaciones para los tomadores de decisiones**

El legado de la crisis del COVID-19 estará determinado en última instancia por nuestra capacidad colectiva de comprender y evitar riesgos globales interdependientes, teniendo en cuenta los imperativos sociales, económicos y políticos.

El informe establece 20 desafíos y preguntas que pueden usarse como punto de partida para enmarcar las discusiones entre empresas, gobiernos y sociedades de todo el mundo.

# Cuestionario

- Determine los objetivos de control interno bajo medidas de control independiente y de autocontrol.

- ¿Cuáles son los subelementos del control interno en un ente administrativo del elemento de organización?

- ¿Cuáles son los subelementos del control interno en un ente administrativo del elemento de sistemas y procedimientos?

- ¿Cuáles son los subsistemas del control interno en un ente administrativo del elemento de personal?

- Explique técnicamente el elemento de organización.

- Explique técnicamente el elemento de sistemas y procedimientos.

- Explique técnicamente el elemento de personal.

- Explique técnicamente el elemento de supervisión.

- ¿Cuáles son los principios de control interno tradicional identificados como *generales*?

- ¿Cuáles son los principios de control interno tradicional identificados como *específicos*?

- ¿Cuáles normas universales se deben seguir para lograr un adecuado control interno de las *operaciones de caja*?

- ¿Cuáles controles de caja se deben implementar con otras áreas diferentes a caja?

- ¿Cuáles procedimientos se deben seguir para asegurar cabalmente los beneficios de un control interno sobre los desembolsos en cheques?

- ¿Cómo se logra, usualmente, un adecuado control interno?

- Dentro del control interno de las transacciones de ventas y cuentas por cobrar, ¿qué funciones de los departamentos o empleados deben separarse o segregarse?

- Para que exista un adecuado control interno en las transacciones de ventas y cuentas por cobrar, ¿qué se debe organizar o estructurar documentalmente?

- Haga un gráfico que identifique el proceso de un sistema normal de *crédito*.

- Haga un gráfico que identifique el proceso de un sistema normal de *facturación*.

- ¿Qué informes deben prepararse para el uso normal de la gerencia dentro del área de ventas y cuentas por cobrar?

- ¿Qué funciones están interrelacionadas en el control físico de inventarios?

- ¿Qué sistemas están interrelacionados con el control, a base de registros?

- ¿Qué procedimientos deben implementarse, para que exista un adecuado control interno en el área de inventarios?

- ¿Qué reportes internos deben prepararse normalmente para un control adecuado y la toma de decisiones de la gerencia dentro del área de inventarios?

- ¿Qué procedimientos deben implementarse en una organización empresarial para controlar adecuadamente los siguientes segmentos?

  ¤ Documentos por pagar.

  ¤ Gastos por intereses.

  ¤ Pasivos de contingencia.

- ¿Qué reportes deben prepararse periódicamente para controlar las cuentas por pagar?

- Según el COSO, ¿cuál es la nueva definición de control interno?

- Indique las tres nuevas categorías de objetivo de control interno y compárelas con los objetivos tradicionales enunciados en el capítulo 2 de esta segunda parte.

- ¿Cuáles conceptos o características fundamentales son enfatizados en la nueva definición de control interno?

- ¿De cuántos componentes interrelacionados consta el nuevo control interno?

- Se indica que los componentes de control interno están integrados a los procesos administrativos, ¿cómo se explica esta afirmación?

- ¿Los sistemas de control interno operan siempre bajo los mismos sistemas de efectividad?

- ¿Cuándo se entiende como efectivo un control interno por parte de la administración en general?

- ¿Qué incidencia tiene el riesgo en cuanto la efectividad, la seguridad razonable y su interrelación con los componentes de control interno?

- ¿En qué consiste el ambiente de control o control circundante?

- ¿Sobre cuáles aspectos incide la creación de un efectivo ambiente de control?

- ¿Por qué se afirma que el ambiente de control es el principal elemento sobre el cual se sustentan los otros cuatro componentes de control interno?

- ¿Cuál proposición tiene la integridad y los valores éticos dentro de un ambiente de control?

- ¿Por qué deben existir líderes con altos valores éticos y de conducta?

- ¿Qué propósito tiene el factor de compromiso de competencia dentro de un ambiente de control?

- ¿Qué características debe tener la junta directiva, consejo de administración o comité de auditoría, como factor básico dentro de un ambiente de control?

- ¿Cuáles son los subfactores más relevantes dentro de la filosofía administrativa y el estilo de operación?

- ¿Qué otros factores positivos existen dentro de un ambiente de control distintos a integridad y valores éticos, competencia, comité de auditoría, filosofía administrativa y estilo de operación?

- ¿Qué influencia tiene el ambiente de control en cuanto a los riesgos, los sistemas de información y supervisión?

- ¿Qué se entiende por el componente de evaluación de riesgos?

- ¿Quiénes están involucrados en la responsabilidad de la evaluación de riesgos?

- ¿Qué mecanismos de control de información debe tener la gerencia para administrar factores críticos de éxito?

- ¿Cuáles categorías de objetivos se conocen dentro de la evaluación de riesgos?

- ¿A qué eventos están sujetos el logro de objetivos de cumplimiento de operación y de información financiera?

- ¿Qué se entiende por riesgo?

- ¿Cómo debe organizar un ente económico los procesos para lograr la identificación de riesgos internos y externos que lo puedan afectar?

- Dé ejemplos de factores externos e internos que influyan en la determinación de un riesgo.

- ¿Por qué una adecuada identificación de manejo de cambios influye en la efectividad de los controles internos?

- ¿Por qué está ligado el manejo de cambios con el proceso de análisis de riesgos?

- ¿Qué se entiende por manejo de cambios dentro del proceso de evaluación de riesgos?

- Indique que técnicas se utilizan normalmente para una evaluación adecuada de riesgos.

- Identifique los propósitos y características de los tipos de controles de detección.

- Identifique los propósitos y características de los tipos de controles preventivos.

- Identifique los propósitos y características de los tipos de controles correctivos.

- ¿Qué se entiende por control en los sistemas de información?

- ¿Cuál es el propósito de los controles generales dentro de un sistema de información?

- ¿A quién se dirigen y qué se logra con los controles de aplicación en un sistema de información?

- ¿Cómo influye la tecnología en la evaluación de los sistemas de información?

- ¿Por qué los estados financieros constituyen parte importante dentro del elemento de la información?

- ¿La información contable se puede usar para todo o tiene limitaciones?

- ¿Se puede predecir la situación futura solo con base en la información contable?

- ¿Qué se entiende por información no financiera?

- ¿Cuáles características requiere la información para actuar como un medio efectivo de control?

- ¿Cómo se logra que el personal de una organización reciba claramente el mensaje de su responsabilidad sobre el control, de parte de la alta gerencia?

- Explique el elemento de la información, dentro de los componentes de control interno.

- Explique el elemento de la comunicación, dentro de los componentes de control interno.

- ¿Qué canales de comunicación deben existir para señalar las responsabilidades sobre el control al personal, al que realiza operaciones críticas?

- ¿Qué se entiende por la función de controlar?

- ¿Cómo se puede lograr una adecuada supervisión general?

- ¿Por qué la gerencia debe llevar a cabo una revisión y evaluación sistemática de los componentes y elementos que forman los sistemas de control?

- ¿A qué debe conducir una evaluación general o de auditoría?

- ¿Qué se entiende por la supervisión y evaluación sistemática de los componentes?

- ¿Por qué se consideran tan importantes las evaluaciones independientes de control interno?

- ¿Quién debe realizar la labor de supervisión, seguimiento o monitoreo?

- ¿Qué comprende la metodología de evaluación de control interno?

- ¿Qué entiende por actividades de monitoreo?

- ¿Cuáles reglas se deben seguir para un adecuado seguimiento o monitoreo?

- ¿A quién dirigirse el informe sobre debilidades y oportunidades de control interno?

- ¿Quién participa en el control y qué responsabilidades debe asumir?

- En orden de responsabilidades, identifique los conductos regulares de la organización, en los entes administrativos, de apoyo y de control.

- ¿En qué consiste la participación de las entidades externas y por quiénes es apoyado normalmente el componente de supervisión y monitoreo?

- ¿Qué se entiende por *ongoing*?

- ¿El monitoreo ocurre al final de un ejercicio o permanentemente?

- ¿Cuáles reglas deben tenerse en cuenta para un monitoreo adecuado?
- ¿Los sistemas de control interno requieren ser monitoreados? Explique.
- ¿Después de cuántos años es modificado el enfoque del COSO I – Marco Estructurado del Control Interno?
- Analice la figura 13, que compara los dos cubos de organización del COSO, ¿qué cambios observa?
- ¿Cuáles aspectos influyeron para que actualizar a la nueva versión del COSO 2013?
- ¿Cuáles aspectos mejoraron en la nueva versión del COSO 2013?
- ¿Qué muestra la figura 14 sobre los dos marcos, el del año 1992 y el del año 2013?
- Explique las diferencias de los términos *control interno* y *sistema de control interno*.
- ¿Qué se entiende por autocontrol?
- ¿Qué se entiende por autorregulación?
- ¿Qué se entiende por autogestión?
- ¿Qué se entiende por seguridad razonable?
- ¿En qué factores, los controles están relacionados entre sí y pueden soportar múltiples objetivos y principios?
- ¿El nuevo marco puede ser aplicado en cualquiera empresa o solamente en las grandes empresas?
- ¿Con qué fin se debe diseñar un sistema de control interno efectivo?
- ¿Hacia cuáles aspectos está enfocado el nuevo modelo COSO?
- El sistema de control abarca cada una de las áreas de la empresa y engloba cinco componentes relacionados entre sí, ¿cuáles son?
- ¿Qué ofrece el nuevo modelo COSO 2013 a los grupos de interés administrativos?
- ¿Cuáles propiedades se requieren para que el sistema de control interno se vea como un proceso integrado y dinámico?
- ¿En cuáles aspectos el COSO 2013 ayuda a las empresas en cuanto al control interno?
- ¿Por qué se afirma que el control interno ayuda a la empresa a lograr importantes objetivos?
- ¿Cuándo la dirección y la junta directiva deben utilizar su criterio profesional en lo referente a los controles internos?
- Explique, bajo COSO 2013, que se entiende por el componente de ambiente de control.

- ¿Qué aspectos incluye el ambiente de control?
- ¿Cuáles son los principios que aplican al ambiente de control?
- ¿Qué puntos de interés aplican al principio de "Compromiso con la integridad y los valores éticos"?
- ¿Qué puntos de interés aplican al principio de "Supervisión independiente del Consejo de Administración o Junta Directiva"?
- ¿Qué puntos de interés aplican al principio de "Establecer estructuras, autoridad y responsabilidad en la búsqueda de objetivos"?
- ¿Qué puntos de interés aplican al principio de "Demostrar compromiso para atraer, desarrollar y retener a profesionales competentes"?
- ¿Qué puntos de interés aplican al principio de "Reforzar la responsabilidad sobre el control interno"?
- Explique, bajo COSO 2013, que se entiende por el componente de valoración de riesgos.
- ¿Cuáles son los principios que aplican a la valoración de riesgos?
- ¿Qué puntos de interés aplican al principio de "Especificación de objetivos claros y adecuados"?
- ¿Qué puntos de interés aplican al principio de "Identificación y análisis de riesgos"?
- ¿Qué puntos de interés aplican al principio de "Evaluación del potencial de riesgos de fraude"?
- ¿Qué puntos de interés aplican al principio de "Identificación y análisis de cambios significativos"?
- Explique, bajo COSO 2013, que se entiende por el componente de actividades de control.
- ¿Cuáles son los principios que aplican al componente de actividades de control?
- ¿Qué puntos de interés aplican al principio de "Selección y desarrollo de actividades de control"?
- ¿Qué puntos de interés aplican al principio de "Selección y desarrollo de controles de generales de Tecnología de Información (TI)"?
- ¿Qué puntos de interés aplican al principio de "Controles implementados a través de políticas y procedimientos"?
- Explique, bajo COSO 2013, que se entiende por el componente de información y comunicación.
- ¿Cuáles son los principios que aplican al componente de información y comunicación?

- ¿Qué puntos de interés aplican al principio de "Información relevante obtenida, generada y usada"?
- ¿Qué puntos de interés aplican al principio de "Información de control interno comunicada internamente"?
- ¿Qué puntos de interés aplican al principio de "Información de control interno comunicada internamente"?
- ¿Qué puntos de interés aplican al principio de "Información de control interno comunicada externamente"?
- Explique, bajo coso 2013, que se entiende por el componente de supervisión o monitoreo.
- ¿Cuáles son los principios que aplican al componente de supervisión o monitoreo?
- ¿Qué puntos de interés aplican al principio de "Evaluaciones continuas y/o separadas completadas"?
- ¿Qué puntos de interés aplican al principio de "Evaluación y comunicación de deficiencias de control interno"?
- Haga un análisis de los aspectos estudiados en el capítulo 4 sobre los efectos de la covid-19 en los controles internos.

## *Discusión*

- Después de estudiados los cuatro capítulos de esta parte, prepare un programa de evaluación de control interno con base en la guía que dan el coso 1992 y el de 2013.
- Analice y realice un resumen de los efectos de la covid-19 en los controles internos de una empresa.
- Explique cambios específicos entre el coso 1992 y el coso 2013 en cuanto a:
  a. Finalidad de la elaboración del coso 2013;
  b. Orden, definiciones y procedimientos en los cinco componentes 1) Ambiente de Control; 2) Valoración de Riesgos; 3) Actividades de Control; 4) Información y Comunicación; y 5) Monitoreo; y,
  c. Principios de control interno dentro de cada componente; y
  d. Objetivos de control interno, conveniencia.

# PARTE 3
# EL GOBIERNO CORPORATIVO Y LA ADMINISTRACIÓN DEL RIESGO (*ERM*)

A raíz de los grandes problemas en varias organizaciones empresariales con diferentes características y objetivos, en EE. UU., Europa y Latinoamérica, se establecieron nuevas metodologías para lograr mayores compromisos de parte de la organización, desde su Junta Directiva y su alta Gerencia hasta cada nivel administrativo, operativo y financiero, enmarcadas en un sistema interno de directrices adecuadas a fin lograr transparencia, objetividad y equidad hacia sus dueños, accionistas o socios, dentro del contexto de *Corporate Governance* o Gobierno Corporativo.

Adicionalmente, las reglas de planeación y evaluación de controles internos cambiaron por la necesidad primaria de lograr una Administración de Riesgos, de modo que se complementó el famoso COSO I (*The Internal Control Integrated Frame Work*) con el ahora llamado COSO II, para la práctica de la administración de riesgos empresariales organizados bajo ocho y no cinco componentes de control (análisis del entorno interno, definición de objetivos, identificación de eventos, valoración de riesgos, respuesta al riesgo, actividades de control, información, comunicación y monitoreo). Esta tercera parte trata ampliamente estos temas fundamentales para lograr mejores y mayores controles en la organización empresarial.

La evaluación de riesgo se ha modificado, a pesar de que los métodos de evaluación y de prevención han servido para contrarrestar el riesgo. El COSO emitió y cambió varias reglas de evaluación en el año 2017, las cuales son tratadas separadamente dentro de un nuevo capítulo específico de referencia.

Incluye seis capítulos:

- El Gobierno Corporativo.
- Administración del Riesgo Empresarial o ERM[33] (2004).
- Administración del Riesgo Empresarial o ERM, integrando Estrategia y Desempeño (2017).
- La Gestión de Riesgos bajo el modelo de las "Tres Líneas de Defensa".
- El marco COSO y el modelo de las "Tres Líneas de Defensa".
- "Las Tres Líneas" según el Instituto Internacional de Auditoría Interna (2020).

---

33   Por sus siglas en inglés, Enterprise Risk Mannagament.

# CAPÍTULO 1

## EL GOBIERNO CORPORATIVO O *CORPORATE GOVERNACE*

## 1.1 Definición[34]

El gobierno corporativo es un sistema interno de una empresa mediante el cual se establecen las directrices que rigen su ejercicio, a fin de lograr, entre otros, transparencia, objetividad y equidad en el trato a los socios y accionistas de una entidad, como también identificar la gestión de la junta directiva o consejo de

---

34  Otras definiciones: "El gobierno corporativo es un medio por el cual la sociedad puede estar segura de que las grandes corporaciones son instituciones que operan bien y en las cuales los inversionistas y prestamistas pueden confiar sus fondos [...] El gobierno corporativo crea salvaguardas contra la corrupción y la administración equivocada, al tiempo que promueve los valores fundamentales de la economía de mercado de una sociedad democrática [...]

El gobierno corporativo especifica la distribución de derechos y responsabilidades entre los diferentes participantes en la corporación, tales como la junta, administradores, accionistas y otros stakeholders, y expresa reglas y procedimientos para tomar decisiones sobre asuntos corporativos. Al hacer esto, también provee la estructura mediante la cual se establecen los objetivos de la compañía y los medios para lograr esos objetivos y monitorear el desempeño" (Mantilla, 2003, pp. 180-181).

"El gobierno corporativo involucra un conjunto de relaciones entre la gerencia de la compañía, su junta directiva, sus accionistas y otras partes interesadas. El gobierno corporativo también proporciona la estructura a través de la cual se establecen los objetivos de la compañía y se determinan los medios para lograr esos objetivos y el monitoreo del desempeño" (OECD).

administración y la responsabilidad social de los organismos de control internos y externos, frente a los grupos de interés como; clientes, proveedores, competidores, empleados, terceros colocadores de recursos y la comunidad en general.

El ERM y el Gobierno Corporativo van entrelazados y enfocados al control operativo, legal, financiero, logístico y de medio ambiente. Además, son independientes de la Junta Directiva o Consejo de Administración, lo cual los desliga de esos mismos controles administrativos y contables de la organización a nivel interno.

Estos sistemas cobran mayor importancia a raíz de las crisis Enron, WorldCom, Parmalat, Andersen, entre otras, donde se vislumbraron hechos irregulares y falta de transparencia en la información financiera por colusión entre las directivas y los empleados con la anuencia de los entes de control interno y externo, y de estructuras tergiversadas que pasaron desapercibidas por los entes de control gubernamental, los dueños o los accionistas, los acreedores y las partes relacionadas en general, engañados por el maquillaje de balances.

## 1.2 Principios del gobierno corporativo[35]

Los principios rectores del gobierno corporativo fueron expresados en 1999 por la OECD (*Organization for economic co-operation and development*) bajo tres dimensiones del desarrollo sostenible, a saber, (1) enriquecer el crecimiento económico, (2) promover el desarrollo humano y social, y (3) proteger el medio ambiente, es decir, tales principios están dirigidos a lograr resultados económicos, sociales y ambientales. Esa organización OECD emitió un conjunto de guías sobre el gobierno corporativo, en el cual se identifican cinco principios rectores organizados de la siguiente manera:

1. Derechos de los accionistas.
2. Tratamiento equitativo de los accionistas.
3. Rol de los accionistas.
4. Revelación y transparencia en la presentación de los reportes financieros.
5. Responsabilidad del consejo de administración o juntas directivas.

En línea con el cuarto punto, referente a la revelación y transparencia, se determina que la estructura del gobierno corporativo debe asegurar que las revelaciones son oportunas y exactas acerca de los asuntos de la corporación, tales como la situación financiera, el desempeño, la propiedad y el gobierno de la compañía.

---

35  Resumen elaborado a partir de Mantilla, 2003, pp. 172-177.

La revelación debe incluir, pero no limitarse a información material sobre:

- Resultados financieros y operacionales de la compañía.
- Objetivos de la compañía.
- Mayor participación en la propiedad y derechos de voto.
- Miembros del consejo y ejecutivos clave, y su remuneración.
- Factores de riesgo materiales y previsibles.
- Problemas materiales relacionados con empresas y otros *stakeholders*.
- Estructuras y políticas de gobierno.

La información se debe preparar, auditar y revelar de acuerdo con estándares de alta calidad de contabilidad, de revelación financiera y no financiera, y de auditoría.

Un auditor independiente debe realizar una auditoría anual en orden a proveer un aseguramiento externo y objetivo sobre la manera como han sido preparados y presentados los estados financieros.

Los canales de difusión de la información deben proveer el acceso justo, oportuno y costo-eficiente a la información relevante para los usuarios.

## 1.3 Otros elementos prácticos de un código de gobierno corporativo

El Institute of International Finance (2002) estableció algunos elementos para las economías emergentes, en vías de desarrollo o en transición, así:

- Protección de los accionistas minoritarios.
- Estructura y responsabilidades de la junta directiva.
- Contabilidad y auditoría.
- Transparencia de la propiedad y del control.
- Entorno regulador.

Señala de manera enfática que aún cuando los principios del buen gobierno corporativo hagan parte de los estatutos de una compañía y estén incorporados en las regulaciones de valores y en los requerimientos de registro, pueden no tener significado práctico si no obliga a su cumplimiento y si no se observan como parte del día a día de los negocios.

La International Chamber of Commerce (icc) emitió una guía de gobierno corporativo bajo los siguientes componentes:

- ¿Por qué gobierno corporativo?
- Estándares de contabilidad

- Práctica de la auditoría
- Consejo de directores
- Revelación y transparencia
- Derechos de los accionistas
- Negocios pequeños o propiedad de familias.

Samuel Alberto Mantilla (2003), en su libro *Auditoría 2005*, sobre estándares de contabilidad plantea lo siguiente:

> Los estándares de contabilidad son esenciales para el funcionamiento eficiente de la economía dado que las decisiones sobre la asignación de recursos/inversiones descansan en información financiera que sea creíble, concisa, transparente, fácilmente comparable y entendible sobre las operaciones y la posición financiera de las compañías. En la economía globalizada de hoy, los tomadores de decisiones de negocio se están volviendo más partidarios de la aplicación universal de principios de contabilidad idénticos que serían una contribución principal para crear más y mejores estándares de presentación de reportes financieros fácilmente comparables (pp. 182-183).

Además, hay un consenso amplio sobre los siguientes principios básicos:

- Compañías que preparan estados financieros:
  - ¤ La administración no debe usar estrategias contables legítimas o ilegítimas para aumentar de manera artificial las ganancias reportadas.
  - ¤ Las compañías no deben revelar solamente información sobre el desempeño financiero, sino también los intangibles y la información no-financiera, que es más importante para la creación de valor y la sólida toma de decisiones.
- Auditores:
  - ¤ La función de auditoría debe ser desempeñada por una entidad calificada e independiente.
  - ¤ Los auditores deben alertar a los emisores de estándares de contabilidad y auditoría sobre las técnicas emergentes de propiedad dudosa.
  - ¤ Las asociaciones nacionales de profesionales de la contabilidad deben asegurar que sus miembros, en cuanto auditores de estados financieros, cumplan con los estándares profesionales aplicables.
- Reguladores (autoridad supervisora gubernamental u organización autorreguladora):
  - ¤ Los reguladores deben monitorear de manera apropiada los requerimientos de contabilidad y revelación.
  - ¤ "Los reguladores deben establecer reglas apropiadas de sanción para el no cumplimiento y para la violación".

La Asamblea General de julio 5 de 2005 del Consejo Mundial de Cooperativas de Ahorro y Crédito (WOCCU) desarrolló principios para un sistema de gobernabilidad conformado por tres partes:

Primero, los factores externos de gobernabilidad que se refieren a los asuntos que las cooperativas de ahorro y crédito deben manejar como participantes del sector financiero. Se espera que todas las instituciones financieras, sin perjuicio de su estructura, operen de una manera transparente, cumplan con los estándares regulatorios y prudenciales y se mantengan responsables ante el público.

Segundo, los factores de gobernabilidad interna definen las responsabilidades y la rendición de cuentas por parte de la Asamblea General, la junta directiva o consejo de administración, gerencia y del personal. Estas responsabilidades incluyen lograr una estructura de gobierno apropiada de la cooperativa de ahorro y crédito, preservar la continuidad de las futuras operaciones de la cooperativa, crear equilibrio dentro de la organización y mantenerse responsable por sus acciones.

El tercer componente, gobernabilidad individual, asegura que la cooperativa de ahorro y crédito tenga directores y gerentes que sean capaces de cumplir las dos obligaciones previas de gobernabilidad externa e interna a través de integridad, competencia y compromiso. Al adherirse a los principios de este modelo de tres partes de gobernabilidad externa, interna e individual, las cooperativas de ahorro y crédito podrán lograr de mejor manera su objetivo fundamental de proveer servicios financieros accesibles y de calidad a sus miembros actuales y las personas a nivel global (p. 2).

**Tabla 19. Principios de gobernabilidad**

| | | |
|---|---|---|
| Gobernabilidad externa | Transparencia. Cumplimiento o conformidad. Responsabilidad pública. | a. Comunicación honesta y regular de los miembros. <br> b. Declaraciones financieras de acuerdo con los P. C. G. A. <br> c. Cumplimiento de leyes y regulaciones nacionales e internacionales, de seguridad y solidez. <br> d. Contratar auditorías externas. <br> e. Reexaminar las auditorías internas y cambiar de 3 a 5 años. <br> f. Conciencia de responsabilidad de la Junta y Gerencia. |
| Gobernabilidad interna | Estructura. Continuidad. Balance. Responsabilidad. | a. Junta número impar no menor de cinco ni mayor de nueve. <br> b. Rotación; informe anual; establecer estrategias. <br> c. Establecer plan de contingencias para desastres y de recuperación. <br> d. Equidad en los servicios financieros. <br> e. Utilizar los miembros de experiencia para la gobernabilidad. <br> f. Responsable ante la asamblea. <br> g. Comités establecidos dentro de los estatutos. <br> h. Aprobar las políticas y objetivos monitoreándolos. <br> i. Plan, presupuesto y políticas para lograr las metas. |

| | | |
|---|---|---|
| Gobernabilidad individual | Integridad. Competencia. Compromiso. | a. Exista un código de conducta.<br>b. Los directivos y gerentes no deben tener historial delictivo, quiebras o historial penal.<br>c. No deben existir familiares dentro de los cuerpos directivos.<br>d. No votar o excusarse por conflictos de intereses familiares o económicos.<br>e. Solo la Junta puede aprobar préstamos a sus miembros y otros directivos.<br>f. Los miembros morosos deben destituirse.<br>g. Los miembros deben tener conocimiento financiero básico y habilidad de interpretar declaraciones financieras y normas.<br>h. Los directivos deben estar deseosos y capaces de comprometerse en el ejercicio de su función.<br>i. Deben castigarse las faltas a reuniones.<br>j. Seguir las políticas, las normas y disposiciones internas de manera objetiva sin beneficio personal. |

Fuente: elaboración propia.

## 1.4 Resumen del conocimiento de gobierno corporativo

**Figura 14. Elementos de un buen Gobierno Corporativo**

Fuente: elaboración propia.

### 1.4.1 Objetivos básicos

- Garantizar que las cosas se hagan bien, aunque a veces existan costos importantes.
- Garantizar que la información de la empresa al mercado sea oportuna y transparente.
- Crear confianza en el mercado.

### 1.4.2 El directorio

El rol del Directorio es crítico, este debe:

- Examinar su propia estructura y sus funciones.
- Revisar su relación con la alta gerencia.
- Entender cómo la gerencia ha evaluado sus principales procesos de gobierno corporativo.
- Apoyarse con credibilidad en la calidad de la auditoría y/o comité de auditoría.
- Evaluar sus propios conocimientos y competencias.
- Determinar el tiempo necesario para cumplir con sus responsabilidades.

### 1.4.2 Elementos

- Gobierno y regulación.
- Ambiente de negocio.
- Inversionistas.
- Comunidad Financiera.
- Comunicación e Información.
- Auditoría Interna y Externa.
- Responsabilidad y Evaluación.

### 1.4.3 Accionistas o asociados

El Directorio está compuesto por el comité auditoría y por los comités especiales. La Gerencia se compone por gerencia en línea, gerencia de unidades de negocio códigos de conducta y ética, políticas y procedimientos de sistema de control interno, y áreas de riesgo.

El rol de la Gerencia no se debe subestimar, pues esta debe:

- Revisar la cultura corporativa y el ejemplo que da la gerencia *tone from the top*.

- Revisar junto al Directorio la suficiencia y calidad de las políticas y prácticas del gobierno corporativo.

- Revisar su proceso en los cierres contables.

- Evaluar el rigor con el cual son analizados los riesgos, conocer en detalle y aceptar los principios y supuestos que lo afectan.

- Evaluar los procesos críticos, los controles internos y otras prácticas de riesgo gerencial.

- Evaluar las funciones de la Auditoría Interna.

- Evaluar la calidad y competencia de su personal en el área financiera y contable.

### 1.4.4 Conclusiones

- No es un tema nuevo, requiere mejorar procesos.

- Debe formalizarse en principios.

- Cumplir con leyes y/o regulaciones, es solo el comienzo.

- Los principios de un buen gobierno corporativo requieren trabajo, deben basarse en los controles internos y procesos desarrollados por la empresa.

- Entender que todo se relaciona con la gente, la cual debe, además de cumplir los requisitos profesionales, poseer un carácter de rectitud, aunque sea difícil.

# Cuestionario
## (Tercera parte, capítulo 1)

- ¿Qué se entiende por gobierno corporativo?

- ¿En qué se diferencian el ERM y el gobierno corporativo?

- ¿Cuáles fueron los principios de gobierno corporativo formulados por la OECD?

- ¿Qué revelaciones se deben incluir sobre la transparencia de los reportes financieros?

- ¿De acuerdo con qué normas se debe preparar, auditar y revelar la información financiera?

- ¿Qué elementos estableció el Institute of International Finance para las economías emergentes?

- ¿Basta solamente el establecimiento de los principios de un buen gobierno corporativo en los estatutos de la empresa?

- ¿Qué componentes estableció la Internacional Chamber of Commerce (ICC) como guía para un buen gobierno corporativo?

- ¿Por qué son esenciales los estándares de contabilidad?

- ¿Cuáles son los principios básicos para las compañías que preparan estados financieros?

- ¿Cuáles son los principios básicos para las compañías de auditores que auditan estados financieros?

- ¿Cuáles son los principios básicos para los reguladores o entidades de vigilancia y control estatal?

- ¿Cuáles son los principios básicos para las compañías que preparan estados financieros?

- ¿Qué se entiende por *gobernabilidad externa* según la WOCCU?

- ¿Qué se entiende por *gobernabilidad interna* según la WOCCU?

- ¿Qué se entiende por *gobernabilidad individual* según la WOCCU?

- ¿Cuáles son los objetivos básicos para garantizar un buen gobierno corporativo?

- ¿Qué debería examinar, revisar y entender las directivas de la empresa, incluyendo la gerencia, referida al gobierno corporativo?

- ¿Qué conclusiones se establecería para entender el gobierno corporativo?

- Indique el pensamiento final de entendimiento de un buen gobierno corporativo.

## Discusión

1. ¿El gobierno corporativo se aplica solamente a las entidades financieras o a cualquier clase de entidad?

2. ¿Los principios de un buen gobierno corporativo se inventaron después de la expedición de la Ley Sarbanes Oxley?

3. ¿Qué aspectos le llamaron la atención, a través de la historia, de la evolución que ha tenido la formalidad del llamado gobierno corporativo?

4. ¿Cuál es la relación de los comités de auditoría con el gobierno corporativo?

5. ¿La administración de riesgos empresariales ERM o gestión de riesgos se relaciona con el gobierno corporativo?

6. ¿Por qué el gobierno corporativo le entregó una buena parte de su responsabilidad a la Junta Directiva o Consejo de Administración de una Entidad?

# CAPÍTULO 2

# ADMINISTRACIÓN DE RIESGO EMPRESARIAL O ERM (2004)

A raíz de los problemas que se sucedieron en varios países del mundo a principios del nuevo milenio (caso Enron, WorldCom, Xerox, Parmalat y otros más), se manifestó una desconfianza hacia las normas de auditoría establecidas por las asociaciones de contadores y no por disposiciones gubernamentales. Por ello, los gobiernos vieron la necesidad de intervenir y determinar exigencias especiales a los auditores externos y a los administradores en aspectos fundamentales de control interno, procesos y, en especial, de la llamada inicialmente Gestión de Riesgos o Gerencia de Riesgos, esta última diseñada por los Acuerdos de Basilea I y II para las entidades financieras, aplicadas al pie de la letra por las superintendencias bancarias en los países afiliados.

Específicamente en Estados Unidos, el presidente Bush solicitó al Congreso una ley especial promulgada en el año 2002 llamada "Sarbanes-Oxley"[36], que establece las formalidades de control gubernamental, externo e interno. Esta ley estableció, frente a la responsabilidad de control interno, la *Sección 404 - Informe Anual de*

---

36  En Colombia, es obligación del Revisor Fiscal informar a la Junta de Socios o a la Asamblea General de la existencia de medidas de control interno adecuadas (art. 209, C. de Co.), no obstante, los administradores no tienen tal obligación (impuesta por la ley Sarbanes Oxley), por lo tanto, debería modificarse el Código de Comercio en ese aspecto.

*Control Interno Preparado y Firmado por el Auditor Externo*[37], la cual requiere que a) la compañía evalúe y prepare una declaración sobre la efectividad de sus sistemas de control interno sobre información financiera, b) el auditor externo verifique y juzgue la evaluación efectuada por la administración en su reporte anual, y c) la administración cuente con documentación completa y suficiente tanto para sustentar sus aseveraciones como para la revisión de control interno por el auditor externo.

El ERM del COSO II es reconocido como el estándar para cumplir con la Sección 404 de la Ley Sarbanes-Oxley, por ello se prepara un resumen de este[38], así como una aplicación a la labor de auditoría de las diferentes empresas. Esta última sirve de guía de asesoría fundamental a las administraciones de las diferentes organizaciones, lo cual es un verdadero valor agregado de sus labores, como en las auditorías internas representativas en los sectores Público y Privado en su dirección y manejo por contadores públicos.

## 2.1 Definición ERM

> "La administración de riesgo empresarial es un proceso efectuado por la junta de directores, la administración y otro personal de la entidad, aplicado en la definición de la estrategia y en la empresa, diseñado para identificar los eventos potenciales que afecten a la entidad y para administrar los riesgos dentro de su nivel de tolerancia de riesgo, para proveer una seguridad razonable en relación con el cumplimiento de los objetivos de la entidad". (COSO, 2004, 2; traducción propia)

Esta definición refleja los siguientes conceptos fundamentales:

1. Un proceso es un medio para un fin, no un fin en sí mismo.
2. Efectuado por el personal, es decir que no es solamente política, estudio y forma, sino que involucra a la gente en cada nivel de la organización.
3. Se aplica a la definición de la estrategia.
4. Se aplica a través de la administración en cada nivel y unidad, implica asumir un punto de vista de portafolio de los riesgos a nivel de la entidad.

---

37 Su vigencia inicia a partir de los ejercicios terminados después del 15 de noviembre de 2004, para emisoras extranjeras.

38 El Committee of Sponsoring Organizations of the Treadway Commission, en 1992, estableció el COSO I (*The Internal Control Integrated Framework*) bajo cinco componentes de control interno (ambiente de control, evaluación de riesgos, actividades de control, información y comunicación, y supervisión - monitoreo), a partir del 1 de enero de 2004 formalizó el COSO II, para la práctica de la Administración de Riesgos Empresariales ERM, bajo ocho componentes (análisis del entorno interno, definición de objetivos, identificación de eventos, valoración de riesgos, respuesta al riesgo, actividades de control, información y comunicación, y monitoreo).

5.  Está diseñado para identificar los eventos que potencialmente afectan a la entidad y para administrar los riesgos dentro de lo tolerable.

6.  Provee seguridad razonable para la administración y para la junta de una entidad.

7.  Está orientado al logro de los objetivos en una o más categorías separadas, pero, al mismo tiempo, sobrepuestas unas con otras.

La definición captura los conceptos clave sobre la manera en que las compañías y otras organizaciones administran el riesgo, lo cual brinda una base para su aplicación a través de diferentes tipos de organizaciones y sectores, y para definir la efectividad de la administración del riesgo empresarial. Además, la definición se centra directamente en el logro de los objetivos y orienta a las organizaciones hacia una administración de riesgo empresarial efectiva, al proveer una estructura conceptual y al tratar de crear valor a sus dueños o accionistas, así como enfrentar y superar las incertidumbres con preparación suficiente.

**Figura 15. Origen del estudio del coso**

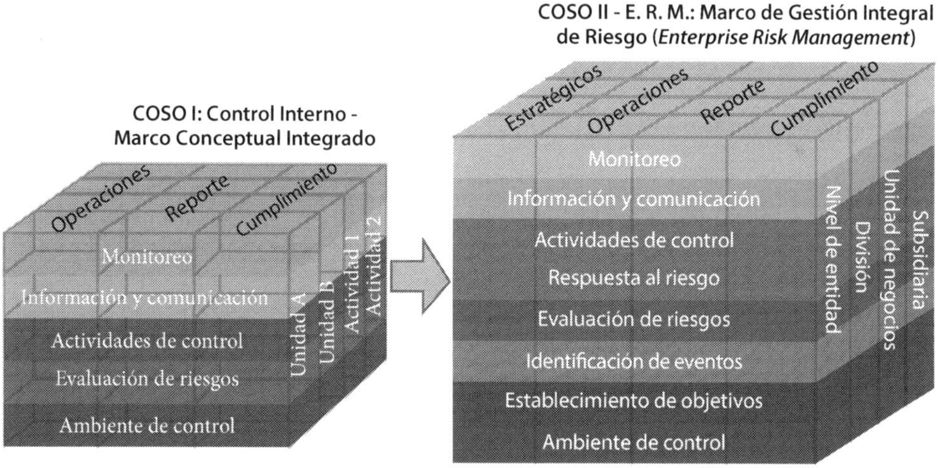

Fuente: Resumen Ejecutivo coso II ERM (2004).

## 2.2 Fundamentos del ERM

Las empresas con o sin ánimo de lucro deben propender a crear valor a sus protectores, dueños o accionistas, así como a enfrentar y superar las incertidumbres[39] con preparación suficiente, para proveer una estructura conceptual. De esta manera,

---

39  Factores del entorno, como la globalización, la tecnología, las regulaciones, las reestructuraciones, los mercados cambiantes y la competencia, generan incertidumbres, lo cual emana una incapacidad para determinar que eventos potenciales ocurrirán y sus resultados asociados.

la gerencia trata efectivamente la incertidumbre que representan los riesgos y las oportunidades, y así enriquece su capacidad para generar valor[40].

## 2.3 Beneficios del ERM

Ninguna organización con o sin ánimo de lucro opera en un entorno libre de riesgos. El ERM no crea tal entorno, por el contrario, representa beneficios importantes en la operación de la empresa en entornos llenos de riesgos, lo cual representa, además, una capacidad enriquecida para:

a. Alinear el nivel tolerable de riesgo y la estrategia.

b. Vincular crecimiento, riesgo y entorno.

c. Enriquecer las respuestas frente al riesgo.

d. Minimizar sorpresas y pérdidas operacionales.

e. Identificar y administrar los riesgos de los impactos.

f. Proveer respuestas integradas para los riesgos múltiples.

g. Sopesar oportunidades.

h. Racionalizar el capital.

## 2.4 Generación de valor

El ERM es una metodología orientada a lograr generación de valor (benchmarking) a sus socios o accionistas, y continuidad del negocio (la organización o empresa, incluyendo su imagen) a largo plazo, es decir para que la empresa sea sólida y genere confianza al público en general, a fin de manejar la competencia, obtener capital necesario, prevenir fraudes y minimizar el riesgo reputacional o corporativo.

## 2.5 Componentes del ERM

El riesgo es la posibilidad de que un evento ocurra (en los procesos, en el personal y en los sistemas internos) y afecte adversamente el cumplimiento de los objetivos, como la generación de pérdidas. Los riesgos se clasifican en cuatro grandes tipos, a saber, el riesgo de reputación, el riesgo de mercado, el riesgo de crédito y el riesgo operacional en todas sus divisiones. Para prevenir, detectar y mitigar tales riesgos, el ERM conserva los componentes del Marco Estructurado de Control Interno,

---

40   Las decisiones de la administración generan valor o lo debilitan, debido a la definición de las estrategias y a la operación diaria. El reconocimiento del riesgo y de la oportunidad, por la información interna y externa, despliega recursos preciosos para corregir las actividades de riesgo según las circunstancias cambiantes. Tal generación de valor es relevante para los *stakeholders* con o sin ánimo lucro, las entidades gubernamentales y la gerencia.

agrega, en sus definiciones, la responsabilidad y el objetivo principal de poseer una administración del riesgo adecuada, y crea otros componentes referidos a su metodología. Estos ocho componentes están interrelacionados y muestran cómo la alta gerencia opera un negocio y cómo están integrados en el proceso administrativo. Su organización es la siguiente:

1.  Entorno interno o ambiente de control (valores éticos, competencia y desarrollo del personal, estilo de operación, asignación de responsabilidad y autoridad, filosofía de la administración, tolerancia y cultura del riesgo).

2.  Definición de objetivos (estratégicos, operativos, de información financiera y no financiera, y cumplimiento de leyes, regulaciones y procedimientos internos).

3.  Identificación de eventos (internos por factores operativos, financieros, tecnológicos o funciones de apoyo; o externos por factores políticos, económicos, sociales, ambientales y competitivos).

4.  Valoración de riesgos (perspectivas de probabilidad e impacto, preparación de mapas de riesgos inherentes y residuales).

5.  Respuesta al riesgo (evita, reduce, comparte o acepta el riesgo).

6.  Actividades de control (políticas o procedimientos establecidos para responder al riesgo).

7.  Información y comunicación (identifica, captura y comunica información de fuentes internas o externas; la comunicación se maneja hacia abajo, a través y hacia arriba).

8.  Monitoreo (actividades continuas o separadas mediante reglas específicas de monitoreo).

## 2.5.1 Entorno interno o ambiente de control

El entorno interno es el fundamento de los demás componentes del ERM, pues crea disciplina y organiza adecuadamente la estructura empresarial, al determinar las estrategias y los objetivos, estructurar las actividades del negocio e identificar, valorar y actuar sobre los riesgos. Además, este componente influye en el diseño y funcionamiento de las actividades de control, de los sistemas de información y comunicación, y del monitoreo de las operaciones.

Existen varios elementos importantes que influyen en el ambiente interno que deben seguirse, aplicarse y divulgarse, estos son los valores éticos de la entidad, la competencia y desarrollo del personal, el estilo de operación de la administración, la manera de asignar autoridad y responsabilidad, y la filosofía de la administración del riesgo. En cuanto a la administración del riesgo empresarial, identifica también el nivel aceptable de riesgo de la entidad y la cultura de riesgo, para integrarlos con las iniciativas planteadas en el desarrollo de la aplicación de las prácticas de la administración de riesgos empresariales.

## 2.5.2 Definición de objetivos[41]

En el contexto de la misión y visión de la empresa, se establecen objetivos estratégicos, se seleccionan estrategias y se establecen objetivos relacionados, alineados y vinculados con la estrategia, así como con las operaciones que aportan efectividad y eficiencia a las actividades operativas. De esta forma se hace más efectiva la presentación de reportes o informes internos y externos (financiera y no financiera), como el cumplimiento de las leyes y regulaciones aplicables y de los procedimientos internos.

## 2.5.3 Identificación de eventos

La alta gerencia reconoce, normalmente, que existen incertidumbres —no se puede conocer con certeza cuándo, dónde y cómo ocurrirá un evento, o si ocurrirá su resultado—, pues hay factores internos[42] y externos[43] que afectan la ocurrencia de un evento.

La metodología de identificación de eventos comprende una combinación de técnicas vinculadas con herramientas de apoyo, como la identificación de eventos pasados (cesación de pagos, cambios en los precios, pérdidas por accidentes) y futuros (cambios demográficos, mercados nuevos y acciones de los competidores). Las técnicas centradas en las planeaciones consideran asuntos como cambios demográficos, mercados nuevos y acciones de los competidores. Potencialmente, los eventos tienen un impacto negativo, positivo o mixto, los primeros representan riesgos inmediatos, mediatos o de largo plazo, los cuales deben evaluarse en el ERM.

Entre las metodologías más conocidas para identificar eventos, aplicadas por diferentes firmas de auditores, se encuentran el análisis PETS o GESI[44], el análisis FODA

---

41  Recordemos la definición de control interno del COSO I (1992) y la definición paralela de la AICPA (1949), la cual resalta, como conclusión: "que exista una seguridad razonable de que se estén logrando los siguientes objetivos: a) logro de los objetivos y metas establecidas por las operaciones y para los programas, b) uso económico y eficiente de los recursos, c) salvaguarda de los activos, d) confiabilidad e integridad de la información, y e) cumplimiento con políticas, planes, procedimientos, leyes y regulaciones".

42  Infraestructura, personal, procesos y tecnología.

43  Económicos, de negocios, ambiente natural, políticos, sociales y tecnológicos.

44  Clasifica los factores políticos o gubernamentales, económicos, tecnológicos o informáticos, y sociales.

o DOFA[45], el análisis de las cinco fuerzas[46] y la matriz de conocimiento del negocio e identificación de riesgos[47].

## 2.5.4 Valoración de riesgos

La valoración de riesgos le permite a una entidad evaluar cómo los eventos potenciales afectarían el logro de los objetivos. La gerencia valora los eventos bajo las perspectivas de probabilidad e impacto, con base en datos pasados internos (pueden considerarse de carácter subjetivo) y externos (más objetivos).

La metodología comprende normalmente una combinación de técnicas cuantitativas y cualitativas. A los hechos relacionados directamente con la contabilidad, como las captaciones, colocaciones, aportes de capital, donaciones, etc., se les aplica técnicas cuantitativas (riesgo de crédito, competitivo, regulatorio, de operación, liquidez, fiduciario); y cualitativas cuando los datos no ofrecen precisión (riesgo país, económico, de auditoría, de imagen, de desastres naturales).

## 2.5.5 Respuesta al riesgo

Este componente identifica y evalúa las posibles respuestas a los riesgos, y considera su efecto en la probabilidad y el impacto. Además, evalúa las opciones relacionadas con el nivel de riesgo aceptable en la entidad, el costo y el beneficio de la respuesta a los riesgos potenciales, y el grado que más reporta las posibilidades de riesgo. Las respuestas al riesgo caen dentro de las categorías de evitar, reducir, compartir y aceptar el riesgo.

---

45  Evaluación de factores internos, Fortalezas y Debilidades, y de factores externos, Oportunidades y Amenazas.

46  Michael Porter estableció la evaluación de la Competencia, los Proveedores, los Clientes, los Productos o Servicios Sustitutos, y la llegada de Posibles Competidores.

47  Se determinan la visión y misión, las estrategias de negocio a corto, mediano y largo plazo, el resumen de los riesgos detectados, los principales proveedores económicos y financieros, los principales clientes y futuros clientes, la competencia principal, los productos o servicios.

### 2.5.6 Actividades de control

Las actividades de control son las políticas y los procedimientos que ayudan a asegurar la ejecución apropiada de las respuestas al riesgo, y hacen parte del proceso mediante el cual una empresa intenta lograr sus objetivos de negocio. Se clasifican en controles generales y de aplicación.

Los controles generales representan la infraestructura de la tecnología, seguridad y adquisición de los *hardwares*, y el desarrollo y mantenimiento de los *softwares*. Los controles de aplicación aseguran la complejidad, la exactitud, la autorización y la validez de la base de datos.

### 2.5.7 Información y comunicación

Identifica, captura y comunica información de fuentes internas y externas, en una forma y en una franja de tiempo que le permita al personal cumplir con sus responsabilidades. La comunicación efectiva ocurre en un sentido amplio, hacia abajo o a través y hacia arriba de la entidad. En todos los niveles, se requiere información para identificar, valorar y responder a los riesgos, así como para operar y lograr los objetivos.

### 2.5.8 Monitoreo (Ongoing)

El monitoreo es un proceso que valora tanto la presencia como el funcionamiento de sus componentes y la calidad de su desempeño en el tiempo. Se realiza mediante actividades de ongoing o a través de evaluaciones separadas, pues las dos aseguran que la administración de riesgos continúa aplicándose en todos los niveles. A través de una evaluación continua y periódica, realizada por la gerencia, de la eficacia del diseño y operación de la estructura del control interno se logra una adecuada identificación del riesgo, de acuerdo con lo planificado, a fin de modificar los procedimientos cuando se requiera.

Para un adecuado Monitoreo, el COSO II estableció las siguientes reglas de monitoreo:

1.  Obtiene evidencia de que existe una cultura a la identificación del riesgo.
2.  Evalúa si las comunicaciones externas corroboran las internas.
3.  Evalúa si se hacen comparaciones periódicas.
4.  Evalúa si se revisan y se hacen cumplir las recomendaciones de los auditores.
5.  Evalúa si las capacitaciones promueven la creación de una cultura del riesgo.
6.  Evalúa si el personal cumple las normas y procedimientos.
7.  Evalúa si son confiables y efectivas las actividades de la auditoría interna y externa.

## 2.6 Práctica de erm en la auditoría interna

La nueva definición de la auditoría interna separa en dos los grandes servicios a prestar, estos son el de aseguramiento[48] y el de consulta[49], para agregar valor y mejorar las operaciones a fin de evaluar y mejorar, a su vez, la eficacia de los procesos de la administración o gestión de riesgos[50], control y gobierno corporativo.

Entre las normas de auditoría interna internacionales se encuentran algunas dirigidas específicamente a manejar la metodología de la administración de riesgos dentro de los dos servicios enunciados, las cuales se recomiendan aplicar por los auditores internos, para cada caso ver la tabla 20.

**Tabla 20. Normas de Auditoría según servicio**

| Servicio de aseguramiento | Servicios de consultoría |
|---|---|
| Tener conocimiento de los riesgos y controles informáticos clave sin ser un experto en riesgos e informática (1210 -A3). | Aceptar trabajos de consultoría de acuerdo con el potencial para mejorar la gestión de riesgos y añadir valor y eficacia en las operaciones (2010-C1). |
| Tener conocimientos para identificar los indicadores de fraude sin que su principal función sea la detección e investigación (1210- A2). | Durante los trabajos de consultoría, se considera el riesgo compatible con los objetivos del trabajo y se está alerta a la existencia de otros riesgos significativos (2110-C1). |
| Ejercer el debido cuidado profesional al considerar la adecuación y eficacia de los procesos de gestión de riesgos, control y gobierno (1220-A1). | Aplicar los conocimientos de riesgos y los controles obtenidos de los trabajos de consultoría, en el proceso de identificación y evaluación de riesgos significativos (2110 y 2120 -C2). |
| Estar alerta en la identificación de los riesgos materiales que afectarían los objetivos, las operaciones y los recursos (1220-A3). | Los objetivos de los trabajos consideran los procesos de riesgos, control y gobierno, hasta el grado de extensión acordado con el cliente (2210-C1). |
| El plan de trabajo se basa en una evaluación de riesgos efectuada anualmente (2010-A1) y se efectúa una evaluación preliminar de los riesgos. | Durante los trabajos se identifican cuestiones referidas a la gestión de riesgos, control y gobierno (2440 C-2). |

---

48  Los servicios de aseguramiento comprenden la evaluación objetiva de las evidencias, efectuada por los auditores internos, para proporcionar una opinión independiente respecto de un proceso, sistema o procedimiento.

49  Los servicios de consultoría son, por naturaleza, consejos y son dados por petición del cliente con grados estrictos de objetividad, sin asumir responsabilidades de gestión.

50  Esto es, la participación directa de la Auditoría Interna dentro de la Administración de Riesgo Empresarial - erm.

| Servicio de aseguramiento | Servicios de consultoría |
|---|---|
| Supervisar y evaluar la adecuación y eficacia del Sistema de Administración de Riesgos - ERM, del gobierno corporativo, los controles, las operaciones y los sistemas de información (2110A-1 y 2, y 2120 A-1). | Cuando sean significativos los riesgos, se comunican oportunamente a la alta gerencia o al consejo de administración o junta directiva (2440-C2). |
| Antes de enviar los resultados a las partes externas de la empresa se evalúa el riesgo potencial (2440-A2). | |
| Establecer un proceso de seguimiento para supervisar y asegurar la implementación de las acciones de la dirección o para aceptar el riesgo de que la alta gerencia no tome acciones (2550 -A1). | |

Fuente: elaboración propia.

## 2.6.1 Plan de Auditoría referido al riesgo

Entre los consejos para la práctica de auditoría interna (IIA, 2009), formulados por las normas de auditoría interna internacionales (IAI) y relacionados con el ERM, se presentan a continuación aquellos que sirven de fundamentos para lograr un adecuado enlace en un plan de auditoría con el ERM:

1. El plan de trabajo de la actividad de auditoría interna se basa en una evaluación de riesgos y exposiciones que afectan al ente económico.

2. El universo de auditoría incluye componentes del plan estratégico.

3. El calendario de trabajo de auditoría se basa, entre otros factores, en las prioridades de la evaluación de riesgos, tales como: materialidad, liquidez de activos, competencia de la gerencia, calidad de los controles internos, grado de cambio o estabilidad, tiempo transcurrido desde la última auditoría, complejidad, relaciones del personal y gubernamentales, etc.

4. Los cambios en la dirección de la gestión (objetivos, énfasis y enfoques) se reflejan en las actualizaciones del universo de auditoría y el plan de trabajo relacionado.

5. Al llevar a cabo trabajos de auditoría interna, los métodos y técnicas de pruebas y validaciones reflejan la materialidad del riesgo y la probabilidad de ocurrencia.

6. La información y comunicación a la alta gerencia transmite conclusiones de gestión de riesgos y recomendaciones para reducirlos o contrarrestarlos.

7.  El Jefe de auditoría interna prepara un estado[51] de la adecuación de los controles internos para mitigar los riesgos, al menos una vez al año.

## 2.6.2 Informe[52] de auditoría interna sobre el ERM

Las observaciones significativas surgidas de la auditoría interna son aquellas situaciones que, a juicio del Jefe de Auditoría Interna, afectan adversamente al ente económico. Las cuales se refieren a irregularidades, actos ilegales, errores, ineficiencias, desperdicios, ineficacias, conflictos de intereses y debilidades de control. Se resaltan, además, aquellas ya enunciadas que no han sido corregidas. Así mismo, se incluyen observaciones y recomendaciones significativas, donde se aclaran que es responsabilidad de la administración, en general, de tomar decisiones sobre las medidas apropiadas a adoptar. La alta gerencia puede tomar el riesgo de no corregir las irregularidades, debido a su costo u otras consideraciones, sin embargo, debe asumir esta responsabilidad.

La elaboración de informes sobre los procesos de administración o gestión de riesgos es de alta prioridad para la auditoría interna. Esta se separa de la necesidad de utilizar análisis de riesgos para planificar sus auditorías.

## 2.6.3 El rol del auditor interno en el proceso del ERM

La administración del riesgo empresarial - ERM es una responsabilidad clave tanto de la Junta Directiva o Consejo de Administración como de la alta gerencia, para ello se asegura de que existan y funcionen procesos de gestión de riesgos sólidos, apropiados y eficaces. Esta función es ejercida por un Comité de Auditoría, con dirección directa de miembros de la Junta Directiva o del Consejo de Administración, que se colaboran mediante el examen, evaluación, informe y recomendaciones de mejoras sobre la adecuación y eficacia de los procesos del ERM. A su vez, el auditor interno en tanto consultor ayuda a la organización a identificar, evaluar e implementar metodologías de ERM y controles adecuados.

El auditor interno obtiene un entendimiento de las expectativas o del nivel aceptable de riesgo de la empresa, a fin de coordinar, entre los distintos grupos y personas que actúan en ese proceso, las responsabilidades y actividades relacionadas con el riesgo, las cuales están establecidas en los planes estratégicos o en las políticas de la empresa.

---

51  Este contiene comentarios sobre la significatividad de los riesgos no mitigados y la aceptación de estos por parte de la Alta Gerencia, de la Junta Directiva o del Consejo.

52  Interpretación de la Norma 2060, de las normas para el ejercicio de auditoría interna del AIA (2017, página 14).

Si en una organización aún no se ha establecido un proceso de ERM, el auditor interno tiene la obligación de presentar un informe especial para establecer tal proceso, en el cual indica claramente la importancia y los beneficios para la empresa. Llegado el caso de que soliciten a la auditoría interna participar con un rol proactivo[53], es importante aclararle a la administración en general, que la Junta Directiva o el Consejo de Administración es el propietario de los riesgos y, por ende, responsable de identificar, mitigar y vigilar los diferentes riesgos.

## 2.6.4 Identificación y cuantificación de riesgos

En las organizaciones existen eventos de amenaza que afectarían de manera adversa la capacidad de la empresa, de modo que no se logren los objetivos ni se ejecuten sus estrategias. Por ello es necesario evaluar el posible impacto financiero (valor simple de exposición de pérdida), la frecuencia en la que podría ocurrir (frecuencia) y la probabilidad de que suceda una causa cualquiera (incertidumbre), así como qué podría hacerse para prevenir, evitar, mitigar y detectar los riesgos, cómo se informaría o notificaría (garantías y controles), cuánto costaría (costos), y cuán eficiente sería (análisis costo-beneficio o análisis ROI).

**Tabla 21. Cuestionario Auditoría interna - Parte I**

| No. | Cuestionario sobre la participación de la Auditoría Interna en la administración de riesgos (Parte I) | Sí | No | Aclaraciones |
|---|---|---|---|---|
| 1 | ¿Ha habido cambios en el negocio, cuáles? | | | |
| 2 | ¿Ha habido cambios en los sistemas de información, cuáles? | | | |
| 3 | Si se ha establecido el proceso de administración de riesgos (ERM), ¿se ha hecho bajo los esquemas orientados por el ERM? | | | |
| 4 | ¿Se revisó la planificación estratégica y los procesos del ERM? | | | |
| 5 | Identifique: | | | |
| | 5.1 ¿Cuáles riesgos son serios? | | | |
| | 5.2 ¿Cuáles riesgos se pueden asegurar? | | | |
| | 5.3 ¿Cuáles controles mitigarían los riesgos? | | | |
| | 5.4 ¿Qué controles adicionales de compensación se necesitarían? | | | |
| | 5.5 ¿Qué tipo de monitoreo se requiere? | | | |

---

53 El rol proactivo es suplementario a las actividades tradicionales de aseguramiento, que incluyen un enfoque de consultor, para mejorar los procesos fundamentales.

| No. | Cuestionario sobre la participación de la Auditoría Interna en la administración de riesgos (Parte I) | Sí | No | Aclaraciones |
|---|---|---|---|---|
| 6 | ¿Se efectuó evaluación de control interno general y específico por áreas? | | | |
| 7 | ¿La auditoría interna brindó un aseguramiento razonable sobre el logro de las metas y objetivos de la organización? | | | |
| 8 | ¿Se determinó qué riesgos son aceptables? | | | |
| 9 | ¿Se revisaron los asuntos referidos a la interfaz (*hardware, software*)? | | | |
| 10 | ¿Se evaluaron la continuidad del negocio, los planes, la recuperación de desastres y las incertidumbres económicas, administrativas o logísticas, etc? | | | |
| 11 | En cuanto a las actividades de la auditoría interna existen factores que las restrinjan, como las siguientes: | | | |
| | 11.1 ¿El personal de auditoría interna posee suficientes destrezas para realizar un adecuado trabajo de administración de riesgos? | | | |
| | 11.2 En caso negativo, ¿se pueden adquirir esas destrezas? | | | |
| | 11.3 ¿Es necesario aplicar un entrenamiento u otros recursos? | | | |
| | 11.4 ¿Puede realizarse sin tropiezos el plan de auditoría proyectado referido al erm? | | | |
| Comentarios establecidos en esta primera parte relacionada con la participación de la auditoría interna en la administración de riesgos - erm | | | | |
| | | | | |
| | | | | |
| | | | | |
| | | | | |
| Fecha | Nombre y firma del auditor | | | |

Fuente: elaboración propia.

**Tabla 22. Cuestionario Auditoría interna - Parte II**

| No. | Cuestionario sobre la participación de la Auditoría Interna durante la evaluación de riesgos (Parte II) | Sí | No | Aclaraciones |
|---|---|---|---|---|
| 1 | ¿Existen planes de negocios para los diferentes proyectos de la empresa? | | | |
| 2 | ¿Los planes cubren la integración de la planificación, diseño e implementación de los sistemas a las estrategias? | | | |
| 3 | ¿Cuál será el impacto sobre el desempeño, la seguridad, la confiabilidad y la disponibilidad de los diferentes sistemas? | | | |
| 4 | ¿La funcionalidad de los sistemas cumple con las necesidades del usuario final* y con los objetivos de la gerencia? | | | |
| 5 | ¿Se han analizado y considerado los requerimientos gubernamentales y reglamentarios? | | | |
| 6 | ¿Qué tan seguros son los equipos (*hardware*) y los programas (*software*), para evitar o detectar accesos no autorizados, usos inadecuados y otros efectos y pérdidas perjudiciales? | | | |
| 7 | ¿El procedimiento de transacciones está actualizado tecnológicamente, es preciso, completo e irrefutable? | | | |
| 8 | ¿El ambiente de control permite que la organización logre sus objetivos específicos por áreas e integralmente? | | | |
| 9 | ¿La evaluación de riesgos incluye fuerzas internas y externas? | | | |
| 10 | ¿En la evaluación se abordaron los riesgos inherentes asociados con internet y el proveedor (la confiabilidad de las comunicaciones básicas, la autenticación de los usuarios y las personas que tienen acceso)? | | | |
| 11 | ¿Qué otros asuntos** se abordaron? | | | |
| 12 | Si se usan proveedores externos***, ¿es confiable y calificada la(s) empresa(s) prestadora(s) de servicios?, ¿se ha hecho de ella(s) una evaluación del concepto *empresa en marcha*? | | | |
| Comentarios establecidos en esta segunda parte relacionada con la evaluación de la auditoría interna en la administración de riesgos - ERM | | | | |
| | | | | |
| | | | | |
| | | | | |
| | | | | |
| Fecha         Nombre y firma del auditor | | | | |

\*    Empleados, clientes, acreedores, gobierno y socios del negocio.
\*\*   Divulgación de la información confidencial del negocio, uso erróneo de la propiedad intelectual, violaciones de los derechos de autor, infracciones de marcas registradas, declaraciones difamatorias en páginas web, fraude, uso erróneo de firmas electrónicas, violaciones de la privacidad y daños de la reputación.
\*\*\* Si los proveedores externos brindan servicio de arrendamiento de páginas web, ¿tienen un plan de contingencias comprobado del negocio?

Fuente: elaboración propia.

# Cuestionario

- ¿Cómo se relacionan los hechos sucedidos en EE. UU. al final del pasado milenio de maquillajes de balances, quiebras de empresas, sanciones a firma de auditores, con la administración de riesgos empresariales ERM o gestión de riesgos?
- ¿Qué responsabilidad tienen ahora sobre el control interno de las empresas a nivel de EE. UU. la administración, la auditoría interna y externa de una empresa?
- ¿Qué obliga la Sección 404 de la Ley Sarbanes Oxley frente al control interno?
- Defina la administración de riesgos empresariales ERM o Gestión de Riesgos.
- ¿Qué conceptos fundamentales resalta la definición del ERM?
- ¿Cuáles son los fundamentos del ERM?
- ¿Qué beneficios recibe una Organización por el establecimiento de una adecuada Administración o Gestión de Riesgo?
- ¿Qué logra la metodología del ERM para el *benchmarking*?
- ¿Cuáles son los componentes de la ERM o Gestión de Riesgos establecidos por el COSO II?
- ¿Qué se entiende por el componente de entorno interno?
- El diseño y funcionamiento de las actividades de control, de los sistemas de información y comunicación como las de monitoreo, ¿cómo se relacionan con el entorno interno?
- ¿Qué elementos importantes en el ERM influyen en el ambiente interno?
- ¿Qué identifica el ERM en la aplicación de las prácticas de la administración de riesgos empresariales o Gestión de Riesgos?
- ¿Qué se entiende por el componente de definición de objetivos?
- ¿Cómo se relaciona la determinación de visión y misión de la planeación estratégica con el componente de definición de objetivos?
- ¿Qué se entiende por el componente de identificación de eventos?
- ¿Qué es una incertidumbre?
- ¿Los eventos son todos negativos en una empresa?
- ¿Qué metodologías se conocen en las empresas y en los auditores para la identificación de eventos?
- ¿Qué se entiende por el componente de valoración de riesgos?
- ¿Qué se entiende por perspectiva de probabilidad?
- ¿Qué se entiende por perspectiva de impacto?
- ¿Qué datos de evaluación de riesgos son más objetivos, los datos pasados internos o los externos?

- ¿Qué técnicas se aplica a los hechos relacionados directamente con la contabilidad?
- ¿A cuáles riesgos específicamente se aplican técnicas cuantitativas o cualitativas?
- ¿Qué se entiende por el componente de respuesta al riesgo?
- ¿Dentro de qué categorías caen las respuestas al riesgo?
- ¿Qué se entiende por el componente de actividades de control?
- ¿Qué son controles generales?
- ¿Qué son controles de aplicación?
- ¿Qué se entiende por el componente de información y comunicación?
- ¿En qué niveles de la empresa se requiere información para identificar, valorar y responder a los riesgos?
- ¿Qué se entiende por el componente de monitoreo *(ongoing)*?
- ¿Cuáles reglas estableció el COSO II para un adecuado monitoreo?

CAPÍTULO 3

# ADMINISTRACIÓN DE RIESGO EMPRESARIAL O ERM (2017): GESTIÓN DE RIESGO EMPRESARIAL - INTEGRANDO ESTRATEGIA Y DESEMPEÑO

## 3.1 Publicación del ERM año 2004

La publicación del ERM del año 2004 ha cosechado una amplia aceptación en las empresas para la administración del riesgo, no obstante, durante ese período, la complejidad del riesgo ha cambiado, han aparecido otros riesgos y los gobiernos corporativos han mejorado en su conocimiento y su supervisión, de modo que exigen una mejor información sobre riesgos. Por lo tanto, COSO, consciente de esas preocupaciones, preparó un nuevo documento de ERM en julio de 2017 denominado *Gestión de Riesgo Empresarial - Integrando Estrategia y Desempeño*, en el cual se enfatiza que, al referirse a riesgo, se debe tener en cuenta, en su proceso, la estrategia y, en la ejecución, el desempeño, porque sus ejecuciones se encuentran en continua evolución.

## 3.2 Causas del cambio del nuevo marco ERM integrando estrategia y desempeño

Los cambios en el mercado y en el entorno geopolítico, las exigencias regulatorias, la seguridad en la cadena de suministros, la intensa competencia y los riesgos derivados de la tecnología son algunas de las incertidumbres que rodean la gestión de las organizaciones. Estas crecientes dificultades exigen una respuesta desde la planificación estratégica y de negocio en todas las fases de la gestión empresarial hasta la ejecución operacional y de control de los procesos. Lo anterior motivó la elaboración de ese nuevo documento, para ayudar a los empresarios a dirigir mejor sus organizaciones bajo las premisas de la adecuada administración de riesgos, aumentar el valor real en el largo plazo y transmitir confianza a la sociedad.

## 3.3 Partes de la actualización

La primera parte de la actualización ofrece una perspectiva sobre los conceptos y aplicaciones actuales que se encuentran en continua evolución. La segunda parte está organizada en cinco componentes fáciles de comprender, que se adaptan a diferentes estructuras operativas y mejoran las estrategias y la toma de decisiones. Se resalta de esta actualización que:

a. Ofrece mayor comprensión del valor de la gestión del riesgo al definir las estrategias.

b. Ofrece una comprensión del impacto del riesgo en el desempeño.

c. Se adapta mejor a las expectativas de gobierno y supervisión.

d. Tiene en cuenta las diferentes geografías, la globalización de los mercados y las operaciones, para aplicar un enfoque común.

e. La mayor transparencia de los grupos de interés amplia los reportes de información.

f. Por la evolución de las tecnologías y la proliferación de datos, se facilita el análisis para tomar decisiones.

g. Establece definiciones, componentes y principios básicos para los niveles de gestión que participan en el diseño, implantación y ejecución de técnicas de gestión de riesgos.

## 3.4 Apoyos al Gobierno Corporativo

El nuevo ERM ofrece a los consejos de administración[54], a corto plazo, apoyos relacionados con el gobierno y la cultura; la estrategia y el establecimiento de objetivos, a fin de definir y abordar sus responsabilidades de supervisión del riesgo, y evaluar y mejorar el desempeño; la información, las comunicaciones y el reporte; y la revisión y monitorización de las prácticas y técnicas de gestión de riesgos. A largo plazo, la gestión del riesgo empresarial mejora la resiliencia[55] de las empresas, esto es la

---

54  Los consejos de administración desempeñan una función de supervisión que apoya la creación de valor en una entidad y evita su declive. Tradicionalmente, la gestión del riesgo empresarial ha ocupado un sólido papel de apoyo a nivel del Consejo. Ahora se espera, cada vez más, que los consejos de administración supervisen la gestión del riesgo empresarial.

55  La palabra resiliencia se refiere a la capacidad de sobreponerse a momentos críticos y adaptarse luego de experimentar alguna situación inusual e inesperada. También indica volver a la normalidad.

capacidad de anticipar y responder ante el cambio, el cual afectaría el desempeño y exigiría un cambio en la estrategia.

## 3.5 El análisis del factor del riesgo

Hay que considerar la existencia de dos factores distintos al enfoque tradicional de la evaluación del riesgo, en relación con su efecto potencial sobre una estrategia determinada, que no tiene en cuenta la posibilidad de que la estrategia no esté alineada con la misión, la visión y los valores claves, y las consecuencias resultantes de la estrategia elegida.

**Figura 16. El riesgo en la definición de estrategias**

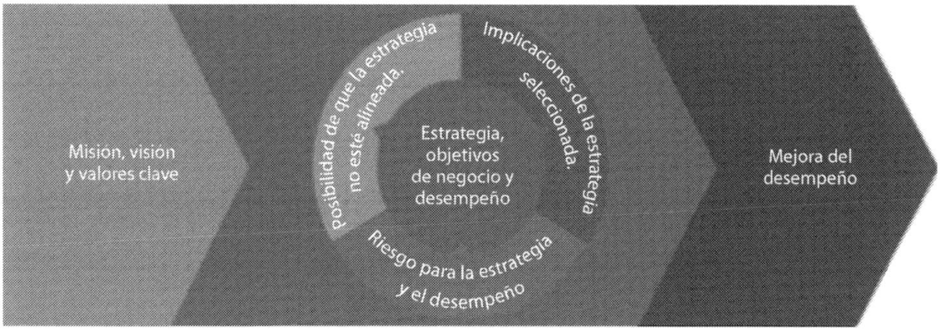

Fuente: coso (2017, p. 5).

Este nuevo marco se basa en la importancia de la gestión del riesgo empresarial en la planificación estratégica y su integración en los diferentes niveles de la organización, ya que el riesgo alinea e influye en la estrategia y el desempeño en todos los departamentos y funciones.

**Figura 17. Gestión del riesgo empresarial**

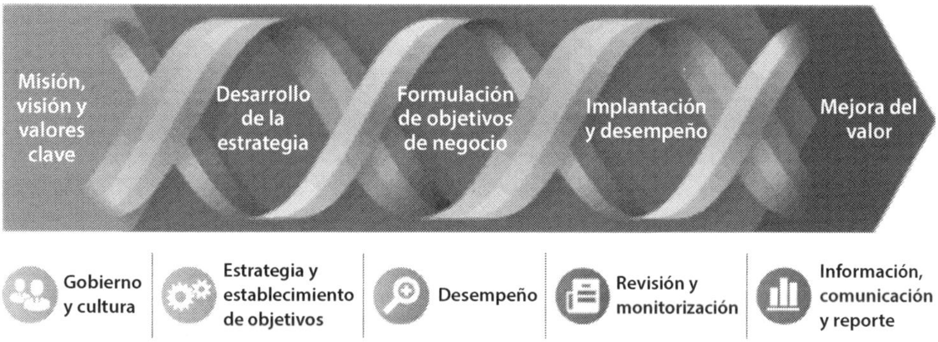

Fuente: coso (2017, p. 6).

## 3.6 Componentes y principios del nuevo marco ERM

El Marco es un conjunto de principios organizados en cinco componentes interrelacionados, los cuales son:

1. Gobierno y cultura.
2. Estrategia y establecimiento de objetivos.
3. Desempeño.
4. Revisión y monitorización.
5. Información, comunicación y reporte.

**Figura 18. Componentes del nuevo marco ERM**

 Gobierno y cultura

 Estrategia y establecimiento de objetivos

 Desempeño

1. Ejerce la supervisión de riesgos a través del Consejo de Administración.
2. Establece estructuras operativas.
3. Define la cultura deseada.
4. Demuestra compromiso con los valores clave.
5. Atrae, desarrolla y retiene a profesionales capacitados.

6. Analiza el contexto empresarial.
7. Define el riesgo aceptable.
8. Evalúa estrategias alternativas.
9. Formula objetivos de negocio.

10. Identifica el riesgo.
11. Evalúa la gravedad del riesgo.
12. Prioriza riesgos.
13. Implementa respuestas antes los riesgos.
14. Desarrolla una Visión a nivel de cartera.

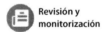 Revisión y monitorización

 Información, comunicación y reporte

15. Evalúa los cambios significativos.
16. Revisa el riesgo y el desempeño.
17. Persigue la mejora de la Gestión del Riesgo Empresarial.

18. Aprovecha la información y la tecnología.
19. Comunica información sobre riesgos.
20. Informa sobre el riesgo, la cultura y el desempeño.

Fuente: adaptado de COSO (2017, p. 7).

Estos nuevos componentes se definen de la siguiente manera:

1. Gobierno y cultura: el Gobierno marca el tono en la entidad, refuerza la importancia de la gestión del riesgo empresarial y establece responsabilidades de supervisión. La cultura se refiere a los valores éticos, a los comportamientos deseados y a la comprensión del riesgo en la entidad.

2. Estrategia y establecimiento de objetivos: la gestión del riesgo empresarial, la estrategia y el establecimiento de objetivos funcionan juntos en el proceso de planificación estratégica. Se establece un nivel aceptable de riesgo y se alinea

con la estrategia. Los objetivos del negocio ponen en práctica la estrategia al tiempo que sirven de base para identificar, evaluar y responder ante el riesgo.

3. Desempeño: se identifican y evalúan los riesgos que afectan al cumplimiento de los objetivos estratégicos y de negocio. Los riesgos se priorizan en función de su gravedad en el contexto del nivel aceptable de riesgo. Posteriormente, la organización selecciona las respuestas ante el riesgo y adopta una visión a nivel de cartera con respecto al nivel de riesgo que ha asumido. Los resultados de este proceso se comunican a las principales partes interesadas.

4. Revisión y monitorización: al examinar el desempeño de la entidad, una organización determina cómo funcionan los componentes de gestión del riesgo empresarial con el paso del tiempo en un entorno de cambios sustanciales y qué aspectos son susceptibles de revisar y modificar.

5. Información, comunicación y reporte: la gestión del riesgo empresarial requiere un proceso continuo de obtención e intercambio de información necesaria, tanto de fuentes internas como externas, que fluya hacia arriba, hacia abajo y a lo largo de los niveles de la organización.

**Tabla 23. Interrelación entre componentes y principios del nuevo marco ERM 2017**

| Componentes del nuevo marco ERM | Principios que aplican en cada componente ERM |
|---|---|
| 1. Gobierno y cultura:<br><br>1.1. El Gobierno marca el tono en la entidad, refuerza la importancia de la gestión del riesgo empresarial y establece responsabilidades de supervisión.<br><br>1.2. La cultura se refiere a los valores éticos, a los comportamientos deseados y a la comprensión del riesgo en la entidad. | 1. Ejerce la supervisión de riesgos a través del consejo de administración, el cual supervisa la estrategia y cumple con las responsabilidades de gobierno, para apoyar a la dirección en la consecución de los objetivos estratégicos y de negocio. |
| | 2. Establece estructuras operativas, con el fin de alcanzar los objetivos estratégicos y de negocio. |
| | 3. Define la cultura deseada. La organización define los comportamientos deseados que caracterizan la cultura a la que aspira la entidad. |
| | 4. Demuestra compromiso con los valores clave. |
| | 5. Atrae, desarrolla y retiene a profesionales capacitados. La organización está comprometida con contar un capital humano en sintonía con los objetivos estratégicos y de negocio. |

| Componentes del nuevo marco ERM | Principios que aplican en cada componente ERM |
|---|---|
| 2. Estrategia y establecimiento de objetivos: la gestión del riesgo empresarial, la estrategia y el establecimiento de objetivos funcionan juntos en el proceso de planificación estratégica. Se establece un nivel aceptable de riesgo y se alinea con la estrategia. Los objetivos del negocio ponen en práctica la estrategia al tiempo que sirven de base para identificar, evaluar y responder ante el riesgo. | 6. Analiza el contexto empresarial. La organización considera los efectos potenciales del contexto empresarial sobre el perfil de riesgo. |
| | 7. Define el riesgo aceptable. La organización define el nivel aceptable de riesgo en el contexto de la creación, preservación y materialización del valor. |
| | 8. Evalúa estrategias alternativas. La organización evalúa las estrategias alternativas y el impacto potencial en el perfil de riesgos. |
| | 9. Formula objetivos de negocio. La organización considera el riesgo al tiempo que establece los objetivos de negocio en los distintos niveles, alineados y apoyados en la estrategia. |
| 3. Desempeño: se identifican y evalúan los riesgos que afectan al cumplimiento de los objetivos estratégicos y de negocio. Los riesgos se priorizan en función de su gravedad en el contexto del nivel aceptable de riesgo. Posteriormente, la organización selecciona las respuestas ante el riesgo y adopta una visión a nivel de cartera con respecto al nivel de riesgo que ha asumido. Los resultados de este proceso se comunican a las principales partes interesadas. | 10. Identifica el riesgo, que impacta en la consecución de los objetivos estratégicos y de negocio. |
| | 11. Evalúa la gravedad del riesgo. |
| | 12. Prioriza riesgos, como base para la selección de respuestas a adoptar ante estos. |
| | 13. Implementa respuestas ante los riesgos. La organización identifica y selecciona las respuestas ante los riesgos. |
| | 14. Desarrolla una Visión a nivel de cartera. |
| 4. Revisión y monitorización: al examinar el desempeño de la entidad, una organización determina cómo funcionan los componentes de gestión del riesgo empresarial con el paso del tiempo en un entorno de cambios sustanciales y qué aspectos son susceptibles de revisar y modificar. | 15. Evalúa los cambios significativos. La organización identifica y evalúa los cambios que afectarían sustancialmente a los objetivos estratégicos y de negocio. |
| | 16. Revisa el riesgo y el desempeño. La organización revisa el desempeño de la entidad y tiene en consideración el riesgo. |
| | 17. Persigue la mejora de la gestión del riesgo empresarial. |
| 5. Información, comunicación y reporte: la gestión del riesgo empresarial requiere un proceso continuo de obtención e intercambio de información necesaria, tanto de fuentes internas como externas, que fluya hacia arriba, hacia abajo y a lo largo de los niveles de la organización. | 18. Aprovecha los sistemas de información y la tecnología. La organización utiliza los sistemas de información y tecnología de la entidad para lograr la gestión del riesgo empresarial. |
| | 19. Comunica información sobre riesgos. La organización utiliza canales de comunicación como soporte a la gestión del riesgo empresarial. |
| | 20. Informa sobre el riesgo, la cultura y el desempeño. La organización informa sobre el riesgo, la cultura y el desempeño a múltiples niveles a través de la entidad. |

Fuente: elaboración propia.

## 3.6.1 Combinación de componentes y principios

La combinación de componentes y principios que presenta el nuevo marco del coso erm 2017 es básica para construir o integrar procesos de una organización, en particular, y es un sistema de seguimiento, aprendizaje y mejora del desempeño.

Si una organización tiene una misión, una estrategia y unos objetivos —y la necesidad de tomar decisiones que tengan en cuenta plenamente el riesgo—, podrá aplicar la gestión del riesgo empresarial, por lo tanto, la *Gestión del Riesgo Empresarial - integrando Estrategia y Desempeño* es utilizada por organizaciones de cualquier tamaño, ya sean privadas o gubernamentales.

Para fortalecer la Gestión de Riesgo Empresarial con el nuevo marco erm, se ofrecen las siguientes recomendaciones:

1. Entender los cambios de forma que se comprenda claramente la integración con la estrategia y el desempeño.

2. Hacer un diagnóstico de la entidad que relacione la integración del erm con el proceso estratégico, la identificación de riesgos emergentes y la toma de decisiones.

3. Defina la hoja de ruta roadmap para transformar el erm, que incluya iniciativas acordes con los cuatro pilares: 1) la integración con la estrategia, 2) el gobierno y la cultura, 3) el modelo operativo y de negocios, y 4) el reporte y la tecnología.

4. Dar a conocer a la junta directiva el programa de transformación y los beneficios para obtener su aprobación y los recursos necesarios.

5. Alinearlo e integrarlo con coso 2013. Son dos marcos que se complementan, pero con propósitos diferentes (coso erm - Estrategia y Desempeño, y coso 2013 - Control Interno).

**Nota:** En el acompañamiento virtual sil, se incluye un cuestionario evaluativo de administración de riesgos bajo estos nuevos componentes y principios del coso 2017.

# Cuestionario

- ¿La publicación del 2004 fue bien aceptada por las empresas como gestión del riesgo?
- ¿Cuáles fueron las causas para formalizar el nuevo marco del ERM, denominado *Integrando Estrategia y Desempeño*?
- La nueva actualización tiene dos partes, ¿cuáles son? Descríbalas.
- ¿Qué aspectos se deben resaltar del nuevo marco ERM?
- ¿Por qué se afirma que "este nuevo marco es básico como apoyo a los gobiernos corporativos"?
- ¿Qué podría afectar el factor de riesgo? Para el efecto, ¿qué preguntas se deben resolver?
- ¿Explique el enfoque tradicional de evaluar los riesgos?
- ¿Qué aspectos enfatiza este nuevo marco ERM?
- Indique los nuevos componentes del COSO 2017.
- Enumere y nombre los 20 principios del COSO ERM 2017.
- Clasifique los 20 principios en cada componente.
- Defina el concepto, según el nuevo marco, de Gobierno y Cultura.
- Defina el concepto, según el nuevo marco, de Estrategia y Establecimiento de Objetivos.
- Defina el concepto, según el nuevo marco, de Desempeño.
- Defina el concepto, según el nuevo marco, de Revisión y Monitorización.
- Defina el concepto, según el nuevo marco, de Información, Comunicación y Reporte.
- ¿Por qué debe efectuarse esa combinación entre componentes y principios?
- Indique las recomendaciones que da el nuevo marco del ERM 2017 para el fortalecimiento de la Gestión de Riesgo Empresarial.

## *Discusión*

1. ¿Se pueden utilizar simultáneamente los dos marcos, el del año 2004 y el del 2017?
2. ¿Por qué si son diferentes los componentes en los dos marcos, aun así, se insiste en el uso simultáneo?
3. ¿Por qué es tan importante el Gobierno Corporativo en este segundo Marco?
4. ¿Qué significa la afirmación "integrando estrategia y desempeño"?
5. Recuerde que en el COSO 2013 hay 17 principios repartidos entre los cinco componentes de control interno, uno de ellos se refiere a la valoración de riesgos, ¿cuál es su relación con estos nuevos principios o son similares?

# GESTIÓN DE RIESGOS Y CONTROL MEDIANTE LA APLICACIÓN DEL MÉTODO DE LAS TRES LÍNEAS DE DEFENSA

Son múltiples las dependencias[56] de una entidad enfocadas en la implementación y evaluación de controles, así como en la administración de riesgos, bajo estándares internacionales establecidos para el ejercicio de auditorías internas y externas, que incluyen apoyos técnicos y recomendaciones dirigidas a los controladores gubernamentales, en entidades públicas y privadas. Esos enfoques están dispersos y, frecuentemente, no hay coordinación para que los controles y la detección y mitigación de riesgos funcionen satisfactoriamente, de modo que se da duplicidad de funciones y costos que no representan beneficios reales. Para evitar problemas y aprovechar los recursos tangibles e intangibles de cada una de las especialidades, han surgido buenas prácticas que ayudan a las empresas a delegar y coordinar las tareas esenciales de la gestión de riesgos mediante un enfoque sistemático.

Uno de esos modelos es el de *Las Tres Líneas de Defensa*, creado hace aproximadamente ocho años. Según sus creadores, este modelo proporciona claridad y una manera simple y efectiva para mejorar las comunicaciones en la gestión de riesgos y control, mediante la aclaración de las funciones y deberes esenciales relacionados. Además, es aplicable en cualquier empresa, incluso en organizaciones que no tienen una gestión del riesgo.

---

56  Dependencias de Auditores internos: especialistas en gestión de riesgos, oficiales de cumplimiento, en control interno, inspectores de calidad, investigadores de fraude y otros.

El Gobierno Corporativo de una organización se apoya en las herramientas debidamente identificadas y coordinadas por el modelo de las tres líneas de defensa. En este modelo, la primera línea de defensa contiene los controles gerenciales[57] y las medidas establecidas como controles internos; la segunda incluye la definición de las funciones de supervisión de riesgos, controles y cumplimiento establecidas; y la tercera, el aseguramiento dado por una dependencia independiente del control interno o de la auditoría interna (ver figura 19).

**Figura 19. Modelo de las tres líneas de defensa**

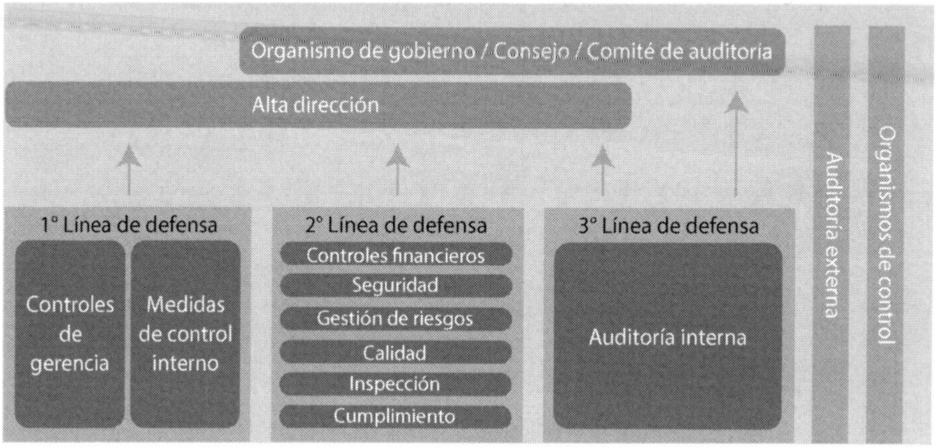

Fuente: IIA (2013, p. 2).

En la figura 19, el gobierno corporativo y la alta gerencia están por fuera de las tres líneas de defensa debido a que no son ejecutores sino responsables de la fijación de objetivos, definición de estrategias y determinación de las políticas y procedimientos, donde se incluyen los procesos de control de gestión y riesgos[58], para asegurar una adecuada seguridad razonable en la organización. El modelo de las Tres Líneas de Defensa se implementa mejor con el apoyo activo y la guía de los organismos de gobierno corporativo y la alta gerencia de la empresa.

---

57 El control gerencial es un proceso de vigilancia estratégica para comprobar que las operaciones de la empresa se realicen según lo planeado, lo cual logra confianza en la gestión o encausa lo que no se está cumpliendo. Estos controles gerenciales están enmarcados en gerencias operativas, administrativas o financieras, y otras de apoyo, que tienen sus propios riesgos que deben gestionar.

58 El control de gestión se identifica en la coordinación, en la evaluación del desempeño de sus unidades de negocios, en la motivación a los trabajadores y, lo más importante, en la alineación de las metas hacia un objetivo común.

Por su parte, la auditoría externa[59] y los organismos de control[60] aparecen en la figura 19 como complemento de las gestiones de control y riesgos, organismos clasificados como "cuarta línea de defensa" por varios especialistas.

## 4.1 La primera línea de defensa: controles gerenciales

Existen varias gerencias[61], unas operativas y otras de apoyo, en la organización, cada una tiene sus propios riesgos que deben gestionar internamente, a través de la identificación, la evaluación, el control y la mitigación. Para ello, guían el desarrollo y la implementación de políticas y procedimientos que aseguren la consistencia de las actividades desarrolladas con las metas y los objetivos, al realizar acciones correctivas para hacer frente a las deficiencias de proceso y de control.

**Figura 20. Control gerencial**

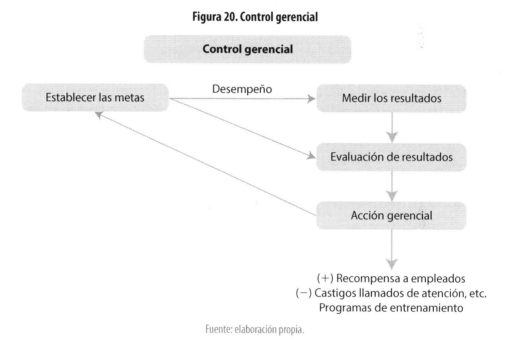

Fuente: elaboración propia.

---

59   Auditores independientes de estados financieros, auditores administrativos externos o de casa matriz, auditoría forense, etc.

60   Contralorías gubernamentales, entidades de vigilancia y control, superintendencias, hacienda, impuestos, etc.

61   El presidente o gerente general de la empresa y los vicepresidentes conforman la alta dirección o gerencia, y se encuentran en la conformación de los gobiernos corporativo. Los controles gerenciales son los controles que permiten el funcionamiento de las actividades operativas, financieras, administrativas y de apoyo.

En estas gerencias hay personal de nivel medio, el cual es primariamente responsable de estas tareas, supervisa la ejecución de los procedimientos por parte de los empleados, incluso exige el cumplimiento de funciones de autocontrol.

Estas gerencias sirven en la primera línea de defensa, porque los controles están diseñados en los sistemas y procesos bajo su dirección en tanto administradores operacionales, administrativos, financieros o de apoyo, mediante la implementación de controles adecuados de gestión y de supervisión de excepciones de control, deficiencias y eventos no esperados, y la aplicación de herramientas gerenciales[62].

## 4.2 La segunda línea de defensa: funciones de gestión de riesgos y de cumplimiento

Anteriormente se mencionó que las gerencias son propietarias de sus propios riesgos, aun así, se requiere que otras dependencias ejerzan supervisión adicional e independiente de la labor operativa, financiera, administrativa o de apoyo. Esto se debe a que la rutina suele llevar a equivocaciones, por ello otras dependencias deben vigilar también sus ejecuciones para lograr cumplir con el principio de segregación de funciones. Por lo tanto, se recomienda establecer otras funciones de gestión de riesgos para ayudar a crear y monitorear los controles de la primera línea de defensa en tanto funciones gerenciales independientes que intervienen en la modificación y desarrollo de los sistemas de control interno y riesgos.

Las funciones típicas de esta segunda línea de defensa comprenden:

- Establecer un comité de riesgos[63] para asistir al Consejo de Administración o Junta Directiva, en el cumplimiento de sus responsabilidades de supervisión en relación con la gestión de riesgos.

- Establecer un comité jurídico gerencial que monitoree riesgos específicos tales como el incumplimiento de leyes y regulaciones aplicables, y el cumplimiento de procedimiento en áreas de salud y seguridad, cadena de suministros, ambiente o control de la calidad.

- Ejercer como contraloría, revisoría fiscal o auditoría externa para revisar la preparación y presentación, bajo auditoría de riesgos, de los estados financieros en cuanto al reconocimiento de transacciones, medición, presentación y revelación de informaciones, datos y eventos que ayuden a los usuarios a su identificación y análisis.

---

62  Las herramientas gerenciales son los métodos empleados para optimizar la labor de dirección, pues apoyan a los tomadores de decisiones a determinar un modelo directivo y acoplarlo a su estructura.

63  "El Comité de riesgos en una empresa es el órgano encargado de estudiar las amenazas internas y externas que una firma enfrenta. En base a ello, además, debe diseñar un sistema de prevención" (Westreicher, 2018).

- Garantizar el buen funcionamiento y desarrollo de:
  - ¤ La gestión de riesgos.
  - ¤ La seguridad de la información.
  - ¤ El control financiero.
  - ¤ La seguridad física.
  - ¤ La gestión de calidad.
  - ¤ La salud y seguridad social.
  - ¤ La inspección física de dinero, valores, bienes, documentos, registros, etc.
  - ¤ El cumplimiento legal de las políticas del medio ambiente y reglamentos internos.
  - ¤ La cadena de suministro o abastecimiento.
  - ¤ Otros (según las necesidades específicas del sector económico o el tipo de empresa).

## 4.2.1 Controles específicos de la Segunda Línea de Defensa

El control financiero sirve para controlar las cuentas y conocer el origen de los ingresos y el destino de los gastos de una empresa, también se refiere al control del estado de las finanzas empresariales. Este control permite trabajar sobre las posibles desviaciones que repercuten en los presupuestos asignados, para comprobar y garantizar el seguimiento de los planes de negocio.

Los sistemas de seguridad en las empresas son indispensables para responder y protegerse de los riesgos que amenazan la seguridad y salud del personal, así como comprometen la formalidad de la organización. Por ello, es importante prevenir la ocurrencia de actos y condiciones inseguras, como accidentes, y minimizar los riesgos.

La Gestión de Calidad (GC) es un conjunto de acciones y herramientas cuyo objetivo es evitar posibles riesgos, errores o desviaciones en el proceso de producción y en los productos o servicios obtenidos. Además, la GC reúne un conjunto de acciones y procedimientos que buscan garantizar la calidad no de los productos obtenidos en sí, sino del proceso por el cual se obtienen estos productos, así como de los servicios recibidos y prestados.

La técnica de la inspección es el examen físico de bienes materiales o documentos, con el fin de comprobar la existencia de un recurso o de una transacción registrada por el sistema de información financiera en los estados financieros. Está también incluye inspecciones de libros oficiales de registro contable o de actas de consejo de administración o junta directiva, o de asambleas. Esta técnica es utilizada por reguladores u otros entes internos o externos, estipulados en las leyes o principios de verificación, para comprobar que una empresa o una persona física cumple con la legalidad o procedimientos internos, como en la Administración tributaria (Hacienda), la laboral (Seguridad Social), ambiental (requisitos mínimos de expiración de gases) o interna (autorizaciones generales o específicas).

El control de cumplimiento es el "conjunto de procedimientos y buenas prácticas adoptados por la empresa para identificar y clasificar los riesgos operativos y legales a los que se enfrentan y establecer mecanismos internos de prevención, gestión, control y reacción frente a los mismos" (World Compliance Association, s.f.). En el contexto económico y financiero mundial, cada vez son más las entidades que se preocupan por implantar sistemas de gestión de cumplimiento (*compliance*) para detectar y evitar riesgos legales o de cumplimiento.

Estos controles apoyan a la administración en la definición de roles y responsabilidades, marcos para la gestión de riesgos, identificación de asuntos conocidos y emergentes, cambios en el nivel aceptable de riesgo, desarrollo de procesos y controles, guía y entrenamiento, monitoreo en cuanto a la implementación, exactitud e integridad de la información, cumplimiento de leyes y regulaciones, así como la remediación oportuna de excepciones de control, inconsistencias y deficiencias.

## 4.3 La tercera línea de defensa: auditoría interna

Siempre que la auditoría interna sea ejercida por personal experimentado, independiente y objetivo, proporcionará, al gobierno corporativo y a la alta dirección, una seguridad razonable en sus intervenciones.

Este enfoque de independencia y objetividad no lo posee la segunda línea de defensa debido a la dependencia directa de la gerencia, la cual desarrolla labores de control de gestión de riesgos, monitoreo y cumplimiento, pues la auditoría interna reporta directamente a organismos del gobierno corporativo y no solo a la gerencia.

Entre los objetivos que cubre la auditoría interna están los siguientes:

a. Determinar la eficiencia y efectividad de las operaciones, la salvaguarda de activos, la confiabilidad e integridad de los procesos de reporte, el cumplimiento de las leyes, regulaciones, políticas, procedimientos y contratos.

b. Seguir los marcos existentes de control interno y de riesgos (coso i y coso ii erm), o cualquier otro marco que aplique la empresa, en cuanto a las comprobaciones de la aplicación de sus componentes de identificación, evaluación y respuesta al riesgo, información y comunicación y monitoreo.

c. Evaluar el conjunto de actividades de la empresa, tales como las divisiones, subsidiarias, unidades operativas y funciones (procesos de negocios, tales como ventas, producción, marketing, seguridad, funciones de clientes y operaciones), así como funciones de soporte en las transacciones (sus registros de ingresos y gastos, recursos humanos, adquisiciones, remuneraciones, presupuestos, gestión de infraestructura y activos, inventario, y tecnología de la información).

## 4.4 Coordinación de las tres líneas de defensa

El gobierno corporativo entiende el enfoque del método de las tres líneas de defensa, para que, al establecer los roles y responsabilidades, se evite crear duplicidad de funciones o cruces ineficientes de información. De modo que, se logren economizar y cumplir con las responsabilidades de control y riesgos asignadas, teniendo en cuenta que cada línea de defensa está diseñada para lograr eficiencia y eficacia de los controles, al detectar, evitar y mitigar los riesgos que la afecten.

Identificada claramente cada línea de defensa y monitoreadas oportunamente, se logra una coordinación real de las Tres Líneas de Defensa.

**Figura 21. Coordinación de las tres líneas de defensa**

| Primera línea de defensa | Segunda línea de defensa | Tercera línea de defensa |
|---|---|---|
| Propiedad/Gestión de riesgos | Control de riesgos y cumplimiento | Aseguramiento de riesgos |
| • Gerencia operativa | • Independencia limitada<br>• Reportes principalmente a la gerencia | • Auditoría interna<br>• Mayor independencia<br>• Reportes a los organismos de gobierno corporativo |

Fuente: IIA (2013, p. 7).

Entendidas las funciones de cada línea de defensa, es recomendable que las organizaciones las apliquen; en las organizaciones pequeñas, algunas líneas de defensa se combinan. Por ejemplo, existen ocasiones en las cuales a la auditoría interna se le ha solicitado establecer o administrar actividades de gestión de riesgos o de cumplimiento.

## 4.5 Prácticas recomendadas

El Instituto de Auditoría Interna (IIA), en su *Declaración de Posición: Las Tres líneas de defensa para una efectiva gestión de riesgos y control*, brinda unas prácticas recomendadas, las cuales se presentan a continuación:

- Los procesos de riesgo y control deben ser estructurados de acuerdo con el Modelo de las Tres Líneas de Defensa.
- Cada línea de defensa debería ser apoyada en definiciones de funciones y políticas apropiadas.
- Debe existir una adecuada coordinación entre las distintas líneas de defensa para fomentar la eficiencia y la eficacia.
- Las funciones de riesgo y de control que operan en las diferentes líneas deben compartir apropiadamente el conocimiento y la información para ayudar a todas las funciones a un mejor cumplimiento de sus funciones y de una manera eficiente.
- Las líneas de defensa no deberían ser mezcladas o coordinarse en una manera que pueda comprometer su eficacia.
- En situaciones en que las funciones de las diferentes líneas se mezclan, los Órganos de Gobierno deben ser informados de la estructura y su impacto. Para las organizaciones que no han establecido una actividad de auditoría

interna, la Alta Dirección y/o el Órganos de Gobierno deberán explicar y dar a conocer a las partes interesadas que ellos han considerado como suficiente el aseguramiento que se obtendrá de la eficacia del gobierno de la organización, gestión de riesgos y de la estructura de control. (2013, p. 8)

# Cuestionario

- ¿Por qué, habiendo tantos modelos de gestión de riesgos, el Instituto de Auditores Internos (IIA) emitió este modelo de las Tres Líneas de Defensa?
- En resumen, ¿qué incluye el modelo de las tres líneas de defensa?
- ¿Qué se entiende por *control gerencial*?
- ¿Qué papel juega el gobierno corporativo en el modelo de las tres líneas de defensa?
- Explique ampliamente qué incluye la primera línea de defensa.
- Explique ampliamente qué incluye la segunda línea de defensa.
- Explique ampliamente qué incluye la tercera línea de defensa.
- Defina el control financiero.
- ¿Qué se entiende por *sistema de seguridad de una empresa*?
- ¿Qué se entiende por *gestión de calidad* dentro de una empresa?
- ¿Cómo se coordinan el gobierno y las tres líneas de defensa?
- ¿Qué prácticas recomendó el IIA para la aplicación de las tres líneas de defensa?

## *Discusión*

1. ¿Cuál fue el principal interés del IIA para crear este nuevo modelo de gestión de riesgos?
2. Examine, en la empresa en la que trabaja, si puede aplicarse el modelo de las tres líneas de defensa.
3. Pregunte a los colegas o compañeros de estudio qué saben del modelo de las tres líneas de defensa.

# CAPÍTULO 5

# INTEGRANDO EL MARCO COSO EN EL MODELO DE LAS TRES LÍNEAS DE DEFENSA

El Marco COSO 2013 define cinco componentes de control interno (ambiente o entorno de control, valoración de riesgos, actividades de control, información y comunicación, y supervisión o monitoreo), 17 principios con 79 puntos de interés (ver capítulo 3 de esta parte tres) que representan los conceptos fundamentales asociados con esos componentes y, aplicados consistentemente, logran un control interno eficaz.

Los puntos de interés de cada principio incluyen responsabilidades clave de las personas que se encuentran en las tres líneas de defensa. Por lo cual, se pueden combinar los dos modelos para asignar tareas y funciones específicas, de acuerdo con las necesidades de cada organización en particular. Es de recalcar que se debe evitar una posible duplicidad de funciones, para mitigar vulnerabilidades o vacíos relacionados en las partes relevantes del control interno.

El Modelo de las Tres Líneas de Defensa ayuda a mejorar la comprensión de la gestión de riesgo y control, al definir las funciones y responsabilidades. La primera responsabilidad de esas gestiones es el consejo de administración o junta directiva, y la alta dirección, que guiarán y supervisarán las tres líneas de defensa y gestionarán eficazmente los controles internos y el riesgo, o el denominado GCR (gobierno, control y riesgo). Estas líneas son:

- Primera línea de defensa: responsabilidad de la gerencia operativa en el riesgo.
- Segunda línea de defensa: dependencias especializadas relacionadas con control, riesgo y cumplimiento.
- Tercera línea de defensa: la auditoría interna.

La figura 22 presenta la relación entre los objetivos y el enfoque del Marco coso con el Modelo de las Tres Líneas de Defensa, la cual inicia con el Consejo de Administración o Junta Directiva, que establece los objetivos de la Organización.

**Figura 22. Relación Marco coso 2013 y el Modelo de las tres líneas de defensa**

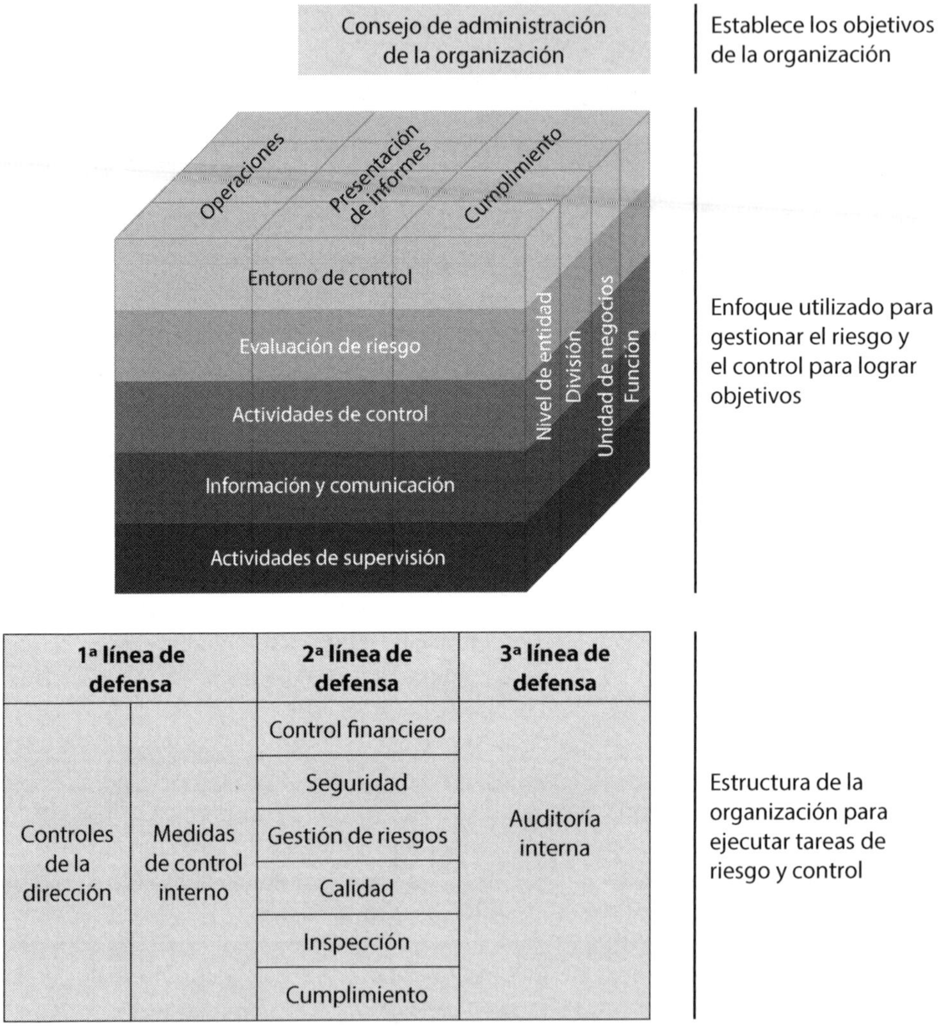

Fuente: coso (2015, p. 1).

## 5.1 Interrelación coso y las tres líneas de defensa

El Consejo de Administración o Junta Directiva, y la alta dirección son los principales responsables del entorno o ambiente de control (primer componente), el cual está respaldado por los primeros cinco principios que marcan el tono de la dirección, los estándares de conducta y la asignación de las funciones y responsabilidades. Esos cinco principios apoyan al gobierno de la entidad en la implementación y supervisión adecuada del sistema de control interno. Esta interrelación se observa en la figura 23 del estudio realizado por el IIA, *Aprovechar el coso en las tres líneas de defensa*.

**Figura 23. Responsabilidades de vigilancia para el entorno de control**

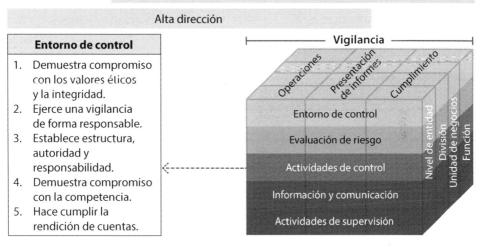

Fuente: coso (2015, p. 4).

## 5.1.1 El coso y la primera línea de defensa

Las subgerencias[64] operativa, financiera o administrativa, y sus mandos medios confrontan y gestionan periódicamente el riesgo y el control, y manejan principalmente la primera línea de defensa, mediante el desarrollo e implementación de procesos de gestión de controles y riesgos[65].

La alta dirección es responsable general de las actividades de la primera línea de defensa, por ello, ejerce una supervisión directa de las subgerencias y de los mandos medios. En algunas empresas, debido a la relación costo-beneficio, lleva a cabo algunas de las responsabilidades de esta línea. Según los principios de control interno del Marco coso, los subgerentes son los principales responsables de los principios 6 al 17, tal como se observa en la figura 24.

---

64  Deben contar con habilidades y cultura integral para entender su responsabilidad en el control interno y riesgos del negocio.

65  Estos son procesos de control interno diseñados para identificar y evaluar riesgos significativos, ejecutar actividades, identificar procesos inadecuados y fallas en el control, y comunicar oportunamente cualquier inconsistencia, deficiencia, excepción de control y riesgo posible importante que afecte los objetivos de la misión y planificación de la empresa.

**Figura 24. El coso y la primera línea de defensa**

| Evaluación de riesgos |
|---|
| 6. Especifica los objetivos adecuados. |
| 7. Identifica y analiza el riesgo. |
| 8. Evalúa el riesgo de fraude. |
| 9. Identifica y analiza el cambio significativo. |

| Actividades de control |
|---|
| 10. Selecciona y desarrolla actividades de control. |
| 11. Selecciona y desarrolla controles generales sobre TI. |
| 12. Implementa a través de políticas y procedimientos. |

| Información y comunicación |
|---|
| 13. Usa información relevante. |
| 14. Comunica internamente. |
| 15. Comunica externamente. |

| Supervisión de actividades |
|---|
| 16. Realiza evaluaciones continuas o separadas. |
| 17. Evalúa y comunica deficiencias. |

| 1ª línea de defensa | |
|---|---|
| Controles de la dirección | Medidas de control interno |

Fuente: coso (2015, p. 5).

## 5.1.2 El coso y la segunda línea de defensa

En la segunda línea de defensa se encuentran varias funciones de gestión de cumplimiento y de riesgos[66] independientes y separadas de las subgerencias operativa, financiera y administrativa. Estas son funciones de apoyo para la supervisión continua del control y el riesgo, creadas por la alta dirección según el tamaño y giro del negocio. Algunas de estas funciones están clasificadas o reguladas como obligatorias, están unidas o podrían no existir.

La composición de la segunda línea varia significativamente según el tamaño y giro del negocio de la organización. En las organizaciones grandes, que cotizan en bolsa o son complejas o altamente reguladas, estas funciones están separadas o varían.

Los objetivos del Marco coso (operativos, de información y de cumplimiento) son cubiertos por esta segunda línea de defensa, en tanto esta apoya a la alta dirección en la supervisión de los controles y en la detección y gestión de los riesgos, lo cual

---

66 Funciones enunciadas en el capítulo anterior.

proporciona hallazgos significativos, nuevos riesgos, asuntos o temas relevantes, cambios en el nivel aceptable o tolerancia de riesgos implícitos, asesoramiento, etc.

Para el consejo de administración y la alta dirección es importantísimo que esta segunda línea de defensa funcione con un alto grado de objetividad y brinde información relevante y útil relacionada a la gestión del riesgo y control de la primera línea de defensa. Asimismo, se espera que proporcione información de control y riesgo de la entidad en general que no se obtendría de la primera línea. Adicionalmente, la eficacia de esta segunda línea de defensa radica en el suficiente reconocimiento de los líderes y la gerencia operativa de la organización. Tal reconocimiento se deriva de la autoridad y de la comunicación directa con la alta dirección, lo cual transmite respeto.

Además, las funciones de la segunda línea

> También podrían asumir un rol de toma de decisiones para ciertas actividades operativas. En la medida en que el rol de las funciones de segunda línea les exija que participen directamente en una actividad de primera línea, esa función, de segunda línea de defensa, podría considerarse no totalmente independiente de las actividades de la primera línea de defensa.

> La composición de la segunda línea puede variar significativamente según el tamaño y el sector económico de la organización.

> Aunque no sean del todo independientes, siempre es importante que exista una segunda línea de defensa robusta y capaz (coso, 2015, p. 6 y 7).

### Figura 25. El coso y la segunda línea de defensa

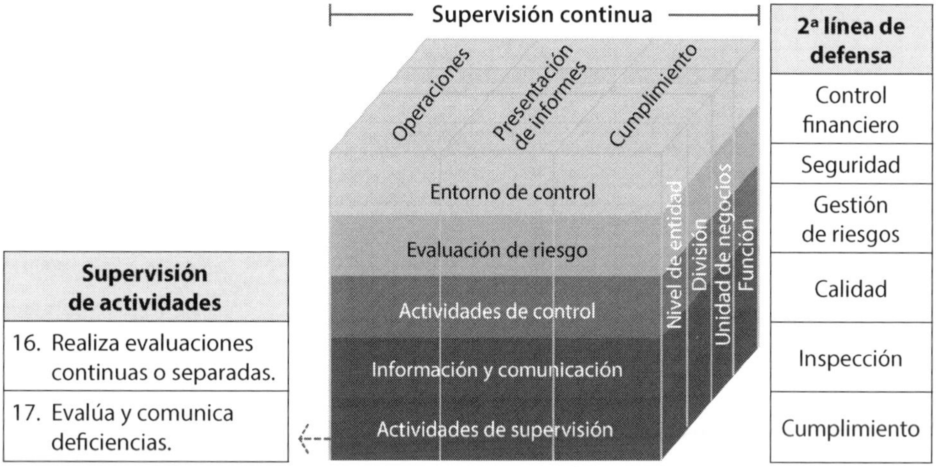

Fuente: coso (2015, p. 7).

### 5.1.3 El coso y la tercera línea de defensa

La auditoría interna representa la tercera línea de defensa de la organización, la cual brinda un aseguramiento sobre la eficacia y efectividad del gobierno, la gestión de riesgos y el control interno, pues ejerce sus funciones con comprobada independencia y objetividad, al evitar participar en las operaciones y en el diseño o implementación de controles como parte de sus responsabilidades; y al crear una relación jerárquica directa con el consejo de administración o junta directiva, o con su Comité de Auditoría.

Cuando la auditoría interna cumple con las Normas Internacionales para el Ejercicio Profesional de la Auditoría Interna (niepai) del iia, contribuye con el buen gobierno de la organización y asegura profesionalismo, objetividad e independencia, sin importar el tamaño de la Entidad, para ello es indispensable que el personal sea competente, adecuado e independiente.

La relación del Marco coso y el Modelo de esta tercera línea de defensa radica en que la auditoría interna vela por el cumplimiento de los cinco componentes y los 17 principios del Marco junto con sus puntos de interés, tal como se observa en la figura 26.

## Figura 26. El coso y la tercera línea de defensa

### Evaluación del diseño y de la implementación

#### Entorno de control

1. Demuestra compromiso con los valores éticos y la integridad.
2. Ejerce una vigilancia de forma responsable.
3. Establece estructura, autoridad y responsabilidad.
4. Demuestra compromiso con la competencia.
5. Hace cumplir la rendición de cuentas.

#### Evaluación de riesgos

6. Especifica los objetivos adecuados.
7. Identifica y analiza el riesgo.
8. Evalúa el riesgo de fraude.
9. Identifica y analiza el cambio significativo.

#### Actividades de control

10. Selecciona y desarrolla actividades de control.
11. Selecciona y desarrolla controles generales sobre TI.
12. Implementa a través de políticas y procedimientos.

#### Información y comunicación

13. Usa información relevante.
14. Comunica internamente.
15. Comunica externamente.

#### Vigilancia de actividades

16. Realiza evaluaciones continuas o separadas.
17. Evalúa y comunica deficiencias.

Fuente: coso (2015, p. 8).

## 5.1.4 Revisores Fiscales, auditoría externa y entidades gubernamentales de vigilancia y control

Los entes de control externos no se consideran integrantes de las tres líneas de defensa, sin embargo, para las organizaciones, desempeñan un importante rol en materia de control y de gobierno corporativo, porque aportan observaciones y evaluaciones significativas sobre los controles relacionados con los informes financieros y riesgos relacionados. Cuando exista una coordinación eficaz, esas partes externas se considerarían líneas de defensa adicionales, no sustitutas, pues sus objetivos están enfocados o limitados, lo cual no les permite realizar tareas que normalmente obliga a las líneas de defensa internas. En cuanto a su relación con el Marco COSO, si se tienen en cuenta en el componente de Monitoreo como supervisión separada o externa.

# Cuestionario

- ¿Cómo es la organización del COSO 2013?
- ¿Qué incluye el modelo de las tres líneas de defensa?
- Explique la relación entre los objetivos y el enfoque del Marco COSO 2013 con el Modelo.
- Explique la interrelación del COSO 2013 con la responsabilidad de gobierno.
- Explique la interrelación del COSO 2013 con la primera línea de defensa.
- Explique la interrelación del COSO 2013 con la segunda línea de defensa.
- Explique la interrelación del COSO 2013 con la tercera línea de defensa.
- ¿Por qué los revisores fiscales o la auditoría externa no se consideran como línea de defensa?
- ¿Alguna vez se podría considerar como cuarta línea de defensa a los revisores fiscales, a los auditores externos o a las entidades de vigilancia y control?

## Discusión

1. ¿Por qué se compara el marco del COSO 2013 con el modelo de las tres líneas de defensa?
2. ¿Por qué cree que el Instituto Internacional de Auditoría Interna emitió ese modelo de las Tres Líneas de Defensa y decidió, en tan corto tiempo, cambiar el enfoque hacia una nueva propuesta denominada Las Tres Líneas que aparece en el capítulo 6?

## CAPÍTULO 6

# NUEVO MODELO DE LAS TRES LÍNEAS PARA LA GESTIÓN DE RIESGOS (2020)

Debido al mundo empresarial tan cambiante, no solo por la globalización y los constantes cambios tecnológico, sino también por los fenómenos ambientales y sanitarios, el IIA ha actualizado una de las herramientas de gestión de riesgos más conocidas: el modelo de las tres líneas de defensa. Este modelo ahora se llama *Modelo de Las Tres Líneas* y tiene un propósito similar al anterior, a saber, ayudar a las organizaciones a evitar confusiones, duplicidad e ineficiencia en la gestión del riesgo. El presente modelo igualmente distingue los tres grandes grupos[67] que apoyan al consejo de administración o junta directivas, y a la Alta Dirección en tal gestión.

El IIA, en su resumen del nuevo modelo, indicó:

> Si bien el modelo ha sido adoptado ampliamente por organizaciones y gobiernos de todo el mundo, la principal crítica a este enfoque es que el modelo de las *Tres líneas de defensa* es muy limitado y muy restrictivo. Se enfoca exclusivamente en las acciones defensivas, en lugar de adoptar un enfoque más proactivo para la identificación, el análisis y la preparación para oportunidades

---

67  1) La gestión de las subgerencias operativa, financiera y administrativa enmarcada globalmente en la gestión operativa o 1ª línea de defensa, 2) funciones de gestión de riesgos y de cumplimiento, en algunas entidades enmarcada en el Comité de Gerencia de Riesgos, y 3) Auditoría Interna Independiente que garantiza la eficacia en la gestión de riesgos en la organización y vigila las otras dos líneas para defender el logro de objetivos.

y amenazas. Sugiere estructuras rígidas y genera una tendencia a silos operativos, que pueden ser menos eficientes y eficaces. En conclusión, no logra reflejar las realidades actuales de las organizaciones modernas. (IIA, 2019, p. 2)

El cambio más significativo del nuevo modelo de las Tres Líneas es el enfoque basado en seis principios clave para proporcionar a las organizaciones una mayor flexibilidad y efectividad, además se ha eliminado el adjetivo *defensa* con el propósito de diferenciar las funciones de cada línea. El documento ha sido traducido al español por la FLAI (Federación Latinoamericana de Auditoría Interna) e incluye los siguientes seis principios:

1. Gobierno.
2. Roles del organismo del gobierno.
3. Dirección y roles de primera y segunda línea.
4. Roles de tercera línea.
5. Independencia de tercera línea.
6. Creando y protegiendo valor.

El nuevo modelo resalta los roles de gobierno, dirección, auditoría interna y, su fin principal, los grupos de interés o partes interesadas. Estos confían en la supervisión del organismo de gobierno, el cual, a su vez, delega recursos y autoridad a la Dirección para que tome las medidas apropiadas de gestión de riesgos. Pues este es un organismo de control confiable, competente e independiente, que asegura el cumplimiento de los objetivos empresariales y la creación de valor, en sintonía con esos grupos de interés.

## 6.1 Los seis principios del nuevo modelo

- Principio 1: Gobierno.

Integridad, liderazgo, transparencia en las acciones basadas en riesgos y aplicación de recursos con rendimientos eficaces, aseguramiento y asesoramiento en investigaciones rigurosas y comunicación veraz y oportuna.

- Principio 2: Roles del organismo de gobierno.

  ¤ Establecer estructuras y procesos adecuados, objetivos y actividades alineadas con los intereses de los grupos de interés.

  ¤ Delegar responsabilidad y asignar recursos a la dirección para alcanzar los objetivos, asegurar el cumplimiento de aspectos legales, reglamentarios y éticos, y supervisar la función de la auditoría interna.

- Principio 3: Dirección y roles de primera y segunda línea.

  La responsabilidad de la dirección de alcanzar los objetivos organizativos comprende los roles de primera y segunda línea[68]. Los *roles de primera línea* se alinean más directamente con la entrega de productos y/o servicios a los clientes de la organización e incluyen los roles de soporte[69]. Los roles de segunda línea proporcionan asistencia en la gestión de riesgo.

  Los roles de primera y segunda línea pueden mezclarse o separarse. Algunos roles de segunda línea pueden ser asignados a especialistas para proporcionar experiencia adicional, apoyo, monitoreo y cuestionar a aquellos con roles de primera línea. Los roles de segunda línea pueden centrarse en objetivos específicos de la gestión de riesgo, tales como el cumplimiento de las leyes, las regulaciones y el comportamiento ético aceptable; el control interno; la seguridad de la información y la tecnología; la sostenibilidad; y el aseguramiento de la calidad. Como alternativa, los roles de segunda línea pueden abarcar una responsabilidad más amplia en la gestión de riesgo, como la Gestión de Riesgo Empresarial (en inglés, ERM). Sin embargo, la responsabilidad de la gestión de riesgo sigue siendo parte de los roles de primera línea y dentro del alcance de la gestión (IIA, 2020, p. 3, se incluyen las notas al pie).

- Principio 4: Roles de tercera línea.

  La auditoría interna proporciona un aseguramiento independiente y objetivo, junto con un asesoramiento sobre la adecuación y eficacia del gobierno y la gestión de riesgo[70]. Esto se logra mediante la aplicación competente de procesos sistemáticos y disciplinados, experiencia y percepciones. Informa de sus observaciones a la dirección y al organismo de gobierno para promover y facilitar la mejora continua. Al hacerlo, puede considerar el aseguramiento de otros proveedores internos y externos (IIA, 2020, p. 3, se incluyen las notas al pie).

---

68  El lenguaje de "primera línea", "segunda línea" y "tercera línea" se mantiene del Modelo original en aras a la familiaridad. Sin embargo, las "líneas" no pretenden denotar elementos estructurales sino una diferenciación útil en los roles. Lógicamente, los roles del organismo de gobierno también constituyen una "línea", pero esta convención no se ha adoptado para evitar confusiones. La numeración (primera, segunda, tercera) no debe implicar operaciones secuenciales. En su lugar, todos los roles operan paralelamente.

69  Algunos consideran que los roles de apoyo (como RR.HH., administración y servicios generales) son roles de segunda línea. Para mayor claridad, el Modelo de las Tres Líneas considera que los *roles de primera línea* incluyan tanto las actividades de "primera línea" como las de la "oficina administrativa", y los de *segunda línea* comprenden las actividades adicionales centradas en cuestiones relacionadas con el riesgo.

70  En algunas organizaciones se identifican otros roles de tercera línea, como la supervisión, la inspección, la investigación, la evaluación y la remediación, que pueden formar parte de la función de auditoría interna u operar por separado.

- Principio 5: Independencia de tercera línea.

  La independencia de la auditoría interna de las responsabilidades de la dirección es fundamental para su objetividad, autoridad y credibilidad. Se establece mediante la responsabilidad ante el organismo de gobierno; el acceso sin restricciones a las personas, los recursos y los datos necesarios para completar su trabajo; y la ausencia de prejuicios o interferencias en la planificación y prestación de servicios de auditoría (IIA, 2020, p. 3).

- Principio 6: Creando y protegiendo el valor.

  Todos los roles que trabajan juntos contribuyen colectivamente a la creación y protección del valor cuando están alineados entre sí y con los intereses priorizados de las partes interesadas. La alineación de las actividades se logra mediante la comunicación, la cooperación y la colaboración. Esto asegura la fiabilidad, la coherencia y la transparencia de la información necesaria para la toma de decisiones basada en el riesgo (IIA, 2020, p. 3).

## 6.2 Roles del nuevo modelo

El modelo explica algunos términos clave de identificación de roles:

Organización: un grupo organizado de actividades, recursos y personas que trabajan para alcanzar metas compartidas.

Partes interesadas: aquellos grupos e individuos cuyos intereses son atendidos o impactados por la organización.

Organismo de gobierno: aquellas personas que son responsables ante las partes interesadas por el éxito de la organización.

Dirección: aquellas personas, equipos y roles de apoyo asignados para proporcionar productos y/o servicios a los clientes de la organización.

Auditoría interna: aquellas personas que operan independientemente de la dirección para proporcionar aseguramiento y conocimiento sobre la adecuación y eficacia del gobierno y la gestión de riesgo (incluyendo el control interno).

El Modelo de las Tres Líneas: el Modelo conocido anteriormente como las tres líneas de defensa.

Control interno: procesos diseñados para proporcionar una confianza razonable sobre el logro de los objetivos. […]

Toma de decisiones basada en el riesgo: un proceso considerado que incluye análisis, planificación, acción, monitoreo y revisión, y toma en cuenta los impactos potenciales de la incertidumbre sobre los objetivos.

Aseguramiento: confirmación y confianza independientes. [...]

Director general (ceo): el individuo con una posición más elevada en la organización con responsabilidad sobre las operaciones. [...]

Director ejecutivo de auditoría (dea): la persona de más alto rango en la organización que tiene la responsabilidad de los servicios de auditoría interna, a menudo conocido como el responsable de la auditoría interna o un título similar (iia, 2020, pp. 1-2, 7-8).

**Figura 27. El modelo de las Tres Líneas del iia**

Fuente: documento en Español de FLAI, iia, Global - Modelo de las Tres Líneas del iia (2020).

# Cuestionario

- ¿Cuál fue el cambio más significativo en el nuevo modelo?
- ¿Cuáles son los principios establecidos en el modelo de las tres líneas?
- Explique el principio de gobierno.
- Explique el principio de dirección y roles de primera y segunda línea.
- Explique el principio de roles de tercera línea.
- Explique el principio de independencia de tercera línea.
- Explique el principio de creando y protegiendo valor.
- Defina las siguientes palabras clave:
  - ¤ Organización.
  - ¤ Partes Interesadas.
  - ¤ Organismo de Gobierno.
  - ¤ Dirección.
  - ¤ Auditoría Interna.
  - ¤ El Modelo de las Tres Líneas.
  - ¤ Control Interno.
  - ¤ Toma de decisiones basada en el riesgo.
  - ¤ Aseguramiento.
  - ¤ Director General (CEO).

## *Discusión*

1. ¿Cuál fue el propósito de la IIA al crear el nuevo modelo de las Tres Líneas?
2. ¿Se justificaba eliminar el adjetivo de "defensa"?
3. ¿Es más comprensible el modelo de las tres líneas que el anterior de las tres líneas de defensa?
4. Analice la figura 27 del nuevo modelo de las tres líneas con los seis principios, explíquelos.

# PARTE 4

# EL CONTROL INTERNO POR CICLOS TRANSACCIONALES

El sistema de control interno se divide en ciclos transaccionales y estos, a su vez, en segmentos operativos. Se identifican al ente económico y al auditor en cada ciclo, transacción o área de riesgo relacionada estrechamente con el sistema administrativo-contable. Debido a las interrelaciones de ciclos surgen dudas sobre la asignación de actividades que generarían prácticas inadecuadas y fraudes, por fallas en las transacciones, sistemas, procedimientos, enlaces, bases de datos, etc.

En esta parte se presenta la organización de las transacciones en ciclos, su interrelación, sus afectaciones contables y financieras, así como los objetivos de planeamiento financiero y de control, donde se determinan riesgos como la práctica contable inadecuada, la estafa, desfalcos, fraude y otras modalidades. Esto se profundiza en los capítulos 5 y 6, de la séptima parte *Fraude y error*.

Incluye seis capítulos:

- Los hechos económicos y las transacciones.
- Ciclo de tesorería.
- Ciclo de adquisición y pagos.
- Ciclo de transformación.
- Ciclo de ingresos.
- Ciclo de informe financiero.

# CAPÍTULO 1

# LOS HECHOS ECONÓMICOS Y LAS TRANSACCIONES

Los hechos económicos comprenden casos o acontecimientos precisos, fuerzas o presiones externas o internas que implican cambios. Entre los acontecimientos precisos se encuentran:

- Operaciones de adquisiciones de activos a costa de contraer obligaciones.
- Pago de obligaciones en efectivo.
- Venta de productos a cambio de promesa de pago.
- Operaciones de recibo de ingreso por concepto de ventas.

Los principios de contabilidad requieren que ciertos hechos económicos, representativos de la fuerza de las entidades externas e internas, se consignen en la contabilidad y, por ende, se reflejen en los estados financieros. De ahí que no todos los hechos económicos, que afectan potencialmente la naturaleza y valor de los recursos de la institución, se consideren en los estados financieros. Esto no implica que se incluyan todos los hechos económicos, sino que estos se reconocen y seleccionan. Los hechos económicos, una vez transformados o procesados, conforman los estados financieros, lo cual se logra por medio de las transacciones que fluyen a través de los sistemas.

**Figura 28. Flujo normal de las transacciones**

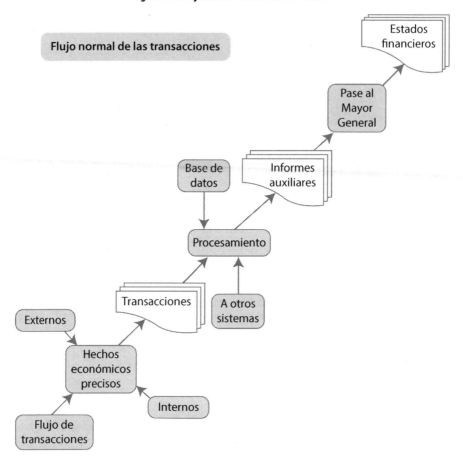

Fuente: elaboración propia.

## 1.1 Hechos económicos y transacciones

Un hecho económico es solamente un efecto potencial sobre los estados financieros, mientras que una transacción representa al hecho económico al que se le ha dado reconocimiento de producir tal efecto. En otros términos, es la realización o materialización del hecho económico.

El hecho económico origina varias situaciones. Por ejemplo, un embarque de mercancías produce varias transacciones separadas: facturación, cuentas por cobrar, inventarios y costo de ventas.

Los hechos económicos que se reflejan en los estados financieros de una empresa o institución no se convierten necesariamente en transacciones ni requieren ser procesados. Por ejemplo, los cambios en los niveles generales de precios se informan en los estados financieros, pero no implica que se efectúen transacciones.

**Figura 29. Hechos económicos y transacciones**

*Actividades de los negocios de una empresa*
(hechos económicos que se convierten en transacciones)

1. Se reciben fondos de capital de inversionistas y acreedores. ¿De dónde provienen?

2. Se invierten temporalmente fondos de capital hasta que se necesiten para las operaciones.

3. Se adquieren recursos (mercancías y servicios) de proveedores y empleados a cambio de obligaciones de pago.

4. Se pagan obligaciones a proveedores y empleados.

5. Se retienen, usan o transforman recursos.

6. Se distribuyen recursos a terceros a cambio de promesas de pagos futuro.

7. Los terceros pagan los recursos que les fueron distribuidos.

Actividad de tesorería

Actividades de adquisición y pago

Actividades de transformación

Actividades de Ingreso

Actividad de registro e información

Resumen de las transacciones

Fuente: elaboración propia.

Según el proceso observado en la figura 29, en la revisión de transacciones y proceso contable se manejan en el mismo orden los denominados ciclos transaccionales que creó el IMCP en la década del 80, así:

1.  Actividad de Tesorería: Ciclo de Tesorería.

2.  Actividades de Adquisición y Pago: Ciclo de Adquisición y Pago.

3.  Actividades de Transformación: Ciclo de Transformación o Producción.

4.  Actividades de Ingreso: Ciclo de Ingreso o de Ventas o Prestación de Servicios.

5.  Actividades de Registro e Información: Ciclo de Registro e Información.

## 1.2 Sistemas

El término *sistema* suele interpretarse de manera incorrecta y usarse inapropiadamente. En sentido amplio, es un arreglo de entidades que forman un todo organizado. Un ejemplo de un sistema es una nación con elementos como el pueblo, el gobierno y demás instituciones. Una organización de negocios es un sistema que comprende muchas actividades y subsistemas interrelacionados.

### 1.2.1 Definición

Un sistema es un conjunto organizado de elementos o partes unidos por interacción regulada con el fin de lograr metas, objetivos o propósitos preestablecidos. Es decir, un sistema se compone de elementos y tiene interdependencia y propósito. Con un crédito contable, un sistema es la serie de tareas o actividades mediante las cuales se reconocen, autorizan, clasifican, registran, resumen y se informan las transacciones. La ejecución real de las tareas de un sistema se lleva a cabo a través del procesamiento. Como ejemplo de procesamiento se tienen actividades como resumir transacciones, preparar los correspondientes asientos contables y cotejar los documentos concernientes a los pasos o etapas de operaciones de compras.

### 1.2.2 Clases de sistemas

Los sistemas son diversos y se diseñan de acuerdo con las circunstancias; así en una organización contable se dispone de sistemas para procesar un flujo continuo de transacciones idénticas o relacionadas, o de sistemas para flujos esporádicos. Los sistemas regularmente están comunicados o ligados con otros. Un encadenamiento o enlace es la parte en donde una transacción deja un sistema y pasa a otro. Como elementos de enlace se tienen el flujo de materiales que salen de los inventarios o almacén, y pasan a proceso; las horas trabajadas que dé un sistema de distribución de mano de obra que pasan al de nómina.

En un sistema computarizado, un enlace está en un centro de cómputo utilizado por varios clientes; lo cual implica coordinar también los sistemas de archivos. Además, en un sistema computarizado de proceso en tiempo real o en línea, un enlace se efectúa en la unidad central de procesamiento al dar entrada a una transacción, por ejemplo, ventas origina facturación, actualización de la base de datos de inventarios, cuentas por cobrar y costo de ventas. El procesamiento real o en línea es aquél que se efectúa con el fin de suministrar información rápidamente, es decir, los datos de entrada se procesan tan pronto como están disponibles.

### 1.2.3 Base de datos

La base de datos está constituida por información almacenada derivada del proceso de transacciones, la cual se maneja con sumo cuidado, porque, de lo contrario, puede alterar de archivos importantes, que posteriormente se utilizan para procesar transacciones que repercuten en la contabilidad y, en forma indirecta, en los estados financieros.

De manera sintetizada, la base de datos es los elementos de información almacenados con el propósito de satisfacer las necesidades de actualización de los procesos de una organización. Al hacer referencia a una base de datos, se hace alusión a un conjunto de archivos utilizados en muchas aplicaciones de procesamiento.

Los datos son de dos clases, a saber, aquellos que se consideran estáticos y los dinámicos o cambiantes.

- Datos estáticos: más que un todo, son de índole informativa. Tales como el nombre, las particularidades de localización de un archivo, los documentos de constitución de una empresa, las cifras de un sistema estándar de costos, información relativa a los accionistas, etc.
- Datos dinámicos: actividades de transacciones que requieren actualización frecuente, tales como las cantidades en existencia de un registro de inventarios por sistema permanente. A nivel general, son los saldos del plan de cuentas de un sistema contable operante.

No se debe pensar que los datos estáticos no cambian, pues estos son modificados por las transacciones, pero en forma esporádica o con menor frecuencia que los dinámicos. Así, los datos estáticos son objeto de adiciones, cambios o eliminaciones en períodos de tiempo más o menos largos, según las circunstancias. Por su parte, los dinámicos se modifican con una frecuencia más acelerada, por lo general diariamente, y abarcan, en un momento dado en forma escalonada o simultánea, casi todo un plan de cuentas de un sistema contable o partes de él.

## 1.3 Efectos de los hechos económicos

Los hechos económicos una vez se convierten en transacciones producen efectos, los cuales se consideran en uno o más de los ciclos de las actividades empresariales manejados en el control de operaciones como "ciclos transaccionales". Por ejemplo, (1) en tesorería, al realizar un hecho de inversión, este incidirá en la propia actividad de tesorería y en la de pagos; (2) en el de Ingresos, al cobrar se relaciona con el de tesorería; y (3) en el de adquisición y pagos, la adquisición se relaciona con el de transformación y, cuando se paga, con el de tesorería.

Las actividades empresariales son cuatro ciclos operativos y a estos se agrega un quinto ciclo, denominado Actividad de Registro e Información, que, a diferencia de los demás, no procesa transacciones, sino que está destinado a informar a la administración o dirección (junta directiva, comités, organismos gubernamentales, acreedores, prestamistas, etc.), el resultado proveniente del proceso de transacciones. Este se denomina ciclo del informe financiero.

No en todas las entidades u organizaciones empresariales se marcan o establecen estos cinco ciclos. Especialmente en aquellas empresas dedicadas a la prestación de servicios profesionales e instituciones financieras, en las cuales no se da el ciclo de transformación o proceso.

El último ciclo operativo, además de comprender como básico de apoyo, es un medio apropiado para ejercer habitualmente control físico sobre los activos y pasivos de una organización empresarial.

En conclusión, se tiene que el ciclo de tesorería protege los valores y el efectivo; el de adquisición y pago maneja las adquisiciones de bienes y servicios, así como sus pagos; el de transformación controla el acceso a los inventarios y a las propiedades; el de ingreso protege el efectivo y los valores hasta que ingresan al ciclo de tesorería; y finalmente el que registra los hechos económicos e informa sus resultados.

## 1.4 Funciones de los ciclos transaccionales

Los ciclos empresariales comprenden una o más funciones, que son tareas o actividades de procesamiento relacionadas de una manera lógica. En término generales es difícil definir una función, puesto que cada departamento o sección, entidad o empresa, posee características particulares. Por ejemplo, una dependencia de contabilidad incluye funciones significantes como tareas de facturación, nómina, contabilidad ordinaria y de costos, cuentas por pagar. Otras funciones, que también participan en el procesamiento de transacciones, encierran aspectos de personal, compras, embarques, etc.

Las funciones participan en el procesamiento de transacciones, como también en la preparación de los estados financieros, y se identifican con los ciclos de las actividades empresariales. En cambio, la función de planeamiento financiero y control es el medio por el cual la dirección o administración ejerce supervisión, control y revisión de los ciclos de las actividades empresariales. La función de planeamiento financiero y control más los ciclos de las actividades empresariales constituyen los elementos básicos en que se apoya el auditor para estudiar y evaluar los sistemas de control interno de un cliente.

## 1.5 Planeamiento financiero

En un sentido amplio, planeamiento es decidir por anticipado lo que se debe hacer. El planeamiento es una función que se antepone necesariamente a toda acción y es fundamental en una organización empresarial. Los directivos o gerentes planean en todos los niveles, pues el éxito de las demás funciones de una organización depende de la efectividad de la función de planeamiento.

El planeamiento determina con antelación no solo lo que hay que hacer, sino también quién, cuándo y cómo se hace. Además, vislumbra la distancia entre el lugar o punto de inicio y aquél al que se pretende llegar. Los directores o ejecutivos planean la asignación de recursos y el trabajo de los demás, a diferencia de los subordinados que planean sus propias actividades.

## 1.5.1 Funciones básicas del directivo o gerente

La tarea del directivo o gerente consiste en crear, con la organización empresarial, el medio que facilite el cumplimiento de los objetivos propuestos. En este sentido, requiere planear el trabajo de los subordinados, así como sus propias tareas o actividades, para lo cual obtiene, instruye y prepara el recurso humano, organiza y dirige el trabajo, controla los resultados al compararlos con la actuación o desempeño del plan propuesto. Estos aspectos básicamente constituyen las funciones administrativas, las cuales se acumulan en torno a las funciones de planeamiento, organización, dirección y control.

A diferencia de los ciclos transaccionales, que difieren según el tipo de organización empresarial, las funciones administrativas son comunes. De esta manera, la función de planeamiento se encuentra incluida en la organización, en la dirección y en la de control. Esto equivale a que cada función afecta a las otras y se relacionan recíprocamente, de modo que conforman el llamado proceso administrativo (ver figura 3, en el capítulo 3 de la primera parte, *Los hechos económicos, la empresa y su control*).

## 1.5.2 Tareas relacionadas con los hechos económicos

Como ya se mencionó, la función primordial de la gerencia o dirección es el logro de los objetivos de la organización empresarial, mediante la planeación, el control y manejo de hechos económicos. Estas tareas se relacionan con la manera en la que se manipulan los hechos económicos, los cuales se convierten en transacciones que se procesan, para llegar así a los estados financieros. Estas actividades incluyen:

- Definición de los objetivos y negocios.
- Preparación de planes a largo y corto plazo.
- Decisiones acerca de la obtención de recurso de capital y actividades de mercadeo.
- Creación de controles relativos al acceso de los activos y demás derechos.
- Autorización de transacciones y evaluación de los estados e informes financieros.

Cuando los negocios son unipersonales o pequeños, el dueño o los pocos socios actúan con la certeza de que controlan las actividades del negocio y, tal vez, ejecutan personalmente las tareas más importantes de carácter operacional. Lo contrario sucede en las grandes empresas, en las cuales, por principio, los propietarios no ejercen la administración permanente sino en forma periódica al reunirse en consejos o asambleas.

Estos copropietarios o accionistas fluyen hacia la administración en organismos más singularizados como juntas directivas o comités de administración, o funcionarios como directores, presidentes o gerentes, quienes participan en la gestión de las empresas. Tales organismos o funcionarios de dirección y administración se fundamentan en que, en las grandes empresas y según su forma social, sus dueños o accionistas son numerosos, por lo tanto, administrativa y estructuralmente no todos pueden ejercer su conducción.

### 1.5.2.1 Función de inspección y vigilancia

Otro tanto sucede para la función de inspección y vigilancia, dado que esta es ejercida por los accionistas en forma ocasional y limitada. Por lo tanto, estos la delegan en la llamada fiscalización *privada*, la cual, en algunas legislaciones, es obligatoria para determinado tipo o clase de empresas.

Los organismos de dirección y administración (juntas directivas, comités, etc.) delegan autoridad y comunican responsabilidad a funcionarios de la gerencia, quienes, a su vez, delegan autoridad graduada y comunican responsabilidad a los niveles inferiores. El flujo de autoridad y responsabilidad es indispensable en una organización empresarial para mantenerla en continua actividad. Esta autoridad fluye desde los accionistas a las juntas directivas o comités, de estos organismos a los altos ejecutivos y de aquí a los niveles inferiores.

Para el eficaz control de las operaciones de una organización empresarial, la autoridad delgada y la responsabilidad comunicada están claramente definidas para los distintos niveles.

### 1.5.2.2 Proceso de planeamiento financiero y control

En general, el planeamiento se lleva a cabo mediante el desarrollo y cumplimiento de ciertos pasos básicos, estos comprenden lo siguiente:

- Reconocimiento de las oportunidades.
- Fijación de objetivos.
- Establecimiento de premisas de planeamiento.
- Determinación de alternativas.
- Valoración de las alternativas.

- Selección de las alternativas.
- Implantación del plan.
- Revisión y mantenimiento del plan.

El planeamiento financiero y control abarca acciones importantes, tales como definir la delegación de autoridad y la comunicación de responsabilidad. A diferencia de otras funciones, no constituye un ciclo de la actividad empresarial, por el contrario, establece bases o parámetros para considerar las tareas o actividades de los ciclos empresariales.

### 1.5.2.3 Supervisión del funcionamiento de los ciclos

Mediante el desarrollo de las etapas o pasos del planeamiento financiero y control, se ejerce supervisión sobre el funcionamiento de los ciclos transaccionales, en los siguientes aspectos:

- Señalización de las actividades de los negocios.
- Exposición de las relaciones de los ciclos.
- Recepción y valoración de la información que producen los ciclos.
- Creación del ambiente del Control Interno y de las guías para la vigilancia y control de los recursos humanos.

En el desarrollo de la función de planeamiento financiero y control participan muchas dependencias y personal. Para la eficacia de esta función, es fundamental que intervenga la dirección de la empresa. Ordinariamente participan departamentos o dependencias como presupuestos, legales, planeación, sistemas y procedimientos, auditoría interna o contraloría.

Una vez esbozada, aunque de manera somera, la función de planeamiento financiero y control se sitúa por encima de los ciclos de las actividades empresariales. Posteriormente, se entra a tratar cada uno de ellos, considerando los motivos de una presentación incorrecta en la contabilidad y los estados financieros. Se incluyen también los objetivos del control interno de cada ciclo y los riesgos que se corren al no cumplir o lograrse estos objetivos.

#### *Motivos de presentación incorrecta en la contabilidad y los estados financieros*

Los motivos que llevan a la presentación incorrecta en la contabilidad y los estados financieros provienen de malversaciones, colusiones, tergiversaciones, encubrimientos, fraudes, desfalcos y otras irregularidades, como también de políticas o prácticas contables impropias o inadecuadas.

# Cuestionario

- ¿Qué son hechos económicos?
- ¿Qué acondicionamientos se consideran hechos económicos precisos?
- ¿Cómo se determina un flujo normal de transacciones?
- ¿Qué relación tienen los hechos económicos con las transacciones?
- ¿Cómo se define un sistema?
- Indique ejemplos de sistemas y subsistemas.
- ¿Cuáles son las principales actividades de una empresa?
- Organice las actividades de una empresa, por medio de un gráfico, con los ciclos transaccionales.
- Indique las diferentes clases de sistemas.
- ¿Qué es una base de datos?
- Explique qué son datos estáticos.
- Explique qué son datos dinámicos.
- Una vez se convierten los hechos económicos en transacciones, ¿qué efectos producen?
- Existen cinco ciclos transaccionales, divididos en cuatro ciclos operativos y uno de resumen, ¿cómo se denominan los operativos y el de resumen?
- ¿Cómo se interrelacionan las funciones de los ciclos transaccionales con la función de planteamiento financiero y control?
- ¿Qué es planeamiento financiero?
- ¿Quiénes efectúan el planeamiento financiero en una empresa?
- ¿Cuáles son las funciones básicas de un directivo o gerente?
- Indique los principales objetivos de los controles internos.
- ¿Cuáles son los objetivos básicos de control interno?
- Indique los objetivos de planeamiento financiero y control.
- ¿Cómo se dividen los objetivos del control de sistemas?
- ¿En cuántas partes se dividen los objetivos del ciclo de adquisición y pago?
- ¿Cómo se relacionan las tareas de la gerencia o dirección en cuanto a la planeación, control y manejo con los hechos económicos?
- ¿Cómo se lleva a cabo el desarrollo y cumplimiento del proceso de planeamiento financiero y control?
- ¿Qué relación tiene la función de inspección y vigilancia con los hechos económicos?
- ¿Cómo se lleva a cabo el desarrollo y cumplimiento del proceso de planeamiento financiero y control?
- Indique los pasos o etapas que se deben seguir en la supervisión del funcionamiento de los ciclos transaccionales.
- ¿Cuáles son los motivos de la presentación indirecta en la contabilidad y en los estados financieros?

# CAPÍTULO 2

# CICLO DE TESORERÍA

## 2.1 Naturaleza y funciones

Este ciclo comprende las funciones relativas a los fondos de capital. Por lo tanto, se consideran en primer lugar las necesidades de efectivo, distribución y aplicación del disponible, y en segundo lugar su retorno a las funciones que las originaron, como inversionistas, acreedores, etc.

Un ciclo regular de tesorería comprende, entre otras, el desarrollo de las siguientes actividades:

- Administración del efectivo e inversiones, de las deudas u obligaciones, de las acciones y demás valores mobiliarios.
- Mantenimiento de relaciones con instituciones financieras y afines, con agentes de valores y accionistas.
- Custodia del efectivo y demás valores, incluyendo conciliaciones de saldos.
- Acumulación y pago de intereses y dividendos.

Las funciones del ciclo de tesorería inician los registros contables representativos de hechos económicos por adquisición de obligaciones y sus operaciones de pago, emisión y retiro de acciones, amortizaciones, cambios de valores, operaciones de compra y venta de divisas, etc.

En el ciclo de tesorería se recibe y desembolsa efectivo (ingresos y desembolsos) como culminación de las transacciones propias de esta actividad. La entrada y salida de efectivo no solamente proviene del ciclo de tesorería, sino también de los ciclos de ingreso y adquisición y pago, que originan entradas y salidas de efectivo. Lo anterior en razón a que en ocasiones se cuestiona la prudencia de considerar la función de ingreso como parte del ciclo de tesorería o de egreso, o la función de desembolsos como parte del ciclo de tesorería o del de adquisición y pago, o de todos.

En una empresa, la función de ingresos y desembolsos de efectivo, que proviene de uno o más de los ciclos mencionados, se une con estos para procesarse. Por lo tanto, los ingresos y desembolsos de tesorería, de adquisición y pago, y de ingreso van unidos. De esta manera, una función de ingresos de efectivo se identifica con el ciclo de tesorería o con el de ingreso. Similarmente una función de desembolso de efectivo bien puede corresponder al ciclo de tesorería o al de adquisición y pago. Esto permite afirmar que la función de ingresos y desembolsos es común para estos ciclos. Para situar o localizar esta función común en un ciclo determinado, lo más apropiado es teniendo en cuenta el volumen de transacciones que produce en cada ciclo.

## 2.2 Objetivos del control interno

Los objetivos del Control Interno del ciclo de tesorería son autorización, procesamiento, clasificación, verificación, evaluación y protección física, los cuales se sintetizan de la siguiente forma:

- Autorización: conforme a los criterios de la administración o dirección, se autoriza:
    - ¤ La obtención de fondos de efectivo.
    - ¤ La oportunidad y demás condiciones de las deudas.
    - ¤ Los montos y oportunidad para inversión de fondos.
    - ¤ Los ajustes y distribución a cuentas de inversionistas, acreedores, etc.
    - ¤ Creación y mantenimiento de procedimientos para el proceso del ciclo.
- Proceso de transacciones: aprobación de solicitudes o requerimientos para retorno de fondos de capital y compra o venta de inversiones. Para ello se informa exacta y oportunamente los hechos económicos derivados de la obtención de fondos de capital, de inversionistas y acreedores; de las necesidades de fondos de capital y devolución o retorno de tales sumas; de la compra y venta de inversiones y demás valores, y del producto o rendimiento de las inversiones.

    Además, debe determinar con exactitud, clasificar correctamente y resumir e informar las sumas adeudadas a/o por inversionistas y acreedores, empresas en donde se invierte, corredores, etc.

- Clasificación: efectuar asientos apropiados de las sumas adeudadas, fondos de capital, devolución de fondos, de operaciones de compra y venta de inversiones y de los rendimientos. Además, adecuado resumen y clasificación de las actividades económicas, conforme al plan establecido por la dirección, e información exacta y oportuna de datos relativos a impuestos.

- Verificación y evaluación: se evalúan y verifican periódicamente los datos de impuestos, los saldos de las diversas cuentas de efectivo, inversionistas, deudas de capital y actividades de transacciones relacionadas.

- Protección física: efectuar, conforme a los planes de seguridad y control establecidos por la dirección, el paso o acceso al efectivo, documentos y registros de accionistas, deudas e inversiones y procedimientos para el proceso.

**Figura 30. Ciclo de tesorería**

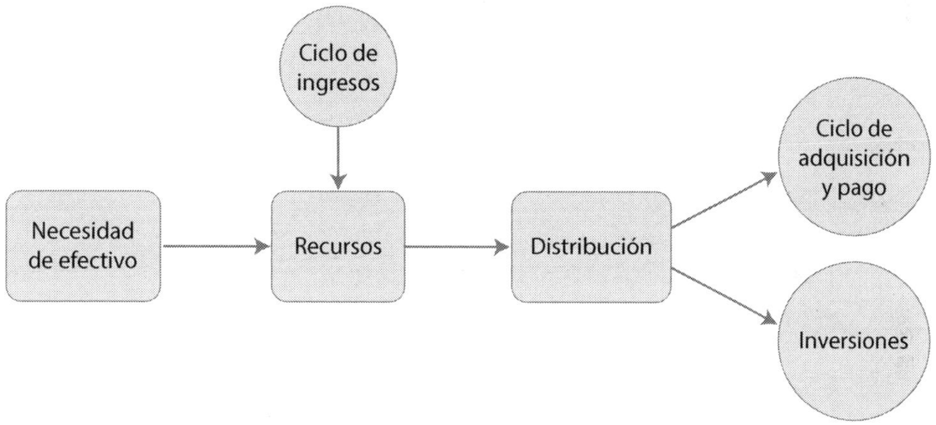

Fuente: elaboración propia.

# 2.3 Riesgos de no cumplir los objetivos del ciclo

Al no conseguirse los objetivos del ciclo de tesorería, precedentemente relacionados, la empresa puede correr los siguientes riesgos:

- Referente a la autorización:
  - ¤ No satisfacer las necesidades de recursos financieros, cuando estas se presenten.
  - ¤ Los acreedores o inversionistas obtienen el control de la empresa o de algunos de sus derechos, o se retiran de ella en tiempo no propicio.
  - ¤ Obtener financiamiento en condiciones desfavorables, como incurrir en costos financieros demasiado onerosos, no ajustarse a limitaciones o restricciones en razones o parámetros de solvencia económica, o infringir disposiciones de orden legal.

- ¤ Llegar a una estructura de capital inadecuada, producida por diferentes aspectos como deficiencia de capitalización o inversiones en contravención a reglamentos o políticas establecidas.

- ¤ Reorganización de las secciones o departamentos en aspectos tales como las funciones del personal, para debilitar o reducir la segregación de funciones, con el objeto de menoscabar el control interno.

- Referente al procesamiento de transacciones.

  - ¤ Registrar, en períodos diferentes, gastos de intereses, ingresos por dividendos y ganancias o pérdidas, o contabilizarse intereses que aún no se han causado.

  - ¤ Liquidarse o informarse erradamente los rendimientos o pérdidas por operaciones en moneda extranjera.

  - ¤ Originar saldos incorrectos en las cuentas de inversiones, de los derechos a cobrar y obligaciones a pagar, lo mismo que de los rubros del patrimonio de los accionistas.

  - ¤ Afectar, de manera incompleta o inexacta, cuentas en los libros contables, especialmente en el mayor general (v. gr. errores en asientos o cifras).

  - ¤ Incluir datos no autorizados, duplicados o erróneos, o desactualización en la contabilidad y atraso en otros datos.

  - ¤ Incurrir en informaciones inexactas, principalmente en las clasificaciones de transacciones, por ejemplo, las ventas de una línea de productos se relacionan en otra o en períodos diferentes en los que ocurren los hechos.

  - ¤ Tomar decisiones con base en informaciones inexactas o incompletas.

- Referente a la clasificación:

  - ¤ Los estados financieros e informes requeridos no son elaborados oportunamente, se presentan incorrectamente o no están conformes con los principios de contabilidad generalmente aceptados o las disposiciones de carácter legal.

  - ¤ Errores y omisiones en la autorización o procesamiento de transacciones y custodia física, pasan inadvertidos y no se corrigen.

- Referente a la verificación y evaluación: los saldos registrados, aunque muestren los valores históricos, no reflejan las valuaciones acordes con los reglamentos o sanas prácticas contables, a una fecha determinada (v.gr. valores de mercado por debajo del costo, etc.).

- Referente a la protección física: el efectivo y demás valores se pierden, sustraen, se destruyen o se distraen temporalmente.

## Figura 31. Clasificación del ciclo de tesorería e interrelación con los estados financieros

Fuente: elaboración propia.

# Cuestionario

- ¿Cuáles funciones se refieren a los fondos de capital?
- ¿Qué actividades comprende un ciclo regular de Tesorería?
- ¿Dónde inicia y dónde termina el ciclo de Tesorería?
- ¿Qué funciones comprende el ciclo de Tesorería?
- ¿La entrada y salida de efectivo solo provienen del ciclo de Tesorería?
- ¿Qué ciclos operativos van unidos al ciclo de Tesorería?
- ¿Qué objetivos de control interno comprenden el ciclo de Tesorería?
- ¿Qué actos se autorizan en la función de "autorización" de parte de la administración?
- ¿Qué actos deben controlarse ordenadamente para un adecuado "proceso de transacciones"?
- ¿Qué actos deben controlarse ordenadamente para una adecuada "clasificación"?
- ¿Qué actos deben controlarse ordenadamente para una adecuada "verificación y evaluación" de las operaciones?
- ¿Qué debe incluir el control de la "protección física"?
- ¿Cuáles riesgos suceden si no se logra adecuadamente el control de "autorización"?
- ¿Cuáles riesgos suceden si no se logra adecuadamente el control de "procesamiento de transacciones"?
- ¿Cuáles riesgos suceden si no se logra adecuadamente el control de "clasificación"?
- ¿Cuáles riesgos suceden si no se logra adecuadamente el control de "verificación y evaluación"?
- ¿Cuáles riesgos suceden si no se logra adecuadamente el control de "protección física"?
- ¿Cuáles cuentas contables se afectan en el ciclo de Tesorería?

# CAPÍTULO 3

# CICLO DE ADQUISICIÓN Y PAGOS

## 3.1 Naturaleza y funciones

Ciclo de especial importancia que encierra operaciones de compra y nómina. Por su naturaleza, este ciclo abarca un amplio campo de relación en el contexto de una estructura contable. Para una mejor concepción de sus funciones, en lo dable se hace una separación de las actividades de compra y nómina.

Las funciones de compra usualmente abarcan operaciones de adquisición de bienes, mercancías y servicios, clasificación, resumen e información de las compras y de los pagos. Por estas funciones, el ciclo ordinariamente afecta rubros de efectivo, inventarios, gastos prepagados, propiedades, cuentas a pagar, gastos acumulados, costos generales de fabricación, gastos de ventas y embarques, gastos generales y de administración, impuestos y otros ingresos y gastos.

Las funciones de nómina del ciclo ordinariamente abarcan operaciones de clasificación, resumen, información y pago de los servicios de los empleados. Por estas funciones el ciclo afecta los rubros de efectivo, inventarios, propiedades, cuentas a pagar, gastos acumulados, costos de fabricación, gastos de ventas y embarques, gastos generales y de administración.

En nómina se llevan a cabo afectaciones al cargar cuentas de resultado por remuneraciones devengadas por los empleados (sueldos, sobresueldos, tiempo suplementario, prestaciones sociales, subsidios, etc.), impuestos sobre nómina, pensiones, seguros de grupo, etc. Se afectan cuentas a pagar por deducciones de nómina (retención para impuestos a la renta, aportes a la seguridad social, primas de seguros, cooperativas, fondos de ahorro, cuotas sindicales, etc.). Se encuentran pasivos acumulados por remuneraciones y beneficios adicionales (bonificaciones, comisiones, pensiones y vacaciones acumuladas, etc.).

También, por operaciones de nómina, se efectúan cargos y créditos a cuentas de inventarios, por el pago de mano de obra directa e indirecta; y a cuentas de propiedades, por pago de remuneraciones devengadas por el personal, cuando estas se relacionan causalmente con el bien, como es el caso de las construcciones y adiciones respecto a la mano de obra incurrida. Se acreditan cuentas de efectivo, por remuneraciones devengadas por el personal; cuentas a pagar, por aquellos pasivos acumulados, que bien pueden ser por cualquier concepto de remuneraciones devengadas por los empleados y jubilados.

Un aspecto de trascendental importancia en este ciclo es la debida coordinación de transformación mantenida con el ciclo de transformación, a fin de que las adquisiciones para la producción sean adecuadas en volumen, calidad, especificaciones, condiciones, etc.; además, para que se mantengan los niveles de inventarios necesarios. El desarrollo de estos aspectos involucra la aplicación de las técnicas de administración de inventarios (clase de control necesario, cantidad económica de desperdicio, punto de reorden).

### 3.1.1 Particularidades del ciclo de adquisición y pago

Este ciclo tiene una extensa relación con los demás ciclos, lo cual permite que sus particularidades se identifiquen de manera especial con ellos. Como las funciones de compra y nómina son singularmente distintas, se determina que se presenten separadamente. No obstante, en casos cuando los edificios son construidos por la empresa, esta actividad se relaciona tanto con la función de compra como con la de nómina. En este caso, por aspecto de identificación, se presenta esta función en la de nómina, pero se entiende que la adquisición de materiales es un aspecto de compras y, por lo tanto, su valor es capitalizable al costo de la obra, como también al costo de la maquinaria y herramientas consumidas en el período de construcción o su depreciación proporcional al tiempo de utilización.

- Funciones especiales:
  - ¤ Compras: selección del proveedor, solicitud de las compras, compras en sí mismas, recepción, control de calidad, cuentas a pagar y desembolsos de efectivo.
  - ¤ Nómina: selección de personal, relaciones laborales, información y control de asistencia, contabilidad de nómina, desembolsos de nómina, contabilidad de proyectos (obras capitalizables, mano de obra, honorarios, trabajos de investigación, etc.).
- Asientos contables:
  - ¤ Compras: asientos de compras, desembolsos de efectivo, ajustes, distribuciones de cuentas, pagos prepagados y acumulaciones.
  - ¤ Nómina: particularidades de nóminas pagadas, beneficios pagados a empleados, distribución de mano de obra (a gastos y capitalizable),

ajustes de nómina, pagos prepagados, acumulaciones, proyectos —adquisición y pagos— (cargos a cuentas de proyectos y obras).

- Documentos y formas:
  - ¤ Compras: solicitudes de compra, órdenes de compra, documentos de recepción, facturas de proveedores, notas débito y crédito, comprobantes, solicitudes de cheques, autorizaciones para desembolsos de proyectos.
  - ¤ Nómina: registro de movimiento de personal, controles de tiempo, informes de tiempo, ajustes de nómina, pagos especiales (incapacidades, indemnizaciones, anticipos, etc.) y cheques.

- Bases de datos:
  - ¤ Compras: archivo de proveedores (estático), que involucra datos relativos a nombres y direcciones de proveedores y de precios; registros de obras en construcción (dinámico); cuentas a pagar (dinámico), que incluye cuentas pendientes de historial de pago y compromisos de compras (dinámico).
  - ¤ Nómina: archivo maestro de empleados (estático) que encierra nombres de los empleados e información conexa, tipos de retribuciones, elementos de beneficio a empleados, registros de salarios de empleados (dinámico).

- Enlaces con otros ciclos:
  - ¤ Compras: erogaciones de efectivo por el ciclo de tesorería; recepción de bienes, mercancías y servicios, con el ciclo de transformación; resúmenes de transacciones, con el ciclo de informe financiero.
  - ¤ Nómina: erogaciones de efectivo, con el ciclo de tesorería; servicios de mano de obra, con el ciclo de transformación; resúmenes de transacciones, con el ciclo de informe financiero.

## 3.2 Objetivos del control interno

Los siguientes son objetivos del control interno del ciclo de adquisición y pago:

- Autorización: se consideran, conforme a los criterios de la dirección de la empresa, proveedores, tipos, cantidades, especificaciones y condiciones de las mercancías y servicios, los ajustes o desembolsos de efectivo, cuentas de proveedores y distribuciones de cuentas, tipos de retribución y deducciones de nómina, ajustes a desembolsos de nómina, cuentas de empleados. También, conforme a los criterios de la dirección, se mantienen procedimientos de proceso para compras y nómina, lo mismo que para contratación de empleados.

- Procesamiento de transacciones: solo se aprueban las solicitudes a proveedores por mercancías o servicios, y requerimientos para la utilización de mano de obra, ajustadas a los criterios de la dirección. Se aceptan únicamente mercancías y servicios solicitados.

Las mercancías, servicios y mano de obra aceptados se informan con exactitud y en forma oportuna.

Las deudas a favor de proveedores y empleados se distribuyen contablemente, se calculan con exactitud y se registran como pasivos oportunamente.

Los desembolsos de efectivo por mercancías, servicios y nómina se autorizan apropiadamente y se fundamentan en pasivos reconocidos oportunamente.

Las sumas adecuadas a proveedores y empleados, las erogaciones de efectivo y los ajustes por compras y nómina, se clasifican, resumen e informan con exactitud y prontamente.

Se aplican con exactitud, a las cuentas apropiadas, los pasivos incurridos, los desembolsos de efectivo, las erogaciones por mano de obra y demás de la nómina, e igualmente los ajustes necesarios.

- Clasificación: por las sumas adeudadas a proveedores y a empleados, y desembolsos de nómina, se preparan los asientos correspondientes.

Los asientos contables resumen y clasifican las actividades económicas de compras y nómina, de acuerdo con los planes ideados por la dirección.

Los impuestos provenientes de las actividades de compras y nómina se informan con exactitud y oportunamente.

- Verificación y evaluación: se verifican y evalúan periódicamente los saldos de cuentas a pagar y los registrados en cuentas relativas a las nóminas y sus transacciones relacionadas.

- Protección física: el acceso o paso a los registros contables de compras y nómina, recepción de desembolso, a las formas documentales, instalaciones y procedimientos de proceso, se permiten solamente conforme a las políticas o criterios establecidos por la dirección.

## 3.3 Riesgos de no cumplir los objetivos del ciclo

Respecto a la autorización de compras, se pueden efectuar compras no autorizadas y de manera premeditada; pagarse efectivo a personas no autorizadas; incurrirse en demora en los embarques; adquirirse material de baja calidad; efectuarse compras a precios excesivos. Así como llevar a cabo compras a proveedores cuyos vendedores soliciten sobornos u obsequios, a proveedores extranjeros sin cumplir las cuotas proyectadas a importar o los requisitos de carácter legal, a proveedores cuyos intereses sean contrarios a los de la empresa.

Se puede ordenar adquirir mercancías y servicios que no se requieren o no estén en el orden de prioridad; podrían no considerarse oportunamente la necesidad e importancia de los proyectos capitalizables (construcciones, ampliaciones, etc.), de modo que se retarde la capacidad requerida; se pueden adquirir mercancías y servicios a precios no autorizados; correr el riesgo de hacer compras con demasiada antelación, de modo que se genere restricción en la liquidez de la empresa, costos adicionales de almacenaje, pérdidas y extemporaneidad de los productos.

Se corre el riesgo de no cumplir los patrones de calidad, lo que acarrearía la fabricación de productos no vendibles, la utilización de materiales de calidad superior a la requerida (mayores costos). Se pueden comprar mercancías y servicios en condiciones no convenientes, lo cual originaría efectos desfavorables en los resultados operacionales o en la situación de liquidez, o variaría las fechas de cumplimiento de los programas de producción.

Pueden presentarse incorrectamente las cuentas a pagar por efecto de reclasificaciones y ajustes erróneos, y aprobarse ajustes inaceptables para la dirección. Esto perjudicaría los resultados operacionales, al no registrar pasivos o producir disgustos en los proveedores.

Pueden originarse notas débito o crédito no soportadas o justificadas, con el objeto de incrementar las sumas adeudadas a favor de proveedores para distraer u ocultar desembolsos indebidos de efectivo. Pueden emitirse cheques sin la debida autorización. Se está propenso a efectuar pagos duplicados, así, un cheque emitido por sistema computarizado seguiría a uno diligenciado por sistema tradicional.

Los departamentos o divisiones de la empresa pueden ser reorganizados a fin de modificar las funciones del personal, de tal manera que se vulnere o reduzca la segregación de funciones, y se deteriore el sistema de control interno. Se pueden llevar a cabo procedimientos que esquiven requerimientos de control interno (v.gr., omitir el cumplimiento de la emisión de órdenes de compra escritas, lo cual implica el riesgo de incurrir en compras no autorizadas).

Los programas del computador pueden ser modificados para esquivar controles, variar políticas contables o reducir las medidas de protección de los activos; así como alterarse o cambiarse la información. También pueden dejarse de registrar transacciones (v.gr., no dar entrada a inventarios a mercancías recibidas) o registrarse incorrectamente por quienes no les corresponde (v.gr., mercancías defectuosas que se deben devolver, dar entrada a los inventarios).

Frente a la autorización de nómina, entre los riesgos detallados para la función de compras, algunos son comunes para la función de nómina, además de otros como emplear personas que no satisfacen los criterios de la dirección, lo cual origina la contratación de personas sin la preparación requerida, costos innecesarios por relocalización o traslados, costos excesivos de jubilaciones, servicios de salud y planes sociales, demasiadas faltas al trabajo, huelgas, sanciones por omitir el cumplimiento de disposiciones legales y cantidad excesiva de empleados.

Además, puede pagarse a empleados sumas no autorizadas, lo que produciría costos desmesurados de nómina, infracciones a disposiciones legales, operar sobre niveles salariales que causen descontento, anticipos a empleados que resulten incobrables, desembolsos imprevistos de efectivo, etc. También, al no lograrse los objetivos de autorización para nómina, se calculan incorrectamente las provisiones para prestaciones sociales, lo cual conlleva la omisión de registro de pasivos. Igualmente se deducen sumas no autorizadas por los empleados, lo cual es violatorio de disposiciones legales.

Respecto al procesamiento de transacciones de compras, algunos de los riesgos que se corren al no cumplirse el objetivo de autorización son comunes al no lograrse este objetivo, además de los siguientes: recibir y pagar en lugar de devolver mercancías o servicios no ordenados, cantidades en exceso, órdenes canceladas o repetidas, mercancías o servicios de calidad y especificaciones inaceptables.

Se pueden recibir mercancías y servicios sin ser informados o hacerlo inexactamente, lo cual trae como consecuencia una presentación incorrecta de los inventarios y, posiblemente, pasivos no registrados; los cortes pueden manejarse incorrectamente; registrarse pasivos inexactos, debido a precios errados y condiciones incorrectas; y pueden ser inadecuadas las distribuciones a las cuentas.

El no cumplimiento de los objetivos del ciclo implica también registrar pasivos por mercancías o servicios que no se han recibido o viceversa, no registrar pasivos correspondientes a mercancías y servicios recibidos. También, efectuar incorrectamente las distribuciones a las cuentas, de modo que se carguen partidas a gastos de administración que corresponden a costos de fabricación por efecto de cálculos errados de los coeficientes de distribución y clasificaciones indebidas en el estado de resultados.

Además, es posible que se realicen desembolsos de efectivo en forma indebida; registros inexactos o incompletos en las cuentas de los libros contables; acumulaciones sorpresivas de comprobantes o de pagos, hasta omitir el registro de todos los pasivos o desembolsos del período; informes inexactos que lleven a tomar decisiones sobre informaciones inexactas.

Respecto a la nómina, al no lograrse los objetivos del procesamiento de transacciones, se puede incurrir en riesgos como utilizar mano de obra que no se ajusta a los planes o criterios establecidos, o en actividades no autorizadas, que no competen a la empresa, o en proyectos capitalizables no autorizados. Estos aspectos conllevan costos excesivos.

Además, se corren otros riesgos como pagar tiempo no trabajado o dejar de pagar el efectivamente trabajado; recibir información inadecuada para evaluar a los empleados; presentar inadecuadamente los inventarios, las propiedades y los gastos, como consecuencia de una distribución incorrecta de la nómina. También no deja de correrse riesgos como desembolsos de efectivo equivocado o fraudulentamente; asientos o registros en libros incompletos o inexactos; toma de decisiones con fundamento en informaciones inexactas o tergiversadas.

Al no lograrse los objetivos de clasificación, tanto en la función de compras como en la de nómina, los estados financieros no se elaboran oportunamente o se presentan incorrectamente, debido a la omisión de registros o asientos en libros, codificaciones incorrectas, asientos duplicados y cortes impropios. Igualmente, se calculan los impuestos con base en datos errados y se incurre en pagos en exceso o en defecto.

Respecto a la verificación y evaluación, en las funciones de compras y de nómina, las decisiones pueden fundamentarse en información errónea; los registros destruirse o extraviarse, lo que interferirá en la preparación de los estados financieros, por ejemplo, la pérdida de facturas de proveedores constituye motivo de presentación incorrecta de las cuentas a pagar; los registros pueden usarse en forma indebida; los programas de computador alterarse; el procesamiento por computador modificarse o alterarse, lo cual resulta en una invalidación o distorsión de las actividades informadas.

Respecto a la protección física de las funciones de compras y de nómina, el acceso a los registros de compra y nómina, recepción, desembolsos y demás documentos fundamentales, solamente debe permitirse conforme los controles establecidos por la dirección.

**Figura 32. Clasificación del ciclo de adquisición y pago e interrelación con los estados financieros**

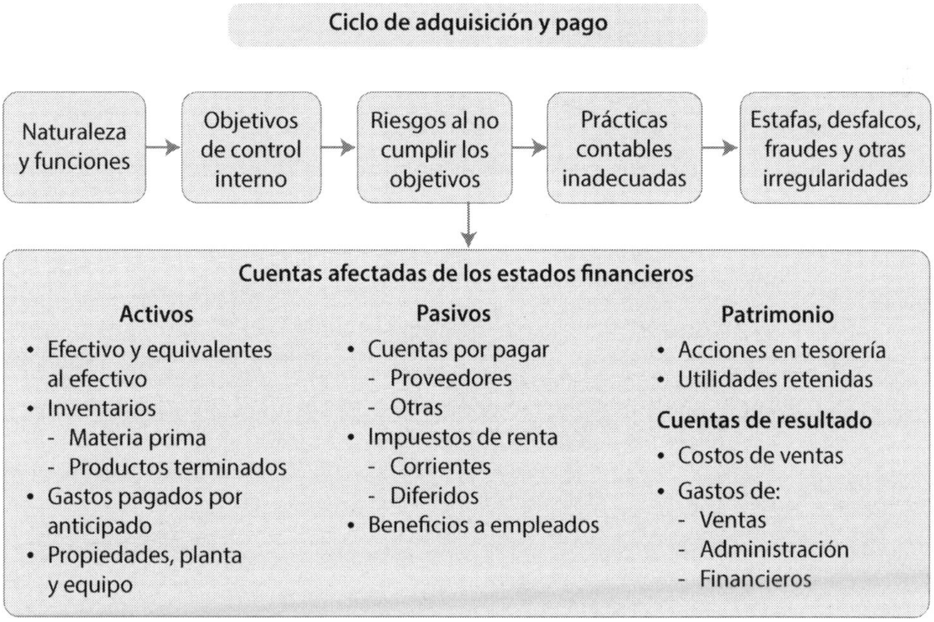

Fuente: elaboración propia.

# Cuestionario

- ¿Las ventas y cobranzas corresponden a este ciclo?
- ¿Cuáles son la naturaleza y las funciones del ciclo de adquisición y pago?
- ¿En cuántos segmentos se divide este ciclo?
- ¿Qué funciones específicas abarca el segmento de nómina?
- ¿Qué funciones específicas abarca el segmento de compras?
- ¿Qué cuentas contables afectan el ciclo de adquisición y pago  nómina?
- ¿Qué cuentas contables afectan el ciclo de adquisición y pago  compras?
- Indique las particularidades del ciclo en general.
- ¿Cuál relación tiene este ciclo con los demás ciclos transaccionales?
- ¿Qué documentos y formas contables se utilizan dentro de este ciclo?
- Indique las principales bases de datos requeridas en el proceso de este ciclo.
- ¿Cómo se aplica el objetivo de control interno en este ciclo de autorización?
- ¿Cómo se aplica el objetivo de control interno en este ciclo de procesamiento de transacciones?
- ¿Cómo se aplica el objetivo de control interno en este ciclo de clasificación?
- ¿Cómo se aplica el objetivo de control interno en este ciclo de verificación y evaluación?
- ¿Cómo se aplica el objetivo de control interno en este ciclo de protección física?
- Determine los principales riesgos dentro de la autorización de compras.
- Determine los principales riesgos dentro de la contratación y proceso de la nómina.
- Determine los principales riesgos dentro del procesamiento de transacciones en compras y nómina.
- Determine los principales riesgos dentro de la clasificación en compras y nómina.
- Determine los principales riesgos dentro de la protección física de compra.

CAPÍTULO 4

# CICLO DE TRANSFORMACIÓN

## 4.1 Naturaleza y funciones

Este ciclo no es dable en todas las organizaciones empresariales con la misma extensión. Pues es básico o propio de las empresas industriales y de aquellas donde se desarrollen funciones de proceso para llegar a un bien final.

Las funciones de un ciclo de transformación encierran el manejo combinado de recursos. Son asignables a este ciclo las funciones relacionadas con los inventarios, propiedades y equipos depreciables, recursos naturales, seguros prepagados y otros bienes que sean clasificables como activos no monetarios.

En una empresa industrial la actividad más importante del ciclo de transformación es la elaboración de artículos, a partir de los recursos adquiridos con ese propósito, como materias primas, mano de obra directa y los factores indirectos del costo. Por lo tanto, este ciclo abarca las funciones de proceso y los movimientos de los recursos atinentes a los inventarios hasta obtener los productos finales y realizar su almacenamiento en las instalaciones de la empresa.

Respecto a un ciclo de transformación, la contabilidad abarca los procedimientos indispensables para rendir cuenta del flujo de recursos en el ámbito de la empresa y su aplicación a los períodos que benefician. Los inventarios, las propiedades y equipos (en lo que concierne a la renta o alquiler y depreciación), gastos prepagados, otros activos no monetarios y gran cantidad de pasivos acumulados, se aplican normalmente dentro del proceso de transformación.

## 4.1.1 Relación con otros ciclos

El ciclo de transformación, en lo que respecta a inventarios, se relaciona o enlaza con otros ciclos, primordialmente con los de adquisición y pago, ingreso e informe financiero. En el de informe financiero produce efectos cuantitativos, por las afectaciones de saldos, y con los demás ciclos, las funciones son de control. Así pues, una verificación física en los inventarios de productos terminados tendrá una incidencia en el ciclo de informe financiero, debido a los ajustes (afectaciones de saldos) que sea necesario efectuar, y en el ciclo de transformación.

Los enlaces de este ciclo con el de adquisición y pago están dados en las operaciones por compra de materias primas y erogaciones por mano de obra; con el ciclo de ingreso, en las ventas y embarques de productos terminados; en lo tocante al ciclo de informe financiero, el enlace se da por actividades de resúmenes, registros, asientos, clasificaciones, etc., en los libros y demás documentos contables.

Las empresas utilizan diferentes métodos de contabilidad asignar costos a los bienes producidos, como costeo por órdenes específicas, mediante el cual los elementos del costo (materiales directos, mano de obra directa, costos generales de fabricación o carga fabril) se acumulan por órdenes o lotes; costeo por procesos continuos o departamentalización, en el cual la producción en cierta forma es permanente y los elementos del costo se acumulan por departamentos (de servicios o productivos) durante un período determinado, lo cual conlleva finalmente la distribución del costo de cada uno de los departamentos de servicios hacia los departamentos productivos.

Otras empresas utilizan el sistema de la contabilidad de costos estadísticos, que consiste en tratar los elementos del costo independientemente de la contabilidad ordinaria. Los resúmenes e informes de costos de producción se convierten en tabulaciones o registros estadísticos donde se enumeran y totalizan los elementos del costo, sin que se anoten en los libros contables. Este sistema implica que, para determinar el costo de los productos manufacturados y vendidos, se efectúen inventarios físicos para establecer el costo de los materiales, los productos en proceso y los productos terminados. Últimamente, ha cobrado fuerza el costeo directo o variable, que incluye, como elemento de costo, solamente los costos variables, los cuales constituyen los costos de los productos fabricados y excluye, por lo tanto, los costos fijos, considerados gastos operacionales, es decir, no se capitalizan a los productos. El funcionamiento de este sistema implica una correcta discriminación o separación de los costos variables y los fijos.

## 4.1.2 Particularidades del ciclo de transformación

Este ciclo encierra una serie de características que comprenden:

- Funciones especiales: sistemas de contabilidad de costos, controles de producción, contabilidad de propiedades, actividades de planeación, presupuestación, análisis cuantitativos y cualitativos.
- Asientos contables: ocurren por depreciaciones y amortizaciones de propiedades y gastos diferidos, retiros de propiedades, transferencias de

materias primas a productos en proceso y a productos terminados, gastos generales de fabricación absorbidos, variaciones y valuaciones.

- Documentos y formas: hay diversas formas y documentos que se pueden crear y utilizar en este ciclo. A manera de ejemplo se enumeran los siguientes: reportes de mano de obra, requisiciones de materiales, órdenes de producción, cédulas de movimientos y desperdicios, hojas de trabajo de clases y asignación de gastos generales de fabricación, autorizaciones de ajustes y desembolsos capitalizables.

- Bases de datos: de índole dinámica, archivos de propiedades, análisis de amortizaciones y depreciaciones; de carácter relativamente estáticos o de referencia, archivo maestro de productos, que comprende información de costo, hojas de ruta y enlaces de materiales.

## 4.2 Objetivos del control interno

Los siguientes son objetivos del control interno del ciclo de transformación.

- Autorización: de conformidad con los criterios de la dirección, se autoriza el plan de producción en cuanto a necesidades a satisfacer, cantidades, épocas oportunas de producción y niveles de inventarios, métodos y períodos de amortización para gastos diferidos, oportunidades y condiciones para las ventas, ajustes a los inventarios y propiedades, creación y mantenimiento de procedimientos de proceso. Igualmente, deben estar autorizados y justificados los cambios en métodos de determinación del costo.

- Procesamiento de transacciones: solicitudes para utilización de recursos y disposición o venta de activos conformes a los criterios de la gerencia o dirección.

  Debe suministrarse información por la utilización de recursos, por la producción terminada, por la venta y enajenación de otros bienes.

  Efectuarse exacta y oportunamente la distribución contable del valor de los elementos del costo (materiales directos, mano de obra directa y costos generales de fabricación), el costo de los productos terminados, la depreciación y gastos diferidos pertinentes.

- Clasificar, resumir e informar con exactitud los costos de los productos terminados, depreciación y amortización de gastos diferidos pertinentes, las facturaciones por ventas, rendimientos o pérdidas, lo mismo que cualquier ajuste conexo con estos conceptos.

  Deben aplicarse con exactitud, a las cuentas correspondientes de inventarios y a los libros o registros auxiliares, los recursos utilizados, la producción terminada, embarques y ventas y los ajustes a que haya lugar.

- Clasificación: los asientos contables resumen y clasifican las actividades de transacciones económicas, de conformidad con planes de la dirección o gerencia de la empresa.

En cada ejercicio se preparan los asientos contables requeridos de materiales, mano de obra y costos indirectos de fabricación, correspondientes a la producción. Igualmente se procede con los costos de los productos terminados, depreciaciones, amortizaciones y ajustes requeridos.

Los impuestos originados por las actividades de transformación o proceso deben liquidarse, registrarse e informarse correcta y oportunamente.

- Verificación y evaluación: regularmente se verifican y evalúan los saldos de inventarios, propiedades, gastos diferidos y demás actividades relacionadas. Normalmente, se revisa la distribución de costos a las cuentas respectivas. Igualmente, con las propiedades y gastos diferidos.

- Protección física: el paso o acceso a los registros y documentos de producción, contabilidad de producción, inventarios, documentos y formas, lugares y procedimientos de proceso, debe hacerse de acuerdo con criterios de la gerencia o dirección.

## 4.3 Riesgos de no cumplir los objetivos del ciclo

Al no cumplirse o alcanzarse los anteriores objetivos del ciclo, se puede incurrir en los siguientes riesgos:

- Respecto a la autorización:
  - ¤ Producirse artículos no autorizados o cantidades por encima de los niveles determinados. Esto puede ser motivo de inventarios obsoletos, excesivos e, incluso, productos de mala calidad.
  - ¤ Incurrir en producciones que no se ajusten a situaciones de mercado o adquirir responsabilidades de producción por encima de las capacidades disponibles de la empresa o viceversa.
  - ¤ Los niveles excesivos de inventarios pueden rebasar la capacidad de financiamiento, esto es, producir iliquidez y llevar, por lo tanto, a ventas forzosas.
  - ¤ Elaborar productos que no se ajusten a las especificaciones determinadas, por lo tanto, no serán aceptados por los clientes.
  - ¤ Calcular o determinar impropiamente la vida útil de las propiedades, por fijación de un tiempo de duración que no se compadece con el ritmo de su utilización, lo cual conducirá a gastos erróneos de depreciación y costos incorrectos a cargar a la producción y sobreestimación de las propiedades.
  - ¤ Los métodos de depreciación aplicados pueden ser los menos adecuados, dado que un bien se deprecia inicialmente por sistema de línea recta, cuando lo apropiado es hacerlo en forma acelerada ya que puede estar perdiendo su capacidad de servicio o utilización en los primeros períodos de su vida útil.
  - ¤ Los gastos que deben ser capitalizados al costo de los productos, pueden cargarse cargando al estado de operaciones.

¤ Llevarse a cabo retiros de activos, lo cual puede crear cuentas de propiedades infladas o disponerse de tales activos a precios no razonables.

¤ Extender garantías sin los debidos requerimientos, supeditando por lo tanto a la empresa a obligaciones contingentes.

¤ Vender activos que podrían utilizarse en detrimento de la propia empresa. Igualmente, activos que la empresa puede emplear en otras actividades, ya que reponerlos posteriormente implicará mayores esfuerzos económicos.

¤ Los inventarios y las propiedades pueden ser objeto de presentaciones incorrectas debido a ajustes o reclasificaciones incorrectas.

¤ Incurrirse en ajustes impropios; de este modo, variaciones del costo estándar se capitalizan indebidamente a la producción; inventarios de productos terminados, se cancelan impropiamente; se efectúan cambios injustificados en los métodos de valuación. Esto conduce a valuaciones inadecuadas en los inventarios y, por ende, con incidencia en los estados de resultados.

¤ No registrar todas las transacciones, omitir traspasos de productos en proceso a terminados, debido a la falta de coordinación entre los respectivos departamentos o secciones. También pueden procesarse incorrectamente las transacciones por personas no competentes o no autorizadas.

• Respecto al procesamiento de transacciones. Cabe anotar que los riesgos de un objetivo son aplicables o se repiten para otro(s) objetivo(s). Así, algunos riesgos del objetivo inmediatamente anterior (autorización) se repiten para el presente objetivo; por lo tanto, se hace abstracción aquí de ellos y solamente se detallan los no comunes. Similarmente debe entenderse para los demás objetivos.

¤ Transferir recursos a proceso, pero no registrar hasta tanto no se practiquen inventarios físicos y se efectúen las correspondientes confrontaciones contra libros. Este hecho puede ser motivo de presentación incorrecta de inventarios y costo de los productos vendidos.

¤ Terminar la producción sin registrar oportunamente en productos terminados, lo cual ocasiona apreciaciones erróneas para decisiones de ventas o uso ineficiente de recursos.

¤ Efectuar salidas no autorizadas, para ocultar irregularidades o manejar incorrectamente los cortes. También, no registrar las transacciones, para disponer de propiedades y desechos.

¤ Incurrir en contabilizaciones inadecuadas a inventarios y propiedades, lo cual conlleva una presentación incorrecta de la situación financiera y de los resultados de operaciones.

¤ Las distribuciones contables de los costos pueden hacerse erradamente debido a que los conceptos integrantes de los elementos del costo, que deben capitalizarse al costo de la producción, se registran como gastos y viceversa.

- ¤ Los coeficientes usados en la valuación de inventarios pueden ser inadecuados como consecuencia de una deficiente selección de los gastos de fabricación, por inclusión del concepto de valores o cifras que afectan los inventarios o por el cálculo errado de estos, lo cual producirá una afectación adversa en los estados de operaciones.

- ¤ Los informes de producción pueden ser inexactos, así una producción o línea de artículos se clasifican en otra diferente.

- ¤ Los valores por depreciaciones y amortizaciones pueden ser inadecuados, lo que conlleva una presentación impropia de los costos reales y, por consecuencia, de la situación financiera. También, las cuentas de los libros fundamentales pueden estar incompletas por exclusión de informes de producción.

- ¤ Pueden tomarse decisiones con base en informaciones incompletas o inexactas. Por ejemplo, pedidos de clientes son rechazados o retardados por efecto de datos incorrectos en los inventarios.

- Respecto a la clasificación:
  - ¤ Los estados financieros pueden prepararse incorrectamente por omisión de asientos contables, codificaciones erradas, asientos contables duplicados, cortes impropios, etc.

  - ¤ Por efecto de clasificaciones inadecuadas, los estados financieros pueden emitirse a destiempo.

  - ¤ Puede hacerse uso de datos desacertados en los cálculos, lo cual conllevará mayores o menores pagos.

- Respecto a la verificación y evaluación:
  - ¤ Los informes que se rinden pueden adolecer de deficiencias o presentar situaciones que no corresponden a la realidad.

  - ¤ Errores y omisiones en la protección física, autorización y procesamiento de transacciones, pueden pasar inadvertidos y, por ende, no ser corregidos.

  - ¤ Los saldos registrados representativos de hechos históricos no reflejan reflejando las evaluaciones reales a una fecha determinada, así los valores netos de realización de los inventarios estarían por debajo del costo o viceversa.

  - ¤ Los gastos de sostenimiento y reparaciones pueden capitalizarse impropiamente. Asimismo, pueden llevarse a inventarios o diferirse cargos que corresponden a gastos del ejercicio. El incurrir en estos riesgos afecta el presupuesto del período y siguientes, además, causa también determinaciones de precios de venta de mercancías o servicios a niveles no rentables o disminución en el volumen de las ventas.

- Protección física:
  - ¤ Sustraerse, perderse, destruirse o distraerse los activos, o ser utilizados temporalmente de manera impropia.

¤ Presentarse pérdida o destrucción de registros, lo cual ocasionará obstáculos en la preparación de los estados financieros o en la disposición de activos.

¤ Los documentos y registros pueden ser usados indebidamente por personas no autorizadas, en detrimento de la entidad o de terceros relacionados.

¤ Los programas y archivos maestros del computador pueden ser modificados o alterados, u ocasionarse daños en los equipos.

## 4.3.1 Presentación inadecuada de inventarios en el ciclo de transformación

En el ciclo de transformación, son numerosas las posibilidades de presentación incorrecta de los inventarios y, en consecuencia, de la contabilidad, debido a su importancia y significado económica y financieramente para la empresa. Los casos más frecuentes de presentación inadecuada son ocasionados por:

- Determinación incorrecta de cantidades físicas.
- Errores en las labores o actividades de rutina.
- Cortes indebidos de compras y ventas.
- Métodos impropios de valuación.

En este orden de ideas, seguidamente se tratan las causas más comunes de presentación contable inadecuada de estas ordenaciones:

- Fijación y cálculo incorrecto de cantidades. Si no se cuenta con procedimientos adecuados o estos no son puestos en práctica para el conteo y registro de las cantidades de los inventarios, las existencias pueden determinarse incorrectamente como consecuencia de:

  ¤ Errores de conteo, distinción y descripción deficiente de los productos, especialmente en lo tocante a su grado de terminación y unidad de medida, lo cual puede originarse en el empleo de personal incompetente para la toma de inventarios y una carente o deficiente supervisión.

  ¤ Errores en los recuentos de artículos idénticos u omisión en la toma de los inventarios, de artículos, locales o bodegas, por imprecisiones en los planes e instrucciones para el desarrollo de los inventarios físicos.

  ¤ Con fines no claros o de conveniencia, se pueden incluir en los inventarios, cantidades que, en años anteriores, debido a su obsolescencia u otra causa, se han excluido. Esto se subsana separando físicamente las cantidades motivo de retiro o eliminándolas de los registros una vez efectuado el conteo de los artículos.

- Cortes impropios de compras y ventas. Las fallas más comunes suceden por:

  ¤ Englobar, en las relaciones o listado de inventarios, los valores o precios de artículos iguales o idénticos.

  ¤ Ponderación de precios por unidades físicas, que no corresponden.

¤    Cálculos y sumas erradas o inexactas.

¤    Ajustes impropios o inadecuados en los inventarios según los libros respecto a los inventarios físicos.

Es conveniente, por medida de control interno, que las operaciones para la determinación de los inventarios sean verificadas por personal diferente al que realiza los cálculos y labores originales.

Un corte impropio en las compras puede llevar a una incorrecta presentación de los inventarios, ya que se incluirían mercancías o artículos que van a quedar registrados en el siguiente período o lo contrario, no incluir en los inventarios mercancías que se encuentran registradas en el período o ejercicio vigente.

- Métodos impropios de valuación. La presentación incorrecta de los inventarios, por la aplicación inadecuada de métodos de valuación, regularmente implica cambios en los principios de contabilidad relacionados con los inventarios. Este aspecto puede comprender errores motivados por lo siguiente:

  ¤    Dejar de acreditar a las cuentas de inventarios, especialmente a productos en proceso y terminados, los conceptos del costo, debido al empleo de unidades de costeo incorrectas.

  ¤    Omitir costos indirectos o incluirlos, cuando no corresponde aplicarlos.

  ¤    No tener en cuenta y no tomar las determinaciones correspondientes en lo atinente a partidas obsoletas, defectuosas, excesivas o de lento movimiento, en cuanto a los ajustes a efectuar, para que, de esta forma, representen un valor razonable de realización.

  ¤    Deficiencias o falta de consistencia en la aplicación de los métodos de valuación (LIFO, FIFO, Costo o Promedio).

  ¤    No contabilizar las provisiones adecuadas para la protección de inventarios.

Entre los aspectos importantes que son objeto de omisión en la emisión y presentación de los estados financieros, respecto a los inventarios, se tienen:

- No indicar cambios en los métodos de valuación y los efectos en tales estados.

- Omitir señalar gravámenes o pignoraciones que pesan sobre los inventarios.

- No detallar las partidas que integran los inventarios, según se trate de empresas industriales o comerciales (materias primas y materiales, productos en proceso y artículos terminados; anticipos a proveedores y mercancías en tránsito).

- Omitir indicar los gastos fijos de producción absorbidos en el período o no revelar el costo de ventas, el de producción más el costo variable de distribución y ventas, cuando se utiliza el sistema de costeo directo o variable.

**Figura 33. Clasificación del ciclo de transformación o conversión e interrelación con los estados financieros**

Ciclo de adquisición y pago

| Naturaleza y funciones | → | Objetivos de control interno | → | Riesgos al no cumplir los objetivos | → | Prácticas contables inadecuadas | → | Estafas, desfalcos, fraudes y otras irregularidades |

**Cuentas afectadas de los estados financieros**

**Activos**
- Inventarios
  - Materia prima
  - Productos en proceso
  - Productos terminados
- Gastos pagados por anticipado
- Propiedades, planta y equipo

**Pasivos**
- Acumulación
- Impuestos de renta
  - Corrientes
  - Diferidos

**Patrimonio**
- Utilidades retenidas

**Cuentas de resultado**
- Ventas
- Costos de ventas
- Gastos de:
  - Ventas
  - Administración
- Otros ingresos:
  - Desperdicios

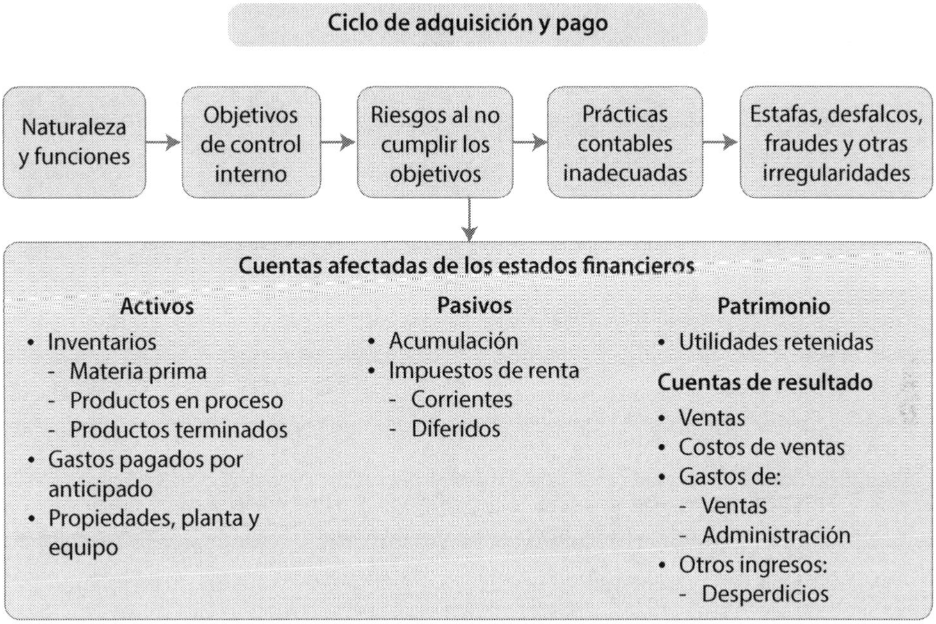

Fuente: elaboración propia.

# Cuestionario

**Nota:** tener en cuenta, para responder algunas preguntas, los capítulos 5 y 6 de la parte séptima, *Fraude y error*, en lo referente al ciclo de transformación, denominados *Prácticas contables inadecuadas por ciclos transaccionales* y *Estafa, desfalcos, fraudes y otras irregularidades por ciclos transaccionales*, respectivamente.

- ¿Este ciclo no es dable en todas las organizaciones empresariales con la misma extensión?

- Las funciones relacionadas con los inventarios, propiedades y equipos depreciables, recursos naturales, seguros prepagados y otros bienes que sean clasificables como activos monetarios, ¿no son asignables a este ciclo?

- ¿Los objetivos del control interno son de autorización, procesamiento, clasificación?

- ¿La diferencia fundamental con los demás ciclos está en que no procesa transacciones?

- ¿Una de las funciones que comprende este ciclo es el intercambio de productos y/o servicios con los clientes?

- En las empresas comerciales e industriales, ¿el rubro o una de las cuentas no fundamentales del ciclo lo constituye cuentas y efectos por cobrar?

- Este ciclo, en lo que respecta a inventarios, ¿se relaciona con otros ciclos, primordialmente con los de adquisición y pago, ingresos e informe financiero?

- Este ciclo, en el informe financiero, ¿produce efectos cuantitativos por las afectaciones de saldos?

- ¿Son de control las funciones con relación al ciclo de informe financiero?

- ¿Los enlaces de este ciclo con el de ingreso están dados en las operaciones de ventas y embarques de productos terminados?

- ¿Un análisis cuantitativo y cualitativo implica una de las funciones especiales de este ciclo?

- Una de las características de las particularidades de este ciclo, en cuanto a los asientos contables, es ¿estos implican sistemas de contabilidad de costos, controles de producción, etc.?

- ¿Los objetivos de control interno son autorización, procesamiento de transacciones, clasificación, verificación y evaluación, y protección física?

- De manera regular, deben verificarse y evaluarse los saldos de las cuentas por cobrar y demás rubros relacionados que se consideren de importancia. ¿El anterior objetivo de control interno corresponde al ciclo de transformación?

- ¿En el ciclo de transformación son numerosas las posibilidades de presentación incorrecta de los inventarios?

- ¿La fijación y cálculo incorrecto de cantidades de inventarios no es una práctica contable inadecuada para el ciclo de transformación?

- ¿Los enlaces o interrelaciones del ciclo de transformación con el de adquisición y pagos se dan en las operaciones de compras, materias primas y erogaciones por mano de obra?

- ¿Los inventarios pueden ser objeto de irregularidades, mediante la determinación incorrecta de cantidades físicas, errores en las labores o actividades de rutina, cortes indebidos de compras y ventas, métodos impropios de valuación?

- ¿El ciclo de transformación, en lo que respecta a cuentas por cobrar, se enlaza o relaciona primordialmente con el de adquisición y pagos?

- ¿En el ciclo de transformación las estafas, desfalcos, fraudes y otras irregularidades, se llevan a cabo en gran parte a través de las C × C?

- ¿Los saqueos en embarques y mercancías en tránsito son una forma de desfalco, de acuerdo con el ciclo de adquisición y pago?

- ¿El ciclo de transformación ordinariamente afecta rubros de efectivo y cuentas por pagar?

- El acceso o paso a los registros y controles de compras y nómina, ¿es uno de los objetivos del control interno del ciclo de transformación?

- ¿Uno de los objetivos del control interno de este ciclo es que regularmente se verifiquen y evalúen los saldos de inventario?

- Pueden venderse activos que bien pueden ser utilizados en detrimento de la propia empresa. ¿Este es un riesgo propio de este ciclo al no lograrse su objetivo?

- ¿Un riesgo, al no cumplir los objetivos de este ciclo, puede darse cuando los gastos, que deben ser capitalizados al costo de los productos, se cargan al estado de operaciones?

- ¿Un riesgo, al no cumplir los objetivos de este ciclo, se puede dar cuando se presentan incorrectamente las cuentas a pagar por efecto de reclasificaciones y ajustes erróneos?

- En este ciclo, ¿al no cumplir los objetivos de autorización para nómina, puede calcularse incorrectamente las provisiones para prestaciones sociales, conllevando la omisión de registro de pasivos?

- ¿Las estafas, desfalcos, fraudes y otras irregularidades de este ciclo se dan a través de los costos y gastos por adquisiciones?

- ¿Las estafas y desfalcos de este ciclo no se dan a través de los inventarios?

- ¿A través de la subestimación de medidas de control interno en este ciclo se dan los desfalcos, estafas y fraudes?

- ¿Los sobornos o pagos en efectivo son una forma, en este ciclo, de estafa, desfalco o hurto?

- ¿Una de las funciones especiales de este ciclo son compras y nómina?

## Discusión

Marque con una X la respuesta correcta.

1. Este ciclo es básico o propio de las empresas:
   a. Industriales y comerciales.
   b. Comerciales únicamente.
   c. Industriales.
   d. Extractivas.
   e. c y d.

2. Las funciones de un ciclo encierran el manejo combinado de recursos. Son asignables a este ciclo las funciones de:
   a. Inventarios.
   b. Propiedades y equipos depreciables.
   c. Recursos naturales.
   d. Todas las anteriores.
   e. Únicamente a y b.

3. Este ciclo, en lo que respecta, a inventarios se relaciona o enlaza con los ciclos de:

    a. Adquisición y pago únicamente.

    b. Ingreso e informe financiero.

    c. Informe financiero únicamente.

    d. Ninguno de los anteriores.

    e. a y b.

4. Los enlaces de este ciclo con el de adquisición y pago están dados en:

    a. Compras de materias primas.

    b. Erogaciones por mano de obra.

    c. Compra de materiales.

    d. b y c.

    e. a y b.

5. Las ventas y embarques de productos terminados enlazan este ciclo con:

    a. Ingreso y adquisición y pagos.

    b. Informe financiero.

    c. Ingreso y b.

    d. Todas las anteriores.

    e. Ninguna de las anteriores.

6. Con relación al ciclo de informe financiero, sus funciones son de:

    a. Autorización.

    b. Control y autorización.

    c. Control.

    d. Clasificación.

    e. Ninguna de las anteriores.

7. Las cuentas que se afectan en este ciclo del activo son:

    a. Inventarios, gastos pagados y anticipado, y propiedades, planta y equipo.

    b. Inventarios y gastos pagados por anticipado,

    c. Inversiones, propiedades planta y equipo,

    d. Efectivo y a.

    e. Partidas a cobrar y a.

8. Las cuentas de capital que se afectan en este ciclo son:

    a. Acciones y utilidades retenidas.

    b. Utilidades retenidas.

    c. Acciones.

    d. Reserva legal.

    e. Todas las anteriores.

Capítulo 4. Ciclo de transformación

9. Las cuentas del pasivo que se afectan en este ciclo son:
   a. Impuestos de renta, cuentas por pagar y contingencias.
   b. Cuentas por pagar, impuesto de renta y préstamos por pagar.
   c. Contingencias e impuesto por pagar.
   d. Préstamos por pagar y contingencias.
   e. Impuesto de renta y acumulaciones.

10. Los objetivos de control interno son:
    a. Autorización y procesamiento de transacciones.
    b. Clasificación y protección física.
    c. Verificación y evaluación.
    d. Únicamente a y b.
    e. Todos los anteriores.

Completar los espacios en blanco.

11. Los enlaces de este ciclo con el de _____, se dan en las operaciones de compra de materias primas y _____.

12. Regularmente deben verificarse y evaluarse los saldos de _____. Este es uno de los _____ de este ciclo.

13. Los _____ y las _____ pueden ser objeto de presentación incorrecta en este ciclo, debido a _____ incorrectos.

14. En este ciclo, son numerosas las posibilidades de presentación incorrecta de _____ y por consiguiente _____ por la importancia y significado que estos tienen económica y financieramente para la empresa.

15. Las irregularidades que ordinariamente llevan a la presentación incorrecta de los inventarios son el _____ y _____ de los registros de inventarios y de la contabilidad.

16. Un corte impropio de las _____ puede llevar a una incorrecta presentación de los _____ en este ciclo.

17. Los asientos contables en este ciclo pueden incurrir por _____ y _____ de propiedades.

18. Este ciclo abarca las funciones de _____ y los _____ de todos los recursos atinentes a los inventarios hasta que se obtengan los productos finales.

19. Este ciclo produce en el informe financiero efecto _____ por las afectaciones de saldos.

20. Las funciones de este ciclo con respecto a los demás son de central a excepción del ciclo de _____.

# CAPÍTULO 5

# CICLO DE INGRESOS

## 5.1 Naturaleza y funciones

El ciclo de ingresos comprende aquellas funciones que implican el intercambio de productos y/o servicios con los clientes, por efectivo. A manera enunciativa, este ciclo abarca rubros de balance como cuentas y efectos por cobrar, acumulaciones o provisiones para cuentas dudosas, acumulaciones para gastos de ventas e impuestos sobre ventas provenientes de sistemas de ingresos. El estado de resultados encierra rubros de ventas, costos de ventas por aspectos de su determinación, impuestos sobre las ventas e ingresos financieros producidos por los sistemas de ingresos y las provisiones por cuentas dudosas. Es importante destacar qué cuentas de efectivo (tesorería) son afectadas por el ciclo de ingresos.

En las empresas industriales y comerciales, el rubro o cuenta fundamental del ciclo de ingreso lo constituye *Cuentas y efectos por cobrar*, mientras que, al comparar este ciclo con el mismo de las instituciones financieras, el rubro principal lo constituye *Préstamos y descuentos*, y otros en menor grado como *Inversiones* y *Servicios*.

### 5.1.1 Particularidades del ciclo de ingreso

Las características o atributos principales de este ciclo son:

- Funciones especiales: cuentas a cobrar, concesión de créditos, entrada de pedidos, despachos y embarques, facturación, ingreso del efectivo, costo de ventas, gestiones de cobro, registro de comisiones, garantías, etc.

- Asientos contables: ventas, costo de ventas, ingresos a caja, devoluciones y rebajas, descuentos por pronto pago, provisiones para cuentas dudosas, castigo y recuperaciones de deudas dudosas, comisiones, obligaciones por impuestos, acumulaciones de gastos e ingresos extraordinarios.

- Documentos y formas: pedidos a clientes, órdenes de venta, órdenes de embarque, facturas de venta, avisos de remesas, formas para ajustes y conocimientos de embarque.

- Bases de datos: algunos de carácter estático o de referencia son los archivos maestros de clientes y de crédito, catálogos de productos y listas de precios. De índole dinámica o de saldos, los archivos de órdenes pendientes, detalles y características de las cuentas a cobrar y archivos de análisis históricos de ventas.

- Enlaces con otros ciclos: las conexiones de este ciclo con los demás están dadas, con el de tesorería, por el aspecto de los ingresos a caja; con el ciclo de transformación, por los embarques; con el ciclo financiero, en lo que concierne a resúmenes de actividades (asientos contables, etc.).

## 5.2 Objetivos del control interno

Los objetivos principales por obtener en este ciclo son los siguientes:

**Figura 34. Sistema de facturación**

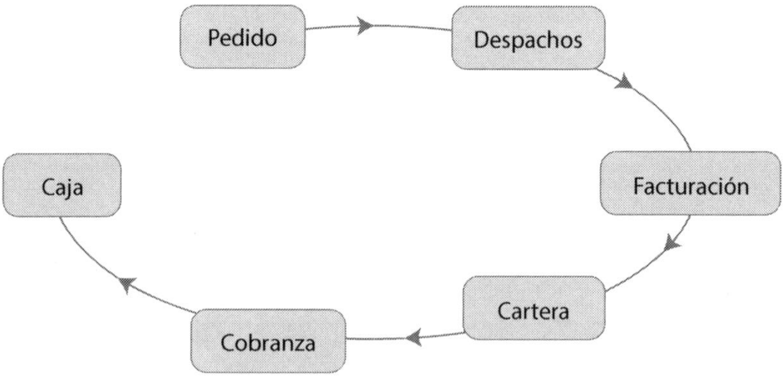

Fuente: elaboración propia.

- Autorización: acorde con los criterios de la dirección de la empresa, los clientes, el precio, y demás condiciones de las mercancías y servicios que han de proporcionarse, se aprueban ajustes a los rubros de ingresos, costo de ventas, cuentas de clientes, distribuciones de cuentas. Igualmente, se crean y mantienen procedimientos de proceso para el ciclo autorizados acorde con criterios de la dirección.

- Procesamiento de transacciones: se aprueban únicamente aquellas solicitudes o pedidos de clientes por mercancías y servicios, que se ajusten a los criterios de la dirección de la empresa; antes de proporcionar las mercancías y servicios se exige que las solicitudes o pedidos estén debidamente aprobados; cada pedido autorizado debe embarcarse o despacharse exacta y oportunamente.

  Solamente deben facturar los embarques efectuados y los servicios prestados. Las facturaciones deben prepararse exacta y oportunamente, para evitar la distracción de efectivo, de procederse prontamente a la rendición de cuentas de los dineros recibidos.

  Deben clasificarse, resumirse e informarse exacta y oportunamente las facturaciones, los costos de las mercancías y servicios vendidos, erogaciones por ventas, el efectivo recibido, los ajustes a ingresos, las cuentas de clientes, las distribuciones de costos y de cuentas. Además, deben aplicarse correctamente las facturas, cobros y ajuste pertinentes.

- Clasificación: los asientos contables de ingreso clasifican y resumen las actividades económicas, conforme los planes de la dirección de la empresa. Por cada período contable, se elaboran los asientos contables para facturación, costo de mercancías, servicios vendidos, erogaciones por ventas, efectivo recibido y ajustes del caso.

- Verificación y evaluación: de manera regular o atendiendo las circunstancias, deben verificarse y evaluarse los saldos registrados en cuentas y efectos a cobrar y partidas relacionadas.

- Protección física: el acceso al efectivo y documentos o medios representativos del mismo únicamente debe permitirse conforme los controles y requisitos establecidos por la dirección. Igualmente, el paso o acceso a los registros y documentos de embarque, facturación, cobro de efectivo, cuentas por cobrar, locales físicos y procedimientos de proceso, solamente debe permitirse conforme a criterios de la gerencia o dirección.

**Figura 35. Venta de crédito**

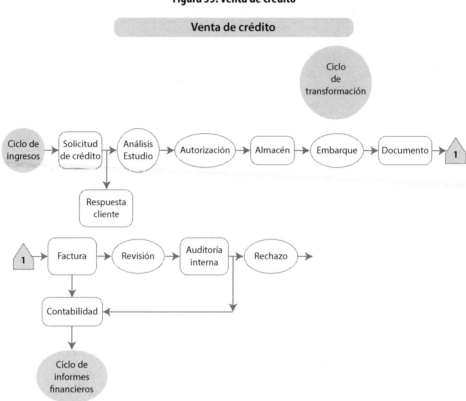

Fuente: elaboración propia.

## 5.3 Riesgos de no cumplir los objetivos del ciclo

Al no lograrse los objetivos de autorización, se efectuarían embarques no autorizados, lo que implica incurrir en cuentas incobrables; embarques en contraposición a regímenes de cambio o de exportación; o ventas sin conocimiento de la dirección de la empresa.

El no cumplimiento de objetivos de autorización en este ciclo implica también incurrir en aspectos como aceptar órdenes a precios no autorizados o condiciones irrazonables; órdenes para productos o servicios con condiciones de calidad inalcanzables; infracción a disposiciones legales, lo cual acarrea multas o contingencias; entregas o embarques, sin considerar en los precios de venta los gastos por estos conceptos.

Las cuentas y efectos por cobrar pueden presentarse incorrectamente por aspectos de ajustes o reclasificaciones erróneas; pueden clasificarse erradamente cuentas a cobrar como de dudoso recaudo o castigarse siendo cobrables; o pueden manejarse negligentemente las mercancías devueltas, lo que mostraría inadecuadamente el rubro de cuentas a cobrar.

Las secciones o dependencias de la empresa podrían ser objeto de reorganizaciones que no se ajustan a los criterios de la dirección, además de que este hecho podría aprovecharse para desmejorar los sistemas de control interno. Además, podrían modificarse programas computarizados, cambiar los sistemas contables o perder datos; las transacciones podrían procesarse incorrectamente por personas que no les compete desarrollar la función; podría omitirse o ejecutarse impropiamente los procedimientos de control, etc.

Al no cumplir con los objetivos de esta procesamiento de transacciones, se puede incurrir en embarques no autorizados o violatorios de regímenes de cambios o exportación, o ventas sin conocimiento de la dirección de la empresa; actuar con precios no autorizados; embarcar mercancías; prestar servicios; no facturar servicios, lo cual reduciría los saldos de las ventas, las cuentas a cobrar y el costo de ventas; presentar inventarios inflados, salvo que se practique inmediatamente conteo físico; extenderse facturas incorrectas, lo cual ocasionaría ventas y cuentas a cobrar incorrectamente presentadas, clientes inconformes y pérdida de ingresos.

Podría omitirse el reporte de ventas al contado de mercancías o no detectar faltantes de caja, por efecto de saldos inflados. Los asientos de entrada a las cuentas del mayor pueden ser incompletos, así como los cobros o facturaciones pueden ser excluidos de los resúmenes intencional o accidentalmente. También, los asientos a las cuentas del mayor pueden ser inexactos y los informes pueden ser deformados con respecto a las clasificaciones de las transacciones, de modo que los productos de una línea pueden clasificarse en otra.

Al no lograrse los objetivos de clasificación, los estados financieros podrían no estar disponibles oportunamente o presentarse incorrectamente, debido a uno o más de los siguientes factores: omisión de registros o asientos contables, codificaciones incorrectas, asientos o registros contables dobles y cortes impropios. También, pueden realizarse cálculos erróneos, lo que suele resultar en pagos en exceso o defecto.

Al no cumplir con la verificación y evaluación, los informes pueden ser contrarios a la realidad; las decisiones basarse en información errónea o inexacta; pasar inadvertidos los errores y omisiones, en la salvaguarda física, autorización y procesamiento de transacciones, y por lo tanto no ser corregidos. Igualmente, los saldos históricos pueden no ser analizados, lo que propiciaría que no reflejen las situaciones reales acordes con las condiciones existentes a una fecha determinada.

Frente al no cumplimiento de los objetivos de protección física, el efectivo podría sustraerse, perderse, destruirse o distraerse temporalmente; los documentos y registros podrían extraviarse o alterarse, lo que implicaría una inhabilidad para elaborar los estados financieros, como también para realizar los activos.

Los documentos podrían usarse indebidamente por personas no autorizadas; los programas de computador podrían alterarse o los datos perderse, destruirse o alterarse, lo que produciría información distorsionada o incapacidad para informar.

## Figura 36. Diseño de un ciclo de ingresos

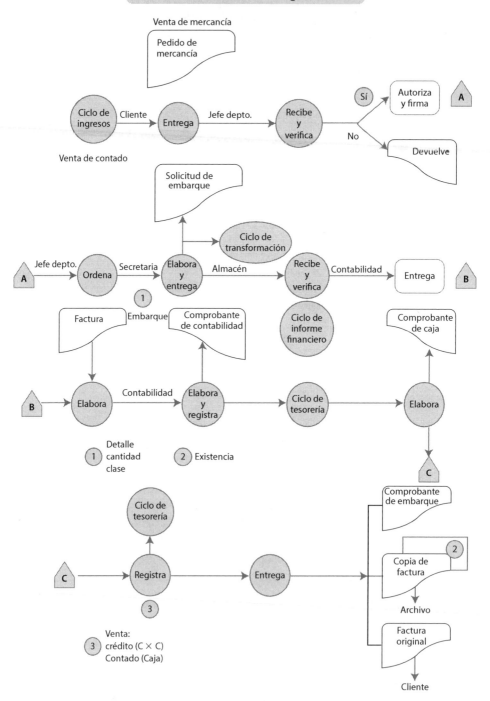

**Figura 37. Clasificación del ciclo de ingresos e interrelación
con los estados financieros**

Fuente: elaboración propia.

# Cuestionario

> **Nota:** tener en cuenta, para responder algunas preguntas, los capítulos 5 y 6 de la parte séptima, *Fraude y error*, en lo referente al ciclo de ingresos, denominados *Prácticas contables inadecuadas por ciclos transaccionales y Estafa, desfalcos, fraudes y otras irregularidades por ciclos transaccionales*, respectivamente.

1.  El ciclo de ingresos comprende funciones que implican el intercambio de:

    a.  Productos por efectivo únicamente.

    b.  Servicios por efectivo.

    c.  a y b solamente.

    d.  Ninguna de las anteriores.

    e.  Bienes y servicios por materia prima.

2.  Las cuentas del activo que abarca este ciclo son:

    a.  Efectivo y partidas por cobrar.

    b.  Partidas a cobrar e inventarios.

    c.  Efectivo.

    d.  b y c.

    e.  Gastos pagados por anticipado y b.

3.  Las cuentas del pasivo que abarcan este ciclo son:

    a.  Acumulaciones e impuesto de renta.

    b.  Préstamos a pagar e impuesto de renta.

    c.  Acumulaciones, impuesto de renta, préstamos a pagar.

    d.  Cuentas por pagar e impuesto de renta.

    e.  Ninguna de las anteriores.

4.  Las cuentas de ingresos y gastos que abarca este ciclo son:

    a.  Ingresos y deducciones de ingresos.

    b.  Ingresos, deducciones de ingresos, costos de ventas, gasto de ventas.

    c.  Partidas extraordinarias, costos y gastos de ventas.

    d.  Todas las anteriores.

    e.  Ninguna de las anteriores.

5. En las empresas industriales y comerciales, el rubro o cuenta fundamental del ciclo de ingreso lo constituyen:

   a. Inventarios, cuentas por cobrar.

   b. Efectos por cobrar.

   c. Cuentas por cobrar.

   d. b y c.

   e. Ninguna de las anteriores.

6. En las instituciones financieras, el rubro o cuenta fundamental del ciclo de ingreso lo constituyen:

   a. Préstamos y descuentos, inversiones y servicios.

   b. Préstamos y descuentos, descubiertos en cuenta corriente.

   c. Inversiones.

   d. Acreedores y depósitos de ahorro.

   e. Ninguna de los anteriores.

7. El enlace de este ciclo está dado con el de transformación, por:

   a. Los ingresos de caja.

   b. Asientos contables.

   c. Los embarques.

   d. Ingresos a caja y asientos contables.

   e. Ninguna de los anteriores.

8. Este ciclo se relaciona con el de transformación en lo que respecta a:

   a. Efectivo.

   b. Cuentas por cobrar.

   c. Inventarios.

   d. a y c.

   e. b y c.

9. En este ciclo, una presentación incorrecta de los ingresos incidirá directamente en una presentación incorrecta en las cuentas de:

   a. Inventarios y cuentas por cobrar.

   b. Inventarios y efectos por cobrar.

   c. Inventarios y efectivo.

   d. Cuentas por cobrar o efectivo.

   e. Ninguna de las anteriores.

10. La apropiación ilícita de los fondos y la omisión de abonar el pago efectuado por el cliente se denomina:

    a. Hurto.

    b. *Lapping* o centrífuga.

    c. Tejedora o *kiting*.

    d. b y c.

    e. Ninguna de las anteriores.

11. Los ingresos pueden presentarse incorrectamente, cuando las _____ facturadas por ventas a clientes son descargadas de _____ en el siguiente período o viceversa.

12. Para la _____ las irregularidades son detectadas mediante las conciliaciones bancarias y análisis de las transacciones bancarias.

13. Las _____ estarán presentadas incorrectamente si los cargos por mercancías embarcadas o entregadas se registran o contabilizan en el período contable siguiente.

14. Para detectar irregularidades en las cuentas por cobrar, el método más adecuado es la _____ con el deudor.

15. La cuenta _____ de patrimonio es una de las que se afectan en este ciclo.

16. Constituye también presentación incorrecta de las cuentas por cobrar la omisión de evaluar las posibilidades de _____ y de efectuar _____ para cubrir las posibles pérdidas.

17. El método de _____ se puede descubrir cotejando las partidas individuales que aparecen en los duplicados de los depósitos debidamente autenticados, contra el libro de caja y las cuentas individuales de los clientes.

18. Deben aprobarse únicamente aquellas solicitudes o pedidos de clientes por mercancías y servicios que se ajusten a los criterios de la dirección de la empresa, este es el objetivo de control interno del ciclo de ingresos llamado _____ .

# CAPÍTULO 6

# CICLO DE INFORME FINANCIERO

## 6.1 Naturaleza y funciones

El ciclo de informe financiero se diferencia fundamentalmente de los demás en que no procesa transacciones, sino que recoge información contable y operativa, y la analiza, evalúa, resume, concilia, ajusta y reclasifica, con el objeto de suministrarla a la dirección y a terceros. La finalidad de este ciclo es informar a la dirección de la empresa, a sus organismos esenciales como asambleas de accionistas, juntas directivas, consejos, comités, funcionarios y a terceros interesados o vinculados como organismos gubernamentales, prestamistas o acreedores, etc., la situación de la empresa y el resultado provenientes del proceso de transacciones.

Contablemente este ciclo recibe asientos primarios o de diario provenientes de los otros cuatro ciclos, los cuales procesan transacciones. Las diversas cuentas del mayor general deben evaluarse y analizarse en este ciclo, y conciliarse con la información recibida de los otros ciclos. Este paso es indispensable, especialmente cuando el proceso de análisis y evaluación no se completa en las funciones que desarrollan los ciclos que procesan transacciones. De tal manera, el grado de obsolescencia o de existencia excesiva de inventarios y la posibilidad de recaudo de las cuentas por cobrar habitualmente se manejan y establecen en los ciclos de transformación e ingreso. No obstante, si no hay certeza de la existencia y operación de procedimientos, en los ciclos que procesan transacciones, para cumplir con este paso, deben llevarse a cabo análisis y evaluaciones de las diversas cuentas como una función integrante del ciclo del informe financiero.

El ciclo de informe financiero también comprende aquellas funciones de conversión de estados en moneda legal y extranjera de empresas filiales, consolidación y reclasificaciones. También abarca los conceptos y apreciaciones de la dirección respecto al medio externo y al reconocimiento de hechos en ese ámbito, y la obtención de datos para notas e información supletoria. El resultado principal de este ciclo se traduce en la preparación de los estados financieros de conformidad con principios de contabilidad y disposiciones de carácter legal, como también informes para la dirección y funcionarios, y otros de características especiales, para los niveles operativos.

### 6.1.1 Particularidades del ciclo de informe financiero

Las características de este ciclo son las siguientes:

- Funciones especiales: pases al mayor general, datos para notas e información suplementaria, elaboración de asientos de diario (cuando no se hace en otros ciclos), consolidaciones, conversión de datos en monedas diferentes a la de curso legal, elaboración de informes, archivo de datos financieros.

- Asientos contables: valuaciones (si no se hacen en otros ciclos), eliminaciones y reclasificaciones.

- Documentos y formas: asientos de diario, estados financieros e informes diversos.

- Base de datos: los datos más destacados de índole estática o de referencia son la clasificación de cuentas, presupuestos y, en cierta forma, los datos de condición económica tales como tipos de cambio, indicadores, patrones legales de medición y ajustes, etc. Entre los datos de carácter dinámico o de saldos, se tienen el libro mayor general, libros auxiliares y minutas.

- Informes generales u ordinarios: balances de comprobación, balances generales y estados de resultados, informes de responsabilidades, informes de resultados por dependencias o secciones, estados de movimiento de efectivo, estado de cambios en la situación financiera, y declaraciones de renta y patrimonio.

- Enlaces con otros ciclos: asientos de diario de otros ciclos e informes a la función de planeamiento financiero y control.

**Figura 38. Relaciones entre los ciclos**

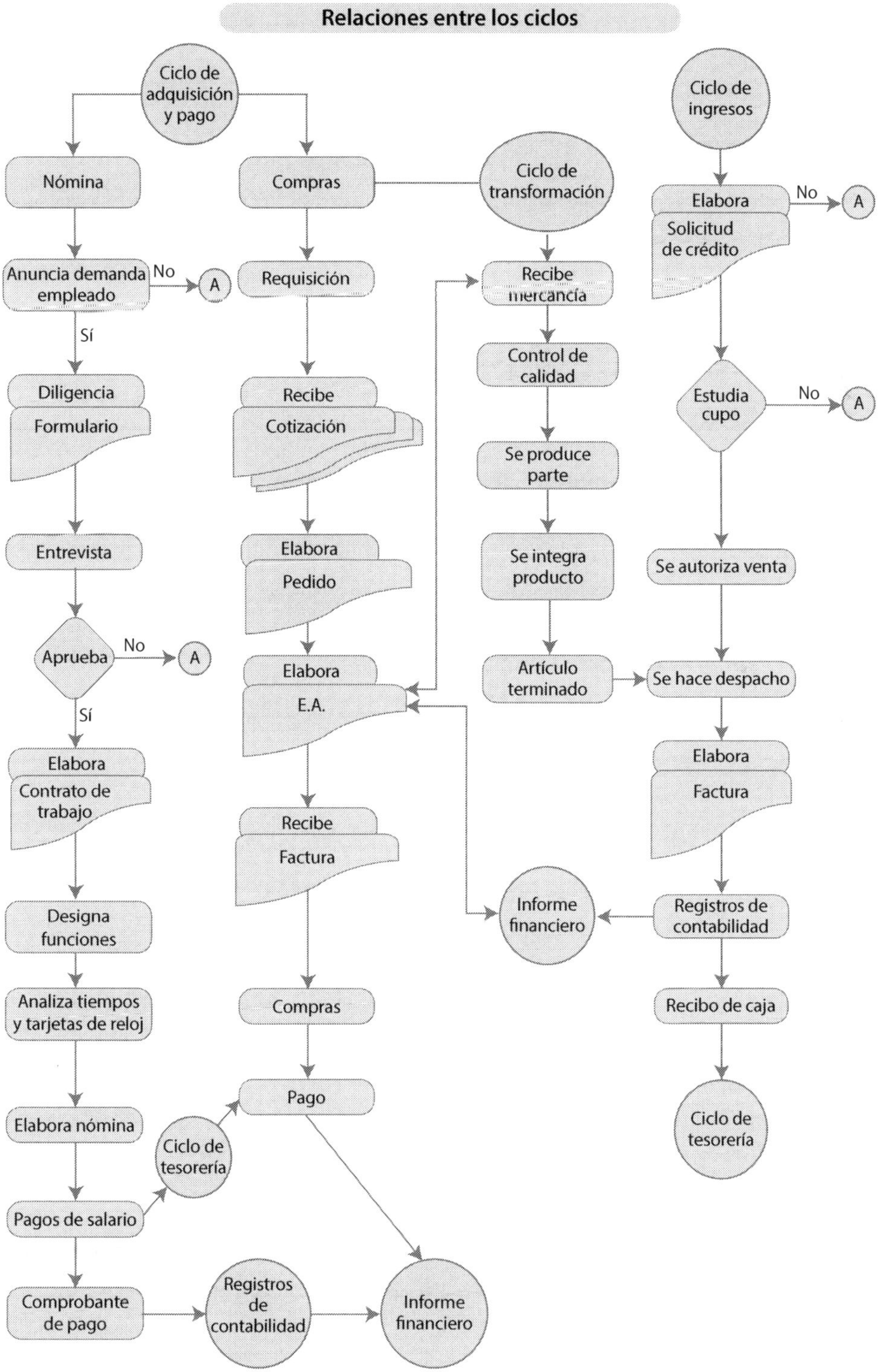


Fuente: elaboración propia.

## 6.2 Objetivos del control interno

- Autorización: los asientos de diario y ajustes contables se autorizan conforme los criterios de la dirección de la empresa, también se crean y mantienen procedimientos acordes con el juicio de la dirección.

- Procesamiento de transacciones: únicamente se aprueban los asientos de diario que se ajustan a los criterios de la dirección e igualmente, estos asientos se elaboran exacta y oportunamente; los datos que se considere necesario exponer deben ser oportunos, además de resumirse e informarse con exactitud; los asientos de diario aprobados deben pasarse con exactitud a las cuentas del mayor general; los saldos del libro mayor, reportarse y utilizarse oportunamente; las conversiones y consolidaciones de informes financieros deben hacerse correcta y oportunamente.

- Clasificación: los asientos de diario deben resumirse y clasificar las transacciones económicas conforme al plan establecido por la dirección; los informes deben prepararse correcta y oportunamente, sobre bases uniformes o consistentes, de manera que presenten razonablemente la información que pretenden hacer conocer.

- Verificación y evaluación: regularmente deben verificarse y evaluarse los saldos de las cuentas por cobrar y demás rubros relacionados o de importancia.

- Protección física: el acceso a los registros contables y demás documentación financiera, lugares físicos y procedimientos de proceso, debe permitirse conforme los criterios de la dirección.

## 6.3 Riesgos de no cumplir los objetivos del ciclo

Al no cumplirse los objetivos de autorización, pueden efectuarse asientos o registros contables con el objeto de presentar incorrectamente el saldo de determinadas cuentas u ocultar hechos dolosos; procesar asientos contables inaceptables para la dirección de la empresa, lo cual llevaría a la elaboración de estados financieros inadecuados o inexactos; las secciones, departamentos, etc., pueden ser reorganizados con fines de conveniencia no claros, como pretender el debilitamiento del control interno, etc.

Frente al procesamiento de transacciones, los riesgos que se pueden correr incluyen los dos primeros enunciados para la función de autorización, o sea, el procesar asientos o registros contables inaceptables y el presentar incorrectamente saldos de cuentas. También, pueden no efectuarse asientos contables fundamentales o llevarse a cabo de manera incompleta o afectar contablemente períodos que no corresponden; omitirse elementos de datos indispensables; utilizarse métodos o procedimientos no razonables.

Los saldos de las cuentas pueden estar errados debido a uno o más de los siguientes aspectos:

- Omisión de asientos aprobados.
- Asientos no autorizados.
- Asientos a cuentas que no corresponden.
- Afectar períodos contables distintos.

Los estados financieros pueden presentarse incorrectamente por uno o más de los siguientes motivos:

- Omisión de saldos del mayor general.
- Errores aritméticos.
- Tipo de cambios o tasas de conversión incorrectos.
- Omisión de asientos de eliminación y clasificaciones inadecuadas.

Al no cumplir los objetivos de clasificación, pueden no estar disponibles oportunamente los estados financieros, presentarse incorrectamente por omisión de asientos contables, codificaciones incorrectas, asientos duplicados o por cortes impropios. También puede debilitarse el control interno al no cumplir con este objetivo.

Los estados financieros publicados o entregados al público y demás interesados, pueden no estar preparados de conformidad con principios de contabilidad aplicados de manera consistente; la información presentada puede ser demasiado resumida o lacónica, o, por el contrario, presentarse detalles excesivos; los informes fundamentales pueden ser inexactos; la empresa puede exponerse a acciones ejecutorias o sanciones por organismos reguladores o de inspección y vigilancia.

Respecto a los riesgos de verificación y evaluación, los informes pueden estar deformados y por lo tanto no presentar una situación real; la toma de decisiones puede soportarse en informaciones erradas; errores de diversa índole pueden pasarse inadvertidos; los hechos históricos y los saldos registrados pueden no reflejar las situaciones vigentes o de actualidad.

El no cumplimiento de los objetivos de protección física puede ocasionar que los registros y documentos se alteren o pierdan, lo que conllevaría dificultades para la preparación de informes financieros; que los registros y documentos sean utilizados indebidamente por personal no autorizado; que los programas computarizados sean alterados; que las autorizaciones para procesar, especialmente de sistemas computarizados, se pierdan, destruyan o alteren, los mismo con los archivos de soporte o respaldo.

**Figura 39. Clasificación del ciclo de informe financiero**

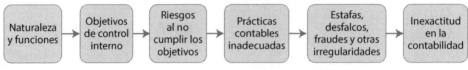

| Ciclo de informe financiero | | | | | |
|---|---|---|---|---|---|
| Naturaleza y funciones | Objetivos de control interno | Riesgos al no cumplir los objetivos | Prácticas contables inadecuadas | Estafas, desfalcos, fraudes y otras irregularidades | Inexactitud en la contabilidad |

**Cuentas afectadas de los estados financieros**

| Activos | Pasivos | Patrimonio | Cuentas de resultado |
|---|---|---|---|
| • Efectivo | • Préstamos por pagar | • Acciones | • Ingresos |
| • Partidas a cobrar | • Cuentas por pagar |   - Comunes | • Deducciones de |
| • Inversiones |   - Proveedores |   - Preferidas |   ingresos |
|   - Temporales | • Otras |   - En tesorería | • Costo de ventas |
|   - A largo plazo | • Acumulados | • Capital adicional | • Gastos de: |
| • Inventarios | • Impuestos de renta |   pagado |   - Ventas |
|   - Materia prima |   - Corrientes | • Utilidades |   - Administración |
|   - Producto en |   - Diferidos |   retenidas |   - Financieros |
|     proceso | • Contingencias | | |
|   - Productos | | | |
|     terminados | | | |
| • Gastos pagados | | | |
|   por anticipado | | | |
| • Propiedades, | | | |
|   planta y equipo | | | |
| • Otros | | | |

Fuente: elaboración propia.

# Cuestionario

- ¿En qué se diferencia fundamentalmente este ciclo de los demás?
- Determine la naturaleza de este ciclo.
- ¿Cuáles son las funciones principales de este ciclo?
- ¿Cómo se relaciona este ciclo con los demás ciclos?
- ¿Qué relación tienen los estados financieros de propósito general con este ciclo?
- ¿La conversión de estados de moneda extranjera a moneda legal tiene alguna relación con este ciclo?
- ¿Cómo se obtiene información supletoria para su presentación en este ciclo?
- ¿Cuáles son las características de este ciclo dentro de las técnicas especiales, asientos contables, documentos y formas, bases de datos, informes generales u ordinarios, y enlaces con otros ciclos?
- Indique los objetivos de control interno de autorización.
- Indique los objetivos de control interno de procesamiento de transacciones.
- Indique los objetivos de control interno de clasificación.
- Indique los objetivos de control interno de verificación y evaluación.
- Indique los objetivos de control interno de protección física.
- Indique los riesgos de no cumplir el objetivo de autorización dentro de este ciclo.
- Indique los riesgos de no cumplir el objetivo de procesamiento de transacciones en este ciclo.
- Indique los riesgos de no cumplir el objetivo de clasificación en este ciclo.
- Indique los riesgos de no cumplir el objetivo de verificación y evaluación en este ciclo.
- Indique los riesgos de no cumplir el objetivo de protección física en este ciclo.

# Parte 5
## Evaluación del sistema de control interno

Al evaluar y estudiar el control interno, el auditor obtiene y conoce información que concluirá en el fundamento, proceso y finalidad para determinar posibles riesgos, excepciones de control interno, deficiencias, inconsistencias y, algunas veces, indicios de irregularidades y hasta de cometimiento de fraudes. Estos deben ser analizados bajo los parámetros de importancia relativa y materialidad, y darlos a conocer al cliente, junto con recomendaciones y, algunas veces, diagnósticos para que la administración determine medidas preventivas y erradique inmediatamente las inconsistencias o se proyecten sus arreglos necesarios.

Se presentan los métodos de evaluación descriptivos, gráficos y de cuestionarios con las recomendaciones necesarias en su aplicación.

Incluye seis capítulos:

- Pruebas de cumplimiento.
- Evaluación del sistema de control interno.
- Obtención de información para la evaluación de control interno.
- Diagramación de control interno.
- Cuestionarios para realizar pruebas de cumplimiento.
- Método narrativo o descriptivo.

# CAPÍTULO 1

# PRUEBAS DE CUMPLIMIENTO O DE CONTROL

Las pruebas de cumplimiento tienen como propósito comprobar la efectividad de un sistema de control, por ello, se efectúan pruebas para indicar si el procedimiento de control se ejecuta y otras para saber si la información sujeta al sistema de control es correcta. Las pruebas de cumplimiento se guían generalmente por el procedimiento de control que se comprueba. Estas pruebas requieren a) pruebas de detalle que generalmente se refieren a la inspección de documentos y b) pruebas que emplean técnicas de observación e indagación.

El objetivo de las pruebas de cumplimiento es proporcionar al auditor una seguridad razonable de que los procedimientos relativos a los controles internos contables se aplican tal y como fueron establecidos. Estas pruebas son necesarias para confiar en los procedimientos descritos. Sin embargo, el auditor puede decidir no confiar en los mismos si ha concluido que los procedimientos no son satisfactorios para este propósito. El trabajo necesario para comprobar el cumplimiento de los procedimientos descritos es mayor que el trabajo que se realizaría en caso de no confiar en tales procedimientos. Esta última conclusión resulta de consideraciones relativas a la naturaleza o al número de transacciones o saldos involucrados, a los métodos de procedimientos de datos que se estén usando y a los procedimientos de auditoría aplicables al realizar las pruebas sustantivas. La naturaleza de los procedimientos de control interno contable y la evidencia disponible sobre su cumplimiento determinan, necesariamente, la naturaleza de las pruebas de cumplimiento e influyen sobre el momento de ejecución y extensión de ellas.

Las pruebas de cumplimiento están íntimamente interrelacionadas con los procedimientos sustantivos y, en la práctica, los procedimientos de auditoría suministran, al mismo tiempo, evidencia de cumplimiento de los procedimientos de control interno contable, así como la evidencia requerida de las pruebas sustantivas.

**Figura 40. Auditoría por flujo de transacciones**

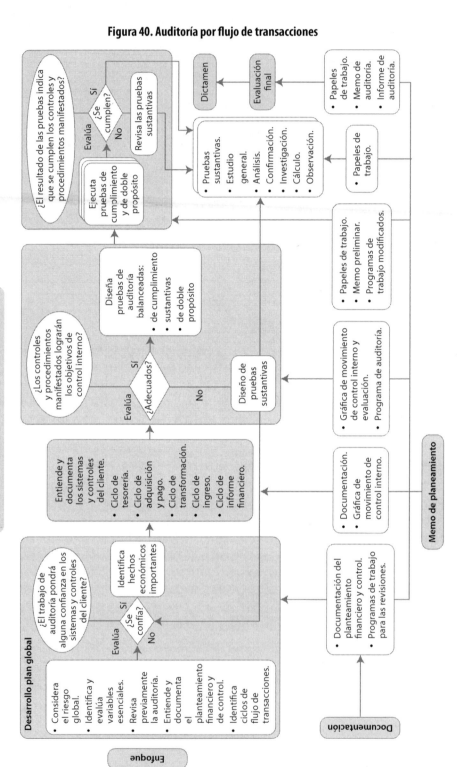

Fuente: elaboración propia.

## 1.1 Naturaleza de las pruebas de cumplimiento o de control

El control interno contable requiere no solo que ciertos procedimientos sean realizados, sino que estos sean apropiados a los objetivos establecidos. Algunos aspectos del control interno contable requieren procedimientos que no son necesarios para la ejecución de las transacciones. Este tipo de procedimientos incluye la aprobación o verificación de documentos que evidencien las transacciones y, por consiguiente, la inspección de los documentos relativos a fin de obtener evidencia mediante firmas, iniciales, sellos de autorizaciones y otros controles similares para indicar si se realizaron y quién los realizó, y permitir una evaluación de la corrección en su ejecución.

Otros aspectos del control interno contable requieren una segregación de funciones de manera que determinados procedimientos sean efectuados independientemente. La realización de estos procedimientos es por sí misma evidente en el desarrollo de una actividad y en la existencia de sus registros esenciales. Consecuentemente, las pruebas de cumplimiento tienen también la finalidad fundamental de determinar si los procedimientos fueron realizados por personas cuyas funciones fueran incompatibles. El contador público deberá remitirse a la observación y comprobación de las funciones que realiza el personal de la empresa, para corroborar la información obtenida durante la revisión inicial del sistema.

## 1.2 Período de desarrollo de las pruebas de cumplimiento y su extensión

El propósito de las pruebas de cumplimiento de los procedimientos de control interno contables es suministrar un grado razonable de seguridad de que estos están en vigor y se utilizan tal y como se planificaron. Determinar lo que constituye un grado razonable de seguridad es una cuestión de juicio para el contador público, ya que depende de la naturaleza, período y extensión de las pruebas, y de los resultados obtenidos.

En lo que respecta a su extensión, las pruebas de cumplimiento se aplican a las transacciones ejecutadas durante el período que se está auditando. De acuerdo con el concepto general de muestreo, las partidas que sean examinadas deben seleccionarse del conjunto de datos a los cuales se aplicarán las conclusiones resultantes.

Los contadores públicos normalmente realizan tales pruebas durante su trabajo preliminar. Cuando este sea el caso, la aplicación de tales pruebas al período restante no es necesaria. Los factores que deben considerarse a este respecto incluyen:

- Los resultados de las pruebas durante el período preliminar.
- Las respuestas e indagaciones concernientes al período restante.
- La extensión del período restante.
- La naturaleza y el número de las transacciones y los saldos involucrados.
- La evidencia del cumplimiento en el período restante, que se obtiene de las pruebas sustantivas realizadas por el contador público o de las pruebas realizadas por los auditores internos.
- Otros puntos que el contador público considere de interés.

Las pruebas de cumplimiento se aplican sobre bases subjetivas o sobre bases estadísticas. El muestreo estadístico es el medio práctico para expresar, en términos cuantitativos, el juicio del contador público respecto a la razonabilidad, lo cual permite determina la magnitud de las pruebas y evaluar su resultado.

## 1.3 Revisión del sistema

La revisión del sistema es principalmente un proceso de obtención de información sobre la organización y los procedimientos establecidos, con el objeto de que sirva como base para las pruebas de cumplimiento y la evaluación del sistema. La información requerida para este objetivo se obtiene normalmente a través de entrevistas con el personal autorizado del ente y mediante el estudio de documentos como manuales de procedimientos e instrucciones al personal.

La información relativa al sistema es documentada en forma de cuestionarios, resúmenes de procedimientos, flujogramas o cualquier otra forma de descripción de un circuito administrativo adaptada a las circunstancias o preferencias del contador público.

Con el objeto de verificar la información obtenida, a veces se adopta el procedimiento de seguir el ciclo completo de una o varias transacciones a través del sistema. Esta práctica, además de ser útil para el propósito indicado, permite que las partidas seleccionadas sean consideradas como parte de las pruebas de cumplimiento.

En resumen, el propósito de la prueba de cumplimiento es reunir evidencia suficiente sobre la eficacia de un control interno, mas no sobre la transacción en particular. La cantidad de evidencia que se debe obtener acerca de la efectividad de los controles aumenta a medida que se incrementa la modificación de la oportunidad o la extensión de la comprobación sustantiva que se desea efectuar.

## 1.4 Ejemplo

A continuación, se presenta, en el marco de una auditoría del ciclo de adquisición y pago, la *Prueba de desembolsos*, la relación de las pruebas de cumplimiento con las de comprobación de evidencia, es decir, las *Pruebas sustantivas*.

## Figura 41. Ejemplo de prueba de desembolso

**Compañía ABC S.A.**
**Prueba de desembolsos**

Auditor: Roesga                                                                A50
Fecha:   12/31/20XX

| Campo a examinar | | Comprobantes seleccionados para verificar | | | | |
|---|---|---|---|---|---|---|
| Comprobantes emitidos durante el primer semestre de 20XX con valores superiores a $50.000. | | Número del girado | Número del cheque | Banco girado | Cuentas afectadas | Valores |
| **Base de selección** | | | | | | |
| a. Estratificar en cinco grupos los comprobantes clasificados por categorías, así: | | 10155 | 82475 | Bogotá | Ctas. × pag. | 50.240 |
| De  $50.001  a   100.000 | | 10168 | 82488 | Popular | Proveedores | 100.120 |
| De  $100.001 a   300.000 | | 10250 | 82570 | Cafetero | Acumulado | 250.130 |
| De  $300.001 a   600.000 | | 11266 | 82586 | Bogotá | Gastos g. | 465.000 |
| De  $600.001 a   900.000 | | 12272 | 82592 | Ganadero | Sueldos | 910.000 |
| b. De cada grupo seleccionar aleatoriamente tres componentes. | | 13275 | 82595 | Popular | Proveedores | 925.615 |
| | | 13290 | 92610 | Bogotá | Ctas. × pag. | 100.000 |
| **Pruebas de cumplimiento** | | 13405 | 85725 | Ganadero | Prestaciones | 285.610 |
| 1. Se examinaron los cheques y documentos soporte correspondientes, se investigó su adecuada autorización y sujeción a formalidades prescritas. Se encontró conformidad. | | 14503 | 87503 | Popular | Oblig. banc. | 352.000 |
| | | 14602 | 87602 | Popular | Proveedores | 475.000 |
| | | 14.608 | 87608 | Bogotá | Gastos g. | 60.150 |
| 2. Se verificó la secuencia numérica de los comprobantes emitidos en el primer semestre de 20XX, del No. 9800 al 17000 (último de semestre). Se encontró que su utilización es adecuada y correcta. | | 14703 | 88703 | Bogotá | Ctas. × pag. | 1.050.000 |
| | | 15188 | 99008 | Popular | Proveedores | 610.000 |
| 3. Las normas de la empresa clasifican de mayor valor los chequeos superiores a $500.000.00 y en concordancia deben llevar impreso sello de cruce. Se determinó que los instrumentos cumplen con este requisito y son correctos sus endosos. | | 16752 | 45152 | Cafetero | Oblig. banc. | 660.000 |
| | | 16756 | 45156 | Popular | Proveedores | 635.615 |
| | | | | | Totales | 6.929.480 |

**Pruebas sustantivas**

1. Valorizaciones, rastreo y recálculo:
   • Revisión de facturas de proveedores y demás gastos para establecer la concordancia de su importe con el del respectivo cheque, beneficiario e informe de recepción de las mercancías.
   • Seguimiento en el diario de los egresos de caja y asientos en las cuentas de caja en el libro mayor (flujo de transacciones).
   • Totalización de valores de los comprobantes de las columnas correspondientes del libro diario y el mayor.
2. Cheques anulados: efectuada la verificación se estableció que los cheques No. 82488 y 82610 se extraviaron en poder de los respectivos beneficiarios, se determinó que su proceso de restitución es conforme (prueba sustantiva y de cumplimiento a la vez).

Fuente: elaboración propia.

# Cuestionario

- ¿Qué son pruebas de cumplimiento?
- ¿Cuántas clases de pruebas de cumplimiento existen?
- ¿Cuál es el objetivo de las pruebas de cumplimiento?
- ¿Cómo se desarrollaría una auditoría por flujo de transacciones?
- Dentro de la naturaleza de las pruebas de cumplimiento, indique que procedimientos de control se requieren.
- ¿En qué períodos se desarrollan las pruebas de cumplimiento?
- ¿Cómo se determina la extensión de las pruebas de cumplimiento?
- ¿En qué etapa de la auditoría se desarrollan las pruebas de cumplimiento?
- ¿Qué factores deben considerarse en la aplicación de una auditoría, posterior al período preliminar de las pruebas de cumplimiento?
- Dentro de una revisión de un sistema de control interno, ¿cómo se reúne una deuda para verificar la información con relación a las pruebas de cumplimiento?

# CAPÍTULO 2

# EVALUACIÓN DEL SISTEMA DE CONTROL INTERNO

## 2.1 Generalidades

La revisión del control interno, por parte del auditor, ayuda a determinar otros procedimientos de auditoría para formular su opinión sobre la razonabilidad de los saldos finales.

Por definición, el control interno contempla una seguridad razonable, pero no absoluta, de que los objetivos del sistema se cumplirán. La implantación y el mantenimiento de un sistema adecuado de control interno es responsabilidad de la administración del ente y el diseño de este ha de realizarse teniendo en cuenta los juicios de esta en cuanto a la relación costo - beneficio de cada procedimiento de control, aunque no siempre sea posible obtener magnitudes objetivas de los costos y beneficios involucrados.

Un planteamiento conceptual lógico de la evaluación del contador público del control interno contable, enfocada directamente a prevenir o detectar errores o irregularidades importantes en los saldos de las cuentas, consiste en aplicar a cada tipo importante de transacciones y a los respectivos activos involucrados en la auditoría los siguientes criterios:

- Los tipos de errores e irregularidades que puedan ocurrir.
- Los procedimientos de control interno contable que puedan prevenir o detectar errores o irregularidades.

- Determinar si los procedimientos necesarios están establecidos y si se han seguido satisfactoriamente.

- Evaluar cualquier deficiencia, es decir, cualquier tipo de error o irregularidad potencial no contemplada por los procedimientos de control interno existentes, para determinar su efecto sobre la naturaleza, el momento de ejecución o extensión de los procedimientos de auditoría que se aplicarán y las sugerencias al ente.

Los dos primeros literales se realizan principalmente por medio de cuestionarios, resúmenes de procedimiento, flujogramas, instrucciones o cualquier otro tipo de material de trabajo utilizado por el auditor. Sin embargo, se requiere del juicio profesional para la interpretación, adaptación o extensión de este material de trabajo, a fin de que resulte apropiado en cada situación particular. El tercer literal se lleva a cabo durante la revisión del sistema y las pruebas de cumplimiento, y el último se logra al ejercer el juicio profesional en la evaluación de la información obtenida.

La revisión que haga el auditor del sistema de control interno contable y sus pruebas de cumplimiento deben relacionarse con los objetivos de la evaluación del sistema. Por esta razón, las evaluaciones generales o globales no son útiles a los auditores, pues no ayudan a decidir el límite de los procedimientos de auditoría. Los controles y deficiencias que afectan a diferentes tipos de transacciones no son compensatorios en su efecto.

La evaluación de los controles internos contables, realizada por el auditor externo o auditor para cada tipo importante de transacciones, permite concluir si los procedimientos establecidos y su cumplimiento son satisfactorios, tras la revisión del contador público y sus pruebas, que no revelan ninguna situación considerada como una deficiencia importante para su objetivo. En este contexto, una deficiencia importante es una situación en la cual el auditor estima que los procedimientos establecidos o el grado de cumplimiento de estos no proporcionan una seguridad razonable sobre cuáles errores o irregularidades por importes significativos, con respecto a las cuentas anuales que están siendo auditadas, podrían prevenirse o detectarse fácilmente por los empleados del ente en el curso normal de la ejecución de las funciones que les fueron asignadas.

## 2.2 Revisión del sistema

La revisión del sistema es principalmente un proceso de obtención de información sobre la organización y los procedimientos prescritos, y pretende servir como base para las pruebas de cumplimiento y para la evaluación del sistema. La información requerida para este objeto normalmente se obtiene a través de entrevistas con el personal apropiado y con el cliente, y de documentación tal y como manuales de procedimientos, descripción de puestos, diagramas de flujo y cuadros de decisión.

Con el fin de aclarar el entendimiento de la información obtenida de tales fuentes, algunos auditores siguen la práctica de rastrear uno o varios tipos de transacciones afectadas a través de la documentación relativa y de los registros que se tengan. Esta práctica es útil para el propósito indicado y se considera parte de las pruebas de cumplimiento, como se comenta más adelante en esta sección.

La información relativa al sistema es anotada por el auditor en forma de respuestas a un cuestionario, memorándum narrativo, diagramas de flujo, cuadros de decisión o cualquier otra forma que convenga a las necesidades o preferencias del auditor.

Al terminar la revisión del sistema, el auditor debe ser capaz de realizar una evaluación preliminar, en la cual presuma un satisfactorio cumplimiento del sistema prescrito, que normalmente es conveniente realizarla de inmediato.

## 2.3 Los riesgos de la evaluación

Los riesgos están constituidos por los errores de importancia que ocurren en el proceso contable, del cual se obtienen los saldos de las cuentas. Otro riesgo es que cualquier error de importancia que pueda existir no sea detectado por el contador público.

El auditor confía en el control interno para reducir el primer riesgo y en sus pruebas de detalle y en sus otros procedimientos, para disminuir el segundo. El peso relativo atribuible a las respectivas fuentes de confianza son materiales que deben decidirse de acuerdo con el criterio del contador público y las circunstancias.

La norma de auditoría, sobre el estudio y evaluación del control interno, establece que la extensión de las pruebas necesarias para reunir suficiente evidencia variará inversamente a la confianza del contador público en el control interno. El conjunto de estas dos normas implica que la confianza que el auditor deposite en el control interno y en sus procedimientos de auditoría deberá proporcionar una base suficiente para formar su opinión, aunque la proporción de confianza obtenida de las dos fuentes respectivas varíe según el caso.

El auditor externo deberá considerar los procedimientos llevados a cabo por los auditores internos al determinar la naturaleza, el momento y la extensión de sus propias pruebas. El trabajo de los auditores internos deberá ser considerado como un complemento, pero nunca como un sustituto de las pruebas de los auditores independientes o revisores fiscales.

**Figura 42. Metodología de estudio y evaluación del control interno por objetivos**

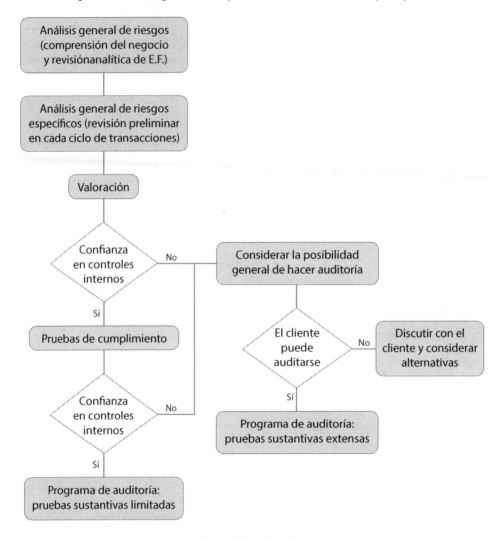

Fuente: elaboración propia.

## 2.4 Métodos para evaluar el sistema de control interno

Existen tres métodos de evaluación del sistema de control interno, por medio de:

- Cuestionarios.
- Narraciones o descripciones.
- Gráficos o diagrama de flujo.

## 2.4.1 Método de cuestionarios

Este método consiste en diseñar cuestionarios con base en preguntas que deben ser contestadas por los funcionarios y el personal responsable de las distintas áreas de la empresa bajo examen. Las preguntas son formuladas de tal forma que la respuesta afirmativa indique un punto óptimo en el sistema de control interno y una respuesta negativa indique una debilidad o un aspecto no muy confiable. Algunas preguntas probablemente no resultan aplicables, en ese caso se utilizan las letras NA (no aplicable). En otros casos, la pregunta amerita un análisis más detallado, en este caso, se cumple la información.

Normalmente, el auditor obtiene las respuestas de los funcionarios mediante una entrevista, a fin de obtener la mayor evidencia. En este sentido es conveniente tener presente que el examen de control interno no concluye con la contestación de las preguntas del cuestionario. El auditor debe obtener evidencia y otras pruebas por medio de procedimientos alternativos que le permitan determinar si realmente se llevan a la práctica los procedimientos que la empresa tiene previstos. Con este objetivo, es conveniente que el auditor solicite algunos documentos que comprueben las afirmaciones, por ejemplo, en el caso de conciliaciones bancarias, podría solicitarse la del último mes para comprobar su existencia.

La aplicación del cuestionario sirve de guía para el relevamiento y la determinación de las áreas críticas de una manera uniforme, lo cual facilita la preparación de las cartas de control interno. No obstante, existen algunas limitaciones que el encargado de la auditoría debe subsanar, tales como:

- Adaptación a los procedimientos y naturaleza de las operaciones de la empresa bajo examen, que no siempre se prevén en un cuestionario estándar.
- Limitación para incluir otras preguntas de acuerdo con la experiencia del auditor que efectúa el relevamiento por este método.
- Las preguntas no siempre abordan todas las deficiencias del sistema de control interno requeridas para la auditoría.

## 2.5 Método narrativo o descriptivo

El método narrativo consiste en la descripción detallada de los procedimientos más importantes y de las características del sistema de control interno para las distintas áreas clasificadas por actividades, departamentos, funcionarios y empleados, donde se mencionan los registros y formularios que intervienen en el sistema.

Este método, que puede aplicarse en auditoría de pequeñas empresas, requiere que el auditor tenga la suficiente experiencia para obtener la información necesaria y determinar el alcance del examen. El relevamiento se realiza mediante entrevistas y observaciones de cada uno de los principales documentos y registros que intervienen en el proceso.

## 2.5.1 Método gráfico o de diagramas de flujo

El método gráfico consiste en describir objetivamente la estructura orgánica de las áreas con la auditoría, así como los procedimientos a través de sus distintos departamentos y actividades. En la descripción de los procedimientos, el auditor utiliza símbolos convencionales y explicaciones que dan una idea completa de los procedimientos de la empresa.

Este método es un complemento muy útil, porque la representación básica de los circuitos y ciclos administrativos de la empresa pueden utilizarse por varios años, en el caso de exámenes recurrentes, y localizar muy rápidamente rutinas susceptibles de mejoramiento, para lograr una mayor eficiencia administrativa.

Sus principales ventajas son (a) identificar la existencia o ausencia de controles financieros y operativos, (b) permitir al auditor apreciar en forma panorámica los distintos procedimientos combinados en el relevamiento, (c) identificar las desviaciones de procedimientos o rutinas de trabajo, y (d) facilitar la presentación de recomendaciones y sugerencias a la gerencia de la empresa sobre asuntos financieros y operativos.

En la siguiente sección se desarrollará ampliamente el método simplificado de evaluación del sistema de control interno mediante flujograma con metodología propia, para adaptarse a diversas circunstancias, tanto para grandes empresas como para pequeñas, inclusive aplicable a trabajos especiales de evaluación del sistema de control interno o de diseño de sistemas.

## 2.5.2 Combinación de métodos

Cabe señalar que resulta muy beneficioso aplicar distintos métodos, como cuestionarios y flujogramas. A continuación, se presentan algunas ventajas:

- El diagrama facilita la respuesta de algunas de las preguntas del cuestionario. Tómese por ejemplo la pregunta: "¿Existe un sistema adecuado para el registro y control de los cheques devueltos por falta de fondos?". La respuesta surge con menor esfuerzo, al observar el gráfico del circuito administrativo, que contiene los detalles significativos del procedimiento.
- Los auditores externos preparan los cuestionarios con el objeto de aplicarlos aplicables a la generalidad de la compañía que, en algunas oportunidades, no es aplicable a todas sus partes. De existir un flujograma del circuito administrativo pertinente, el auditor podría identificar algunas debilidades del sistema susceptibles de mejoramiento. En las situaciones susceptibles de originar recomendaciones a la empresa se encuentran: inadecuada

programación del trabajo, que es causa de atrasos y demoras; ausencia de información en determinadas áreas; existencia de documentos, copias o registros innecesarios; sistemas inadecuados de costeo; inadecuado diseño de formularios; uso inadecuado de información presupuestaria; informes inadecuados para niveles superiores; ausencia de instrucciones claras y precisas para el personal; inadecuada utilización de equipos mecánicos y electrónicos de procesamiento de datos; bajo aprovechamiento de la capacidad del personal; políticas deficientes en materia de aprovechamiento y almacenamiento; espacios no utilizados convenientemente; y lentitud en la toma de inventarios.

- Cuando por la naturaleza de las operaciones en la empresa, existiera algún sistema administrativo no muy usual y no se dispusiera de preguntas estructuradas en el cuestionario estándar, el auditor externo soluciona el problema diagramando el circuito con la finalidad de evaluar los controles en él establecidos.

# Cuestionario

- ¿Qué le ayuda al auditor la revisión del control interno?
- ¿Qué quiere decir seguridad *razonable* con relación a la revisión de control interno?
- ¿Qué criterios se deben aplicar a cada tipo importante de transacciones y a los respectivos activos involucrados en la auditoría?
- De los criterios anteriores, ¿cuáles se aplican principalmente por medio del sistema de evaluación de control interno de cuestionarios?
- ¿Qué criterio se aplica durante la revisión del sistema y las pruebas de cumplimiento?
- ¿Qué criterio se aplica para ejercer el juicio profesional en la evaluación de la información obtenida?
- ¿Las evaluaciones generales o globales ayudan a los auditores a decidir el alcance de los procedimientos de auditoría?
- ¿Qué conclusión debe dar el auditor sobre la evaluación de los controles internos contables para cada tipo importante de transacciones?
- ¿Una diferencia importante qué significa con relación a los procedimientos establecidos y a su grado de cumplimiento?

## Discusión

1. ¿Cuántos métodos de evaluación de control interno conoce?
2. Explique el método de cuestionarios.
3. Explique el método narrativo o descriptivo.
4. Explique el método gráfico o de diagramas de flujo.
5. ¿Qué ventajas existen al combinar los diferentes métodos?

# CAPÍTULO 3

# OBTENCIÓN DE INFORMACIÓN PARA LA EVALUACIÓN DE CONTROL INTERNO

Obtener la información básica de las principales actividades de la empresa es muy importante, debido a que constituye la base para plantear efectiva y eficientemente la evaluación del sistema de control interno.

El auditor debe determinar los sistemas y subsistemas, con la finalidad de diseñar los flujogramas, que finalmente le permitirán determinar las áreas débiles del sistema de control interno, no solo para presentar las recomendaciones a la gerencia, sino para seleccionar los procedimientos de auditoría necesarios para completar su examen sobre los estados financieros.

## 3.1 Técnicas de obtención de información

El análisis de técnicas de obtención de información se debe efectuar bajo:

- Análisis por puesto de trabajo.
- Análisis por procedimiento o sistemas de información.

Por puesto de trabajo, la información se obtiene indagando qué tareas realiza una determinada persona en una oficina o departamento. Esta técnica es utilizada generalmente a nivel de análisis de sistema o de auditoría operacional, para determinar cargas de trabajo y, consecuentemente, asignación de personal.

Por sistemas de información, se indagan las operaciones que componen un procedimiento, lo cual se hace efectivo mediante el seguimiento de los documentos o formularios, y registros que intervienen. Este enfoque permite el diseño de flujogramas que facilitan la comprensión de los circuitos administrativos. Las técnicas de obtención de información más frecuentemente utilizadas son las siguientes:

- Entrevista.
- Observación personal y directa.
- Revisión, lectura y estudio de documentación o antecedentes.
- Cuestionarios.

Estas técnicas se utilizan en forma independiente o combinada, según el criterio del auditor y la naturaleza de las operaciones de la empresa auditada.

### 3.1.1 La entrevista

La entrevista es fundamental en la obtención de información por parte del auditor. El entrevistar significa conocerse uno mismo y ser capaz de tratar con la gente, ser capaz de hacer preguntas y obtener respuestas significativas. Aquí trataremos acerca de la entrevista como un medio para obtener la información de los sistemas. Sin embargo, las técnicas de entrevista son aplicables en cualquier situación.

Para realizar la entrevista, se consideran elementos estratégicos y elementos tácticos. Los elementos estratégicos se refieren a los factores a considerar antes de la realización de la entrevista, con el propósito de lograr el mejor aprovechamiento. Esto significa elaborar un plan que sirva de ayuda para la conducción de la entrevista. Los elementos tácticos son los que actuarán durante el desarrollo de la entrevista y se refieren particularmente a la forma de exposición, frente al entrevistado. La entrevista debe desarrollarse teniendo en cuenta las fases siguientes: planeamiento, preparación y ejecución.

#### 3.1.1.1 Planeamiento

El planeamiento de la entrevista busca lograr el mejor ordenamiento y sobre todo la mejor utilización del tiempo. Como criterios generales del planeamiento, se encuentra los siguientes:

- El auditor averigua si la dirección de la empresa ha dirigido una comunicación a su personal dándole a conocer la realización del examen.
- El auditor sabe con anticipación los nombres de los titulares del departamento y de las personas a las que ha de entrevistar. Debe también tener una idea aproximada de la parte que, dentro del trabajo de la empresa o del departamento, representa esa función.

- Los temas por tratar deben ser previamente listados con indicación de las preguntas concretas que se formularán al entrevistado.

- Debe procurarse minimizar la cantidad de entrevistas a una misma persona en un mismo día. No debe olvidarse que el personal a entrevistar debe cumplir al mismo tiempo su actividad específica.

- El nivel del entrevistado: no son iguales las consultas a efectuar a un gerente que a un auxiliar de contabilidad. No se preguntará al gerente cuántas copias se emiten las órdenes de compra, pero sí si existen órdenes no autorizadas por él u otro funcionario responsable.

- Establecer previamente el tipo de preguntas a formular, considerando que estas pueden ser:

  ¤ Por su naturaleza: informativas o generales, parten de lo general para acercarse a la médula del problema; de investigación o directas, dirigidas directamente a la búsqueda de evidencias.

  ¤ Por su forma de expresión: preguntas que despiertan desconfianza, el interrogado se mostrará cauteloso en la respuesta, al interpretar una trampa en la pregunta; preguntas de reenvío o que implican sugerencias, se insinúa al interrogado los términos de la respuesta, o sea, que esta está influida por aquélla; y preguntas que implican confianza, no dan lugar a suspicacias y el interrogado responde convenientemente y verazmente.

- La responsabilidad para planear la entrevista descansa en el senior. Sin embargo, este puede delegar parte de su responsabilidad en sus subordinados, siempre que él retenga el control. Uno de sus objetivos será el adecuado entrenamiento de sus subordinados para conducir las entrevistas.

- Existen factores a considerar en la selección del entrevistador, tales como:

  ¤ El nivel del trabajo de la persona entrevistada. Los altos ejecutivos deben ser entrevistados por auditores más experimentados.

  ¤ Funcionarios evasivos o empresas con problemas actuales o potenciales en un área particular requieren de un entrevistador experimentado.

  ¤ La complejidad del sistema requiere de un entrevistador experimentado tanto en el arte de entrevistar como en el área técnica específica.

### 3.1.1.2 Preparación

En la preparación de la entrevista, el auditor va a la entrevista después de un planteamiento y objetivos definidos. Sin embargo, deberá recurrir a su aptitud táctica en repetidas ocasiones, dado que no podrá imaginar *a priori* las reacciones y actitudes exactas del entrevistado frente a cada pregunta o durante el diálogo. Diversos obstáculos se presentarán y deberán sortearse con tacto y con soluciones adecuadas en cada oportunidad. Algunos de estos aspectos:

- Terminología: el auditor se cuidará de usar palabras técnicas. Debe comprender que el entrevistado no es un especialista en auditoría y que la no comprensión de algunos conceptos (tales como alcance del control, sistemas de información gerencial, acceso directo, etc.) dificultará la revelación de toda la información.

- El auditor deberá saber distinguir entre lo que el entrevistado dice qué hace y lo que realmente hace.

- Personalidad del entrevistado: el auditor deberá estar preparado para dialogar con empleados y funcionarios de muy distinta personalidad. Por lo tanto, su actitud debe adecuarse a cada circunstancia. Algunas de las personalidades que se pueden encontrar son:

  ¤ El paciente: persona lerda en sus razonamientos, demora respuestas o prolonga la conversación. Una entrevista a personas de este tipo exige una paciencia especial por parte de quien interroga.

  ¤ El confuso: quien no logra ordenar sus pensamientos o no sabe expresarlos con claridad. Por lo tanto, su exposición no es ordenada y obliga al auditor a entender cada concepto expresado fuera del orden lógico.

  ¤ El voluble: no mantiene su opinión y se rectifica con frecuencia. Este tipo de persona desconcierta al auditor, quien deberá extremar la aplicación de métodos de verificación de la información.

  ¤ El autómata: cumple su tarea en forma mecánica sin emplear el razonamiento, como consecuencia de haberla efectuado repetitivamente durante mucho tiempo.

  ¤ El emperador: trata de jerarquizar su posición dando a su puesto una importancia superior a la real. Crea funciones innecesarias y trata de supervisar mayor cantidad de empleados de lo razonable. El auditor deberá profundizar en la indagación que le permita determinar el grado real de necesidad de cada función que dice supervisar el emperador.

  ¤ El obstruccionista: no coopera durante la indagación y elude dar respuestas. Es uno de los tipos de personalidad más difíciles de tratar. El auditor deberá, en un primer momento, aplicar la técnica de convencimiento y, si ello no da resultado, decidirse y solicitar a la dirección el empleo de medidas coercitivas para lograr el objetivo de esta etapa.

  ¤ El simulador: no responde con veracidad a lo que se le pregunta, ya sea porque no sabe o porque entiende que de esa manera verá favorecida su situación.

  ¤ El suficiente: aquel que considera que nada de su trabajo puede mejorarse, porque él lo ha realizado durante años y ha adquirido una experiencia que, según él, el auditor no adquirirá en un corto lapso.

Por lo tanto, piensa que todo intento de mejorar procedimientos será pérdida de tiempo.

¤ El desconfiado: pronuncia la menor cantidad de palabras posibles y trata de eludir respuestas para no comprometerse. Teme que cualquier futura modificación en su posición lo perjudique.

¤ El tímido: es una forma de personalidad que se manifiesta en muchas ocasiones, incluso frente a un entrevistador. No es uno de los casos difíciles de solucionar, aunque sí requiere una especial dedicación por parte del auditor.

¤ El limitado: su estrechez mental le impide conocer otros aspectos además de los elementos de su trabajo. Por lo tanto, el auditor verá restringida su labor de recopilación de información y deberá recurrir a otras fuentes.

¤ El pedante: aquel que emplea una fraseología pomposa con intención de darse importancia.

En resumen, la preparación de la entrevista obliga al auditor a averiguar tanto como sea posible acerca del entrevistado. Las conversaciones con el personal contable de la empresa son una buena ayuda en la obtención de información.

### 3.1.1.3 Ejecución

Para la adecuada ejecución de la entrevista, se deben cumplir las siguientes recomendaciones:

- Presentarse a la hora fijada.

- Hacer las preguntas de manera clara y simple, libre de jerga técnica y de sesgos juiciosos.

- Asegurarse de que las preguntas sean contestadas, pero, a la vez, mantenerse razonablemente dentro del presupuesto de horas.

- Cuando se hace una pregunta, la persona entrevistada puede ser incapaz de contestar porque no sabe; conocer la respuesta, pero no desea darla; conocer la respuesta, pero ser incapaz de darla en una forma completa o efectiva.

- El entrevistador debe poder distinguir entre las razones precedentes y hacer preguntas adicionales, según sea el caso.

- Observar el comportamiento, no solo el proceso verbal; ver lo que hace el entrevistado aparte de lo que dice. Buscar indicaciones de deterioro en la relación durante la entrevista, tales como bostezos, y dirigir sus preguntas, con el fin de vencer el problema.

- Comenzar con preguntas que el entrevistador esté seguro de que el entrevistado puede contestar y que no crearán una actitud negativa.

- Hacer solo una pregunta a la vez.
- Mantenerse en el tema, sin desvíos y en forma franca.
- Dejar que el entrevistado relate su historia y ayudarlo a que la sustente, que no tema confesar falta de conocimiento.

Para el registro de las respuestas:

- Registrar el mínimo necesario.
- Basarse en los hechos y en la información numérica.
- Registrar tanto como sea posible después de la entrevista.
- Dar al entrevistado la oportunidad de ver y comentar acerca de la información obtenida de él antes de la finalización.

Como parte suplementaria, es conveniente adicionar las preguntas típicas (adaptadas de acuerdo con las circunstancias) que el auditor debe mantener en mente a efecto de conducir mejor su entrevista. El orden en que se han planteado obedece al flujo corriente dentro de una operación normal:

- ¿Qué documentación se recibe (o se origina)?
- ¿De quién la recibe?
- ¿Qué operaciones se realizan: numerar, anotar o consultar registros, poner sello, aprobar, revisar, emitir documentos?
- ¿Alguna operación implica toma de decisión?
- ¿A quién informa, en qué forma y con qué periodicidad?
- ¿Archivos?

Es importante para el entrevistador conocer que los temas que a él le interesa analizar sean planteados en el nivel que corresponda. Por ejemplo, aquellos aspectos que lleven a definiciones políticas y filosofía de conducción serán tratados en los niveles gerenciales superiores; se entrevistará a la gerencia para recabar información respecto a problemas concretos existentes en sus respectivas áreas, surgidos de procedimientos ineficientes o no definidos; y se recurrirá a los niveles operativos inferiores para obtener información detallada sobre la secuencia de pasos desarrollada para complementar un proceso o para conocer problemas de comunicaciones o métodos de registro.

Al finalizar la última de una serie de entrevistas, es conveniente efectuar una recapitulación de la información recogida y someterla a consideración del entrevistado. Este tendrá así la oportunidad de verificar la forma en que se interpretaron sus manifestaciones e incluso podrá corregir cualquier posible error.

## 3.1.2 Observación personal y directa

Técnica aplicada frecuentemente como complemento de otras, se utiliza también para verificar información recogida por otros medios. La observación personal del auditor abarca la disposición de los sectores de trabajo, ubicación de equipos y archivos, medios de comunicación, etc. Es una técnica apropiada para descubrir cuellos de botella, pues permite confirmar manifestaciones referidas al volumen de trabajo, la frecuencia de consultas y otras formas de medición. Debe aclararse que, sin embargo, así como la medición del trabajo es una técnica de antigua y exitosa aplicación en procesos industriales, no está aun suficientemente desarrollada para medir procesos administrativos. Principalmente, las tareas de tipo repetitivo y de magnitud, o sea, las tareas susceptibles de procesarse mecánicamente, son las más aptas para someterse a una medición.

De todas maneras, la observación personal es un elemento de juicio que ayudará al auditor a determinar si el volumen de la tarea justifica la especialización, la fusión de tareas, la división del trabajo o la mecanización. Además, permitirá establecer el tiempo medio para producir una unidad de tarea determinada.

## 3.1.3 Revisión, lectura y estudio de documentación y antecedentes

Los antecedentes documentados que existan en la organización serán útiles en la medida en que contengan información afín con el estudio encarado. Existe cierta documentación que constituye la materia viva de las dependencias: formulación de objetivos, memorias, actas de reuniones, fichas estadísticas, instrucciones impartidas por escrito (aunque no formen un cuerpo orgánico), proyectos, actas de compromiso.

## 3.1.4 Cuestionarios

El cuestionario es un documento redactado en forma de interrogatorio, integrado por preguntas estrictamente relacionadas con el tema que se investiga. Está normalmente dirigido a empleados y funcionarios que realizan una determinada tarea y su finalidad es suplir la entrevista cuando los interrogados se encuentran diseminados o a gran distancia entre sí.

En lo referente a destacar hechos, el cuestionario no requiere generalmente opiniones, como ocurre con encuestas de carácter sociológico o comercial; se refiere concretamente a hechos, que deberán luego verificarse.

La presentación del cuestionario requiere un especial cuidado, principalmente, en cuanto a la redacción de las preguntas, a fin de que estas transmitan fielmente la intención del encuestador. Para la entrevista personal, cualquier duda suscitada en el interrogatorio se solucionará a través de preguntas aclaratorias de rápida respuesta. El cuestionario no puede contemplar esta solución. A pesar de la dedicación volcada en la preparación del cuestionario, será difícil lograr que los interrogados interpreten de igual manera las preguntas. Es aconsejable redactarlas en forma tal que las únicas respuestas posibles sean sí o no, o bien, datos de carácter cuantitativo. Además, el interrogatorio deberá estar acompañado de instrucciones claras, precisas y concretas para de su cumplimiento. Esto significa que la definición del objetivo del cuestionario y su finalidad deben estar explicadas en su contenido.

La técnica del cuestionario solo se justifica cuando hay gran urgencia, cuando los datos requeridos son cuantitativos, cuando los empleados están diseminados o a gran distancia, o cuando, en general, se necesite obtener poca información de gran cantidad de personas.

## 3.2 Normas para conocer información básica

El auditor obtiene una comprensión general de las actividades del cliente, de sus objetivos y de su organización mediante investigaciones internas y externas, por ejemplo, papeles de trabajo de años anteriores, archivos de correspondencia, informes sobre trabajos especiales, publicaciones externas y reuniones con personal de la firma y de la empresa.

El auditor gana una comprensión más detallada de las funciones contables y operaciones mediante entrevistas con el cliente, recorridos por la planta y revisiones de los manuales de procedimiento, organigramas, etc.

El auditor utiliza los materiales disponibles en las oficinas de la empresa, teniendo en cuenta que la corrección de la información será establecida posteriormente.

Para tomar una decisión adecuada sobre la naturaleza y alcance de sus pruebas, el auditor debe comprender que los sistemas y los controles, que originan los saldos de las cuentas por pagar, no existen aisladamente. Estas funciones son parte de un flujo continuo de información. Por conveniencia, algunas de estas se agrupan en sistemas. El auditor puede, de esta manera, seguir en forma racional las transacciones, tal como estas pasan a través de los subsistemas. Lo importante es que para decidir cómo examinar una cuenta en particular, el auditor debe comprender el sistema que produjo el saldo de la cuenta.

Después de obtener una comprensión inicial, esta debe actualizarse anualmente. Esta actualización se cumple sobre una base de excepción, por ejemplo, a través de los cambios que hayan tenido lugar desde el último examen.

La compensación del negocio, posición de la industria, organización, etc., debe ser documentada. Una breve narración cubriendo estos puntos se incluirá en los papeles de trabajo.

Una transacción es una acción reflejada finalmente en las cuentas, por ejemplo, una venta de un producto terminado, una compra de materiales o la fabricación de un producto. Un tipo de transacciones difiere significativamente de otros en términos de origen, procesamiento, control o registro. Además, un tipo debe ser importante desde un punto de vista de los estados financieros.

Inversamente, las transacciones se consideran de un solo tipo si, además de su similitud inherente, su procesamiento sigue generalmente los mismos procedimientos de organización, aprobación y registro, y si estos están sujetos a los mismos controles.

Al identificar los tipos de transacciones, el auditor debe tener en cuenta que su objetivo es comprender el sistema de la empresa, de tal manera que desarrolle procedimientos adecuados de auditoría. Algunos ejemplos de transacciones que, si son financieramente importantes, se considerarían frecuentemente tipos separados son:

- Ventas de exportación, ventas nacionales, ventas al contado, ventas de consignación.
- Suministros para publicidad, suministros para oficina, suministros para mantenimiento.
- Embarques completos, embarques parciales, partidas de stock, partidas en consignación.
- Planillas de sueldos, planillas de jornales.
- Órdenes de trabajo para reparaciones de activo fijo, órdenes de trabajo para adiciones al activo fijo.
- Desembolsos para alquiler, luz, publicidad (a través de una agencia), publicidad (a través de publicaciones), etc.

Las diferencias en personal o en situación geográfica no representan en sí mismas un tipo. Por ejemplo, una compañía opera una serie de plantas similares, tales como, fábricas de harina de pescado. Si estas fábricas siguen procedimientos o preparan informes contables uniformes, el auditor identificaría un tipo de transacción de compra, un tipo de transacción de venta y un tipo de transacción de producción. Sin embargo, si los gerentes de las distintas fábricas están en posición de desarrollar sus propios sistemas y procedimientos, el auditor distinguiría varios tipos de transacciones.

Si el auditor ha determinado que, a mediados del año bajo revisión, ha ocurrido un cambio en los sistemas, necesitará identificar dos tipos de transacciones antes y después; para esta determinación, el auditor considera si el cambio afecta un control interno contable o administrativo, o si las transacciones son financieramente importantes.

# Cuestionario

- ¿Cómo se obtienen las técnicas de información?

- ¿Qué se entiende por análisis por puesto de trabajo?

- ¿Qué entiende por procedimiento o sistemas de información?

- ¿Cuáles son las técnicas de obtención de información más frecuentemente utilizadas?

- ¿Qué es una entrevista, para obtener la información de control interno?

- ¿Qué elementos estratégicos y tácticos deben considerarse para la realización de una entrevista?

- ¿Qué criterios generales del planeamiento de la entrevista ayudan a lograr el mejor ordenamiento y la mejor utilización del tiempo necesario para realizarla?

- ¿Qué aspectos se deben tener en cuenta para un adecuado planeamiento y objetivos definidos para la preparación de una entrevista?

- Según los tipos de personalidades, defina las siguientes: el confuso, el emperador, el simulador, el desconfiado, el pedante y el voluble.

- ¿Qué recomendaciones se deben cumplir para la adecuada ejecución de una entrevista?

- ¿Qué se debe efectuar al finalizar una serie de entrevistas?

- ¿Cómo se aplica la técnica de observación personal y directa?

- ¿Qué documentación se debe preparar para efectuar una entrevista?

- ¿Qué relación tiene el método de sistemas de cuestionarios con la entrevista?

- ¿Qué normas se deben seguir para conocer la información básica de las actividades de la empresa, de su organización y de sus objetivos?

# CAPÍTULO 4

## DIAGRAMACIÓN DE CONTROL INTERNO

El uso de diagramas de secuencias puede ubicarse en el área de la teoría de los gráficos, instrumento utilizado en el análisis de los sistemas de la empresa. Su origen se remonta a los primeros diagramas de ingeniería industrial usados para representar actividades de producción. Entre estos se mencionan los diagramas del proceso de operación, que grafican los puntos en los cuales se introduce material en proceso, y las secuencias de inspecciones y operaciones realizadas, salvo los que indican movimiento de materiales; el diagrama del proceso de recorrido, extensión del anterior, que muestra el procedimiento según las transformaciones que experimenta el material.

Los diagramas se han constituido, en los últimos años, en el lenguaje convencional que más ha facilitado el análisis de los sistemas utilizados por las empresas en su administración. El uso de esta herramienta permite representar, con un alto grado de detalle, el recorrido de cualquier circuito relacionado con la toma de decisiones en cualquier nivel y pone en evidencia las debilidades o puntos fuertes.

Los diagramas facilitan una impresión visual del movimiento o flujo de la información desde su origen, de manera clara, lógica y concisa, habitualmente son utilizados por los analistas de sistemas como lenguaje universal y, cada vez más, por los auditores para la evaluación de los sistemas de control interno.

En síntesis, los diagramas, que denominamos flujogramas, son la representación gráfica de los procedimientos o rutinas. De modo que son la secuencia sistemática de acciones que hay que cumplir para alcanzar las distintas finalidades de la administración y constituyen una herramienta fundamental para la simplificación y normalización de las tareas administrativas.

## 4.1 Conceptos y definición de flujogramas

Un flujograma es una representación gráfica de un proceso administrativo caracterizado por su naturaleza secuencial.

De esta definición, se extraen elementos básicos que ayudan a fijar el concepto de *gráfico de secuencia o cursograma*, en cuanto:

- Se trata de un diagrama o representación gráfica.
- En el gráfico, por un proceso mental de abstracción, se representa, siguiendo ciertas convenciones, el fluir de determinada información verbal o escrita.
- Esta información, canalizada a través de diferentes medios de comunicación, está referida a un proceso administrativo u operación específica.
- Las operaciones más comunes en una empresa, que generalmente dan lugar al diseño, son:
  - ¤ Compras-egresos, ciclo de gráficos dentro del sistema ciclo de adquisición y pago.
  - ¤ Ventas o servicios prestados, en el ciclo de ingresos.
  - ¤ Liquidación y pago de sueldos y jornales o nómina, en los ciclos de ingresos y de adquisición y pago.
  - ¤ Control de *stock*, producción, etc., en el ciclo de transformación o en el de tesorería.
  - ¤ Administración financiera, en los ciclos de tesorería y de transformación.

La técnica de diagramación constituye el método de trabajo empleado en el diseño de los sistemas de información, para que estos presenten en forma coherente y comprensible el proceso administrativo que se trata de describir.

Los flujogramas adoptan formas según el tipo de proceso que se busque diagramar. Entre las formas más difundidas se encuentran flujogramas que representan:

- Únicamente los procesos con la descripción sucinta de las operaciones al margen del gráfico.
- Procesos, formularios y registros utilizados, sin incluir una descripción de las operaciones.
- Procesos, formularios y registros utilizados en el proceso, incluyendo la descripción de las operaciones.
- Los procesos, formularios y registros utilizados, que se identifican con un código numérico (o alfabético) y se relacionan con planillas de detalle con

la identificación de los formularios y registros, y se agregan aclaraciones sobre las operaciones.

Los requisitos básicos de un gráfico de secuencia para considerarse correcto, en su diagramación, son:

- División de la empresa en sectores o sistemas que intervienen en el proceso. Su representación puede hacerse:
  - ¤ Mediante un encolumnado vertical, para los sectores de la empresa o del exterior que intervengan en la operación, que ordene el flujo de la información en forma horizontal y de izquierda a derecha.
  - ¤ Por medio de la preparación de flujogramas distintos para cada sistema, con la secuencia ordenada de arriba hacia abajo (vertical).
- Identificación del significado de cada uno de los símbolos empleados. Esta identificación se hace ya sea al pie del diagrama o por medio de una planilla anexa.
- Indicación del Flow o sentido de la información. Generalmente se logra a través del sentido de las flechas de traslado.
- Representación del desarrollo cronológico de la operación según el sentido descendente de la diagramación o bien de izquierda a derecha.
- Eliminación, en lo posible, del cruce de líneas de comunicación. En caso de que sea inevitable, graficar de modo que no exista confusión con una situación de convergencia de información.
- Identificación precisa de las deficiencias detectadas. Estas se marcan sobre el cursograma original obtenido y se referencian con los papeles de trabajo relativos a comentarios sobre deficiencias o con el informe.
- Concisión y claridad en las notas explicativas.
- Representación de los registros y formularios que entran en el proceso con las copias emitidas. Esto se hace al producirse la emisión del formulario o aparición del registro en el circuito y en todos los casos en que la claridad del diagrama así lo aconseje.

Los requisitos anteriormente expuestos no constituyen normas rígidas y aceptables en todas sus partes. Generalmente, el espíritu de la observación y la iniciativa de las personas que preparan los flujogramas son factores indispensables para lograr el mejor resultado.

Se recomienda, al elaborar un flujograma: a) Que la mejor forma de estructurar los flujogramas es por áreas definidas (sistemas, ciclos), b) cuando el flujograma de un área ha sido terminado, quien lo ha preparado debe cerciorarse de que las copias de los documentos procesados sean archivadas, sea en forma provisional o definitiva.

## 4.2 Ventajas del uso de flujogramas

Su uso apropiado permite:

- Mostrar objetivamente el funcionamiento de los componentes del sistema, lo cual facilita el análisis de su eficiencia.

- Reemplazar con ventajas los métodos de descripción narrativos y de cuestionarios. La visualización de un proceso facilita el análisis de los procedimientos y políticas vigentes. El mecanismo de lectura de los otros métodos es menos claro y más lento, lo cual dificulta la identificación de deficiencias, al tener que vincular párrafos aislados en narraciones generalmente extensas.

- Simplificar los convencionalismos de expresión (símbolos), que se convirtieron en un lenguaje sencillo y adecuado como sistemas informativos.

- Facilitar cualquier proceso, desde el más simple hasta el más complejo, para ser revelado y representado mediante símbolos.

- Advertir más fácilmente las debilidades y defectos de un circuito.

- Facilitar la actualización de los circuitos modificados, al mostrar con mayor claridad los cambios introducidos.

Los flujogramas han sido utilizados durante mucho tiempo por diseñadores, inventores e ingenieros para poner ideas en forma escrita. Los detalles del sistema a menudo son numerosos y complicados para ser presentados en forma narrativa, por eso se requiere del flujograma, para poner en forma tangible las rutinas del procedimiento y ayudar a su comprensión, es decir, proporciona un medio superior para la comunicación de ideas, en un aspecto particular.

Para obtener el máximo beneficio del flujograma, desde el punto de vista del auditor, la técnica utilizada en su preparación debe propender por que sea:

- Simple, conciso y fácil de comprender.

- Suficientemente flexible para diagramar tanto situaciones complejas como simples.

El flujograma enfocado uniformemente para el personal, el de auditoría y, en especial, aquellos que no han participado en una revisión en particular, permite asimilar rápidamente los hechos esenciales y ayudan en la evaluación de los procedimientos y controles de los clientes.

Los flujogramas son una técnica de documentación útil, necesarios para registrar la presentación de información y comprensión del auditor del sistema, analizar las prácticas de control interno, identificar controles alternativos y proporcionar recomendaciones a la gerencia. Sirven como medio de comunicación con los distintos niveles de supervisión durante la auditoría corriente y entre los auditores en las auditorías permanentes, y además suministran una base para la revisión de los cambios en el sistema de año a año.

El método simplificado de evaluación del sistema de control interno, que es un método de diagramación de flujogramas, representa una adaptación de las técnicas estándar para las necesidades del auditor, identifica controles, archivos e informes. Tal método proporciona descripciones completas de las operaciones y procedimientos en el orden en que estos se desarrollan y, al mantener líneas de flujo continuas, guía al auditor a través de los pasos del procesamiento hasta la disposición de las copias de formularios utilizados en la operación del sistema.

## 4.3 Simbología utilizada en los flujogramas

Los símbolos utilizados en los flujogramas tienen por objeto evidenciar el origen, proceso y destino de la información escrita y verbal competente de un sistema. Existe una tendencia, cada vez más generalizada, a estandarizar los símbolos convencionales que representan elementos o situaciones corrientes, por ejemplo, un archivo de documentación; aunque todavía tal estandarización no es general, pese a los múltiples intentos de homogeneizar la simbología.

Pueden utilizarse, cuando sea conveniente, otros símbolos no convencionales que no ofrezcan dificultades al lector, si se los define previamente de acuerdo con los procesos requeridos. No obstante, los símbolos más comunes se han desarrollado de una manera tal que han llegado a constituir un lenguaje corriente entre los usuarios. Fundamentalmente estos símbolos son los siguientes:

- Identificación o inicio del flujograma:

   ¤   Concepto: áreas de responsabilidad de un sistema y el inicio de un flujograma.

   Normas para su diagramación: en un círculo se indica el número que identifica cada subsistema; en la parte interior del símbolo se indica el nombre del sistema o subsistema.

   Solo se graficará este símbolo en la primera página donde se inicia el dibujo de un subsistema.

   El orden, así como la identificación de los subsistemas, normalmente se dará en el momento de graficar la visión panorámica.

- Línea de flujo o comunicación:

  - ¤ Concepto: conexión o movimiento del flujo a través de operaciones o de documentos. La flecha indica el sentido del proceso y concatenación de una acción con otra.

    Normalmente, en el flujo se dibuja de arriba hacia abajo y de izquierda a derecha.

  - ¤ Normas para su diagramación: la línea principal del flujo se grafica en sentido vertical. Las líneas horizontales representan el traslado de una información a otro nivel o la conexión a otro flujograma o el registro de documentos.

    Cuando una línea de flujos es encontrada por otra, debe utilizarse un puente.

    Cuando sea necesaria la presentación de una circularización en sentido contrario al normal, se debe indicar esta excepción mediante las puntas de flecha (caso de ingreso de documentos al flujo).

- Puente entre líneas de flujo:

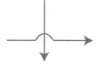

  - ¤ Concepto: cruce de dos líneas de comunicación o de flujo. La media luna señala un puente que no interrumpe la línea principal de flujo.

  - ¤ Normas para su diagramación: la línea que corta y que se grafica super-puesta a otra representa que se ha trazado en una segunda instancia debido a que existió una operación previa.

    Normalmente se utiliza este símbolo para la distribución y archivo de documentos, o para graficar la visión panorámica.

- Operación:

  - ¤ Concepto: cualquier acción prevista en el procedimiento, representa el paso en la ejecución de un procedimiento. Se caracteriza porque se desarrolla en un mismo momento y generalmente se refiere a los procesos de un documento o registro; la secuencia numérica indica el orden lógico de las operaciones.

¤ Normas para su diagramación: cada operación incluye en su interior un número correlativo insertado en un círculo a través de todo el sistema. Al lado derecho de cada operación se explica brevemente su contenido.

- Documentos:

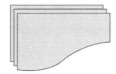

¤ Concepto: cualquier tipo de documento originado o recibido en cada sistema (cheque, factura, parte diario, listados, etc.). Dentro del símbolo se identifica el nombre del documento. Además, muestra el número de copias de cada documento.

¤ Normas para su diagramación: la numeración en la parte interior derecha indica el número de copias emitidas (original 1, copias 2,3,4). La identificación del documento debe ser la misma que utiliza la empresa.

Las copias se distribuyen según el procedimiento que utilice la empresa. Todo documento ingresado al flujograma permanece en él, hasta su distribución o archivo.

En el diseño del flujograma, al lado derecho y con lápiz rojo, se identifica el número correlativo del documento con el fin de referenciarlo con los formularios de la empresa incluidos en el flujograma.

- Wincha máquina de suma:

¤ Concepto: la tira o cinta de máquina de sumar para indicar que se ha comprobado la suma aritmética del listado, registro o documento. El flujograma indicar el destino de la cinta o wincha.

¤ Normas para su diagramación: se grafica al lado derecho, parte inferior del documento que ha sido sumado mediante una máquina. El destino de este papel debe ser similar al de un documento.

- Registro:

¤ Concepto: documento en el cual hay anotaciones de entrada y salida de operaciones, normalmente son los libros auxiliares o principales llevados a mano o mediante medio mecánico. Representa también la información producida en contraposición a las fuentes originales de documentos.

   ¤   Normas para su diagramación: dentro del símbolo se indica el nombre del registro que debe utilizarse normalmente en los procedimientos de la empresa.

En la hoja del flujograma (papeles de trabajo) se aplica este registro en una columna independiente separada de la diagramación de operaciones y archivos, con el propósito de identificar las fuentes importantes para la auditoría que se realiza.

En algunas oportunidades es conveniente diagramar el registro mediante unas líneas punteadas que indican una relación entre documento y registro.

- Conector interno:

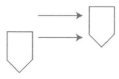

   ¤   Concepto: relaciona dos partes del flujograma entre subsistemas. Sirve para referenciar la información que ingresa o sale del flujograma.

   ¤   Normas para su diagramación: se dibuja este conector mediante una línea horizontal de ingreso o salida. La flecha indica cualquiera de estas dos posiciones. Cuando ingresa información se grafica al margen izquierdo del flujograma. Cuando se represente salida de información, se menciona el lugar donde continúa el gráfico en el mismo u otro flujograma. En caso contrario se indica junto al conector, no se ilustra.

- Decisión:

   ¤   Concepto: se utiliza este símbolo cuando la operación graficada en el flujograma está sujeta a ciertas alternativas que pueden presentarse antes de continuar el procedimiento. La decisión (definición del paso a seguir) dependerá del resultado de una prueba, una comparación o la existencia de alguna condición. Se trata de situaciones de sí o no. La respuesta a la alternativa es registrada en el símbolo y la bifurcación nace en dos ángulos de este.

¤ Normas para su diagramación: en el símbolo debe escribirse la numeración correlativa como si fuese una operación más, a lo largo del flujograma del sistema. La bifurcación o pasos adicionales se grafica al lado derecho donde normalmente se presentan las operaciones usuales de la empresa.

En los casos en que el punto particular de un proceso origine varias decisiones, deben graficarse los signos correspondientes en hilera y en cada uno anotarse la numeración respectiva.

Para lograr uniformidad es conveniente que en el lado derecho esté el no y al lado inferior el sí.

- Archivo:

¤ Concepto: las funciones de archivo de información bajo control directo de la misma unidad en la cual se representan los procedimientos de la empresa. Se emplea para representar el almacenamiento de información bajo diversas situaciones.

¤ Normas para su diagramación: en el símbolo se indica la naturaleza del archivo (alfabético, numérico o cronológico). Dentro del símbolo se escriben letras o números. Las letras indican la situación del archivo, T: temporal y X para la destrucción.

¤ Los tipos de archivo utilizados son:

- Archivo permanente: mantienen documentos en forma permanente, de uso eventual de consulta.

- Archivo temporal: almacena documentos en forma transitoria para su posterior consulta o procesamiento.

- Archivo para destruir: indica la destrucción de un documento cuando su uso no es necesario.

- Frecuencial de tiempo:

¤ Concepto: condición de tiempo para la ejecución de las operaciones. Usualmente reflejan días, meses o años.

¤ Normas para su diagramación: se grafica al lado izquierdo de la operación correspondiente. Dentro del símbolo se precisa el tiempo: cada 15 días, cada 30 días, etc.

- Líneas de referencia:

  ━ ━ ━ ━ ━ ━ ━ ━ ━ ━

  ¤ Concepto: relación o circulación de una información hacia otro nivel, por ejemplo: la comparación de un documento con un registro.

  ¤ Normas para su diagramación: se grafica en sentido derecho del flujograma. Se puede representar la combinación o relación de documentos. Normalmente se utiliza para relacionar documentos con el registro.

- Disco Duro, CD, USB

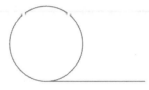

  ¤ Concepto: funciones de entrada y salida en el flujograma, a través de un sistema electrónico de procesamiento de datos.

  ¤ Normas para su diagramación: se grafica en conexión con el procesamiento de datos de un documento o la preparación de un listado a través de este medio. Se dibuja siguiendo la línea principal de flujo.

- Otros medios magnéticos:

  ¤ Concepto: información que ingresa o sale a través un sistema mecánico o eléctrico. Se utiliza para conectar o relacionar un proceso manual con un proceso mecanizado.

  ¤ Normas para su diagramación: se grafica siguiendo la línea de flujo en forma vertical y con la flecha de la línea principal. Dentro del símbolo se indicará el tipo de medio magnético que se utiliza.

- Conector externo:

  ¤ Concepto: la referencia o relación de una información o de un proceso entre subsistemas o sistemas para ilustrar ampliamente los procedimientos utilizados. En la parte superior del símbolo se determina el sistema, en el cuadro de la izquierda el número del subsistema y en el de la derecha el número de operación que le corresponde.

¤    Normas para su diagramación: usualmente se grafica hacia el lado derecho de la línea principal del flujograma, en la misma dirección en que se representan los conectores internos.

- Finalización del flujograma por subsistemas:

¤    Concepto: la conclusión del flujograma de cada subsistema. Es el último símbolo que se grafica.

¤    Normas para su diagramación: se grafica en la misma línea de flujo. Dentro del símbolo se indica el nombre del subsistema que concluye.

## 4.4 Normas prácticas para la preparación de flujogramas

Los flujogramas deben ser razonables, comprensibles y generalmente incluirán:

- El procesamiento y disposición de los formularios y documentos.
- El mantenimiento de archivos pendientes de tales documentos.
- La preparación de informes periódicos sobre asuntos financieros.
- La localización de controles importantes, particularmente controles internos contables.

Los flujogramas preparados por la empresa se utilizan en la medida en que los controles sean evaluados detalladamente. Los controles involucran diferentes técnicas. Con respecto al manejo de documentos, estas técnicas incluyen:

- Comparación de cantidades importantes y otra información.
- Cómputos.
- Selección.
- Inspección y aprobación.
- Envío.

Desde un punto de vista de oportunidad, los controles no se aplican como parte del procesamiento de un documento o como una rutina periódica separada, tal como una revisión de archivos pendientes.

Los controles resultan en una producción variada, es fácilmente revisable y observable, por ejemplo, la creación de documentos o formularios. En otros casos, la ejecución de rutinas de control se refleja mediante la anotación de iniciales, sellos o marcas. De cualquier manera, el auditor establece la corrección de su comprensión, a partir de la existencia del control tal como le ha sido presentado por el cliente.

El papel cuadriculado es el material más apropiado para trabajar, pues facilita el rayado vertical y horizontal. Con máquinas fotocopiadoras que reducen y amplían proporcionalmente los formatos originales, existe mucha elasticidad para trabajar en diseños con mayor o menor amplitud de detalles. A los efectos de permitir un mantenimiento actualizado con facilidad y poco costo, es conveniente que su trazado se realice con lápiz. El uso computarizado en Excel y Word remplaza el papel ahora.

El encabezamiento de cada uno de los papeles del flujograma es conveniente diseñarlo en una forma adecuada, de modo que contenga básicamente los siguientes datos:

- Nombre de la empresa.
- Denominación del subsistema.
- Período bajo examen.
- Fecha e iniciales de la persona que los diseñó.

Con fines prácticos, la información del flujograma se dispone en forma de columna y se agrega el flujo principal, las ramificaciones, los archivos y los informes. El número de columnas debe estar restringido al máximo con el objeto de evitar diagramas con un ancho que dificulte su manejo. Se requieren columnas para: flujo principal, ramificaciones, archivo, registro, conectores, notas.

Considerando que la separación de funciones es uno de los aspectos fundamentales en la evaluación del control interno, resulta ilustrativo indicar el cargo del responsable en cada una de las áreas que comprende el gráfico.

No es conveniente incluir dentro de ningún símbolo cualquier aclaración o explicación, por reducida que sea. En todos los casos, tales explicaciones se indicarán al lado de los símbolos y se referenciarán mediante números.

El tamaño de los símbolos debe ser uniforme y guardar proporción. Existen unas plantillas, generalmente plásticas y transparentes, que tienen recortados los símbolos de uso convencional, con las que se resuelven fácilmente estos aspectos.

La representación de documentos, cualquiera sea el número de copias, debe confluir dentro de un mismo flujograma. Cada copia debe ser seguida desde el comienzo hasta el fin, por ello es conveniente trazar una línea desde el símbolo de cada copia hasta su destino indicar sobre la línea la distribución final (archivo permanente, documento destruido, conexión con otro flujograma).

## Figura 43. Símbolos usados en el flujograma o diagrama de flujo

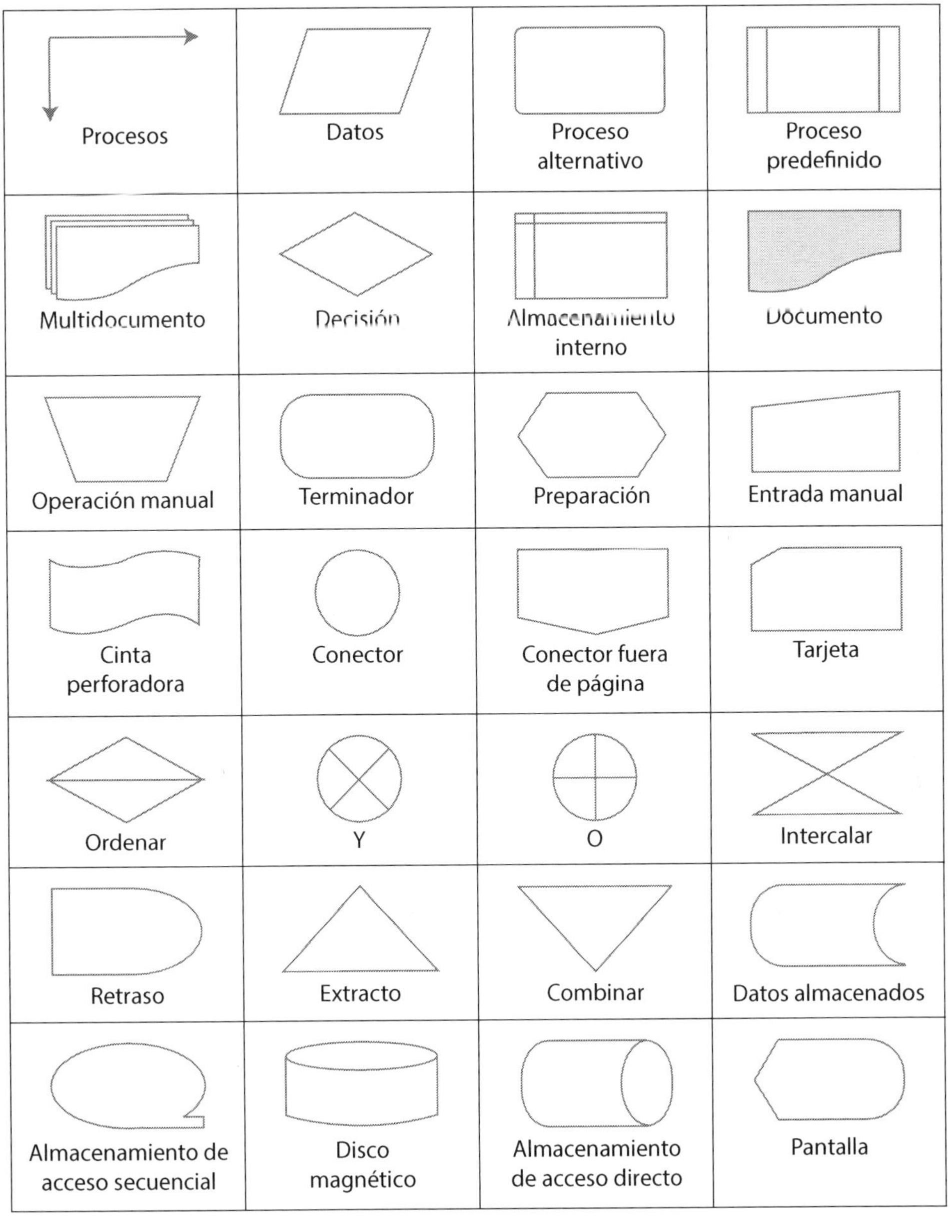

| | | | |
|---|---|---|---|
| Procesos | Datos | Proceso alternativo | Proceso predefinido |
| Multidocumento | Decisión | Almacenamiento interno | Documento |
| Operación manual | Terminador | Preparación | Entrada manual |
| Cinta perforadora | Conector | Conector fuera de página | Tarjeta |
| Ordenar | Y | O | Intercalar |
| Retraso | Extracto | Combinar | Datos almacenados |
| Almacenamiento de acceso secuencial | Disco magnético | Almacenamiento de acceso directo | Pantalla |

Fuente: símbolos tomados de Excel Windows 2000 de Microsoft,
aplicables al diseño de los flujos finacieros, administrativos y operativos.

# CAPÍTULO 5

# CUESTIONARIOS PARA REALIZAR PRUEBAS DE CUMPLIMIENTO

El objetivo de formular estos programas guías de procedimientos básicos de auditoría financiera, que deben usarse de acuerdo con las condiciones y circunstancias particulares de cada empresa, es indicar los pasos de las pruebas de cumplimiento, cuya extensión y alcance depende de la confianza en el sistema de control interno.

Estos cuestionarios permiten realizar el trabajo de acuerdo con las normas de auditoría generalmente aceptadas, tanto para evaluar el Control Interno como para:

- Establecer un plan con el mínimo de dificultades.
- Facilitar a los asistentes su labor y promover su eficiencia y desarrollo profesional.
- Determinar la extensión de los procedimientos aplicables en las circunstancias.
- Indicar, a los supervisores y encargados, las pruebas realizadas y las no aplicables o pendientes de efectuar.
- Servir de guía para la planeación de futuras auditorías.
- Ayudar a controlar el trabajo y el desarrollo, y a establecer responsabilidades.
- Facilitar la supervisión del trabajo efectuado por los asistentes.

Los programas han sido diseñados para cada área de los estados financieros y se han fijado los objetivos de las pruebas de cumplimiento de cada área en particular, para de esta manera comprender mejor los fines que se persiguen y el alcance de las pruebas de cumplimiento, para realizar las pruebas sustantivas.

Los cuestionarios diseñados para facilitar la revisión y la evaluación del control interno, que no son parte integral de los programas guías, pero están relacionados con los procedimientos de auditoría, no pretenden abarcar todas las situaciones posibles. Por lo tanto, cuando las características particulares de una empresa no se contemplen en tales cuestionarios, se deberán ampliar o modificar de acuerdo con las circunstancias, puesto que su objetivo no es el de sustituir, eliminar o desplazar el criterio del auditor público independiente, sino el de constituir una guía que ayude a concluir la investigación conforme las normas de auditoría generalmente aceptadas.

# 5.1 Información general

## 5.1.1 Introducción

Las preguntas que figuran en el cuestionario para la revisión y evaluación del control interno se enumeran en el mismo orden que los procedimientos de auditoría aplicables según las circunstancias.

## 5.1.2 Objetivos de las pruebas de cumplimiento

Determinar:

- La forma como están cumpliendo los directivos y funcionarios sus obligaciones administrativas y las responsabilidades asignadas.
- Las conexiones que existan entre los funcionarios y empleados con otras empresas con las cuales se negocia.
- Las políticas de contratación de funcionarios y empleados, y las incompatibilidades establecidas.
- Si los funcionarios y empleados que manejan fondos, valores y almacén están respaldados con pólizas de manejo y cumplimiento, y si el monto de tales seguros y garantías tienen cobertura adecuada.
- Si los activos de la empresa están adecuadamente protegidos con pólizas de seguros que cubran los riesgos sujetos a tales bienes.
- Si se obtiene el mayor beneficio por la empresa en cuanto a cobertura de los seguros y costo de las primas que se pagan.

## 5.1.3 Programa

Revisar y evaluar la solidez o debilidades del control interno y con base en esta evaluación:

a. Realizar las pruebas de cumplimiento y determinar la extensión y oportunidad de los procedimientos de auditoría aplicables de acuerdo con las circunstancias.

b. Preparar un memorándum con el resultado del trabajo, las conclusiones alcanzadas y los comentarios acerca de la solidez o las debilidades del control interno, que requieren de una acción inmediata o que son puntos apropiados para la carta de recomendaciones.

### Tabla 24. Cuestionario sobre Información general

**Empresa:**

**Período que cubre la auditoría:**

| Información general<br>Cuestionario para la revisión y evaluación del sistema de control interno | | | | |
|---|---|---|---|---|
| **Generalidades** | **NA** | **SÍ** | **NO** | **MC** |
| ¿La empresa tiene un organigrama o esquema de organización? | | | | |
| ¿Las funciones del personal directivo y funcionarios principales de administración están delimitadas por los estatutos? | | | | |
| ¿Los deberes del contador general están separados de los de las personas encargadas del manejo de fondos, inversiones, etc.? | | | | |
| ¿Los empleados de este departamento y los libros y registros contables en las oficinas o dependencias de la empresa están bajo la vigilancia y supervisión de los jefes de contabilidad? | | | | |
| ¿La empresa tiene un manual de procedimientos contables? | | | | |
| ¿Todos los comprobantes, informes y estados financieros son revisados y aprobados por departamentos e individuos distintos de aquellos que han intervenido en su preparación? | | | | |
| ¿Los asientos de diario están debidamente aprobados por un funcionario o empleado responsable? | | | | |
| La empresa utiliza para efectos de control:<br>• ¿Informes que comparen los presupuestos con los gastos realizados?<br>• ¿Costos estándar? | | | | |
| Los funcionarios y empleados, que tienen atribuciones para revisar aprobaciones previas, están provistos de:<br>• ¿Modelos de las firmas de las personas autorizadas para tal efecto?<br>• ¿Instrucciones sobre la clase, límite y monto de operaciones que pueden aprobarse? | | | | |
| ¿La empresa tiene un departamento de auditoría interna que opere en forma autónoma? | | | | |
| Si lo tiene, ¿a quién rinde los informes? | | | | |
| ¿Se han revisado los programas de auditoría interna para determinar si son aprobados para cumplir su cometido? | | | | |

| Información general<br>Cuestionario para la revisión y evaluación del sistema de control interno | | | | |
|---|---|---|---|---|
| **Generalidades** | **NA** | **SÍ** | **NO** | **MC** |
| Contiene el informe de auditoría interna:<br>• ¿Conclusiones sobre la revisión?<br>• ¿Salvedades a las cuentas, cuando es necesario?<br>• ¿Sugerencias sobre las mejoras en los métodos de control interno? | | | | |
| Con respecto a los informes de auditoría interna:<br>• ¿Son revisados por funcionarios superiores?<br>• ¿Se toman las medidas necesarias para corregir las diferencias? | | | | |
| ¿Toman como regularidad sus vacaciones los cajeros, almacenistas y demás empleados en puestos de confianza y sus deberes son asumidos por otros empleados? | | | | |
| Con referencia a las conexiones de los funcionarios y los empleados, ¿carecen estos de conexiones con otras organizaciones mercantiles con las cuales la empresa negocia?<br>En caso contrario, mencione cuáles empleados y con qué empresas tienen conexiones. | | | | |
| ¿Existe un procedimiento que prohíba emplear dos o más funcionarios, que desempeñen labores principalmente de contabilidad y caja, que tengan algún grado de parentesco o consanguinidad? | | | | |
| ¿Los funcionarios que manejan fondos o valores están respaldados con pólizas de seguro de manejo y cumplimiento, u otra clase de garantía? | | | | |
| ¿Parece adecuado el monto de tales seguros o garantías? | | | | |
| ¿Existe un empleado competente encargado de lo relacionado con seguros? | | | | |
| Sección discutida con (nombre y puesto) | | | | |
| Sección preparada por: | Fecha: | | | |

Fuente: elaboración propia.

## 5.2 Caja y bancos

### 5.2.1 Introducción

Estos cuestionarios son una guía de las pruebas de cumplimiento, cuya extensión o alcance depende de la confianza en el sistema de control interno de la empresa. Las preguntas que figuran en el cuestionario para la Revisión y Evaluación del Control Interno se detallan en el mismo orden y bajo los mismos encabezamientos que los procedimientos de auditoría aplicables según las circunstancias.

## 5.2.2 Objetivo de las pruebas de cumplimiento

Determinar si:

- El efectivo en caja se maneja sobre la base de fondo fijo por un individuo responsable del mismo y está separado de otros fondos.
- La responsabilidad de los fondos fijos de caja está separada de las funciones de ingreso y egresos, y de las cuentas por cobrar.
- Los fondos fijos que se manejan en cuentas bancarias se controlan en igual forma que las demás cuentas bancarias.
- Existen límites para los desembolsos, cheques girados contra los fondos de caja y para cualquier otro desembolso extraordinario, tales como anticipo de sueldos y salarios, gastos de viaje, etc.
- Los desembolsos están amparados por comprobantes aprobados previamente, numerados y con la debida identificación fiscal del beneficiario. La evidencia se verificará y se cancela cuando se giran los cheques.
- La auditoría interna u otra persona independiente practica arqueos sorpresivos y frecuentes a los fondos de caja.

## 5.2.3 Programa

Revisar y evaluar la solidez y las debilidades del control interno y con base en esta evaluación:

a. Realizar las pruebas de cumplimiento y determinar la extensión y oportunidad de los procedimientos de auditoría aplicables de acuerdo con las circunstancias.

b. Preparar un memorándum con el resultado del trabajo, las conclusiones alcanzadas y los comentarios acerca de la solidez o las debilidades del control interno, que requieren de una acción inmediata o que son puntos apropiados para la carta de recomendaciones.

**Tabla 25. Cuestionario sobre Caja y bancos**

**Empresa:**

**Período que cubre la auditoría:**

| Caja y bancos<br>Cuestionario para la revisión y evaluación del sistema de control interno | | | | |
|---|---|---|---|---|
| **Generalidades** | **NA** | **SÍ** | **NO** | **MC** |
| ¿Las funciones de los encargados de valores y fondos no incluyen el manejo de registros ni la preparación de asientos para los libros generales de contabilidad, cuentas por cobrar, etc., distintos de los libros de caja? | | | | |
| ¿La apertura de las cuentas bancarias y las firmas de las personas que giran sobre estas son debidamente autorizadas? | | | | |
| ¿Existen instrucciones a los bancos indicando que las personas autorizadas para firmar cheques no pueden delegar tal autorización a otros funcionarios? | | | | |
| ¿Se avisa inmediatamente a los bancos cuando una persona autorizada para firmar cheques deja el empleo de la empresa? | | | | |
| Si esta situación no se ha presentado, ¿la empresa ha previsto algún procedimiento para notificar a los bancos cuando sea necesario? | | | | |
| ¿Las cuentas bancarias a nombre de la empresa están registradas en la cuenta de control en el mayor general o auxiliar? | | | | |
| ¿Los traspasos de una cuenta bancaria a otra están bajo control contable en forma tal que tanto cargos como abonos queden registrados en una cuenta de control? | | | | |
| ¿La empresa mantiene un control de los cheques posfechados? | | | | |
| **Reconciliación de saldos bancarios** | | | | |
| ¿Las cuentas bancarias son reconciliadas regularmente por la empresa? | | | | |
| ¿Las reconciliaciones bancarias son preparadas y revisadas por empleados que no preparan o firman cheques o manejan dineros de la empresa? | | | | |
| ¿Los extractos bancarios y los volantes de cheques pagados se entregan directamente en sobre cerrado al empleado que prepara las reconciliaciones? | | | | |
| Los procedimientos para efectuar las reconciliaciones contemplan los pasos esenciales que aseguran una efectiva reconciliación, particularmente en cuanto a:<br>• ¿La comparación del número y valor de los cheques contra el libro de salidas de caja?<br>• ¿La revisión de endosos en los bancos o de los volantes de los cheques?<br>• ¿La comparación con los saldos del mayor general? | | | | |
| ¿Un empleado sin relación con los ingresos o egresos de caja revisa las reconciliaciones y hace averiguaciones sobre las partidas poco usuales? | | | | |

| Caja y bancos<br>Cuestionario para la revisión y evaluación del sistema de control interno | | | | |
|---|---|---|---|---|
| **Comparación posterior de la reconciliación** | **NA** | **SÍ** | **NO** | **MC** |
| ¿Las notas y avisos con débitos o créditos no aceptados por el banco son recibidos por un empleado distinto al cajero?<br>• ¿Se recibe el dinero?<br>• ¿Se expiden los cheques? | | | | |
| **Revisión de cheques** | | | | |
| ¿La existencia de chequeras en blanco está controlada en forma tal que evite que personas no autorizadas para girar cheques puedan hacer uso indebido de ellas? | | | | |
| ¿La firma o contrafirma de cheque en blanco está prohibido? | | | | |
| En caso contrario, ¿los empleados responsables se cercioran por medio de inspecciones posteriores de los cheques o información comprobatoria de que tales cheques han sido usados correctamente? | | | | |
| ¿La práctica de girar cheques al "portador" está prohibida? | | | | |
| En caso contrario, ¿los empleados responsables se aseguran de que tales cheques hayan sido cobrados para reembolsar el fondo de caja menor o utilizados con otros fines apropiados? | | | | |
| ¿Si los cheques son numerados consecutivamente, son mutilados aquellos dañados o anulados a fin de evitar su uso, y son archivados con el propósito de controlar su secuencia numérica? | | | | |
| Si se usa una máquina especial para firmar cheques:<br>• Cuándo las placas no están en uso, ¿se mantienen bajo custodia de las personas cuya firma aparece grabada en ellas?<br>• Después de usados, ¿se toma siempre una lectura de la máquina por la persona cuya firma se utiliza o por su delegado, y se asegura que los cheques firmados están autorizados? | | | | |
| **Consignaciones bancarias** | | | | |
| ¿Se preparan duplicados de las consignaciones y estos son sellados por el banco y archivados cronológicamente? | | | | |
| En caso afirmativo, ¿se comparan tales duplicados con el libro de entradas de caja, al menos en forma selectiva, por alguien diferente al cajero? | | | | |
| ¿Se comparan tales duplicados contra los recibos de caja para asegurarse de que los ingresos son depositados en las mismas especies en que fueron recibidos? | | | | |

| Caja y bancos<br>Cuestionario para la revisión y evaluación del sistema de control interno | | | | |
|---|---|---|---|---|
| **Efectivo en caja** | **NA** | **SÍ** | **NO** | **MC** |
| ¿Los fondos de caja menor se mantienen bajo una base de fondo fijo? | | | | |
| ¿Los encargados del manejo de la caja menor son independientes del cajero general u otro empleado que maneja remesas de clientes u otra clase de dineros? | | | | |
| ¿La responsabilidad principal de cada fondo está limitada a una sola persona? | | | | |
| ¿Los fondos de caja menor se limitan a sumas razonables según las necesidades del negocio? | | | | |
| ¿Los pagos de caja menor no tienen un límite máximo? | | | | |
| Si ello es así, ¿cuál es el límite? | | | | |
| Los comprobantes de caja menor son preparados en forma tal que no permitan alteraciones, por ejemplo:<br>• ¿La cantidad se escribe en letras y números?<br>• ¿Son preparados con tinta? | | | | |
| ¿Los comprobantes de caja menor tienen la firma del beneficiario? | | | | |
| ¿Los cheques de reembolsos de caja menor se giran a favor del encargado del fondo? | | | | |
| ¿Los anticipos a empleados, que se hacen del fondo de caja menor, son autorizados por un empleado responsable que no tenga a su cargo funciones de caja? | | | | |
| ¿Estos anticipos se hacen únicamente con el propósito de atender negocios normales de la empresa? | | | | |
| ¿Al solicitar el reembolso de fondos para caja menor, se presentan los comprobantes de los gastos para que sean inspeccionados por quien firma el cheque? | | | | |
| ¿Los comprobantes que justifican los desembolsos son perforados o anulados con la leyenda PAGADO, bajo la supervisión directa de quien firma el cheque, a fin de prevenir que tales comprobantes sean utilizados de nuevo para solicitar un pago ficticio? | | | | |
| ¿Tales cancelaciones se hacen sobre una parte del comprobante que no pueda ser desprendida? | | | | |
| ¿Se llevan a cabo arqueos periódicos del fondo de caja menor, bien sea por el departamento de auditoría interna o por otra persona independiente de las labores de caja? | | | | |
| Si el fondo fijo se halla total o parcialmente depositado en una cuenta bancaria, ¿se ha solicitado al banco no aceptar cheques para depositar en tal cuenta, excepto aquellos expedidos por la empresa para reembolsar el valor de los gastos efectuados? | | | | |
| ¿Fue hecho el arqueo por sorpresa? En caso negativo, ¿se considera hacer uno nuevo sorpresivo? | | | | |
| ¿La empresa ha impartido instrucciones a los bancos para que no cambien en efectivo ningún cheque girado a favor de esta? | | | | |
| Sección discutida con (nombre y puesto): | | | | |
| Sección preparada por: | Fecha: | | | |

# 5.3 Cuentas por cobrar, ventas y cobranzas

## 5.3.1 Introducción

Estos cuestionarios son una guía de las pruebas de cumplimiento, cuya extensión o alcance depende de la confianza en el sistema de control interno de la empresa. Las preguntas que figuran en el cuestionario para la Revisión y Evaluación del Control Interno se detallan en el mismo orden y bajo los mismos encabezamientos que los procedimientos de auditoría aplicables según las circunstancias.

## 5.3.2 Objetivo de las pruebas de cumplimiento

Determinar:

- Si pueden efectuarse despachos sin ser facturados.
- Si pueden facturarse ventas sin ser registradas.
- Si pueden despacharse mercancías a clientes que representan un mal riesgo de crédito.
- Si pueden ocurrir errores en la facturación.
- Si las cuentas por cobrar pueden ser acreditadas en forma indebida.
- Si es posible el jineteo o *lapping* de fondos provenientes de las cobranzas, que cubren los importes sustraídos con fondos cobrados a otras cuentas posteriormente.
- Si pueden recibirse cobros sin ser depositados.
- Si las cuentas vencidas pueden pasar inadvertidas.
- Si los cobros por ventas en efectivo pueden ser malversados.
- Si los cobros por conceptos diversos pueden hacerse sin que se registren ni depositen.
- Si es posible facturar despachos sin registrar el costo de la venta.

## 5.3.3 Programa

Revisar y evaluar la solidez o debilidades del control interno y con base en esta evaluación:

a.  Realizar las pruebas de cumplimiento y determinar la existencia y opor-tunidad de los procedimientos de auditoría aplicables de acuerdo con las circunstancias.

b.  Preparar un memorándum con el resultado del trabajo, las conclusiones alcanzadas y los comentarios acerca de la solidez.

**Tabla 26. Cuestionario sobre Cuentas por cobrar, ventas y cobranzas**

**Empresa:**

**Período que cubre la auditoría:**

| Cuentas por cobrar, ventas y cobranzas<br>Cuestionario para la revisión y evaluación del sistema de control interno | | | | |
|---|:---:|:---:|:---:|:---:|
| **Despachos** | **NA** | **SÍ** | **NO** | **MC** |
| Las funciones del departamento de despacho son independientes de las de:<br>• Recibo   • Facturación<br>• Contabilidad   • Cobranza | | | | |
| ¿Los pedidos de los clientes son revisados y aprobados por el departamento de crédito antes de su aceptación o por otras personas que no tengan intervención alguna en:<br>• despachos,<br>• facturación,<br>• o en el manejo de cuentas de clientes? | | | | |
| ¿Se efectúan los despachos únicamente con base en órdenes debidamente aprobadas? | | | | |
| Después de la entrega de los artículos, ¿una copia de la orden de despachos es enviada directamente al departamento de facturación? | | | | |
| ¿Las órdenes de despacho son controladas numéricamente por el departamento de contabilidad? | | | | |
| **Facturación** | | | | |
| Las funciones del departamento de facturación son independientes de:<br>• despachos   • contabilidad   • cobranzas | | | | |
| ¿El departamento de facturación envía copias de las facturas directamente al departamento de cuentas por cobrar? | | | | |
| ¿Se hacen resúmenes de las facturas y los totales se pasan al departamento de contabilidad, independientemente de los departamentos de cuentas por cobrar y caja? | | | | |
| ¿Las facturas de venta son controladas numéricamente por el departamento de contabilidad? | | | | |
| ¿Se comparan las facturas con las órdenes de despacho, para cerciorarse de que todos los artículos enviados hayan sido facturados? | | | | |
| Se revisan las facturas en cuanto a su exactitud en:<br>• cantidades   • precios   • cálculos | | | | |
| ¿Las ventas COD (pago contra entrega) o con tarjeta de crédito se controlan de forma similar a las ventas a crédito registrándolas en una cuenta de control, manejada por personal independiente de la función de cobro? | | | | |
| En caso negativo, existen procedimientos que aseguren:<br>• el cobro contra entrega de la mercancía<br>• que el producto de estas ventas ingrese oportunamente a la compañía | | | | |

| Cuentas por cobrar, ventas y cobranzas<br>Cuestionario para la revisión y evaluación del sistema de control interno | | | | |
|---|---|---|---|---|
| **Créditos** | **NA** | **SÍ** | **NO** | **MC** |
| Las personas autorizadas para aprobar notas de crédito son independientes del:<br>• departamento de ventas<br>• departamento de cuentas por cobrar<br>• cajero | | | | |
| ¿Las notas de crédito por devoluciones y rebajas son aprobadas por un empleado que no tenga relación con el recibo y contabilización de pagos de clientes, o de cualquier otro ingreso de la compañía? Si tiene otras funciones, explíquelas. | | | | |
| ¿Las devoluciones de las mercancías llegan al departamento de recibo (bodega) y las notas de crédito respectivas están respaldadas por informes de este departamento? | | | | |
| ¿El departamento de contabilidad controla numéricamente o en otra forma las notas de crédito y se cerciora que estén debidamente respaldadas? | | | | |
| ¿El departamento de crédito o un empleado responsable que no maneje ninguna clase de fondos de la compañía aprueba los descuentos tomados por clientes, que no hayan sido previamente autorizados? | | | | |
| ¿La cancelación de deudas malas es revisada y aprobada por un funcionario responsable? | | | | |
| ¿Se continúan las gestiones de cobro de tales deudas no obstante haber sido canceladas? | | | | |
| **Otras cuentas por cobrar** | | | | |
| ¿Se informará al departamento de contabilidad acerca de los reclamos por daños en transporte, pérdidas aseguradas, etc., tan pronto se conocen? | | | | |
| Si los residuos de producción son importantes, ¿se separan y controlan tan pronto ocurren? | | | | |
| ¿Los despachos de desperdicios y sobrantes de materiales están bajo control del departamento de embarque? Si es así, ¿este departamento notifica directamente a contabilidad? | | | | |
| ¿El departamento de contabilidad controla que los ingresos provenientes de las cuentas arriba indicadas estén debidamente registrados? | | | | |
| ¿Los anticipos y préstamos a empleados son autorizados por un funcionario responsable? | | | | |
| ¿Los saldos a cargo de empleados son revisados periódicamente? | | | | |
| Los ajustes o cancelaciones de otras cuentas por cobrar son aprobadas por un empleado diferente del que efectúa la:<br>• autorización    • negociación    • cobranzas | | | | |
| ¿El sistema provee un método adecuado para registrar en los libros anticipadamente el producto periódico de los alquileres, regalías, intereses y otros ingresos varios? | | | | |

| Cuentas por cobrar, ventas y cobranzas<br>Cuestionario para la revisión y evaluación del sistema de control interno | | | | |
|---|---|---|---|---|
| **Registros** | **NA** | **SÍ** | **NO** | **MC** |
| El departamento de cuentas por cobrar funciona independientemente de los departamentos de:<br>• despacho<br>• facturación<br>• cobranzas | | | | |
| ¿Las cantidades que se registran en la cuenta de control son suministradas por alguien diferente de quien maneja las cuentas por cobrar? | | | | |
| ¿Los asientos en las cuentas individuales del cliente son registrados únicamente con base en copias de las facturas de ventas, recibos de caja y otros documentos debidamente autorizados? | | | | |
| ¿Se preparan regularmente balances de prueba de las cuentas por cobrar y el encargado conserva los papeles de trabajo? | | | | |
| ¿Tales balances son reconciliados con la cuenta de control en el mayor general, por un empleado distinto del encargado de las cuentas por cobrar? | | | | |
| ¿Un empleado distinto del encargado del registro de las cuentas por cobrar revisa las sumas y compara el balance de prueba de clientes contra las cuentas individuales, para determinar que las partidas relacionadas están respaldadas por cuentas en el registro auxiliar? | | | | |
| ¿Se prepara periódicamente un análisis por edades de las cuentas por cobrar y este análisis es revisado por un empleado que:<br>no toma parte en el recibo de fondos de la compañía?<br>no participa en la aprobación o concesión de créditos? | | | | |
| ¿Se envían periódicamente extractos de cuenta a los clientes? | | | | |
| En caso afirmativo, ¿existen procedimientos para prevenir que, antes de su introducción en el correo, se produzcan alteraciones o intercepción por parte de personas que tengan acceso a las remesas o pagos de clientes? | | | | |
| Las respuestas de los clientes referentes a diferencias de cualquier orden son recibidas directamente o investigadas por alguien distinto de:<br>• el encargado de cuentas por cobrar<br>• el cajero | | | | |
| Se confirman periódicamente los saldos de clientes por parte de:<br>• el departamento de auditoría interno de la compañía<br>• alguien independiente del encargado de cuentas por cobrar y del cajero | | | | |

| Cuentas por cobrar, ventas y cobranzas Cuestionario para la revisión y evaluación del sistema de control interno | | | | |
|---|---|---|---|---|
| **Cobranzas** | **NA** | **SÍ** | **NO** | **MC** |
| Las funciones del cajero son independientes de las funciones de: <br> • embarque <br> • facturación <br> • registro de los auxiliares de cuentas por cobrar | | | | |
| Los registros de caja son recibidos directamente por el cajero antes de que pasen por: <br> • el encargado de cuentas por cobrar <br> • alguien responsable, por las funciones de teneduría de libros de facturación | | | | |
| ¿El cajero tiene a su cargo la custodia de los ingresos desde que se reciben en su departamento hasta su depósito en el banco? | | | | |
| En caso de que entregue los cheques al encargado de cuentas por cobrar, ¿el cajero prepara una lista? | | | | |
| ¿Se coloca, en los cheques provenientes de remesas o pagos, un endoso restrictivo tan pronto como son recibidos? | | | | |
| **Únicamente para consignar en la cuenta de la empresa** | | | | |
| ¿Los cheques y el efectivo recibidos se depositan intactos y el mismo día o el siguiente día hábil? | | | | |
| En caso de ventas al contado o pago de documentos que deben devolverse al cliente, ¿la cinta de la registradora, las boletas de ventas, recibos de mostrador y cualesquiera otras informaciones similares, son preparadas y revisadas por un empleado independiente de quien recibe el efectivo? | | | | |
| Si las cobranzas son hechas en una agencia o sucursal, ¿se depositan los ingresos en una cuenta bancaria sujeta a retiros únicamente por la oficina principal? | | | | |
| **Documentos por cobrar** | | | | |
| ¿La aceptación y prórroga de letras, pagarés y cheques posfechados a favor de la compañía son aprobados por el jefe o gerente de crédito u otro funcionario autorizado? | | | | |
| ¿Se lleva un registro de documentos por cobrar? | | | | |
| ¿Los saldos pendientes en el registro de documentos por cobrar son comprobados periódicamente por medio de un examen independiente de los pagarés, letras y cheques respectivos? | | | | |
| ¿El total de los saldos pendientes en el registro se compara con la respectiva cuenta de control por alguien distinto de quien custodia los documentos? | | | | |
| ¿Los pagarés o letras descontadas son registrados en el mayor por medio de una cuenta especial que permita ejercer control contable sobre estos? | | | | |
| Preguntas adicionales: | | | | |
| Sección discutida con (nombre y puesto): | | | | |
| Sección preparada por: | Fecha: | | | |

Fuente: elaboración propia.

# 5.4 Inventarios

## 5.4.1 Introducción

Estos cuestionarios son una guía de las pruebas de cumplimiento, cuya extensión o alcance depende de la confianza en el sistema de control interno de la empresa. Las preguntas que figuran en el cuestionario para la Revisión y Evaluación del Control Interno se detallan en el mismo orden y bajo los mismos encabezamientos que los procedimientos de auditoría aplicables según las circunstancias

## 5.4.2 Objetivos de las pruebas de cumplimiento

Determinar si existen normas adecuadas de administración y control de los inventarios, en cuanto a:

- Cantidad física de las existencias.

- Existencias físicas y sus movimientos por medio de registros apropiados, preferiblemente permanentes.

- Comparación periódica de tales registros con los saldos que muestran las cuentas de control del Mayor.

- Planeación y ejecución de los inventarios físicos, su recopilación, valuación y comparación con los logros y la investigación de las diferencias como resultado de los inventarios físicos.

- Segregación de funciones existentes en cuanto al registro, su custodia, compra, recepción y despacho de mercancías en inventarios.

- Registro oportuno de toda mercancía recibida y del pasivo correspondiente.

- Evidencia de que toda mercancía despachada se registra y, cuando es el caso, se factura oportunamente en el período que corresponde.

- Obtención, manejo y custodia de la evidencia documental que ampara las entradas y salidas de mercancías propias de la empresa y de aquellas recibidas en consignación.

- Métodos de valuación de los inventarios, incluyendo las bases seguidas para el registro y acumulación de los materiales, mano de obra directa y gastos indirectos, en el caso de empresas industriales.

- Comprobación de que los empleados de la empresa efectúan la corrección aritmética de los inventarios finales o periódicos.

- Estudios o investigaciones para determinar la posible existencia de inventarios dañados, obsoletos o pasados de moda.

- Existencias de seguros por montos adecuados para cubrir los riesgos inherentes al manejo de los inventarios, incluyendo las fianzas del personal que intervienen en su manejo.

- Informes que se preparan, su contenido, su oportunidad, a quien distribuyen, grado de control que se ejerce mediante estos y de las distintas líneas de autoridad.

## 5.4.3 Programa

Revisar y evaluar la solidez o debilidades del control interno y con base en esta evaluación:

a. Realizar las pruebas de cumplimiento y determinar la extensión y oportunidad de los procedimientos de auditoría aplicables de acuerdo con las circunstancias.

b. Preparar un memorándum con el resultado del trabajo, las conclusiones alcanzadas y los comentarios acerca de la solidez o las debilidades del control interno, que requieren de una acción inmediata o que son puntos apropiados para la carta de recomendaciones.

**Tabla 27. Cuestionario sobre Inventarios**

**Empresa:**

**Período que cubre la auditoría:**

| Inventarios Cuestionario para la revisión y evaluación del sistema de control interno | | | | |
|---|---|---|---|---|
| **Registros** | **NA** | **SÍ** | **NO** | **MC** |
| ¿El departamento de contabilidad mantiene registros de inventarios permanentes? | | | | |
| Estos registros muestran: <br> • cantidades  • localización de las existencias <br> • mínimo  • máximo <br> • costo unitario  • valor total en pesos | | | | |
| ¿Los registros permanentes se ajustan según los resultados de conteo físico al menos una vez al año? | | | | |
| ¿Se deja constancia de los conteos físicos llevados a cabo? | | | | |
| Si quienes manejan los registros permanentes de inventarios no pertenecen al departamento de contabilidad, ¿ante quién se responsabilizan? | | | | |
| Si la empresa ha adoptado el sistema de cargar directamente a gastos, ciertas partidas por materiales y suministros, ¿ha establecido también un sistema de control tal como el control presupuestal de gastos? | | | | |
| En cuanto a las órdenes de entrega: <br> • ¿Las entregas se hacen únicamente con base en órdenes debidamente autorizadas? <br> • ¿El sistema asegura, por medio de prenumeración o de otro modo, que todas las órdenes sean registradas? <br> • ¿Los procedimientos adoptados proporcionan seguridad contra la alteración de tales órdenes por personas que tengan acceso a las existencias? | | | | |

| Inventarios<br>Cuestionario para la revisión y evaluación del sistema de control interno | | | | |
|---|---|---|---|---|
| **Control de existencias e inventario físico** | **NA** | **SÍ** | **NO** | **MC** |
| ¿Los almacenistas son responsables de todas las existencias? Especificar aquellas que no están bajo su control. | | | | |
| ¿Los almacenistas y sus asistentes son los únicos que tienen acceso a las existencias? Especificar las excepciones. | | | | |
| ¿Se toman inventarios físicos por lo menos una vez al año? Especificar las excepciones. | | | | |
| El inventario físico es supervisado por personas independientes de:<br>• almacenistas<br>• responsables de llevar los registros de inventarios permanentes | | | | |
| ¿Se preparan instrucciones escritas como guía para aquellos empleados que llevan a cabo los inventarios físicos? | | | | |
| ¿Las tarjetas o planillas del inventario físico son revisadas y controladas en forma tal que no se omita ni se altere ninguna en las planillas finales del inventario? | | | | |
| ¿Se investigan inmediatamente las diferencias entre los registros permanentes y el resultado del inventario físico? ¿Quién las investiga? | | | | |
| Los ajustes a los registros de inventario permanente provenientes de inventarios físicos son aprobados por escrito por un empleado que no tenga intervención alguna en:<br>• almacenamiento<br>• manejo de registro de existencia<br>• compra de mercancías | | | | |
| ¿Las oficinas y dependencias de la empresa se encuentran rodeadas de sistemas apropiados de protección tales como cercas, celadores, guardias, etc.? | | | | |
| ¿Tales celadores o guardias son responsables de que nada salga de la planta sin la debida autorización? | | | | |
| Respecto a los materiales o mercancías en poder de otros depósitos, consignatarios, proveedores, clientes, etc.:<br>• ¿Se lleva un registro apropiado de tales artículos?<br>• ¿Periódicamente la empresa obtiene confirmaciones de tales existencias? | | | | |
| Sección discutida con (nombre y puesto): | | | | |
| Sección preparada por: | Fecha: | | | |

Fuente: elaboración propia.

# 5.5 Gastos anticipados, cargos diferidos y otros activos

## 5.5.1 Introducción

Estos cuestionarios son una guía de las pruebas de cumplimiento, cuya extensión o alcance depende de la confianza en el sistema de control interno de la empresa. Las preguntas que figuran en el cuestionario para la Revisión y Evaluación del Control Interno se detallan en el mismo orden y bajo los mismos encabezamientos que los procedimientos de auditoría aplicables según las circunstancias.

## 5.5.2 Objetivos de las pruebas de cumplimiento

Determinar si:

- Existen registros auxiliares para todas las cuentas y si son conciliadas mensualmente con la cuenta de control del Mayor.
- Las cuentas son revisadas periódicamente para verificar la propiedad de los cargos e importes aplicables a períodos futuros.
- Los cargos importantes y todos aquellos créditos que no se trasladan a gastos, tales como adiciones de activos fijos, son revisados y aprobados por un funcionario responsable.

## 5.5.3 Programa

Revisar y evaluar la solidez o debilidades del control interno y con base en esta evaluación:

a. Realizar las pruebas de cumplimiento y determinar la extensión y oportunidad de los procedimientos de auditoría aplicables de acuerdo con las circunstancias.

b. Preparar un memorando con el resultado del trabajo, las conclusiones alcanzadas y los comentarios acerca de la solidez o las debilidades del control interno, que requieren de una acción inmediata o que son puntos apropiados para la carta de observaciones y recomendaciones.

**Tabla 28. Cuestionario sobre gastos anticipados y otros activos**

**Empresa:**

**Período que cubre la auditoría:**

| Gastos anticipados y otros activos Cuestionario para la revisión y evaluación del sistema de control interno | | | | |
|---|---|---|---|---|
| **Nota:** *anexe hojas adicionales para ampliar las respuestas cuando se requiera.* | | | | |
| | NA | SÍ | NO | MC |
| ¿La empresa mantiene registros analíticos separados para gastos anticipados y otras cuentas de activos, tales como seguros, impuestos, publicidad, suministros, salarios, comisiones, arrendamientos, intereses sobre préstamos, costos de experimentación e investigación? | | | | |
| ¿Los traspasos o amortizaciones mensuales están sistematizados y registrados en forma estándar, cuando es posible, y son revisados y aprobados por un funcionario responsable? | | | | |
| ¿Se hacen revisiones periódicas para verificar la propiedad de los cargos aplicables a períodos futuros? | | | | |
| ¿Todas las adiciones importantes y todos los créditos, excepto las amortizaciones mensuales recurrentes, son revisados y aprobados por un funcionario responsable? | | | | |
| ¿Se hace una revisión periódica sobre la propiedad de la cobertura de los seguros y de las fechas de vencimiento de los seguros e impuestos? | | | | |
| ¿Los inventarios de suministros, de valor significativo, son manejados bajo controles similares a los inventarios normales? | | | | |
| Preguntas adicionales: | | | | |
| Sección discutida con (nombre y puesto): | | | | |
| Sección preparada por: | | Fecha: | | |

Fuente: elaboración propia.

# 5.6 Propiedades, planta y equipo

## 5.6.1 Introducción

Estos cuestionarios son una guía de las pruebas de cumplimiento, cuya extensión o alcance depende de la confianza en el sistema de control interno de la empresa. Las preguntas que figuran en el cuestionario para la Revisión y Evaluación del Control Interno se detallan en el mismo orden y bajo los mismos encabezamientos que los procedimientos de auditoría aplicables según las circunstancias.

## 5.6.2 Objetivos de las pruebas de cumplimiento

Determinar si:

- Existen registros auxiliares para el activo fijo y la depreciación acumulada, los cuales son conciliados periódicamente con las cuentas de control del mayor y comprobados con los inventarios físicos.

- Existen políticas específicas de autorización y control sobre adquisiciones, transferencias y ventas o bajas de los bienes propios de la empresa y de los bienes arrendados.
- Existen políticas aprobadas y establecidas por escrito, para depreciación y capitalización, y si el departamento de contabilidad cumple con ellas.

## 5.6.3 Programa

Revisar y evaluar la solidez o debilidades del control interno y con base en esta evaluación:

a. Realizar las pruebas de cumplimiento y determinar la extensión y oportunidad de los procedimientos de auditoría aplicables de acuerdo con las circunstancias.

b. Preparar un memorándum con el resultado del trabajo, las conclusiones alcanzadas y los comentarios acerca de la solidez o las debilidades del control interno, que requieren de una acción inmediata o que son puntos apropiados para la carta de recomendaciones.

### Tabla 29. Cuestionario sobre Propiedades, planta y equipo

**Empresa:**

**Período que cubre la auditoría:**

| Propiedades, planta y equipo Cuestionario para la revisión y evaluación del sistema de control interno | | | | |
|---|---|---|---|---|
| **Nota:** *anexe hojas adicionales para ampliar cuando se requiera.* | | | | |
| **Adiciones** | **NA** | **SÍ** | **NO** | **MC** |
| Los procedimientos de la empresa requieren que un funcionario o un comité de compras autorice previamente los desembolsos por concepto de: <br> • adiciones de activos fijos <br> • reparaciones y mantenimiento | | | | |
| ¿Se comparan los gastos reales con los autorizados y, en caso de que aquellos se hayan excedido, se obtienen autorizaciones adicionales? | | | | |
| ¿Los procedimientos de la empresa permiten establecer si los artículos han sido recibidos y los servicios prestados? | | | | |
| Si los trabajos de construcción son efectuados por contratistas o subcontratistas, ¿el personal de la empresa tiene autorización para revisar sus registros de costos y comprobantes de respaldo? | | | | |
| ¿La empresa tiene normas adecuadas para diferenciar las adiciones de activos fijos, de los gastos de tales decisiones y por quién? | | | | |
| ¿La compañía revisa periódicamente la cuenta de construcciones en proceso, para evitar que a esta cuenta se lleven cargos por concepto de reparaciones y mantenimiento? | | | | |

| Propiedades, planta y equipo<br>Cuestionario para la revisión y evaluación del sistema de control interno | | | | |
|---|:---:|:---:|:---:|:---:|
| **Disposiciones, retiros, etc.** | **NA** | **SÍ** | **NO** | **MC** |
| ¿Los procedimientos de la empresa requieren que se produzca una autorización escrita para la venta, retiro y desmantelamiento de activos fijos? | | | | |
| ¿Se envía una copia de tal autorización directamente al departamento de contabilidad por la persona que la aprueba? | | | | |
| Para adquirir elementos nuevos, ¿las autorizaciones indican las unidades que van a ser remplazadas? | | | | |
| ¿Los créditos a las cuentas del activo fijo se basan en la información contenida en tales autorizaciones? | | | | |
| En cuanto a la venta de elementos retirados, ¿se ofrecen estos al público por medio de avisos en los periódicos? | | | | |
| ¿La empresa recibe varias ofertas por escrito para aquellos elementos que ofrece en venta? | | | | |
| Existen procedimientos que garanticen la oportuna información y el registro apropiado a la venta o disposición de artículos retirados o desmantelados, como, por ejemplo:<br>• órdenes de despacho<br>• facturación basada en órdenes de despacho<br>• otros | | | | |
| **Registros de activos fijos** | | | | |
| ¿Las cuentas de activos fijos están respaldadas por registros auxiliares adecuados? | | | | |
| ¿Tales registros son manejados por personas distintas de aquellas responsables por las propiedades? | | | | |
| ¿Se cuadran con las cuentas de control en el mayor general, por los menos una vez al año? | | | | |
| ¿Periódicamente se toman inventarios físicos de los activos fijos bajo la supervisión de empleados no responsables por su custodia ni por su registro contable? | | | | |
| ¿Se informa al gerente las diferencias que se presenten entre el inventario físico y los registros auxiliares? | | | | |
| Respecto a herramientas pequeñas:<br>• ¿Se hallan bien guardadas y bajo la custodia de unas personas responsables?<br>• ¿Se entregan únicamente mediante órdenes de entrega debidamente aprobadas? | | | | |
| Preguntas adicionales: | | | | |
| Sección discutida con (nombre y puesto): | | | | |
| Sección preparada por: | Fecha: | | | |

Fuente: elaboración propia.

# 5.7 Inversiones realizables y otras inversiones

## 5.7.1 Introducción

Estos cuestionarios son una guía de las pruebas de cumplimiento, cuya extensión o alcance depende de la confianza en el sistema de control interno de la empresa. Las preguntas que figuran en el cuestionario para la Revisión y Evaluación del Control Interno se detallan en el mismo orden y bajo los mismos encabezamientos que los procedimientos de auditoría aplicables según las circunstancias.

## 5.7.2 Objetivo de las pruebas de cumplimiento

Determinar:

- La separación de las siguientes funciones:
  - ¤ Adquisición y venta de inversiones.
  - ¤ Registro en libros de las inversiones y de sus correspondientes productos y rendimientos.
  - ¤ Custodia de los títulos o documentos representativos y de inversiones.
  - ¤ Cobro de los productos o rendimientos provenientes de las inversiones.
- Los procedimientos vigentes para la aprobación de la adquisición de los valores representativos de las inversiones, así como para la venta de estas y para el registro de la utilidad o pérdida en la venta.
- Los procedimientos existentes para autorizar el gravamen de las inversiones en garantía de préstamos u otras transacciones.
- El estudio periódico de las inversiones para determinar la valuación correcta de las mismas y la posible necesidad de establecer provisiones para las bajas de valor.
- Los procedimientos relativos a las inspecciones físicas periódicas de los títulos o documentos que amparan las inversiones, realizadas por funcionarios o empleados diferentes a los encargos de su custodia.
- La existencia de registros auxiliares donde consten los datos necesarios para la identificación de los documentos representativos de las inversiones.

## 5.7.3 Programa

Revisar y evaluar la solidez o debilidades del control interno y con base en esta evaluación:

a. Realizar las pruebas de cumplimiento y determinar la extensión y oportunidad de los procedimientos de auditoría aplicables de acuerdo con las circunstancias.

b. Preparar un memorándum con el resultado del trabajo, las conclusiones alcanzadas y los comentarios acerca de la solidez o las debilidades del control interno, que requieren de una acción inmediata o que son puntos apropiados para la carta de recomendaciones.

**Tabla 30. Cuestionario sobre Inversiones realizables y otras inversiones**

**Empresa:**

**Período que cubre la auditoría:**

| Inversiones realizables y otras inversiones<br>Cuestionario para la revisión y evaluación del sistema de control interno | | | | |
|---|---|---|---|---|
| **Contabilización de las inversiones** | **NA** | **SÍ** | **NO** | **MC** |
| Si las inversiones, tales como acciones, bonos, cédulas y otros instrumentos negociables, no están bajo custodia de una entidad independiente, por ejemplo, en poder de un banco, ¿se guardan en una caja o bóveda de seguridad dentro de la misma compañía? | | | | |
| Si tales inversiones son custodiadas por alguna entidad independiente, ¿han sido aprobadas por la Junta Directiva? | | | | |
| ¿En caso de que las inversiones se guarden en la misma empresa, dos o más empleados son responsables de su custodia y tienen acceso a estas únicamente en forma conjunta? | | | | |
| ¿Se lleva un registro detallado de las inversiones en un departamento o por una persona distinta de aquella designada oficialmente para custodiarla? | | | | |
| ¿Las inversiones y otros instrumentos negociables se controlan periódicamente por medio de inspección física de personas que no las custodien ni tengan acceso a ellas? Si es así, ¿por quién? | | | | |
| Si las inversiones no figuran a nombre de la empresa, ¿están endosadas restrictivamente a nombre de la empresa ¿de otro modo? Explique en nota separada. | | | | |
| ¿Aquellas inversiones que ha recibido la empresa como garantía están contabilizadas y segregadas de las propias? | | | | |
| ¿Las acciones propias readquiridas se controlan de la misma manera que las inversiones? | | | | |
| ¿Los retiros o cancelaciones de inversiones que se consideren sin valor son autorizadas por un funcionario responsable? | | | | |
| Para aquellas inversiones que han sido descargadas, ¿se lleva una cuenta en memorando? | | | | |
| ¿El archivo de inversiones sin valor se revisa periódicamente a fin de establecer si la situación respecto a su valor o cobro de intereses o dividendos ha cambiado? | | | | |
| En caso afirmativo, se revisan por:<br>• un auditor interno<br>• un empleado de la empresa que no tenga acceso a las inversiones o ingresos de la empresa | | | | |

| Inversiones realizables y otras inversiones<br>Cuestionario para la revisión y evaluación del sistema de control interno | | | | |
|---|---|---|---|---|
| **Compras y ventas** | **NA** | **SÍ** | **NO** | **MC** |
| ¿La junta directiva autoriza las compras, ventas y renovaciones de las inversiones? | | | | |
| ¿Tal aprobación indica el valor por el cual se debe efectuar la transacción? | | | | |
| ¿Se hace una comprobación independiente de los precios por los cuales han sido comprobadas o vendidas las inversiones? En caso afirmativo, ¿por quién? | | | | |
| **Ingresos** | | | | |
| ¿Los ingresos provenientes de inversiones, tales como dividendos, participaciones o intereses, son comprobados periódicamente contra las mismas inversiones? | | | | |
| ¿Se contabilizan tales ingresos antes de que se cobren o reciban? | | | | |
| Sección discutida con (nombre y puesto): | | | | |
| Sección preparada por: | Fecha: | | | |

Fuente: elaboración propia.

# 5.8 Cuentas por pagar, compras y gastos

## 5.8.1 Introducción

Estos cuestionarios son una guía de las pruebas de cumplimiento, cuya extensión o alcance depende de la confianza en el sistema de control interno de la empresa. Las preguntas que figuran en el cuestionario para la Revisión y Evaluación del Control Interno se detallan en el mismo orden y bajo los mismos encabezamientos que los procedimientos de auditoría aplicables según las circunstancias.

## 5.8.2 Objetivo de las pruebas de cumplimiento

Determinar:

- Si pueden adquirirse mercancías o servicios sin la debida autorización.
- Si pueden registrarse cuentas por pagar sin ser registradas.
- Si pueden originarse pasivos sin ser registrados.
- Si pueden realizarse pagos sin estar debidamente documentados.
- Si los cargos hechos a una cuenta equivocada pueden pasar inadvertidos.
- Si pueden malversarse fondos de caja menor.
- Si pueden adquirirse activos fijos o disponerse de estos sin la debida autorización.

### 5.8.3 Programa

Revisar y evaluar la solidez o debilidades del control interno y con base en esta evaluación:

a. Realizar las pruebas de cumplimiento y determinar la extensión y oportunidad de los procedimientos de auditoría aplicables de acuerdo con las circunstancias.

b. Preparar un memorándum con el resultado del trabajo, las conclusiones alcanzadas y los comentarios acerca de la solidez o las debilidades del control interno, que requieren de una acción inmediata o que son puntos apropiados para la carta de observaciones y recomendaciones.

**Tabla 31. Cuestionario sobre Cuentas por pagar compras y gastos**

**Empresa:**

**Período que cubre la auditoría:**

| Cuentas por pagar compras y gastos<br>Cuestionario para la revisión y evaluación del sistema de control interno | | | | |
|---|---|---|---|---|
| **Nota:** *anexe hojas adicionales para ampliar las respuestas cuando se requiera.* | | | | |
| **Compras** | **NA** | **SÍ** | **NO** | **MC** |
| Las funciones del encargado de compras se encuentran separadas de los departamentos de:<br>• contabilidad<br>• recibo<br>• despacho? | | | | |
| ¿Las adquisiciones se hacen mediante órdenes de compra y con base en cotizaciones? | | | | |
| En caso afirmativo, ¿cuántas cotizaciones se requieren? | | | | |
| ¿Quiénes están autorizados para firmar las órdenes de compra?<br>Nombre:<br>Cargo: | | | | |
| El departamento de contabilidad compara:<br>• los precios y condiciones de la factura contra las órdenes de compras<br>• las cantidades facturadas contra las órdenes de compra | | | | |
| ¿Se revisan los cálculos en las facturas? | | | | |
| ¿El departamento de contabilidad registra y controla las entregas parciales? | | | | |
| ¿Se revisan periódicamente los precios de compra por un empleado que no tenga conexión alguna con compras, para cerciorarse de que tales precios son los más convenientes para la empresa? | | | | |

| Cuentas por pagar compras y gastos<br>Cuestionario para la revisión y evaluación del sistema de control interno | | | | |
|---|:---:|:---:|:---:|:---:|
| **Recibo** | **NA** | **SÍ** | **NO** | **MC** |
| Las funciones del departamento de recibo están separadas de:<br>• contabilidad<br>• recibo<br>• despacho | | | | |
| ¿El departamento de recibo prepara informes de los artículos recibidos y conserva una copia de tales informes? | | | | |
| ¿Una copia del informe de recibo se envía directamente al departamento de contabilidad? | | | | |
| ¿El departamento de contabilidad compara este informe con las facturas? | | | | |
| ¿Se efectúa un conteo efectivo de los artículos recibidos, sin que la persona que lo lleva a cabo sepa de antemano las cantidades respectivas? | | | | |
| ¿Los procedimientos garantizan que se carguen a los clientes y empleados aquellas mercancías compradas para enviárselas directamente? | | | | |
| Cuando ocurren pérdidas o daños en los materiales, ¿se produce inmediatamente el reclamo contra los aseguradores o transportadores? | | | | |
| ¿Las devoluciones sobre compras se manejan a través del departamento de despacho? | | | | |
| ¿Tales devoluciones se comparan contra las respectivas notas de crédito del vendedor? | | | | |
| **Fletes** | | | | |
| Los procedimientos aseguran el reembolso de:<br>• los fletes pagados sobre compras, cuyo pago sea a cargo del vendedor<br>• los fletes pagados por cuenta de clientes | | | | |
| ¿Las cuentas de fletes son revisadas por un empleado familiarizado con las tarifas? | | | | |
| ¿Existe un procedimiento que prevenga el doble pago de fletes, tal como anotar el número de guía en la factura o adjuntar copia de la guía? | | | | |
| ¿Los procedimientos de la compañía permiten establecer que los cargos por fletes y transporte se hagan en pago de servicios realmente prestados? | | | | |
| **Distribución y registro de cargos** | | | | |
| ¿La distribución de cargos es revisada por una persona responsable distinta de quien la hizo? | | | | |
| ¿Se preparan regularmente balances de prueba de registro de comprobantes o auxiliar de cuentas por pagar? | | | | |
| ¿Se reconcilian los balances de prueba contra la cuenta de control en el mayor general, por un empleado distinto del encargado de manejar las cuentas por pagar? | | | | |
| ¿Un empleado distinto del que lleva las cuentas por pagar comprueba los totales de la relación y compara las partidas individuales contra los registros respectivos? | | | | |

| Cuentas por pagar compras y gastos<br>Cuestionario para la revisión y evaluación del sistema de control interno | | | | |
|---|---|---|---|---|
| **Otros gastos** | **NA** | **SÍ** | **NO** | **MC** |
| ¿Las facturas que no sean por materiales o mercancías, por ejemplo, propaganda, honorarios, arrendamientos, gastos de viaje, etc., son aprobadas antes de su pago por los respectivos jefes de departamento? | | | | |
| ¿Se revisan tales facturas en cuanto a su necesidad y corrección, y son aprobadas por un empleado o departamento distinto de aquel en que se haya originado? | | | | |
| ¡Las cuentas por propaganda se comprueban periódicamente contra los avisos o propagandas, y las tarifas se comparan contra cotizaciones, etc.? | | | | |
| ¿Se comparan los cargos por concepto de propaganda contra los presupuestos y se obtienen explicaciones satisfactorias cuando se observan diferencias apreciables? | | | | |
| ¿La empresa tiene procedimientos satisfactorios para aprobar reembolsos por concepto de gastos de viaje y otros similares? | | | | |
| ¿Se ha designado a un empleado para llevar un registro de pagos periódicos, tales como arrendamientos, servicios, honorarios, etc., y él mismo los aprueba para prevenir que se omita su pago o que se paguen dos veces? | | | | |
| ¿Este empleado tiene la información necesaria para la aprobación de tales pagos? | | | | |
| ¿Existe una máquina porteadora de correo? | | | | |
| Si no existe, ¿se controlan los portes adecuadamente? | | | | |
| **Aprobación y pago** | | | | |
| ¿Un empleado, que no intervenga en su preparación o aprobación, revisa las facturas o comprobantes teniendo en cuenta que los documentos que las respaldan estén completos? | | | | |
| ¿Las facturas o documentos de soportes se suministran completos al encargado de firmar cheques y este los revisa antes de firmar? | | | | |
| Si se recibe una factura de un proveedor con quien no se haya negociado anteriormente, ¿se toman las medidas para asegurarse que tal proveedor no es ficticio? | | | | |
| ¿Se cancelan satisfactoriamente las facturas y demás documentos de soporte al tiempo de efectuar el pago, por o en presencia de quien firma el cheque? | | | | |
| ¿Se entregan los cheques firmados directamente a una persona distinta de quien los ha solicitado, preparado o registrado? | | | | |
| Preguntas adicionales: | | | | |
| Sección discutida con (nombre y puesto): | | | | |
| Sección preparada por: | Fecha: | | | |

Fuente: elaboración propia.

# 5.9 Nómina de salarios, liquidación y pago de prestaciones sociales

## 5.9.1 Introducción

Estos cuestionarios son una guía de las pruebas de cumplimiento, cuya extensión o alcance depende de la confianza en el sistema de control interno de la empresa. Las preguntas que figuran en el cuestionario para la Revisión y Evaluación del Control Interno se detallan en el mismo orden y bajo los mismos encabezamientos que los procedimientos de auditoría aplicables según las circunstancias.

## 5.9.2 Objetivo de las pruebas de cumplimiento

Determinar:

- Si se cumplen las normas legales relacionadas con la contratación, pago de salarios y liquidación de prestaciones sociales.
- Si se efectúan los descuentos y se hacen las retenciones sobre los sueldos y salarios conforme a lo establecido y prescrito por las normas legales.
- Si pueden inflarse de alguna manera las nóminas de sueldos y salarios.
- Si es posible pagar a los empleados y trabajadores por trabajos no realizados.
- Si existen otros errores en los cómputos de las nóminas de sueldos y salarios.
- Si los costos y gastos por prestaciones sociales son controlados y registrados adecuadamente.
- Si es posible la preparación y el pago de las nóminas de los ejecutivos, sin la debida aprobación.

## 5.9.3 Programa

Revisar y evaluar la solidez o debilidades del control interno y con base en esta evaluación:

a. Realizar las pruebas de cumplimiento y determinar la extensión y oportunidad de los procedimientos de auditoría aplicables de acuerdo con las circunstancias.

b. Preparar un memorándum con el resultado del trabajo, las conclusiones alcanzadas y los comentarios acerca de la solidez o las debilidades del control interno, que requieren de una acción inmediata o que son puntos apropiados para la carta de observaciones y recomendaciones.

**Tabla 32. Cuestionario sobre Nómina de salarios, liquidación y pago de prestaciones sociales**

**Empresa:**

**Período que cubre la auditoría:**

| Nómina de salarios, liquidación y pago de prestaciones sociales<br>Cuestionario para la revisión y evaluación del sistema de control interno | | | | |
|---|---|---|---|---|
| **Nota:** *anexe hojas adicionales para ampliar las respuestas cuando se requiera.* | | | | |
| **Registro de personal** | **NA** | **SÍ** | **NO** | **MC** |
| El archivo individual de cada trabajador contiene:<br>• fecha de entrada<br>• cambios, aumentos, etc., debidamente aprobados<br>• bases del sueldo o jornal<br>• pagos parciales de cesantías y autorizaciones de la oficina de trabajo<br>• autorizaciones para el descuento del salario<br>• acumulación de pagos de salarios y prestaciones de cada trabajador<br>• contrato de trabajo<br>• examen médico de ingreso y evidencia de la renuncia a que hubiere lugar<br>• aviso al i. s. s. para efectos de la inscripción del trabajador<br>• investigaciones efectuadas para la contratación del trabajador<br>• informaciones necesarias para dar cumplimiento a las disposiciones relativas a la retención de impuestos sobre salarios pagados<br>• otras informaciones para cumplir disposiciones legales | | | | |
| En caso afirmativo, estos archivos se guardan en forma tal que no tengan acceso a ellos personas que:<br>• preparen la nómina<br>• las aprueben<br>• o hagan su pago | | | | |
| ¿Se ha establecido que las autorizaciones, especialmente avisos de despido o retiro de empleados sean notificados prontamente al departamento de liquidación de nómina? | | | | |
| **Registros de tiempo** | | | | |
| ¿Los registros de tiempo u otras informaciones que sirvan de base para la preparación de las nóminas son preparados y llevados independientemente de quienes intervienen en su elaboración? | | | | |
| Los tiquetes por trabajo o destajo, tarjetas de tiempo, informes de producción, etc., sobre las cuales se basa el pago, son aprobados por un capataz o jefe de departamento que intervenga en:<br>• preparación de las nóminas<br>• el pago | | | | |
| Las horas extras y otras bonificaciones especiales son aprobadas por empleados que supervisan las actividades, pero que no:<br>• preparen las nóminas<br>• ni hagan el pago | | | | |

| Nómina de salarios, liquidación y pago de prestaciones sociales<br>Cuestionario para la revisión y evaluación del sistema de control interno | | | |
|---|---|---|---|
| **Nota:** *anexe hojas adicionales para ampliar las respuestas cuando se requiera.* | | | |
| **Preparación y comprobación de las nóminas** | | | |
| ¿Las personas que preparan la nómina y liquidan las prestaciones sociales tienen funciones independientes de la contratación o despido del personal? | | | |
| ¿Estas personas son independientes de las que efectúan la distribución contable de la nómina y las liquidaciones de prestaciones sociales? | | | |
| Se revisa la nómina y la liquidación de prestaciones sociales por empleados que no intervienen en su:<br>• preparación          • autorización          • pagos | | | |
| ¿La nómina y las liquidaciones de prestaciones sociales son aprobadas por un empleado responsable? | | | |
| Cuando sea práctico, como en el caso de empleados fijos, ¿los totales de la nómina corriente se reconcilian con las nóminas anteriores indicando los cambios? | | | |
| ¿La distribución contable de la nómina y las liquidaciones de prestaciones sociales son revisadas por alguien distinto del departamento de liquidación de nómina? | | | |
| **Pagos de nómina y prestaciones sociales** | | | |
| El pago, bien en cheque o en efectivo, es hecho por empleados que:<br>• no intervienen ni controlan la preparación de las nóminas<br>• no son responsables por la contratación o despido del personal<br>• no intervienen ni controlan las liquidaciones de prestaciones sociales<br>• no aprueban los informes de tiempo | | | |
| La cuenta bancaria de sueldos y liquidación de prestaciones sociales es reconciliada regularmente por un empleado que no tenga conexión alguna con la:<br>• preparación de la nómina          • entrega de cheque | | | |
| ¿Se comparan los endosos, al menos selectivamente, con las firmas de los empleados en el archivo? | | | |
| Cuando el pago se hace en efectivo, ¿se obtienen recibos? | | | |
| Si es así, ¿se comparan tales recibos con las firmas que aparecen en el archivo, por alguien independiente del departamento de liquidación de nóminas? | | | |
| ¿Se devuelven al cajero o a un departamento distinto del departamento de nóminas, los salarios o jornales y liquidaciones de prestaciones sociales no reclamados? | | | |
| ¿El empleado que efectúa el pago informa directamente a la contabilidad aquellos sueldos o jornales y prestaciones sociales no reclamados? | | | |
| Los salarios y prestaciones sociales no reclamados se pagan en una fecha posterior con base en:<br>• la presentación de evidencia apropiada sobre el empleo<br>• aprobación por un empleado que no sea responsable de la preparación de la nómina o del informe de tiempo | | | |
| Preguntas adicionales: | | | |
| Sección discutida con (nombre y puesto): | | | |
| Sección preparada por: | Fecha: | | |

# 5.10 Documentos por pagar y pasivos a largo plazo

## 5.10.1 Introducción

Estos cuestionarios son una guía de las pruebas de cumplimiento, cuya extensión o alcance depende de la confianza en el sistema de control interno de la empresa. Las preguntas que figuran en el cuestionario para la Revisión y Evaluación del Control Interno se detallan en el mismo orden y bajo los mismos encabezamientos que los procedimientos de auditoría aplicables según las circunstancias.

## 5.10.2 Objetivos de las pruebas de cumplimiento

Determinar si:

- La auditoría para autorizar préstamos corresponde a la junta directiva.
- Se requiere la firma de dos funcionarios para los contratos de préstamo, tanto para los documentos representativos de crédito como para el cheque de pago.
- Existen registros auxiliares para los documentos por pagar y créditos a largo plazo, incluyendo los intereses acumulados, y se concilian periódicamente con las cuentas de control.
- Existen controles físicos y contables para los documentos no expedidos, expedidos y cancelados, y otros que acreditan los préstamos u obligaciones.
- Existen procedimientos específicos escritos sobre los aspectos relativos a autorización, expedición y redención de documentos y créditos a largo plazo, intereses y pago de estos.

## 5.10.3 Programa

Revisar y evaluar la solidez o debilidades del control interno y con base en esta evaluación:

a. Realizar las pruebas de cumplimiento y determinar la extensión y oportunidad de los procedimientos de auditoría aplicables de acuerdo con las circunstancias.

b. Preparar un memorándum con el resultado del trabajo, las conclusiones alcanzadas y los comentarios acerca de la solidez o las debilidades del control interno, que requieren de una acción inmediata o que son puntos apropiados para la carta de observaciones y recomendaciones.

**Tabla 33. Cuestionario sobre Documentos por pagar y pasivo a largo plazo**

**Empresa:**

**Período que cubre la auditoría:**

| Documentos por pagar y pasivo a largo plazo<br>Cuestionario para la revisión y evaluación del sistema de control interno | | | | |
|---|---|---|---|---|
| **Nota:** *anexe hojas adicionales para ampliar las respuestas cuando se requiera.* | | | | |
| | NA | SÍ | NO | MC |
| ¿La junta directiva aprueba las obligaciones o pasivos no provenientes de las operaciones usuales de la empresa? | | | | |
| Las actas de la junta directiva especifican:<br>• el objeto del préstamo<br>• el nombre de los funcionarios facultados para obtener los préstamos, cuantía máxima y plazo<br>• garantía colateral que puede otorgarse, restricciones aceptables o contratos relativos | | | | |
| ¿Se requieren dos firmas autorizadas para la aceptación de documentos por pagar? | | | | |
| ¿La empresa lleva un registro de documentos y obligaciones por pagar? | | | | |
| ¿Los documentos por préstamos u obligaciones cancelados se conservan en el archivo, como soporte de los comprobantes de pago respectivos? | | | | |
| ¿El pasivo a largo plazo, representado en bonos emitidos por la empresa, se contrajo previo el lleno de los requisitos legales establecidos en el país? | | | | |
| Preguntas adicionales: | | | | |
| Sección discutida con (nombre y puesto): | | | | |
| Sección preparada por: | | Fecha: | | |

Fuente: elaboración propia.

# 5.11 Patrimonio de los accionistas

## 5.11.1 Introducción

Estos cuestionarios son una guía de las pruebas de cumplimiento, cuya extensión o alcance depende de la confianza en el sistema de control interno de la empresa. Las preguntas que figuran en el cuestionario para la Revisión y Evaluación del Control Interno se detallan en el mismo orden y bajo los mismos encabezamientos que los procedimientos de auditoría aplicables según las circunstancias.

## 5.11.2 Objetivo de las pruebas de cumplimiento

Determinar si:

- El registro de acciones se lleva de conformidad con las normas legales.
- El registro de acciones examina periódicamente y se concilia con la cuenta de control por personas diferentes a las encargadas de la expedición y la custodia de títulos.
- Las funciones relativas al manejo de títulos, en blanco y de la expedición de las acciones están segregadas.
- Los títulos en blanco están controlados en forma adecuada y custodiados físicamente.
- La función de pago de los dividendos decretados está segregada adecuadamente y existe un control independiente sobre los dividendos no cobrados y los cheques de dividendos devueltos.

Hacer una revisión y seguimiento periódicos de las estipulaciones de la escritura de constitución, de los estatutos sociales y de los contratos de préstamos que requieren el registro del pago de los dividendos.

## 5.11.3 Programa

Revisar y evaluar la solidez o debilidades del control interno y con base en esta evaluación:

a. Realizar las pruebas de cumplimiento y determinar la extensión y oportunidad de los procedimientos de auditoría aplicables de acuerdo con las circunstancias.

b. Preparar un memorándum con el resultado del trabajo, las conclusiones alcanzadas y los comentarios acerca de la solidez o las debilidades del control interno, que requieren de una acción inmediata o que son puntos apropiados para la carta de observaciones y recomendaciones.

## Tabla 34. Cuestionario sobre Patrimonio de los accionistas

**Empresa:**

**Período que cubre la auditoría:**

| Patrimonio de los accionistas<br>Cuestionario para la revisión y evaluación del sistema de control interno | | | | |
|---|---|---|---|---|
| **Nota:** *anexe hojas adicionales para ampliar las respuestas cuando se requiera.* | | | | |
| | **NA** | **SI** | **NO** | **MC** |
| ¿El capital social autorizado, así como los aumentos posteriores, han sido autorizados por la Superintendencia de Sociedades? | | | | |
| ¿La empresa tiene, para cada clase de acciones, un registro de accionistas y se concilia y verifica periódicamente con la cuenta de control del libro mayor por un funcionario distinto de los encargados de custodia? | | | | |
| ¿Existe una persona responsable por la expedición o traspaso de las acciones y la custodia de las acciones en blanco? | | | | |
| ¿La empresa tiene un talonario para toda clase de acciones? En caso contrario, describa el sistema de control utilizado. | | | | |
| ¿Los títulos en blanco y los talonarios de los títulos expedidos están prenumerados? | | | | |
| **Dividendos** | | | | |
| ¿Se verifican las restricciones contenidas en la escritura de constitución, las disposiciones legales y contratos de préstamos antes de que la asamblea general apruebe decretar dividendos? | | | | |
| ¿El pago de dividendos decretados se efectúa contra una cuenta bancaria especial, mantenida como fondo fijo para este propósito? | | | | |
| Preguntas adicionales: | | | | |
| Sección discutida con (nombre y puesto): | | | | |
| Sección preparada por: | | Fecha: | | |

Fuente: elaboración propia.

# CAPÍTULO 6

# MÉTODO NARRATIVO
# O DESCRIPTIVO

El método narrativo consiste en la descripción detallada de los procedimientos más importantes y las características del sistema de control interno, para las distintas áreas clasificadas por actividades, departamentos, funcionarios y empleados, junto con los registros y formularios que intervienen en el sistema.

Este método, aplicable en la auditoría de pequeñas empresas, requiere que el auditor que realiza el trabajo de evaluación tenga la suficiente experiencia para obtener la información necesaria y determinar el alcance del examen. El relevamiento se realiza mediante entrevistas y observaciones de cada uno de los principales documentos y registros que intervienen en el proceso, se presentan varios modelos de evaluación para áreas de balance o ciclos de operación para una mejor orientación de control interno.

Normalmente este método es utilizado juntamente con el de gráficos, con el propósito de entender mejor este último, ya que usualmente los solos gráficos no se entienden, de manera que es indispensable su interpretación de manera descriptiva.

En la primera auditoría que realiza el auditor, dentro de los papeles de trabajo "permanentes" o de carácter histórico, para resumir y entender el control interno existente, utiliza primariamente estos dos métodos y, ya cuando requiere evaluar de manera más extensa, utiliza el método de cuestionarios.

Se presentan en las siguientes páginas tres ejemplos de evaluación por el método narrativo o descriptivo, que evalúa el área de balance o por ciclos.

**Figura 44. Sistema de evaluación de control interno por descripción o memorando**

*Ref. A53.*

**Compañía abc s. a.**

Período terminado en dic 31/20XX

*Procedimientos para la evaluación del control interno en nóminas por horas*

Sistema de memorando o descriptivo

- Los nuevos empleados y los cambios en las cuotas de pagos son solicitadas por los supervisores de las secciones. Estas solicitudes son aprobadas por el nivel jerárquico correspondiente. La selección de personal contrata a los nuevos empleados y da trámite a las órdenes de cambio de cuotas sobre la base de las solicitudes aprobadas.

- Los empleados son requeridos a entrar y salir de la planta por una puerta específica y a marcar la tarjeta de asistencia. Se pasan diariamente los reportes de tiempo, que indican las órdenes o labores desarrolladas durante las horas de trabajo, a los tomadores de tiempo del Departamento de producción.

- Los tomadores de tiempo concilian diariamente los reportes de tiempo con las tarjetas de asistencia de los empleados. Las tarjetas de asistencia se pasan a la sección de nóminas y listas de raya al Depto. financiero. Después de aplicar las cuotas de pago, se pasa un resumen de las horas de la mano de obra y el costo de las órdenes de trabajo a la sección de contabilidad de costo del Depto. financiero.

- La sección de contabilidad de costos pasa los costos a las hojas de costos por órdenes de trabajo y prepara el asiento de los cargos de la nómina, el cual se pasa a la sección de contabilidad general.

- Mediante el empleo de las cuotas de pago y deducciones autorizadas en la nómina y lista de raya proporcionadas por la sección de personal y el tiempo suministrado por los tomadores de tiempo a la sección de nóminas y lista de raya, se prepara la nómina por horas, por el período correspondiente. Luego la sección de nóminas solicita una póliza para el pago neto y envía el registro de nóminas y los cheques de la nómina sin la firma del tesorero. El total del registro de nómina para el asiento por el crédito de la nómina se pasa a la sección de contabilidad general.

- La sección de contabilidad general registra el asiento de la nómina en el mayor general de los datos recibidos de la sección de nóminas y de la sección de contabilidad de costos.

- En el Depto. de tesorería se firma el cheque por el reembolso y se deposita en la cuenta bancaria para nóminas y listas de raya, se firman y comparan los cheques individuales de las nóminas y listas de raya con el registro de nómina, se estampa en el registro el sello de "pagado" y se devuelve a la sección de nóminas. Luego los cheques no reclamados por los empleados son regresados a la sección de nóminas para su custodia, posterior entrega o cualquier otra decisión que se requiera tomar.

Fdo, auditor: Roesga. Fecha: enero 20XX

Fuente: elaboración propia.

**Figura 45. Modelo de evaluación descriptivo de área de balance y de ciclos de adquisición**

*Ref. A56.*

Nombre de la compañía: **Cía. Industrial y Comercial S.A. Colombia**          Dic 21/XX

Nombre de los auditores: **Roesga**

**Bancos - revisión interina**
(en miles de pesos)

Bancos seleccionados:

Banco Popular - Central                     Extebandes - Provincia
Mes: Julio 20XX                             Mes: Septiembre 20XX
Según libros: $ 4.025                       Según libros: $ 4.969
Según extractos: $ 5.810                    Según extractos: $ 8.345

**Pruebas de cumplimiento y sustantivas elaboradas a las conciliaciones seleccionadas**

- Los cheques deben tener dos firmas, una de ellas siempre será la del gerente o del asistente del gerente.
- Los soportes son anulados con sellos de pagado.
- No se pueden firmar cheques en blanco.
- Las conciliaciones son revisadas por personas distintas a quienes las preparan.
- Normalmente no hay partidas conciliatorias importantes sin ajustar.
- Los comprobantes de desembolso están prenumerados y correlacionados con los números de los cheques consecutivamente.
- Se lleva un consecutivo de cheques en Tesorería y los originales en el archivo de contabilidad.
- Se efectúan los cálculos aritméticos horizontal y vertical.
- Se coteja contra libros.
- Se analizan las partidas conciliatorias.
- Se suman los libros de caja y bancos de los meses seleccionados.
- Se solicitan los extractos bancarios directamente; se reciben el del Banco Popular y el de Extebandes, se cruzan contra el recibido directamente por la empresa.
- Se cruzan contra extractos total y/o débito y crédito, y el saldo del mes anterior, para determinar la conciliación.
- Se revisa la conciliación establecida por la auditoría contra la preparada por la empresa (no se encontraron diferencias, sin embargo, se encuentra que en las conciliaciones bancarias no se acostumbra a anotar la fecha de las partidas pendientes, DEF no. 10).
- Se revisan visualmente entradas y salidas de caja: no se encuentran partidas sobresalientes (ampliada esta partida de ingresos A55, prueba de desembolso A52 y prueba de facturación C51).

**Conclusión**

Prueba interina de Banco: existe C1 adecuados y así mismo las operaciones de esta línea representan su verdad razonable de los procedimientos y registros contables respectivos.

Nov. 15/XX

Fuente: elaboración propia.

**Figura 46. Modelo de evaluación descriptivo de área de balance y ciclo de transformación**

*Ref. D15.*

Nombre de la compañía: **Cía. Industrial y Comercial S.A. Colombia**     Dic 31/XX

Nombre de los auditores: **Roesga**

Notas en relación con los inventarios físicos

Fecha del inventario: Dic. 30/20XX

Formación de grupos y supervisión (indique la posición que desempeñen en la compañía).
- Supervisor Dr. Julio Jiménez, jefe administrativo.
- Grupo A: Carlos Torres, Contabilidad; Rosa Ayala, Almacén.
- Grupo B: Mario Mora, Auditor interno, Pedro Hurtado, jefe de almacén.

Formas usadas en el conteo:
a. Tiquetes de conteo. NA por no ser numerosos.
b. Hojas de Conteo del No. 001 al No. 006, distribuidas en tres copias: una para supervisor y una para cada grupo de conteo.

1. ¿Se considera adecuado el control físico ejercido sobre las formas de conteo? (Descríbalo y dé su opinión).
2. "Sí, porque la localización de los productos estaba en el mismo orden de las hojas de conteo y con marcadores iban referenciando cada conteo".
3. ¿Los procedimientos aseguran que las existencias incluidas en las formas utilizadas en el conteo queden incorporadas por el inventario final valorizado?
4. "Si, según se explica en el numeral anterior y porque se practicaron dos conteos con marcadores de distinto color".
5. Disposición general de las mercancías
6. "Bueno, tomaron todas las precauciones antes de iniciar los conteos".
7. ¿Se cubrió sistemáticamente el área?
8. "Sí, por estar la mercancía en el mismo orden de las hojas de conteo como se explica en el numeral 1".
9. ¿Cómo se determinaron los pesos, medidas, etc.?
10. "Con base en las medidas del Kardex, dejándose claramente definidas en las hojas de conteo".
11. ¿Se hicieron conteos y se corrigieron las diferencias?
12. "Sí, bajo la dirección del supervisor, quien recibió las hojas de los dos conteos realizados y con un software se establecieron las diferencias y se procedió al reconteo".

**Conclusiones:**

1. ¿Se consideran adecuadas las instrucciones y se siguieron estrictamente?
2. "Sí y ellas fueron revisadas previamente y evaluado su cumplimiento durante el desarrollo del inventario, conciliación de diferencias, y se procedió al reconteo".
3. ¿Las pruebas y observaciones revelaron negligencias de importancia en la toma del inventario?
4. "No, fueron adecuadas".
5. Condición general de las mercancías (buena, dañada, obsoleta, etc.).
6. "Bueno, en términos generales con algunas excepciones, como se determinan en provisión, protección de inventarios".
7. Comprobación, valoración y pruebas aritméticas:
8. Saldos finales: Materia prima D16 $ 226.333.
9. D13 Productos en proceso.
10. D16 $ 555.819. D13 Artículos terminados.
11. D17 $ 64.669. D13 Materiales $ 3.070. D13

Preparado por: Giovanny Peñaranda - Enero 12/XX

Fuente: elaboración propia.

**Figura 47. Complemento al método descriptivo en apoyo al diagrama de flujo fijado**

Compañía ABC S.A.
(Evaluación del control interno método gráfico)
Ciclo de adquisición y pagos
Diagrama de procedimientos para nómina por horas
Período terminado en _____

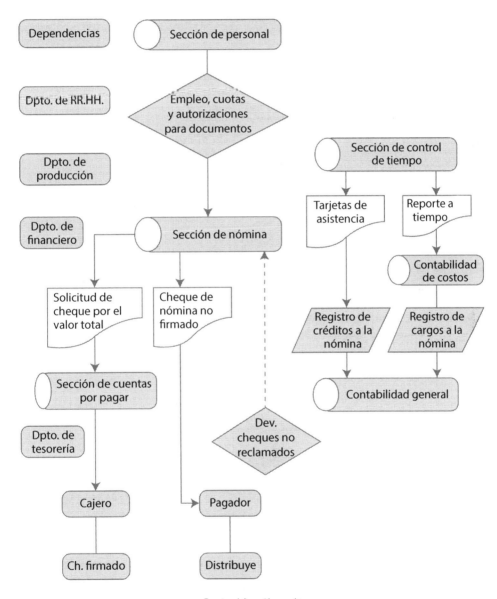

Fuente: elaboración propia.

# Cuestionario

- ¿Cuáles son los objetivos de las pruebas de cumplimiento de información general?
- Analice y prepare la revisión y evaluación del control interno de la empresa auditada de información general.
- ¿Cuáles son los objetivos de las pruebas de cumplimiento de caja y bancos?
- Analice y prepare la revisión y evaluación del control interno de la empresa auditada de caja y bancos.
- ¿Cuáles son los objetivos de las pruebas de cumplimiento de cuentas por cobrar, ventas y cobranzas?
- Analice y prepare la revisión y evaluación del control interno de la empresa auditada de cuentas por cobrar, ventas y cobranzas.
- ¿Cuáles son los objetivos de las pruebas de cumplimiento de inventarios?
- Analice y prepare la revisión y evaluación del control interno de la empresa auditada de inventarios.
- ¿Cuáles son los objetivos de las pruebas de cumplimiento de gastos anticipados, cargos diferidos y otros activos?
- Analice y prepare la revisión y evaluación del control interno de la empresa auditada de gastos anticipados, cargos diferidos y otros activos.
- ¿Cuáles son los objetivos de las pruebas de cumplimiento de propiedades, planta y equipo?
- Analice y prepare la revisión y evaluación del control interno de la empresa auditada de propiedad, planta y equipo.
- ¿Cuáles son los objetivos de las pruebas de cumplimiento de inversiones realizables y otras inversiones?
- Analice y prepare la revisión y evaluación del control interno de la empresa auditada de inversiones realizables y otras inversiones.
- ¿Cuáles son los objetivos de las pruebas de cumplimiento de cuentas por pagar, compras y gastos?
- Analice y prepare la revisión y evaluación del control interno de la empresa auditada de cuentas por pagar, compras y gastos.
- ¿Cuáles son los objetivos de las pruebas de cumplimiento de nómina de salarios, liquidación y pago de prestaciones sociales?
- Analice y prepare la revisión y evaluación del control interno de la empresa auditada de nómina de salarios, liquidación y pago de prestaciones sociales.
- ¿Cuáles son los objetivos de las pruebas de cumplimiento de documentos por pagar y pasivos a largo plazo?
- Analice y prepare la revisión y evaluación del control interno de la empresa auditada de documentos por pagar y pasivos a largo plazo.
- ¿Cuáles son los objetivos de las pruebas de cumplimiento de patrimonio de los accionistas?
- Analice y prepare la revisión y evaluación del control interno de la empresa auditada de patrimonio de los accionistas.
- ¿Qué se entiende y cómo se utiliza el método narrativo o descriptivo?
- ¿En qué momento de la auditoría normalmente es utilizado el método descriptivo?
- Presente un ejemplo del método descriptivo para evaluar la nómina.
- Presente un ejemplo del método descriptivo para evaluar un inventario físico.
- Presente un ejemplo del método descriptivo para evaluar cuentas por cobrar clientes.

# PARTE 6
## INFORME DE CONTROL INTERNO POR EL AUDITOR INTEGRAL

El auditor o revisor fiscal presentan informes cuando tengan sugerencias o recomendaciones que surjan del curso de su revisión en el cumplimiento de sus funciones. Para que estos informes cumplan con el requisito de la oportunidad, se emitirán comunicaciones o informes con las observaciones que resulten de su trabajo; tales informes normalmente se rendirán a la junta directiva o a la gerencia, y en caso extremo a la asamblea o junta de socios.

Incluye tres capítulos:

- Excepciones, deficiencias e inconsistencias comunes de control interno.
- Carta modelo de memorando de control interno.
- Deficiencias más comunes de control interno en entidades financieras.

# CAPÍTULO 1

# EXCEPCIONES, DEFICIENCIAS E INCONSISTENCIAS COMUNES DE CONTROL INTERNO

Como valor agregado, por parte del auditor, debe prepararse un memorando de control interno o una carta de recomendaciones, basado en los resultados de la evaluación de control interno. En esta evaluación se detectan situaciones inconvenientes, deficiencias, errores, inconsistencias y posibles excepciones de control interno, que deben ser informadas y analizadas en borrador inicialmente, para lograr una seguridad plena de su detección y así no indicar aspectos fácilmente refutables, lo que conduciría a la pérdida del peso profesional del auditor y por tanto credibilidad.

No hay distinción, de parte de los auditores, en el uso de los términos en auditoría entre inconsistencia, excepción de control interno y deficiencia. Para el efecto, se exponen las definiciones de dichos términos:

- Inconsistencia: los errores matemáticos; clasificaciones contables erradas; errores de codificación, de registro, inadecuados o falta de soportes contables, etc., que afectan los estados financieros históricos; reexpresados; e información estadística, económica y tributaria que representan inconsistencias.

- Excepciones de control interno: existen principios de control interno generales y específicos, así como procedimientos internos preestablecidos y disposiciones legales, enmarcados en las disposiciones de cumplimiento, que deben cumplirse. Cuando existen desviaciones o violaciones de ellas, se consideran excepciones de control interno.

- Deficiencias de control interno: cualquier falla encontrada, situación indelicada, aspecto administrativo, inconveniente u otra situación que afecte la salvaguarda de activos, que no se enmarque en las definiciones de inconsistencias o excepción, se considera deficiencia de control interno.

Con base en la experiencia personal y en la de diferentes auditores y autores, se efectuó una recopilación de inconsistencias, excepciones y deficiencias de control interno, y se agruparon por ciclos transaccionales y por aspectos generales y administrativos.

En el caso de encontrarse irregularidades que puedan convertirse en fraudes, estas no se incluyen en un memorando global sino en un informe especial, en el cual se explique la profundización dada a la investigación, los documentos revisados de manera interna y externa, las técnicas de auditoría requeridas a fin de asegurar las conclusiones y determinar las posibles responsabilidades de los ejecutantes de la operación.

A continuación, se presentan las deficiencias, inconsistencias y excepciones de control interno clasificadas por ciclos transaccionales, para entidades comerciales, manufactureras y sin ánimo de lucro.

## 1.1 Ciclo de informe financiero

1. Registros inadecuados: no se cuenta con el registro de utilidades de cada ejercicio, así como el registro de deudas, créditos y efectivo en moneda extranjera.
2. Contabilidad atrasada: existe un atraso considerable en la contabilidad, motivado por la gran cantidad de operaciones realizadas.
3. Informe insuficiente: la información proporcionada a la dirección es insuficiente.
4. No hay formas preimpresas para informes: no se cuenta con formas preimpresas para la preparación de estados financieros e informes.
5. Catálogo de cuentas desactualizado: el catálogo de cuentas en uso por la empresa no satisface las necesidades actuales de registro.
6. No hay conciliación periódica - Grupo: no se llevan a cabo conciliaciones de saldos periódicos con las compañías del Grupo.
7. No hay autorizaciones - Grupo: no existe autorización formal de las operaciones entre las compañías del Grupo.
8. Comunicación inadecuada sucursales: no existe una adecuada comunicación con las sucursales de la empresa.
9. No hay gráfico de sistema de contabilidad: el sistema de contabilidad no se refleja en gráficas o memorándum.
10. Archivo contable inadecuado: no se cuenta con un adecuado sistema de archivo de la documentación contable.
11. No hay sistemas automatizados: es conveniente implantar sistemas automatizados.

12. Extemporaneidad registro m/e: operaciones en moneda extranjera.

13. Utilidad fiscal en cuentas de orden: conviene registrar el importe de la cuenta de utilidad fiscal en cuentas de orden.

14. Sin control depreciación fiscal: la depreciación fiscal debe controlarse adecuadamente.

15. No elabora análisis financiero: conviene efectuar análisis financiero periódicamente.

16. Estados financieros sin ajustar por inflación: es conveniente llevar a cabo la reexpresión de estados financieros.

17. No hay reservas para primas de antigüedad: conviene crear la reserva para primas de antigüedad del personal.

18. Sobregiros bancarios sin aplicar niif: la presentación de los sobregiros bancarios en los estados financieros no se apega a lo establecido en las normas internacionales de información financiera (niif).

19. No reclasificación de cuentas: las cuentas de deudores y acreedores diversos no deben controlarse en una sola cuenta.

20. Contabilizaciones incorrectas: no se afectan en forma correcta los auxiliares de clientes por las notas de crédito emitidas.

21. Gastos no deducibles para fines fiscales: los incrementos a la estimación para cuentas de cobro dudoso no son deducibles para fines fiscales.

22. iva en venta inmuebles no contabilizada: no se pagó el iva en las ventas de bienes muebles usados.

23. Cuadre auxiliar - Mayor: se recomienda que los auxiliares de documentos y cuentas por cobrar sean cotejados mensualmente con el libro mayor.

24. Estados cuenta clientes: conviene enviar periódicamente estados de cuenta a los clientes.

### 1.1.1 Inventarios y costo de ventas

1. Falta de uniformidad en el método de inventario: el método de valuación de inventarios no es consistente con el método utilizado en ejercicios anteriores.

### 1.1.2 Propiedades y equipo

1. *Leasing* sin registro: los bienes adquiridos a través de arrendamiento financiero no fueron registrados correctamente.

2. Bajas de equipos sin registro: las bajas de equipo de transporte no se registraron.

3. Avalúos oficiales: el avalúo del activo fijo no se ajusta a los requerimientos legales.

4. Sin avalúos propiedades y equipo: es conveniente practicar un avalúo a las propiedades y equipo.

5. Errores componentes inflacionarios: el cálculo del componente inflacionario para efectos del impuesto sobre la renta presenta varios errores.

6. Intereses por anticipado sin control: no se lleva un adecuado control de los intereses pagados por anticipado.

7. Garantías sin revelar: los estados financieros de la empresa no revelan las garantías otorgadas para el cumplimiento de los préstamos.

8. Calendario obligaciones fiscales: no se cuenta con un calendario de obligaciones fiscales.

9. Declaración de renta incorrecta: las declaraciones de impuestos no son elaboradas en forma correcta.

10. Repartición de utilidades directivos y administradores: los directivos y administradores de la empresa no tienen derecho a participar en las utilidades de esta.

11. Se cancelaron utilidades ejercicios anteriores: la participación de utilidades no cobrada correspondiente a ejercicios anteriores no debe cancelarse.

12. Inadecuada contabilización de primas de antigüedad: los cargos a la reserva para primas de antigüedad del personal no se han considerado como partidas deducibles para fines fiscales.

13. Sin depurar impuestos por pagar: es necesario depurar algunas cuentas de impuestos por pagar.

14. Clasificación de obligaciones: conviene separar las obligaciones de la empresa a corto y largo plazo.

15. No hay contabilización reserva legal: no se ha constituido la reserva legal.

16. Sin contabilización patrimonio: no se ha efectuado la integración del capital social y las utilidades acumuladas para efectos de reexpresión.

17. Sin contabilización cuenta de utilidad fiscal oportuna: no se ha efectuado el cálculo del saldo de la cuenta de utilidad fiscal neta.

18. Libro actas fuera del domicilio: el libro de actas de asambleas de accionistas debe encontrarse en el domicilio de la empresa.

19. Actas asamblea sin firma: las actas de asamblea de accionistas deben ser firmadas por los asistentes.

20. No hay registro de utilidades: es necesario llevar el registro de utilidades.

### 1.1.3 Gastos de operación

1. Incumplimiento requisitos fiscales en compras y gastos: no se cumplen los requisitos fiscales necesarios para la deducción de los gastos de operación.

2. Sin control del presupuesto: no se efectúan comparaciones y explicaciones a desviaciones entre el presupuesto de gastos y lo real incurrido.

3. Razonabilidad gastos: no se vigila la razonabilidad de algunos gastos de operación.

4. Extemporaneidad declaración salarios: la declaración anual de sueldos y salarios pagados no se elabora en forma oportuna.

5.  Conciliaciones fiscales contables: conviene efectuar conciliaciones entre las bases del pago de impuestos y los registros contables.

6.  Registros auxiliares no adecuados: conviene mejorar los registros contables de gastos.

7.  Clasificación conceptos nómina: conviene utilizar subcuentas específicas para los conceptos que forman parte de sueldos y salarios.

8.  Falta de información oportuna: se tienen saldos de proveedores con antigüedad mayor de un año y saldos deudores.

## 1.1.4 Aspectos administrativos

1.  Descoordinación de departamentos: es notable la falta de coordinación entre los departamentos.

2.  Sin delimitación de funciones y responsabilidades: no se ha definido la delimitación y asignación de funciones y responsabilidades a cada departamento.

3.  Manuales sin utilizar: los manuales de organización y procedimientos no son utilizados.

4.  Debilidades de auditoría interna: el departamento de auditoría interna no ejerce funciones propias de su área.

5.  Auditoría interna mal ubicada: el departamento de auditoría interna no debe depender de contraloría.

6.  Medidas inadecuadas seguridad activos: la empresa no cuenta con las medidas de seguridad adecuadas para la protección de sus activos.

7.  No hay reglamento interno de trabajo: la empresa no ha elaborado un reglamento interno de trabajo.

8.  No hay manual de organización: conviene elaborar un manual de organización.

9.  Control inadecuado de seguro: de debe mejorar el control de las pólizas contabilizadas.

10. Falta de comunicación entre secciones: no se ha establecido una adecuada comunicación entre el departamento de personal y el de contabilidad.

11. No segregación de funciones: las funciones de venta y cobranza no deben ser efectuadas por la misma persona.

12. Políticas de créditos inadecuadas: las políticas de crédito no son debidamente fijadas.

13. Control inadecuado de cobranzas: la sucursal no cuenta con un adecuado control de cobranzas.

14. Falta de aplicación procedimientos: no han sido investigadas y aclaradas las diferencias resultantes del arqueo practicado por la auditoría interna.

15. No hay aplicación de las normas contables: los anticipos a proveedores no deben considerarse como cuentas por cobrar.

16. Fondos de empleados: conviene estudiar la posibilidad de implantar fondos de ahorro.

17. Incumplimiento de normas expedidas por autoridades fiscales: no se presentó aviso ante las autoridades fiscales para la destrucción de inventarios.

18. No hay control de entrada y salida: no se ha definido cuál es el personal que tiene acceso al almacén.

### 1.1.5 Aspectos tributarios y otros

1. No hay aplicación de las normas tributarias: la determinación del pago provisional de impuesto sobre la renta por el mes de junio no se apega al procedimiento que indica la ley.

2. Inexactitud de declaración de renta: los ingresos declarados para el pago provisional del impuesto sobre la renta por el mes de diciembre fueron menores a los reales.

3. Inadecuada contabilización de primas de antigüedad: la provisión para primas de antigüedad al personal no se presenta en forma correcta.

4. No hay títulos expedidos de las acciones de la empresa: aún no se han expedido los títulos de acciones.

5. Los libros de actas presentan atraso: los acuerdos tomados en asambleas de accionistas no son asentados oportunamente en el libro de actas correspondiente.

6. Información incompleta ingreso personal: no se solicita al personal de nuevo ingreso la información correspondiente a los ingresos percibidos e impuestos retenidos en otros empleos.

7. Sin evidencia autorización sueldos: no existe evidencia de la autorización de sueldos de gerentes de sucursal.

8. Estados financieros no transparentes: los estados financieros de la empresa no revelan las garantías otorgadas para el cumplimiento de los préstamos.

9. Descoordinación informativa: no se cuenta con un calendario de obligaciones fiscales.

10. Declaraciones inexactas: las declaraciones de impuestos no son elaboradas en forma correcta.

## 1.2 Ciclo de adquisición y pago: compras

1. Registro de firmas de sucursal: no se cuenta con un registro de firmas del personal responsable en cada sucursal.

2. Comprobantes de pago sin firma de recibido: las personas que reciben cheques deben firmar de recibido.

3. Registro de firmas mancomunadas: la empresa no tiene registradas firmas mancomunadas en las cuentas bancarias.

4. Conciliaciones bancarias sin evidencia de revisión: no se deja en las conciliaciones bancarias evidencia de quien las elabora, revisa y autoriza.

5. Conciliaciones bancarias descuadradas: los saldos de las conciliaciones bancarias no coinciden con los saldos que indica el libro mayor en la sucursal AA.
6. Sin asegurar fondos fijos: la empresa no cuenta con fianzas o recibos que amparen los fondos fijos en poder del personal.
7. Uso inadecuado caja matriz: el fondo de caja de la oficina matriz no debe estar formado por cantidades de importancia.
8. Firmas no canceladas bancos: no se sigue la política de cancelar las firmas autorizadas para girar cheques de las personas que ya no prestan servicios a la empresa.
9. Cuentas bancarias a nombre de terceros: no deben incluirse cuentas de cheques de personas físicas en la contabilidad.
10. Pagos en efectivo: debe establecerse un límite para pagos en efectivo.
11. Cheques expedidos a beneficiarios diferentes: los cheques deben expedirse a favor del beneficiario correspondiente.
12. Cheques sin protección: las chequeras deben encontrarse debidamente protegidas.
13. Cheques no anulados: conviene cancelar cheques expedidos y no cobrados con cierta antigüedad.
14. Firmas en cheques no mancomunadas: las firmas autorizadas para expedir cheques deben ser mancomunadas.
15. Conciliaciones bancarias sin autorizar: las conciliaciones bancarias deben mostrar evidencia de su autorización.
16. Saldos M/E sin actualización: los saldos en moneda extranjera deben actualizarse periódicamente.
17. Sin presupuesto compras: conviene elaborar presupuestos de compras de materia prima.
18. Reparación capitalizada: las reparaciones ordinarias de la maquinaria no son capitalizables.
19. Archivo inadecuado de facturas de propiedades: las facturas de propiedades y equipo deben archivarse en un expediente específico.
20. Cobertura inadecuada equipo: conviene contar con una adecuada cobertura de seguros para el equipo de transporte.
21. Soporte sin inutilizar: los documentos originales que se pagan no se cancelan con sello fechador de pagado.
22. Cuentas de proveedores antiguos: se tienen saldos de proveedores con antigüedad mayor de un año y saldos deudores.
23. Sin conciliar proveedores: conviene efectuar conciliaciones de saldos con proveedores.
24. Pasivos sin registrar: los pasivos deben registrarse al tomar posesión de la mercancía.
25. Clasificación inadecuada de pasivos: presentación inadecuada de los pasivos.

26. Soportes sin autorizaciones: los comprobantes de gastos no cuentan con evidencia de la autorización formal para su pago.

27. Desorden de la aplicación de gastos: no existe un criterio definido en cuanto a la aplicación de los gastos en subcuentas.

28. Gastos de ejercicios anteriores: los gastos de operación del ejercicio anterior no deben registrarse en el Patrimonio.

29. Comprobantes pagados sin anular: los comprobantes deben cancelarse con sello fechador de pagado.

30. Incumplimiento de requisitos fiscales de gastos: los gastos deben cumplir con requisitos fiscales.

31. Legalización de gastos de viaje: conviene elaborar liquidaciones de gastos de viaje.

32. Falta de control interno: los documentos originados que se pagan no se cancelan con sello fechador de pagado.

## 1.3 Ciclo de adquisición y pago: nómina

1. Cuentas de empleados y funcionarios no depuradas: no se ha efectuado una depuración a fondo de la cuenta de funcionarios y empleados.

2. Control de asistencia del personal: no existe un control que permita verificar la asistencia del personal.

3. Nómina sin autorización: las nóminas deben contar con evidencia de su autorización.

4. Segregación inadecuada de deberes: debe existir separación de labores entre quien elabora las nóminas y quien paga los sueldos.

5. *Software* para nómina: debe implantarse un programa de nóminas para un adecuado control de percepciones.

6. Fólder de personal incompletos: los expedientes del personal deben constituir un historial completo.

7. Retefuente incorrecta: las retenciones de impuesto al personal deben efectuarse correctamente.

8. IVA errado: liquidaciones bimestrales del IVA erradas.

## 1.4 Ciclo de tesorería

1. Cobertura inadecuada de empleados de manejo: la persona responsable de la custodia de efectivo debe estar afianzada.

2. Causación extemporánea intereses ganados: la empresa no registra los intereses ganados por inversiones de realización inmediata.

3. No hay control en obligaciones en poder de abogados: no se cuenta con un adecuado control de las cuentas en poder de abogados.

4. Intereses capitalizados erradamente: los intereses pagados por financiamiento de la construcción del edificio no deben capitalizarse cuando el bien ya está en condiciones de uso.

5. Control propiedad y equipo: el control de las propiedades y equipo es susceptible de mejorarse.

6. No hay aproximación de cifras: los factores (de ajuste y actualización) determinados para efectos fiscales son considerados con todos los decimales que resultan.

### 1.4.1 Pasivo

1. Obligaciones financieras sin conciliar: no se han efectuado conciliaciones con las instituciones de crédito que han otorgado préstamos a la empresa.

2. Presentación inadecuada de capital: el capital no colocado debe presentarse disminuyendo el capital social.

3. No confirmaciones de saldos: no se han efectuado conciliaciones con las instituciones de crédito que han otorgado préstamos a la empresa.

4. No hay control de cajas sucursales: no existe un control adecuado de los fondos de caja de las sucursales.

5. Bienes ociosos sin castigo: la inversión en bienes ociosos no debe mantenerse.

6. Fondo de caja con fallas de control: el control del fondo de caja es susceptible de mejorarse.

## 1.5 Ciclo de transformación

1. Notas crédito no elaboradas por devolución mercancías: deben elaborarse notas de crédito.

2. Inventarios obsoletos: no se ha creado una estimación para inventarios obsoletos o de lento movimiento.

3. Instrucciones de inventario físico no aplicadas: el inventario físico no se llevó a cabo de acuerdo con el instructivo elaborado para tal efecto.

4. Movimiento de almacén sin control: no se controla la documentación de entrada y salida del almacén en la sucursal.

5. Kardex de almacén atrasado: el Kardex del almacén se encuentra considerablemente atrasado.

6. Diferencia de inventario sin aclarar: las diferencias resultantes del inventario físico no han sido investigadas ni aclaradas.

7. Traslado de artículos en proceso: no existe un adecuado control de la mercancía enviada a proceso.

8. Descuido de inventario: no existe el debido cuidado en la preparación y elaboración de los listados valuados de inventario.

9. Sin planeación de inventarios: los inventarios físicos deben ser planeados.

10. Sistema de costos: es necesario establecer un adecuado sistema de costos.

11. Artículos obsoletos o de lento movimiento: es recomendable preparar informes sobre los artículos obsoletos o de lento movimiento.

12. Exceso de depreciación fiscal: la depreciación fiscal de automóviles no se sujeta a los límites de inversión establecidos.

13. Bienes depreciables sin control: no existe un control adecuado de los bienes depreciables.

14. Cálculos errados de depreciación: la depreciación de los bienes debe ajustarse a la realidad.

15. Mejoras llevadas a activos fijos: las mejoras a locales arrendados no deben presentarse en el activo fijo.

## 1.6 Ciclo de ingresos

1. Documentos no protegidos: las facturas y documentos por cobrar a clientes no se encuentran físicamente en un lugar apropiado.

2. Falta de pólizas de manejo: las personas encargadas de depositar la cobranza en bancos no se encuentran afianzadas.

3. Remisión sin firma de recibido: no se recaba la firma de recibido del cliente en las notas de remisión, al momento de entregar la mercancía correspondiente, en todos los casos.

4. Factura sin control consecutivo: no existe un control adecuado de la secuencia numérica de las facturas.

5. Ventas por debajo del costo: no deben efectuarse ventas a precio inferior al del costo.

6. Arqueos de cartera: deben practicarse arqueos periódicos de cartera.

7. Evidencia de documentos descontados: debe obtenerse evidencia suficiente de los documentos enviados a descuento.

8. Estimación de cuentas dudosas: conviene crear la estimación para cuentas de cobro dudoso.

9. Cancelación de cuentas incobrables: la cancelación de saldos por cuentas incobrables debe efectuarse por escrito.

10. Cuentas de orden castigadas: las cancelaciones de saldos por cuentas incobrables deben controlarse en cuentas de orden.

11. Clasificación de cuentas por cobrar: deben separarse las cuentas y documentos por cobrar a corto y largo plazo.

12. Facturas no resguardadas: las facturas no utilizadas deben conservarse en un lugar seguro.

13. Ventas no discriminadas: conviene separar las ventas por líneas de productos en la contabilidad.

# Cuestionario

- Adicionalmente al Dictamen del Auditor Externo, ¿qué debe prepararse para la administración como valor agregado?

- ¿Qué es un memorando de control interno?

- ¿Qué se entiende por una carta de recomendaciones?

- ¿Cómo deben ser informadas las deficiencias, excepciones o inconsistencias antes de presentarlas de manera definitiva?

- ¿Por qué deben presentarse las deficiencias, excepciones o inconsistencias en borrador antes de entregarlas de manera definitiva?

- ¿Qué se entiende como inconsistencia contable o tributaria? Determine cinco ejemplos.

- ¿Qué se entiende como excepción de control interno? Determine cinco ejemplos.

- ¿Qué se entiende como deficiencia de control interno? Determine cinco ejemplos.

- En el caso de encontrarse irregularidades o errores intencionales que puedan ser fraudes, se deben incluir en el memorando de control interno, si se encuentran, ¿qué debe hacerse?

- De los ítems que están relacionados al final del Ciclo de Informe Financiero, ¿cuáles son inconsistencias, excepciones o deficiencias de control interno? Las Nos. 2, 5, 7, 9, 13, 16, 19, 20 y 24.

- De los ítems que están relacionados al final de Propiedad, Planta y Equipo, ¿cuáles son inconsistencias, excepciones o deficiencias de control interno? Las Nos. 2, 5, 7, 9, 13, 16, 19, 20 y 24.

- De los ítems que están relacionados al final del Ciclo de Informe Financiero, ¿cuáles son inconsistencias, excepciones o deficiencias de control interno? Las Nos. 2, 5, 7, 9, 11, 13, 16, 19, 20.

- De los ítems que están relacionados al final de Gastos de Operación, ¿cuáles son inconsistencias, excepciones o deficiencias de control interno? Las Nos. 1, 3, 5 y 7.

- De los ítems que están relacionados al final de Aspectos Administrativos, ¿cuáles son inconsistencias, excepciones o deficiencias de control interno? Las Nos. 2, 5, 7, 9, 13, 16, 19, 20 y 24.

- De los ítems que están relacionados al final de Pagos Anticipados, ¿cuáles son inconsistencias, excepciones o deficiencias de control interno? Las Nos. 1, 3, 5, 7 y 9.

- De ítems que están relacionados al final del Ciclo de Adquisición y Pago: Compras, ¿cuáles son inconsistencias, excepciones o deficiencias de control interno? Las Nos. 2, 5, 7, 9, 13, 16, 19, 20 ,24, 27, 29 y 32.

- De los ítems que están relacionados al final del Ciclo de Adquisición y Pago: Nómina, ¿cuáles son inconsistencias, excepciones o deficiencias de control interno? Las Nos. 1, 3, 5, 7 y 8.

- De los ítems que están relacionados al final del Ciclo de Tesorería, ¿cuáles son inconsistencias, excepciones o deficiencias de control interno? Las Nos. 1, 3, 5 y 6.

- De los ítems que están relacionados al final del Pasivo, ¿cuáles son inconsistencias, excepciones o deficiencias de control interno? Las Nos. 1, 2, 4 y 6.

- De los ítems que están relacionados al final del Ciclo de Transformación, ¿cuáles son inconsistencias, excepciones o deficiencias de control interno? Las Nos. 2, 5, 7, 9, 13 y 15.

- De los ítems que están relacionados al final del Ciclo de Ingresos, ¿cuáles son inconsistencias, excepciones o deficiencias de control interno? Las Nos. 2, 5, 7, 9, 11 y 13.

- Si va a preparar un memorando de control interno por áreas de balance, ¿cómo clasificaría las inconsistencias, excepciones y deficiencias de control interno que aparecen en el capítulo 1 de la Parte Sexta? El orden por áreas de balance:

  ¤ Caja y Bancos.

  ¤ Deudores.

  ¤ Inventarios.

  ¤ Gastos pagados por anticipado.

  ¤ Propiedad, planta y equipo.

  ¤ Otros activos.

  ¤ Pasivos.

  ¤ Patrimonio.

  ¤ Cuentas de resultado.

  ¤ Aspectos administrativos y logísticos.

# CAPÍTULO 2

# CARTA MODELO DE MEMORANDO DE CONTROL INTERNO

Se describen los siguientes modelos de carta de presentación del memorando de control interno:

A los accionistas de la Sociedad Hipotética S.A.

Como parte de mis funciones en tanto auditor o revisor fiscal de la entidad, revisé e hice pruebas al sistema de control interno con el alcance que consideré necesario para evaluarlo, según lo requerido por las normas de auditoría generalmente aceptadas. El propósito de esta evaluación, de acuerdo con esas normas, fue establecer una base de confianza en el control interno adoptado para lograr el cumplimiento de los objetivos de la entidad.

Al considerar la efectividad en cualquier sistema de control interno, hay que tener en cuenta ciertas limitaciones que les son inherentes. Tales limitaciones pueden suceder por (1) interpretación errónea de las instrucciones, errores de juicio, descuidos y otros factores humanos que pueden causar errores; (2) colusión o confabulación de dos o más personas para restarle efectividad a aquellos controles que dependen de la segregación de funciones; y (3) determinaciones intencionales de la gerencia que deterioren los procedimientos de control relacionados con la ejecución y registros de transacciones, o respecto a estimaciones y juicios requeridos para la preparación de estados financieros. Además, la efectividad de los controles internos varía de un período a otro, debido a cambios en las condiciones o al debilitamiento del cumplimiento de los procedimientos establecidos.

Mi estudio y evaluación del sistema de control interno no descubrirá necesariamente todas las debilidades del sistema. Sin embargo, estimo que el sistema de contabilidad y los controles internos, excepto por las deficiencias que se exponen más adelante, se consideran adecuados para salvaguardar sus activos y los de terceros en su poder. Mi apreciación se basa en la revisión del sistema y de los controles internos existentes en el momento de mi examen. Tal estudio y evaluación indicaron las siguientes situaciones que constituyen debilidades importantes.

Si las deficiencias son tan significativas que se considera que el informe con excepción no es el más aconsejable, podría redactar el tercer párrafo de su opinión en los siguientes términos:

> Mi estudio y evaluación del sistema de control interno no descubriría necesariamente todas las debilidades del sistema. Sin embargo, estimo que el sistema de contabilidad y los controles internos, cuando se fortalezcan por las recomendaciones expuestas más adelante, se considerarán adecuados para salvaguardar sus activos y los de terceros en su poder. Mi apreciación se basa en la revisión del sistema y de los controles internos existentes en el momento de mi examen. Tal estudio y evaluación indicaron las siguientes situaciones que considero constituyen debilidades importantes.

Otro modelo de memorando de control interno es el siguiente:

> Lugar y fecha
>
> Señores Junta Directiva o Consejo de Administración
>
> **CIA X S.A.**
>
> Presente
>
> Con la revisión de los estados financieros de la Cía. X S.A. por el año terminado el 31 de diciembre de 20XX, hemos evaluado la estructura de control interno de la compañía, para tener una base sobre la cual determinar la naturaleza, extensión y oportunidad de los procedimientos de auditoría que consideramos necesarios en las circunstancias.
>
> La evaluación de control interno fue realizada en cumplimiento de las normas de auditoría generalmente aceptadas y no con el propósito de evaluar la eficacia y eficiencia operativa ni de detectar errores o irregularidades, esto último se presenta como "valor agregado de auditoría".
>
> Se presentan algunas sugerencias constructivas para consideración de la administración, como parte del proceso continuo de modificación y mejoramiento de la estructura de control interno existente y de otras prácticas y procedimientos administrativos y financieros comentados en detalle con los directivos de la empresa.
>
> Los asuntos tratados aquí, considerados durante nuestro examen, no modifican nuestra opinión fechada el 3 de marzo de 20XX sobre tales estados financieros. El informe adjunto también incluye comentarios y sugerencias con respecto a otros asuntos financieros y administrativos, los cuales notamos durante el curso de nuestro examen de los estados financieros.
>
> Este informe es para uso exclusivo de la administración de la compañía y no debe ser utilizado con ningún otro fin.
>
> Muy atentamente,
>
> Firma del C.P.

A continuación, se presenta un ejemplo del listado anexo al memorando de control interno:

## 1. Ciclo de tesorería

**Comprobante de ingresos sin prenumerar:** los comprobantes de ingresos son utilizados sin numeración previa.

**R/** Los comprobantes de ingresos a caja son la fuente básica de control de ingreso físico a caja, por lo tanto, su utilización sin numeración previa puede ocasionar anomalías en el ingreso del efectivo, debido a que se podrían presentar desvíos de dinero, ya que se pierde el control. Se recomienda la utilización de tales documentos en forma prenumerada y consecutiva.

**Cheques no cruzados restrictivamente:** se giran los cheques sin el uso de los sellos de pagos exclusivamente al primer beneficiario.

**R/** Los cheques deben girarse, en lo sucesivo, con el respectivo sello de cruzamiento especial con el ánimo de evitar fraudes por personas inescrupulosas que aprovechan cualquier deficiencia para cometer el delito. Los cheques girados por orden de la gerencia deben llevar el sello restrictivo para un mejor control del pago de estos.

**Cambio de cheque por efectivo en caja:** se utiliza el efectivo en caja para cambio de cheques ajenos a la empresa.

**R/** No usar el efectivo en caja para cambio de cheques de particulares ni de la empresa, además es conveniente crear un fondo para cambio de cheques cuando se requiera alguna urgencia, ya que todas las especies recibidas deben consignarse en las mismas especies.

## 2. Ciclo de adquisición y pagos - compras

Fondo de caja menor insuficiente: los reembolsos de caja menor en el mes se causan más de cinco (5) veces.

**R/** Los fondos de caja menor se deben reembolsar con menor periodicidad para evitar trastornos y atrasos en los pagos menores requeridos, por lo tanto, recomendamos un fondo más amplio que dure un tiempo mayor.

**Comprobantes de egresos sin la firma del beneficiario:** los comprobantes de egreso no están firmados por el beneficiario que recibe el cheque y, sí es firmado por otra persona, no tiene el soporte de autorización. (Ej.: comprobantes de egreso seleccionados N°. 12, 13, 15, 21 y 28 no tienen firma de recibido).

**R/** Los comprobantes de egreso son los desembolsos de la compañía, por lo tanto, la no firma del beneficiario puede conducir a un riesgo por mal manejo de los fondos bancarios y no permite comprobar si la persona recibió el cheque, también deja de ser un soporte legal para los registros contables.

**Conciliaciones bancarias extemporáneas:** las conciliaciones bancarias no se elaboran en forma oportuna, se pudo observar que la empresa no elaboró conciliaciones bancarias desde octubre a diciembre de 2005.

**R/** Las conciliaciones bancarias deben efectuarse mensualmente para que sirvan de herramienta para detectar cualquier error en consignaciones y pagos realizados, tanto por parte del banco, como de la empresa, así como para determinar partidas conciliatorias que no tienen movimiento durante muchos meses. Los errores presentados en los extractos bancarios tienen un plazo de 15 días para reclamo, esto significa que un atraso de cuatro meses sin conciliar pone en juego los intereses de la empresa.

**Partidas conciliatorias sin analizar:** los cheques girados a los proveedores no se concilian oportunamente en la fecha en que llega el extracto bancario. (Ej.: Los cheques N°. 3801 y 3802 de los días 18 y 19 de marzo quedaron por fuera del extracto del mes).

**R/** Los cheques girados deben conciliarse oportunamente, con el fin de conocer los saldos reales en bancos, para preparar la respectiva conciliación bancaria y así tener certeza de tal conciliación.

**Pago a proveedores extemporáneos:** esto ocasiona pérdidas por descuentos a pagos puntuales y además el pago de intereses de mora por parte de la empresa.

**R/** Estos pagos extemporáneos afectan el estado de resultados de la empresa por disminución de ingresos o incremento de los gastos.

**Gastos bancarios:** los gastos bancarios, comisiones, IVA, retención en la fuente e intereses de sobregiros cubiertos por el banco se contabilizan directamente del extracto del banco, no se elabora nota de contabilidad que representaría el documento fuente de la contabilidad.

**R/** Al revisar la conciliación bancaria es necesario verificar la razonabilidad de los gastos bancarios por el banco y elaborar un documento fuente a fin de ser contabilizado y archivado, para futuras consultas y verificación, y así cumplir con las normas de contabilidad referentes a documentos soporte de sus registros contables.

**Conciliaciones bancarias sin evidencia de revisión:** no se deja en las conciliaciones bancarias evidencia de quien las elaboró y revisó.

**R/** Se recomienda a la compañía que las conciliaciones bancarias sean elaboradas a máquina, según los procedimientos de control interno establecidos en cuanto a su archivo, firmas de quien elaboró y revisó. Ya que se observó que existen fallas de control interno en cuanto a que no se aplican adecuadamente (excepción).

**Cuentas bancarias a nombre de terceros:** existen cuentas a nombre de personas que no trabajan en la empresa.

**R/** No abrir cuenta a nombre de terceros, así sean personas de manejo y confianza de la empresa, ya que esto podría conllevar apropiaciones de dinero o mal manejo de este, y posibles evasiones fiscales.

**Presupuesto de compras:** no existe presupuesto de compras.

**R/** Se recomienda elaborar presupuestos de compras de materias primas con el fin de detectar variaciones importantes en la ejecución real de compras y así, en forma oportuna, corregir las causas que generan tal variación, para que la empresa no se vea afectada por costos que no son detectados a tiempo.

**Cheques anulados:** conviene cancelar cheques expedidos y no cobrados con cierta antigüedad.

**R/** Los cheques girados y no cobrados, con una antigüedad mayor a seis (6) meses, deben ser anulados, ya que estos cheques no serán pagados por el banco. Además, se debe realizar el ajuste respectivo.

**Tope de pago en efectivo:** en la evaluación del control interno en el área de tesorería, se detectó que en la caja principal de la Cía. X y Y se efectuaron pagos en efectivo sin un monto límite.

**R/** Es conveniente limitar los pagos en efectivo y poder determinar cuantías límite. Se recomienda establecer topes y conciliar tales valores por caja menor y los que superan estos topes, para elaborar cheques con los cruces respectivos y soportes adjuntos para garantizar seguridad en el manejo del efectivo de la empresa.

**Comprobantes de pago sin firma de recibido:** los comprobantes de pago número 4587, 4697, y 4747 de 1997 no tienen la firma de recibido.

**R/** Con el fin de tener una mayor seguridad en el sistema de control interno sería conveniente establecer la obligación de firmar como recibido los comprobantes de pago, ya que el no cumplimiento de este procedimiento puede comprometer a la empresa en un pago, el beneficiario podría argumentar que no ha recibido el pago.

**Contabilizaciones incorrectas:** no se efectúa en forma correcta la conciliación de clientes por las notas crédito emitidas.

**R/** A la administración se le sugiere hacer un filtro cuando se hagan los registros de las notas crédito, para la correcta contabilización de las cuentas por cobrar (clientes), a través de una conciliación entre libros mayores con auxiliares, lo cual da como resultado una racionalidad a la cartera.

**Archivo inadecuado de facturas y propiedades:** las facturas correspondientes a la adquisición de estos activos únicamente son archivadas con el comprobante de pago, lo que dificulta su ubicación, al momento de soportar la propiedad del activo.

**R/** Consideramos conveniente efectuar las reclasificaciones de todas las facturas de compra de propiedades y equipo, y que se archiven de acuerdo con las fechas de adquisición de los bienes.

### 3. Ciclo de adquisición y pago - nómina

**Selección de personal descentralizado:** el jefe de departamento selecciona el personal que necesita y luego informa al departamento de recursos humanos para efectuar la contratación.

**R/** Deben existir políticas por escrito para la selección y contratación del personal.

**Registro personal extemporáneo:** las novedades son registradas por la sección de nómina en períodos posteriores a su ocurrencia.

**R/** Los reportes de ingresos y despidos, al igual que cualquier otra novedad, deben ser informados a la sección de nómina inmediatamente después de su ocurrencia.

**Pago con autorización verbal:** después de elaborada y revisada la nómina por el dpto. de contabilidad, verbalmente se informa a tesorería que puede ser cancelada.

**R/** Las nóminas deben contar con evidencia de su autorización. Debe existir separación de labores entre quien elabora, revisa, autoriza y paga la nómina.

**No hay segregación de funciones:** la nómina es realizada manualmente por una sola persona, quien recibe las novedades y efectúa las modificaciones.

**R/** Debe implantarse un programa de nóminas para un adecuado control de percepciones. Que incluya procedimientos específicos para añadir, cambiar o eliminar información de las bases de datos.

**No aplicación del Plan de Cuentas:** los componentes del salario se registran bajo una sola cuenta contable de sueldos.

**R/** Es necesario utilizar subcuentas específicas para cada uno de los conceptos que forman parte del salario.

**Retención en la fuente liquidada incorrectamente:** el descuento por retención en la fuente no se liquida correctamente.

**R/** Las retenciones de impuestos y las deducciones de nómina al personal deben efectuarse correctamente de acuerdo con las políticas de autorización establecidas por la administración.

**No hay escala salarial:** no existen políticas establecidas por la administración para fijar sueldos y condiciones en la prestación de servicios.

**R/** Los sueldos y sus novedades de horas extras, por anticipo y descuentos deben ser aprobados por personal autorizado y sus descuentos, debidamente firmados por el empleado.

**Causación indebida de la nómina:** los pagos relacionados con la nómina no se basan en pasivos reconocidos ni se preparan con exactitud.

**R/** Uso de formas prenumeradas y controladas: tarjetas de reloj, cheques de nómina y formas de anticipos para viajes.

**Acceso a registros de personal:** el acceso a los registros de personal, nóminas, formas y documentos importantes y lugares de proceso no está restringido.

**R/** Se debe utilizar cajas fuertes, gabinetes cerrados con llaves, biblioteca segura de discos magnéticos, almacenaje externo de reserva para programas y otra documentación relativa, así como custodia controlada y prenumeración de formas importantes.

**Personal retirado sin informe a seguridad social:** Las novedades por retiro de personal no se envían a las entidades de seguridad social.

**R/** Junto con la carta de retiro del empleado, diligenciar la novedad de retiro del empleado para evitar pagos no causados.

***Software* para nómina:** debe implementarse un programa de nómina para un adecuado control de percepciones.

**R/** De acuerdo con la deficiencia encontrada, se sugiere para un adecuado control implantar un software para nómina que reúna los procedimientos necesarios para un adecuado control de la nómina.

**Segregación inadecuada de funciones:** la persona que elabora la nómina es quien paga los sueldos. No existe distribución de labores entre la persona que elabora la nómina y la que paga los sueldos.

**R/** Un principio de control interno es la segregación de funciones, por lo tanto, sugerimos que la persona que elabora y liquida la nómina sea diferente a la que hace los pagos de sueldos, a fin de evitar una posible confabulación, y se delimiten muy claramente las funciones que cada una debe cumplir.

**4. Ciclo de producción o transformación**

**Kardex de inventario atrasado:** los Kardex de inventarios se encuentran atrasados de octubre a diciembre de 20XX.

**R/** La no actualización del Kardex acarrea irregularidades para el control físico de los inventarios. Referente a los costos de los productos, es recomendable la actualización del Kardex para poder realizar una revisión entre existencias físicas y reales para el cruce de información.

**No hay prueba física de inventarios.** Los inventarios físicos no se realizan en ningún período. Las tarjetas de Kardex que se llevan de las ref. 818 y 825 no concuerdan con los datos de almacén.

**R/** Realizar inventario físico dos (2) veces al año, para probar que las mercancías están de acuerdo con los registros del Kardex. El personal, que realice el inventario físico, es diferente a los que laboran en el almacén bajo mínimo dos (2) conteos, con grupos de conteo diferentes.

**Maquinaria obsoleta:** existe maquinarias obsoletas, como es el caso de las de ref. 5325 y 8320.

**R/** Estas maquinarias obsoletas aumentan el rubro de los activos fijos en el balance de la empresa, por lo tanto, se recomienda darles de baja, con la elaboración de un acta y la debida autorización. Además, proponemos que se haga un estudio para el cambio de estas maquinarias para obtener mejor producción.

**Los inventarios físicos sin planear:** algunas mercancías no se encontraban debidamente acomodadas y clasificadas, de modo que se encontraban artículos iguales en diferentes partes del almacén. Durante el conteo, se realizaron movimientos de mercancías que fue difícil controlar, lo cual resulta de una indebida planeación de los inventarios físicos.

**R/** Consideramos de suma importancia efectuar una adecuada planeación del inventario físico, que incluya fecha, grupos de conteo, forma de control, localización adecuada de la mercancía, supervisión, costeo, etc.

**Deficiencias de inventario:** sin aclarar los diferentes resultados del inventario físico (no han sido investigadas ni aclaradas). Se encontraron partidas del inventario que no han sido aclaradas o investigadas en diciembre 31 de 2005.

**R/** Se considera oportuno elaborar los ajustes correspondientes a las cuentas de los inventarios para evidenciar la razonabilidad de los estados financieros.

**Cuentas de proveedores antiguos:** al efectuar la evaluación de la cuenta de proveedores, se observó que varios saldos presentan antigüedad mayor a un año y otros son contrarios.

**R/** Se determina la existencia real y así se identifica si se causó doblemente el gasto o no se efectuó la causación correspondiente, que podría originar saldos existentes o a favor. Se recomienda efectuar las reclasificaciones o contabilizaciones necesarias o, en su defecto, proceder a su pago correspondiente. En el caso de saldos a favor, solicitar a los proveedores su devolución.

**Sistema de costos:** como empresa de producción no existe un adecuado sistema de costos. No se hace correctamente la asignación de costos por área. Los costos de venta se determinan utilizando costos históricos.

**R/** Implantar un adecuado sistema de costos y un adecuado control administrativo por cada área.

**Propiedad, planta y equipo:** al practicar las pruebas de auditoría correspondientes al control y manejo de la propiedad, planta y equipo, se determinó que no se lleva un registro adecuado de las adiciones, bajas, depreciaciones y ajustes por inflación, así mismo, que los bienes totalmente depreciados se siguen depreciando.

**R/** Es indispensable contratar un *software* que controle adecuadamente la cuenta de propiedad, planta y equipo.

**Bienes no productivos:** existen bienes no productivos que no se han dado de baja y una falla en adquisición de repuestos.

**R/** Es aconsejable dar de baja esos activos improductivos, ya que se afecta el costo por depreciación y se incluye al calcular los ajustes por inflación, lo cual genera una utilidad por inflación.

5. **Ciclo de ingresos o de ventas**

**Castigo de elementos sin acta:** drogas vencidas dadas de baja sin haber sido elaborada la respectiva acta.

**R/** Al realizar estas bajas se debe cumplir el reglamento establecido, además debe elaborarse un acta que refleje la relación completa de estos elementos valorizados e indicar a las personas que intervienen en el acta.

**Mercancía sin remisión:** se retira mercancía de inventario sin remisión, ejemplo facturas N°. 8320 y 8388.

**R/** No se puede retirar mercancía sin la remisión y la factura de venta, contabilización en el respectivo Kardex y verificación en la salida de almacén, por la persona responsable del inventario.

**Las ventas no son separadas por líneas de productos:** se registran contablemente las ventas en la cuenta Ventas Totales sin que existan registros que permitan identificar las ventas por cada línea de productos.

**R/** Es conveniente separar en la contabilidad las ventas, a través de una subcuenta por cada tipo de producto. Asimismo, se deberán establecer las subcuentas correspondientes a devoluciones y rebajas sobre ventas por cada tipo de producto.

**Cuentas de orden castigadas:** las cuentas canceladas como incobrables en 2004 no se controlan en cuentas de orden.

**R/** Las normas contables establecen que las cuentas canceladas como incobrables se deben controlar en las cuentas de orden de control. Este procedimiento permite establecer un adecuado control y facilita el seguimiento de los costos posteriores de estas partidas, a fin de evitar que los recaudos cambien de destino.

**Documentos descontados:** no existe control suficiente de los documentos enviados a descuento.

**R/** Es primordial obtener el control suficiente de los documentos enviados a descuento, a fin de verificar las revelaciones de las cuentas afectadas.

**Arqueos de garantías de cartera:** no se realizan periódicamente arqueos a las garantías de las cuentas por cobrar, tales como letras o pagarés.

**R/** Con el fin de verificar el debido endoso a favor de la compañía de las garantías de las cuentas por cobrar en el evento de que surja un cobro jurídico y la adecuada custodia de estas, se hace necesaria la implantación de la práctica periódica del arqueo de las garantías de las cuentas por cobrar.

### 6. Ciclo de informe financiero

**Registros contables no realizados:** no se cuenta con el registro de utilidades de cada ejercicio, así como el registro de deudas, créditos y efectivo en moneda extranjera.

**R/** Se recomienda tener más control sobre este tipo de registros para que sean contabilizados oportuna e íntegramente, lo cual mejorará la calidad de la información, la hará más confiable y evitará sanciones en caso de revisiones por parte de las autoridades fiscales.

**Atraso en registro contable:** existe un atraso considerable en la contabilidad, generado por la gran cantidad de operaciones realizadas.

**R/** Se recomienda a la gerencia revisar la forma de realizar las operaciones y los procedimientos que utiliza el departamento de contabilidad para el registro de estas, para determinar las inconsistencias y especialmente cuáles operaciones originan el atraso para su actualización, a fin de evitar sanciones de las dependencias de control del gobierno.

**Falta definir responsabilidades a los departamentos:** no se ha definido la delimitación y asignación de funciones y responsabilidades a cada departamento.

**R/** Se recomienda a la gerencia general una actuación inmediata sobre este aspecto, para lo cual es necesario realizar reuniones con los jefes de departamento y auditoría interna a fin de establecer y definir las funciones y responsabilidades de cada departamento, y se busque su eficiencia y efectividad máximas.

**No utilización de manuales:** los manuales de organización y procedimientos no son utilizados.

**R/** Se le recomienda a la gerencia exigir la puesta en marcha de los manuales, lo mismo que el cumplimiento estricto de los procedimientos descritos en ellos y, si existen inconvenientes, aclararlos suficientemente.

**Falta identificación de responsabilidades:** no se cuenta con un registro de firmas de personal responsable en cada sucursal.

**R/** Actualizar la información concerniente a los administradores de las sucursales, de tal forma que se pueda saber inmediatamente quien es el responsable de cada una.

**Funciones auditoría interna:** el departamento de auditoría interna no ejerce funciones propias de su área.

**R/** Se le debe exigir mucho a este departamento, en cuanto al control de las operaciones que realiza la compañía, pues Auditoría interna es quien alerta de posibles contratiempos generados en las operaciones y los terceros u otros externos.

**Impuestos por pagar:** sin depurar el impuesto por pagar.

**R/** Es necesario depurar algunas cuentas de impuestos por pagar.

**Gastos no deducibles:** al revisar la declaración de renta, encontramos que los gastos no deducibles pertenecientes a operaciones del año inmediatamente anterior fueron tomados y descontados como si fueran de este año, tales como seguros de vehículos, comisiones por ventas.

**R/** Se debe corregir la declaración de renta del año 20XX.

**Registro de utilidad fiscal:** la diferencia entre la utilidad contable y la fiscal no se registra en las cuentas de orden.

**R/** Para dar cumplimiento a los principios de contabilidad, es conveniente que se registren en las cuentas de orden fiscales.

**Ajustes por inflación al patrimonio:** no se han registrado en el patrimonio los ajustes por inflación.

**R/** Se deben hacer los registros contables de los ajustes por inflación en el patrimonio para presentar estados financieros que indiquen razonablemente la situación financiera de la compañía.

**Extemporaneidad del registro de moneda extranjera:** no se registran oportunamente las transacciones de moneda extranjera

**R/** Registro inmediato de las operaciones en moneda extranjera, para dar una verdadera razonabilidad a las cifras presentadas en el informe, pues es hay una constante variación de la moneda extranjera.

**Sin control presupuestal:** no se efectuaron comparaciones y explicaciones a desviaciones entre el presupuesto de gastos y lo realmente ocurrido.

**R/** Mensualmente debe realizarse el seguimiento al comparativo de los gastos presupuestales vs. los gastos reales incurridos. Si se presentan desviaciones significativas, se deben explicar y tomar los correctivos necesarios por áreas o departamentos del gasto, y asignar responsabilidades.

**Desorden en aplicación de gastos:** se encontró la no existencia de un procedimiento definido para la distribución y registro de los gastos operacionales de administración y ventas en las diferentes subcuentas asignadas en consideración a lo establecido por el Plan de Cuentas.

**R/** Se debe obtener una relación detallada de todos los gastos para que estos sean codificados de acuerdo con el Plan Único de Cuentas: gastos operacionales de administración, ventas y financieros y las no operacionales. Este se debe aplicar obligatoriamente de acuerdo con la normatividad vigente.

**Archivo contable inadecuado:** no se cuenta con un adecuado sistema de archivo de la documentación contable.

**R/** Es muy importante disponer de un archivo organizado de acuerdo con las necesidades de información de la empresa y las exigencias de los organismos de control y vigilancia, por lo que se recomienda a la administración dar las instrucciones necesarias para la organización de este.

**Conciliaciones fiscales:** no existen conciliaciones fiscales contables para las declaraciones de renta, IVA, Retefuente, ICA.

**R/** Se sugiere efectuar, en forma permanente y antes de definir los valores a pagar en las declaraciones de impuestos, la conciliación respectiva entre las bases contables y los registros respectivos, con el fin de crear los papeles de trabajo adecuados ante las visitas de las autoridades correspondientes o externas.

**Clasificación de obligaciones:** las obligaciones de la empresa son manejadas en forma global y no separadamente en corto y largo plazo.

**R/** De acuerdo con los principios de contabilidad generalmente aceptados. Se recomienda separar las obligaciones en corto y largo plazo, para el correcto análisis del flujo de efectivo, el estado de cambios en la situación financiera y su correspondiente efecto en el capital de trabajo.

**Contabilización incorrecta:** no se efectúan en forma correcta los auxiliares de clientes por las notas de crédito emitidas. Se encontraron las notas crédito N°. 1933-1950-1958 del mes de octubre/05, las cuales no están registradas en el mes en las cuentas auxiliares.

**R/** Es conveniente que la compañía registre en forma correcta y oportuna en los auxiliares las notas de crédito, con el fin de mantener actualizados los saldos de las cuentas por cobrar y presentar razonablemente los estados financieros, de acuerdo con los principios de contabilidad generalmente aceptados.

**Sobregiros bancarios:** la presentación de los sobregiros bancarios en los estados financieros se encuentra disminuyendo el saldo de los activos en la cuenta de bancos.

**R/** Consideramos que los sobregiros bancarios se deben presentar en el pasivo dentro de las obligaciones financieras y no disminuyendo los activos, en este caso el saldo de Bancos, como lo aconsejan los principios de contabilidad generalmente aceptados.

**Inventarios obsoletos no estimados:** no existe una adecuada provisión para inventarios obsoletos o de lento movimiento.

**R/** Sugerimos establecer un porcentaje de provisión para inventarios obsoletos, de acuerdo con el último inventario, el cual observamos y en el que se separaron las mercancías obsoletas. Con estos valores se debe estimar el porcentaje a aplicar mensualmente y el que se debe modificar con cada inventario realizado. Esta recomendación permite contar con una información más confiable y oportuna, y evitar errores en la toma de decisiones para la compra de inventarios.

### 7. Aspectos administrativos

**No hay títulos expedidos de las acciones de la empresa:** los títulos de acciones no han sido expedidos a los socios.

**R/** Es conveniente que la empresa expida los correspondientes títulos a cada uno de los socios para dar cumplimiento a los estatutos y a las normas legales.

**Falta de comunicación entre secciones:** no se ha establecido una adecuada comunicación entre el departamento de personal y el de contabilidad, lo cual conlleva posibles errores en registros.

**R/** Establecer un mecanismo adecuado para que el departamento de personal y el contable interactúen de una forma que genere información oportuna hacia los departamentos.

**Atraso en libros de actas de asamblea extraordinaria:** en la revisión del libro de actas de asamblea extraordinaria, se evidenció que este solamente se encuentra registrado hasta el Acta N°. 008 del 10 de oct. de 2004, y después de esta fecha hubo tres asambleas extraordinarias.

**R/** Es conveniente asentar en los libros de actas de asamblea extraordinaria, una vez terminada esta, a más tardar a los ocho días siguientes, donde se relacionen los temas tratados y las personas participantes, con el fin de evaluar si se cumplen las decisiones tomadas.

Discutido con: (Nombre personal de administración)

Presentado por: (Nombre auditor(es))

Fecha:

# Cuestionario

- ¿De dónde y hasta qué parte de la carta modelo de memorando de Control Interno, presentada al iniciar el capítulo 2 de la Sexta Parte, podría considerarse el párrafo del alcance?

- ¿De dónde y hasta qué parte de la carta modelo de memorando de Control Interno, presentada al iniciar el capítulo 2 de la Sexta Parte, podría considerarse el párrafo de la opinión o compromiso?

- Analice y explique la filosofía de los siguientes términos incluidos en el memorando de control interno:

- "revisé e hice pruebas al sistema de control interno con el alcance que consideré necesario para evaluarlo".

- "según lo requerido por las normas de auditoría generalmente aceptadas".

- "El propósito de esta evaluación (…) fue establecer una base de confianza en el control interno adoptado para lograr el cumplimiento de los objetivos de la entidad".

- "Sin embargo, estimo que el sistema de contabilidad y los controles internos, excepto por las deficiencias que se exponen más adelante".

- "se consideran adecuados para salvaguardar sus activos y los de terceros en su poder".

- "Mi apreciación se basa en la revisión del sistema y de los controles internos existentes en el momento de mi examen".

- ¿Qué limitaciones pueden suceder al considerar la efectividad en cualquier sistema de control interno?

- ¿Por cuáles aspectos puede variar la efectividad de los controles internos?

- ¿Por qué se afirma en el memorando "Mi estudio y evaluación del sistema de control interno, no descubriría necesariamente todas las debilidades del sistema"?

- ¿Cómo se redacta un informe de control interno con excepción?

- Si las deficiencias son tan significativas que se considera que el informe con excepción no es el más aconsejable, ¿cómo se podría redactar el tercer párrafo del control interno?

- Analice el informe con excepción que se presenta con el otro modelo de memorando de control interno y determine qué similitudes y diferencias tienen.

- Según las explicaciones del capítulo 2 de la Sexta Parte, identifique, del listado anexo al memorando de control interno, cada punto de control de los ciclos transaccionales anunciados, si es una inconsistencia, una excepción de control interno o deficiencia de control interno, de los siguientes ciclos:

  ¤ De Tesorería.

  ¤ De Adquisición y pago - compras.

  ¤ De Adquisición y pago - nómina.

  ¤ De Transformación o Producción.

  ¤ De Ingresos o Ventas.

  ¤ De Informe Financiero.

  ¤ Aspectos Administrativos.

- Si va a preparar un memorando de control interno por áreas de balance, ¿cómo clasificaría las inconsistencias, excepciones y deficiencias de control interno que aparecen en el capítulo 1 de la Parte Sexta? Organice según las siguientes áreas de balance:

  ¤ Caja y Bancos.

  ¤ Deudores.

  ¤ Inventarios.

  ¤ Gastos pagados por anticipado.

  ¤ Propiedad, Planta y Equipo.

  ¤ Otros Activos.

  ¤ Pasivos.

  ¤ Patrimonio.

  ¤ Cuentas de Resultado.

  ¤ Aspectos administrativos y logísticos.

# CAPÍTULO 3

# DEFICIENCIAS MÁS COMUNES DE CONTROL INTERNO EN ENTIDADES FINANCIERAS

Con base en la larga experiencia del autor (más de 50 años) como Auditor y Revisor Fiscal de Entidades Financieras, se han recopilado varias inconsistencias, excepciones y deficiencias de control interno específicas a esta clase de entidades que se presentan en este capítulo para orientación y apoyo profesional.

Las deficiencias más comunes de control interno en Caja, Crédito y cartera, Prevención para evitar lavado de activos, Cartas de crédito, Aceptaciones bancarias, Garantías, Cuentas corrientes y de ahorros, Certificados, Cheques de gerencia y Controles en general, entre otros, son:

A. Caja
   1. Insuficiente realización de arqueos.
   2. No existe evidencia de revisión de inspectoría y planilla de caja.
   3. Incumplimiento de procedimientos para la provisión y/o devolución de efectivo.
   4. Notas débitos y crédito sin firma del cajero y falta de aprobado del gerente.
   5. Inexistente control de sobreflex y faltante de caja.
   6. Deficiente diligenciamiento del libro de control de bodega.
   7. Inoportuno envío de custodias al banco corresponsal.

8. Inexistente cuadro periódico de riesgo en cuentas de orden de cheques devueltos.

9. Comunicación sin enviar al cliente de cheques devueltos.

10. Sin evidencia de supervisión del gerente y jefe de operaciones.

11. No siempre se diligencian todos los espacios en blanco de los formatos.

12. Impresiones en los arqueos de caja.

13. Carencia de falta de sorpresa en los arqueos.

14. Formato de provisión y/o devolución de efectivo parcialmente diligenciado.

15. Documentos recibidos en caja sin requisitos de validez.

16. Inexistente custodia de password de acceso a caja.

17. Exceso de efectivo.

18. Diligenciamiento incompleto del formato cuadre general caja.

19. Sin evidencia de confirmación telefónica para pago de cheques.

20. Relación inexistente de cheques devueltos no reclamados.

21. Cambio de claves inexistente por remplazo en vacaciones.

22. Deficiencia en seguridad de la bodega.

23. Recepción de efectivo por personal no autorizado.

24. Deficiente manejo de las cuentas faltantes y sobrantes en canje.

25. Custodia insegura de efectivo.

26. Inexistencia de cuadres periódicos.

27. Custodia deficiente de claves y llaves de la oficina.

28. No existe manual actualizado de los funcionarios de la transportadora.

29. Pago de retiros sin firma del titular.

30. Anulación deficiente de cheques pagados por caja.

31. Consignación con tachones y enmendaduras.

32. Timbres inoportunos de los cheques pagados por caja.

33. Proceso deficiente de recaudo y pagos.

34. Sin evidencia de cuadres operativos de remesas.

35. No se custodian en bodega las claves de acceso a cajeros.

36. Sin contabilizar en custodia, en cuentas de orden los cheques devueltos.

37. Insuficiente número de arqueos de Servicaja.

38. Cancelación deficiente de facturas.

39. Conciliación inexistente de bancos.

40. Custodia de efectivo.

41. Pagos de retiros sin firmar el titular.

42. Arqueos de cheques devueltos.

43. Provisiones de Servicaja sin establecer.

44. Los cajeros no utilizan el cofre de seguridad.

45. Faltantes en caja sin contabilizar.

46. Diferencias sin establecer.

47. Diferencia en remesas.

B. Caja menor

1. Número insuficiente de arqueos de caja menor.

2. Realización inoportuna del reembolso de caja menor.

3. Vales cancelados sin anular.

4. Custodia inadecuada de caja menor.

5. No se anulan, en todos los casos, las facturas pagadas por la oficina con el sello.

6. Manejo deficiente de recibos de caja menor.

7. Vales cancelados sin autorización de gerencia.

8. Formato de recibo de caja menor sin diligenciar.

9. Vales de caja menor sin fecha de recibido.

10. Vales por el valor superior a lo normatizado.

11. Sin firma de recibido en los valores.

12. Recibos de caja menor con fecha anterior al último desembolso.

13. Cuadre operativo inexistente.

14. Número excesivo de reembolsos de caja menor.

15. Imputación deficiente contable.

16. Diligenciamiento incorrecto de arqueo.

17. Pagos de caja menor sin soportes.

18. Duplicidad de pago de gastos de transporte.

19. Anulación de recibos.

C. Prevención de lavado de activos

1. Formato de operaciones en efectivo sin diligenciar.

2. Inexistencia de relación de clientes usuales.

3. Firma del cajero sin colocar en formato.

4. Grado de conocimiento insuficiente de los cajeros.

5. Campos del formato sin diligenciar.

6. Formato parcialmente diligenciado.

7. Información deficiente sobre prevención lavado de activos.

8. Aperturas y constitución de certificados sin aprobación del gerente.

9. Archivos de documentos.

10. Declaración de origen de fondos.

11. Confirmación de referencias.

12. Actualización de información y documentos.

D. Crédito y cartera

1. Documentación insuficiente de créditos.

2. Otorgamiento de créditos a clientes con información comercial deficiente.

3. Sin evidencia de verificación de la información suministrada para créditos.

4. No se entrega a los clientes copia de operación activa.

5. Desembolso de créditos sin evidencia de autorización de gerente.

6. Diligenciamiento deficiente de pagarés.

7. Cartera vencida con más de 60 días sin enviar a cobro jurídico.

8. Cuadres periódicos inexistentes.

9. Falta diligenciamiento de formatos.

10. Segregaciones de funciones inexistente.

11. Realización de inventarios de pagarés de crédito inexistente.

12. Sin reciprocidad por parte de los clientes.

13. Clientes con reportes negativos en centrales de riesgo.

14. Análisis financiero inadecuado.

15. Deficiencia en seguros de crédito.

16. Desembolso de crédito sin cumplir condición de aprobación.

17. Impuesto de timbre sin cobro completo.

18. Sin evidencia de visita para créditos superiores.

19. Sin razonabilidad en las provisiones de cartera.

20. Incremento de la cartera vencida.

21. Créditos radicados luego de su aprobación.

22. Incumplimiento de requisitos para refinanciación.

23. Custodia y seguridad inadecuadas de las carpetas de crédito.

24. Gestión de cobro prejurídico inadecuada.

25. Concentración exagerada de labores jurídicas en un abogado.

26. No se registra la tasa mínima en los pagarés con interés D. T. F.

27. Diferencia sin establecer.

28. Capacidad de pago insuficiente.
29. Sin descontar reserva legal en desembolso de créditos de cooperativas.
30. Falta de copia del pagaré en cartera de documentos del cliente.
31. Reestructuración de créditos deficiente.
32. Sin evidencia de autorización de clientes para ser incluidos en control de riesgo.
33. Créditos tramitados sin diligenciar pagaré.
34. Sin evidencia de paz y salvo de reportados por centrales de riesgo.
35. Deficiente manejo de los créditos avalados por fomentar.
36. Deficiente manejo de la cuenta.
37. Deficiente manejo de deudores por renovación de pólizas.
38. Créditos de garantía.
39. Deficiente recepción de documentos para crédito.
40. Falta de control a pagarés de socios recibidos en garantía.
41. Deficiente número de abogados en la oficina.
42. Deficiencias en evaluación de cartera comercial.
43. Recepción inadecuada de documentos.
44. Sin conciliación de cuenta de créditos aprobados no desembolsados.
45. Impuestos de timbre sin cobrar.
46. Informes de abogados.
47. Desembolso de crédito sin ser solicitado por escrito.
48. Otorgamiento de créditos de alto riesgo.
49. Créditos desembolsados que sustituyen pasivos.

E. Aceptaciones bancarias

1. Manejo deficiente de libros.
2. Aceptación inadecuada de facturas.
3. Sin exigir contragarantías y carta de autorización.
4. Sin control de existencia de aceptaciones.
5. Expedición de aceptación sin la documentación requerida.
6. Control inadecuado sobre archivo de los documentos.
7. Sustitución de pasivos al cancelar aceptaciones bancarias.
8. Realización inexistente del cuadre operativo de las aceptaciones.
9. Cobro de comisiones deficiente.
10. Cobro del impuesto de timbre inexistente.
11. Control deficiente de títulos con cuentas de orden.

12. Abonos parciales de aceptaciones bancarias.

13. Aprobación de aceptaciones bancarias.

14. Inadecuada anulación de aceptaciones bancarias.

15. Rebaja de comisiones sin autorización.

16. Aprobación de aceptaciones bancarias.

17. Exceso en aprobación de aceptaciones.

18. Inoportunidad en la contabilización.

F.  Cartas de crédito

1.  Sin evidencia de garantía.

2.  Sin pago de intereses.

3.  Diferencia en cartas de crédito.

4.  Sin evidencia de cuadres operativos.

5.  Solicitudes para expedición sin diligenciar.

6.  Cancelación de cartera de crédito vencida.

7.  Inexistencia de análisis para otorgamiento.

8.  No se diligencian las tarjetas de control individual.

9.  Saldos sin depurar.

10. Creación errada de crédito.

11. Sin evidencia de pagarés.

G.  Garantías

1.  Falta renovación de las pólizas de seguros.

2.  Insuficiente cobertura de la garantía.

3.  Falta concepto jurídico sobre garantía.

4.  No se reclasifican las garantías de crédito.

5.  Inexistentes arqueos físicos de la garantía.

6.  Faltan cuadres periódicos de las garantías.

7.  Garantías constituidas sin avalúo.

8.  Déficit en garantías admisibles.

9.  Garantías faltantes.

10. Sin control de pagarés de socios.

11. Constitución de pólizas de seguros por valor superior.

12. Diferencia en garantías.

13. Sin evidencia de inspección física.

14. Seguros vigentes sin actualizar en el sistema.

15. Garantías de segundo grado sin autorización del ente competente.

16. Inexistencia de garantías para el desembolso de créditos.

17. Desmejoramiento de garantías sin autorización del ente competente.

18. Avalúos realizados por peritos no autorizados.

19. Falta de documentos en las garantías.

20. Tratamiento de créditos con avalúos sin actualizar.

21. Inadecuada inclusión de garantías en el sistema.

22. Garantías de créditos cancelados sin borrar del aplicativo de cartera.

23. Cuadre operativo de las garantías con diferencia.

24. Sin evidencia del original de la garantía.

25. Pagarés de socios.

26. Créditos con garantías reales aplicados a garantía personal.

27. Revisión final.

H.  Cuentas corrientes

1.  Documentación incompleta en apertura de cuentas corrientes.

2.  Contratos de cuentas corrientes sin firma del gerente.

3.  Contrato de uso de tarjetas sin firmar.

4.  Apertura de cuentas corrientes sin consultar las centrales de riesgo.

5.  Vínculo de clientes con deficiente moralidad comercial.

6.  Existen cuentas vigentes con alto número de cheques devueltos.

7.  Deficiente archivo de tarjetas de firmas de cuenta corriente.

8.  No se realizan cuadres periódicos.

9.  Embargo de cuentas corrientes.

10. Los saldos de cuentas corrientes inactivas no se trasladan a acreedores.

11. Cuentas saldadas o canceladas sin informar al titular.

12. Sin evidencia de sellos de cuentas saldadas o canceladas.

13. Sin evidencia de verificación de información.

14. Inexistencia de verificación de las cuentas de orden.

15. Inexistencia en contabilización de diferido.

16. Insuficiente realización de arqueos de chequeras.

17. Inexistente realización de arqueos de contragarantías.

18. Deficiente diligenciamiento del libro de entrega de chequeras.

19. Contra garantías y cartas de autorización faltantes.

20. Información extemporánea de centrales de riesgo.

21. Apertura de cuentas a clientes con mala moralidad.

22. Deficiente entrega de chequeras.

23. Formularios de apertura sin utilizar.
24. Sin cobrar la información comercial.
25. Sin firma del contrato de la cuenta corriente.
26. Deficiente colocación de sobregiros.
27. Sin amortización de chequeras.
28. Sin supervisión de pagos de valores superiores.
29. Notas débito y crédito sin aprobación.
30. Sin anular documentos en cuentas saldadas y canceladas.
31. Recepción inadecuada de oficios de embargo.
32. Diferencia en cuenta corriente.
33. Exceso de atribuciones.
34. Inexistente cobro prejurídico.
35. Deficiente manejo y control de chequeras emitidas.
36. Deficiente manejo y control de custodia y arqueo de cuentas inactivas.
37. Inexistente actualización de los cupos de sobregiros.
38. Inadecuado manejo y control de archivos.
39. Cheques devueltos sin evidencia de firma del cliente.
40. Formatos de solicitudes de chequeras.
41. Cupos de sobregiros mal grabados.
42. Inexistente control de las cuentas de orden.
43. Contratos de cuenta corriente sin firma del titular.
44. Cuentas vigentes con más de cinco (5) cheques extraviados.
45. Saldos embargados de cuenta corriente sin firma del titular.
46. Cupos de sobregiros vencidos.
47. Realización inexistente de inventarios de tarjetas de firma.
48. Exceso de atribuciones de negociación de remesas.
49. Tarjetas de firmas con deficiencia en el diligenciamiento.

I. Ahorros
1. Apertura de cuentas de ahorro sin documentación.
2. Deficiente diligenciamiento de tarjetas de firmas.
3. Inexistente control a los cuadres periódicos de cuentas de ahorros.
4. Diferencias en talonarios tarjeta débito y sobreflex en cuentas de orden.
5. Embargos sin incluirse en el sistema.
6. Deficiente diligenciamiento del libro control de entrega de talonarios.
7. Falta diligenciar contratos de uso de tarjeta débito.

8.  Aprobación de traslados de saldos con fax.

9.  Deficiente archivo de documentos de cuentas de ahorros.

10. Sin evidencia de supervisión en el pago de cuantías superiores.

11. Sin evidencia de la aprobación del gerente en notas débito y crédito.

12. Sin evidencia de revisión y aprobación del formato.

13. Retiros sin evidencia de visado.

14. Inexistente custodia de tarjetas de firmas.

15. Inexistentes arqueos de tarjetas de firmas.

16. Inexistente control de cuentas inactivas.

17. Sin evidencia de destrucción de comprobantes al cerrar la cuenta.

18. Falta firma de quien recibe el talonario.

19. Deficiente numeración de cuentas.

20. Cuentas con saldos por debajo del mínimo requerido.

21. Diferencias en el cuadre operativo de productos.

22. Sin firma del gerente en contrato de uso de tarjeta.

23. Inoportuna entrega de tarjetas débito.

24. Activación de cuentas por funcionarios no autorizados.

25. Comprobantes de retiro con error en el diligenciamiento.

26. Se dejan de utilizar números de cuenta.

27. No siempre se timbran los comprobantes de retiro.

28. Deficiente control de talonarios en cuentas de orden.

29. Aprobación de solicitudes de apertura por personas no autorizadas.

30. Inadecuada custodia de talonarios.

31. Faltan huellas dactilares.

32. Deficiencias en cancelación de cuentas.

33. Archivo inadecuado.

34. Tarjetas débito retenidas por el cajero automático sin entregar.

35. Falta numeración y tinta de seguridad para los talonarios.

36. Diferencias de ahorros por establecer.

J.  Certificados

1.  Diligenciamiento deficiente del libro control de certificados.

2.  Frecuente anulación de títulos.

3.  Expedición de certificados sin documentación.

4.  Diligenciamiento deficiente de certificados.

5.  No se realizan cuadros periódicos de certificados.

6. Insuficiente realización de arqueos de títulos en blanco.
7. Deficiente cancelación de certificados.
8. No se utiliza control de interés.
9. Certificados cancelados sin endoso.
10. Prorrogas por más de un período sin actualizar la tasa.
11. Inadecuada custodia de títulos emitidos.
12. Inadecuada custodia de títulos cancelados.
13. Sin evidencia del pago de intereses y de la retención.
14. No en todos los casos se encontraron las dos (2) firmas autorizadas.
15. No se practicó la retención en la fuente.
16. Deficiente archivo de títulos cancelados.
17. Insuficiente diligenciamiento del formato.
18. Inexistente custodia de títulos dejados por el cliente como reciprocidad.
19. Inexistente control de cuentas de orden.
20. Captación de títulos con tasas diferentes a las pactadas.
21. Expedición de títulos sin sello protector.
22. Diferencias sin establecer.
23. Prórrogas por más de un período.
24. Entrega de certificados de cliente fallecido sin juicio de sucesión.
25. Cancelación de CDT antes del vencimiento.
26. Sin evidencia de recibido por parte del cliente.
27. Deficiencias en apertura de certificados.
28. Deficiencias en causación de intereses.
29. Cancelación de certificados sin presentación del original.
30. Capitalización de intereses de CDT.
31. Certificados sin entregar al beneficiario.
32. Sin evidencia de autorización de captaciones mayores a un (1) año.
33. Tarjetas de control de intereses.

K. Cheques de gerencia
1. Inadecuado diligenciamiento de cheques de gerencia.
2. Deficiente diligenciamiento del libro de control.
3. Frecuente anulación de cheques de gerencia.
4. Falta diligenciamiento de formatos.
5. Inoportuna conciliación de cheques de gerencia.
6. Inexistente conciliación de cheques de cuentas de orden.

7. Inexistencia de causación de impuestos de timbre.

8. Inadecuada contabilización de cheques de gerencia.

9. Inexistente visado en las cartas de autorización que solicitan cheques.

10. Sin evidencia de recepción de cheques de gerencia.

11. Diferencia en conciliación de cheques de gerencia.

12. Deficiencias en la elaboración de cheques de gerencia.

13. Solicitud para el giro de cheques de gerencia sin diligenciar.

14. Deficiente anulación de los cheques de gerencia pagados o anulados.

15. Inoportunidad en la aplicación de las normas del banco.

16. Deficiente cobro de comisión.

17. Inexistente fecha de cancelación.

18. Sin contabilización impuesto de timbre.

19. Cheques pagados sin endoso.

20. Cheques girados sin protector.

21. Impuesto de timbre sin cobro.

22. Sin contabilizar el cobro de retención en la fuente.

23. Sin contabilización del diferido.

24. Libro de control sin evidencia de revisado.

25. Inventario de cheques de gerencia no efectuado.

L. Controles generales

1. Inexistente uso de carné.

2. Inexistente uso de guía de auditoría.

3. Cartelera de tasas de interés desactualizada.

4. Faltan circulares reglamentarias e informativas.

5. Los manuales normativos se encuentran desactualizados.

6. Inadecuado archivo de la oficina.

7. Inexistente reglamento interno de trabajo.

8. Apertura indebida del sistema.

9. Inexistente cuadro de volumen de operaciones.

10. Servicio de vigilancia (los sábados).

11. Sistema de alarma.

12. Sin evidencia de contrato de vigilancia.

13. Acceso a áreas restringidas de personal no identificado.

14. Faltan elementos de trabajo.

15. Sin restringir el acceso al centro de operaciones.

16. Ingreso de personas no autorizados en horas bancarias.

17. Incompleta la planta de personal.

18. Terminal financiera sin restricción de acceso.

19. Deficiente atención telefónica.

20. Inexistente cumplimiento en horarios.

21. No se controlan los pedidos de útiles y papelería.

22. Inexistencia en el seguimiento de los informes de auditoría.

23. Sin segregación de funciones en el manejo de las llaves.

24. Cámara de video sin uso.

25. Cajero automático sin aviso publicitario.

26. Inexistencia en la nomenclatura de la oficina.

27. Libro de control de la policía desactualizado.

28. Baja captación y colocación de las remesas.

# Cuestionario

**Nota:** el Ciclo de Transformación no es dable en las entidades financieras, por lo tanto, podría ser aplicable solo con la Norma Técnica General de la Asignación[71]. La presente nota se indica para poder elaborar la solicitud del siguiente punto:

- Si va a preparar un memorando de control interno por ciclos transaccionales, ¿cómo clasificaría las inconsistencias, excepciones y deficiencias de control interno que aparecen en el capítulo 3 de la Parte Sexta? El orden por áreas de ciclos transaccionales sería:

  - ¤ De Tesorería.
  - ¤ De adquisición y pago - compras.
  - ¤ De adquisición y pago - nómina.
  - ¤ De transformación o producción.
  - ¤ De ingresos o ventas.
  - ¤ De informe financiero.
  - ¤ Controles en general.
  - ¤ Aspectos Administrativos.

- Indique y explique, según su conocimiento del área de Caja, los numerales 3, 6, 9, 12, 15, 18, 21, 24 y 27.

- Indique y explique, según su conocimiento del área de Caja Menor, los numerales 1, 3, 6, 9, 12 y 15.

- Indique y explique, según su conocimiento del área de Prevención Lavado de Activos, los numerales 1, 3, 6, 9 y 12.

- Indique y explique, según su conocimiento del área de Crédito y Cartera, los numerales 3, 6, 9, 12, 15, 18, 21, 24, 27, 30, 33, 36, 39 y 42.

- Indique y explique, según su conocimiento del área de Aceptaciones Bancarias, los numerales 1, 3, 6, 9, 12, 15 y 18.

- Indique y explique, según su conocimiento del área de Cartas de Crédito, los numerales 1, 3, 6 y 9.

---

71  La Norma Técnica General de la Asignación indica: "Los costos de los activos y los ingresos y gastos diferidos, reexpresados como consecuencia de la inflación cuando sea el caso, deben ser asignados o distribuidos en las cuentas de resultados, de manera sistemática, en cumplimiento de la norma básica de asociación.

La asignación del costo de las propiedades, planta y equipo se denomina depreciación. La de los recursos naturales, agotamiento. Y la de diferidos e intangibles, amortización" (art. 54, Decreto 2649 de 1993).

- Indique y explique, según su conocimiento del área de Garantías, los numerales 3, 6, 9, 12, 15, 18, 21, 24, 27 y 30.

- Indique y explique, según su conocimiento del área de Cuentas Corrientes, los numerales 1, 3, 6, 9, 12, 15, 18, 21, 24, 27, 30, 33, 36, 39 y 42.

- Indique y explique, según su conocimiento, del área de Ahorros, los numerales 1, 3, 6, 9, 12, 15, 18, 21, 24, 27, 30, 33, 36, 39 y 42.

- Indique y explique, según su conocimiento del área de Certificados, los numerales 1, 3, 6, 9, 12, 15, 18, 21, 24 y 27.

- Indique y explique, según su conocimiento del área de Cheques de Gerencia, los numerales 1, 3, 6, 9, 12, 15, 18, 21 y 24.

- Indique y explique, según su conocimiento del área de Controles Generales, los numerales 1, 3, 6, 9, 12, 15, 18, 21, 24 y 27.

# PARTE 7
## FRAUDE Y ERROR

Identificar las diferencias entre los errores intencionales y no intencionales, que determinan la relación entre fraude y error; sus causas y efectos dentro de los intereses financieros y económicos; la responsabilidad que entraña para los funcionarios del ente administrativo y los de control; y la determinación de debilidades y posibles incompatibilidades en los procedimientos operativos y de apoyo técnico y logístico.

Incluye seis capítulos:

- Fraude.
- El fraude y su relación con el control interno.
- Los errores dentro de los estados financieros.
- Inexactitud en la contabilidad.
- Prácticas contables inadecuadas por ciclos transaccionales.
- Estafas, desfalcos, fraudes y otras irregularidades por ciclos transaccionales.

# CAPÍTULO 1

# FRAUDE

Para los propósitos de este texto, el fraude[72]* se entiende como despojar mediante engaño, ya sea a una persona natural o jurídica.

Entre los llamados *delitos de cuello blanco*, se refieren las defraudaciones hechas a los entes corporativos y se dividen en dos categorías:

- Adueñarse de fondos (efectivo o valores) o activos de la Empresa.
- La declaración falsa de la situación financiera de la empresa (omisión de operaciones, registros falsos, amortizaciones o depreciaciones no efectuadas o hechas en tiempos asignados inadecuadamente, o manipulación de los registros contables del ente económico).

---

72  * N. de E. La Real Academia de la Lengua Española define *fraude* de la siguiente manera: "1. m. Acción contraria a la verdad y a la rectitud, que perjudica a la persona contra quien se comete. 2. m. Acto tendente a eludir una disposición legal en perjuicio del Estado o de terceros. 3. m. Der. Delito que comete el encargado de vigilar la ejecución de contratos públicos, o de algunos privados, confabulándose con la representación de los intereses opuestos" (https://dle.rae.es/ fraude). Mientras que despojar es "Privar a alguien de lo que goza y tiene, desposeerlo de ello con violencia" (https://dle.rae.es/despojar?m=form).

## 1.1 Perfil del riesgo de fraude

Cualquier empresa está en riesgo de fraude y sus directivos deben manejar profesionalmente ese riesgo, con las mismas técnicas que se aplican a los problemas del negocio: analizar el alcance y la escala del riesgo, desarrollar una estrategia para minimizarlo e implementar estrategias.

Existen algunos indicadores del fraude que deben tenerse en cuenta cuando se hace una investigación y que sirven de indicios para prevenirlos, como el análisis del perfil del riesgo, que recoge cuatro categorías: los riesgos de personal, los culturales, los estructurales y los comerciales.

Dentro de cada factor de riesgo, hay varios indicios que ayudan en la investigación o en la determinación de posibles debilidades de la empresa, que la hacen vulnerable para el cometimiento de fraudes, estos son:

- Riesgos personales:
  - ¤ Estilo de manejo autocrático.
  - ¤ Desajuste entre personalidad y estatus.
  - ¤ Comportamiento inusual.
  - ¤ Actos ilegales.
  - ¤ Estilo de vida costosa.
  - ¤ Vacaciones sin tomar.
  - ¤ Calidad pobre del personal.
  - ¤ Moral baja.
  - ¤ Alta rotación del personal.
  - ¤ Compensación vinculada al rendimiento.
- Riesgos culturales:
  - ¤ Resultados a cualquier costo.
  - ¤ Compromiso deficiente con el control.
  - ¤ Sin código de ética comercial.
  - ¤ Obediencia incuestionable del personal.
- Riesgos estructurales:
  - ¤ Estructuras complejas.
  - ¤ Lugares remotos pobremente supervisados.
  - ¤ Varias firmas de auditores.
- Riesgos comerciales:
  - ¤ Estrategia comercial definida.
  - ¤ Utilidad excesiva por encima de las normas de la industria.
  - ¤ Desajuste entre el crecimiento y el desarrollo de los sistemas.
  - ¤ Reputación pobre.
  - ¤ Problemas de liquidez.

Al reunir estos factores de riesgo personales, culturales, estructurales y comerciales, aumenta el riesgo del fraude, pues no es probable que ningún factor único sea, por sí mismo, indicador de fraude. Sin embargo, cuando existe la combinación de varios factores, generalmente habrá un nivel más alto de riesgo. Esto debe conducir a un examen riguroso de uno o más aspectos de las operaciones de la compañía o de los individuos que en ella trabajan.

## 1.2 Corrupción

La corrupción existe cuando una persona pone sus intereses personales por sobre los de las personas y los ideales que está comprometido a servir. Se presenta en muchas formas y puede variar desde lo trivial hasta lo monumental. La corrupción suele involucrar el uso indebido de los instrumentos de política, aranceles, crédito, sistemas de irrigación y políticas de vivienda; el incumplimiento de las leyes; la evasión fiscal; las reglamentaciones especiales; la observancia de los contratos; y la cancelación de préstamos o de simples procedimientos.

La corrupción se ha referido frecuentemente al sector público, sin embargo, también está involucrado el sector privado. Cuando se menciona corrupción, de inmediato se achaca a los funcionarios públicos y los políticos que manejan o trasladan los recursos para su beneficio personal. Sin embargo, dentro de la llamada auditoría forense se ha comprobado que la mayor corrupción la comete el sector privado.

En los fraudes de licitaciones privadas o contratos, donde roban recursos públicos, siempre es una empresa privada que, como contraparte, recibe parte del beneficio. Igualmente, el sector privado tiene sus propios y exclusivos casos de corrupción, como los escándalos que han producido una gran crisis de confianza en Wall Street, el centro del capitalismo mundial.

Lo grave del asunto es que no se trata solo del comportamiento delictivo de unos cuantos individuos que cayeron en la tentación y violaron la ley, sino de un sistema que se corrompió, porque creó los incentivos equivocados a la vez que debilitó las regulaciones y controles que hubieran detenido los abusos, y se creyó el mito de la mano invisible que autorregularía el mercado si cada uno de los agentes buscaba su propio beneficio.

Los incentivos son desmesurados. Hace 30 años, los presidentes de las 10 compañías más grandes de los Estados Unidos tenían una remuneración anual promedio de 3.5 millones de dólares, mientras que el año pasado cada uno ganó un promedio de 154 millones, es decir un incremento de más del 4.000 por ciento. El problema consiste en que buena parte de esta remuneración es variable y depende del comportamiento del precio de la acción en la bolsa de valores. En consecuencia, el objetivo central de los altos ejecutivos ya no era la administración de la compañía, sino el manejo (o mejor la manipulación) del precio de la acción. Cuando no fueron suficientes los métodos normales para generar ganancias y crecer, decidieron apelar al maquillaje de las cifras y al fraude contable.

También había incentivos generosos, pero equivocados para otros agentes involu-crados en la estafa: las grandes firmas de auditoría, cuyos funcionarios no se perca-taron del maquillaje o lo ignoraron por temor a perder los enormes ingresos que generaba el cliente en otras áreas de la consultoría; las casas de bolsa, cuyos analistas recomendaban la compra de acciones de la compañía que ellos mismos vendían con jugosas comisiones; los bancos internacionales, que ayudaron a montar el tinglado de la estafa con transacciones ficticias, para participar en otros negocios financieros de las empresas. En fin, una completa red de individuos y firmas que buscaban su propio beneficio que, ante la ausencia de un Estado con regulaciones estrictas e instituciones fuertes, se salieron con la suya, pero quebraron a las empresas y a millones de ahorradores que habían invertido en ellas.

## 1.3 Causas de fraude en el sector financiero

La década de los 80 marcó una gran crisis en el sector financiero internacional generado por múltiples causas, entre ellas fraudes y malos manejos, que aún se repiten al inicio de este milenio. Incluso Colombia se vio afectada en el año 1982 y posteriormente en los años 1998 y 1999.

- Las principales causas de esta crisis fueron:
- Autopréstamos mediante empresas de fachada.
- Captaciones de dinero sin evaluar su origen y a altas tasas de interés.
- Absorción de empresas con créditos obtenidos (autopréstamos).
- Inversiones a conveniencia con comisiones de por medio y con alto riesgo.
- Dilatación de créditos aprobados por juntas directivas con intereses per-sonales y manipuladores de sus órganos de control.
- Flexibilidad de controles por parte de los organismos del Estado.
- Presentación de balances maquillados, sin el cumplimiento de principios básicos de contabilidad relacionados: causación, provisión, clasificación real de la cartera, patrimonio técnico, etc.
- Auditorías realizadas con procedimientos limitados en cuanto al alcance y a la independencia mental.
- Dedicación en la auditoría a llenar papeles y calcular fórmulas sin profun-dizar en las cifras riesgosas.
- No investigar indicios sino solo mencionarlos, en función más de los ho-norarios que de la adecuada prestación de servicios.

A continuación, se relacionan algunos de los de los múltiples delitos investigados en las entidades financieras:

- Fraude por us$ 13,5 millones en 1993, mediante transferencia electrónica cuya orden no llevaba *test*, exigido en el contrato.
- Autopréstamos del Grupo Grancolombiano mediante empresas fachada.
- Carteles de fiadores prefabricados.

- Captaciones de dinero ilícito por parte del Banco Nacional pagando altas tasas de interés sin reposición del capital.
- Captaciones indebidas de dinero invertidos en operaciones de bolsa inicialmente.
- Millonario hurto al Banco Central por US$ 30 millones en efectivo.
- Movimiento de millonarias sumas del narcotráfico en bancos que abrieron cuentas con documentación no acorde a las operaciones transadas.
- Préstamos irregulares que generaron cierres de entidades bancarias con perjuicio de ahorradores, accionistas y empleados.
- Fraude en el banco Baring.
- Quiebra de bancos rusos.
- Auditorías Internacionales en bancos ecuatorianos.
- Investigaciones en bancos venezolanos.
- Lavado de dinero mediante operaciones de contrabando.
- Liquidación de 20 cooperativas por malos manejos.

### 1.3.1 Empresas manufactureras, comerciales y de servicios

En cuanto a las empresas de servicios, manufactureras y comerciales, existen prácticas contables inadecuadas que han llevado al cometimiento de errores intencionales (fraudes) y no intencionales, que distorsionan los estados financieros y por ende engañan a los inversores, acreedores y a sus dueños. Tales errores están organizados por ciclos transaccionales de tesorería, adquisición y pagos, transformación o conversión, ingresos o de ventas y de información financiera.

### 1.3.2 Responsabilidad del auditor frente a los concordatos y quiebras

Con los permanentes concordatos y quiebras que aparecen en Colombia y en países que siempre se han pregonado como líderes en transparencias, por apoyarse en firmas de contabilidad y de auditores conocidas, la pregunta es qué está pasando. La respuesta general es la recesión, la pérdida del poder adquisitivo, la gran brecha entre ricos y pobres, el enriquecimiento ilícito, el narcotráfico, la guerrilla, la corrupción. Otros preguntan si esas empresas estaban controladas por una auditoría externa, un revisor fiscal o un ente de control, pues, de la noche a la mañana, aparecieron ilíquidas o con compromisos imposibles de cubrir, y así engañaron a los inversionistas, acreedores y a sus socios.

Lo anterior se evidencia en los escandalosos hechos ocurridos en el cambio de siglo, que acabaron la firma de auditoría más grande del mundo (Arthur Andersen) y está lastimando apreciablemente a otra importante, estos fueron los casos de USD 2.000 millones en ingresos que desaparecieron de Xerox Corp., USD 3.800 millones en gastos que fueron eliminados de WorldCom Inc. y USD 1.200 millones en capital de los accionistas que se evaporaron de Enron Corp.

Entre las incógnitas que han surgido es por qué los contadores no evitaron que sucedieran estos hechos, qué había pasado, será que los estándares de auditoría estaban mal enfocados. Los trabajos de revisión se enfocan normalmente hacia el futuro y no de lo que pasó, es decir, se va el mayor tiempo en la planeación y en la evaluación del control interno, y cuando llegan a las cifras de los estados financieros ya se ha agotado el tiempo y por ende el presupuesto.

Un estudio de una universidad de Estados Unidos afirma:

> Durante las últimas décadas los auditores se han concentrado cada vez más en cómo las compañías generan sus informaciones financieras —los programas informáticos para llevar los balances y los controles internos que supuestamente revisan el sistema— en vez de concentrarse en los números mismos. Esto contrasta con el antiguo estilo de auditoría, bajo el que los contadores escarbaban las cuentas de las empresas, estudiando miles de transacciones para ver si los balances eran correctos.

El cambio en la manera en que los auditores auditaban los balances de sus clientes se debió a la incidencia de los computadores en el manejo de sus operaciones y a la gran competencia que llevó a los auditores a rebajar sus honorarios (hasta un 50 %) y a hacer propuestas por debajo de los costos, para no perder sus clientes y dar a conocer su trabajo a un potencial nuevo cliente. Lógicamente, estos auditores señalaban, en sus propuestas, que su trabajo se realizaría con base en la revisión de pocas transacciones, por medio de matrices de auditoría demasiado riesgosas, a fin de asegurarse que no los comprometieran, por ello indicaban que el fin de la revisión no era buscar fraudes, sino las cifras de los estados financieros a través de las pruebas selectivas de auditoría aleatorias.

El cambio de revisión generó que los programas informáticos y los controles internos en los que se apoyan hoy los auditores sean eficientes, para evitar que los empleados de menor nivel tomen pequeñas cantidades de dinero. Sin embargo, esos controles son burlados por los directivos de aquellas empresas que mueven gran cantidad de dinero.

## 1.4 La auditoría del fraude

Existen diversas maneras de abordar el tema del fraude, el método más conveniente es detectarlo antes de afrontarlo, no obstante, no hay controles totales que lo eviten. La mente humana maquina muchas cosas y se aprovecha de la falta o debilidad de los controles, por ello los riesgos deben detectarse mediante evaluaciones periódicas, teniendo en cuenta la relación costo - beneficio, para no afectar los intereses de la institución (p. ej., el riesgo no es material y sus controles muy costosos).

El fraude más común con las organizaciones empresariales es el fraude administrativo, que se clasifica en dos grupos, a saber, las revelaciones engañosas (que desestiman los estados financieros bajo presentaciones falsas o utilizan los principios de contabilidad, según las circunstancias) y la malversación de activos (conjunto de prácticas no éticas realizadas en el interior de las organizaciones, por parte de directivos o de empleados, como el fraude de compras y el uso de sistemas informáticos). Por esto, en las empresas, se han establecido sistemas de medición del desempeño, entre ellos, los indicadores de gestión (banderas rojas) para la detección, valoración y control de factores de riesgo. Las entidades que más han sido afectadas por los fraudes son las entidades sin ánimo de lucro (sin controles, misión altruista, administradas por una sola persona) y las entidades financieras por su vulnerabilidad a un sinnúmero de riesgos.

## 1.5 Auditoría forense

Los fraudes han originado una demanda creciente de examinadores e investigadores del fraude, lo cual ha llevado al desarrollo de la auditoría del fraude y de la auditoría forense. La del fraude está entrelazada con la auditoría financiera, no obstante, para otros, se circunscribe al conjunto de transacciones comerciales como fenómeno económico, social y organizacional.

La auditoría forense se considera como una disciplina nueva, mucho más efectiva que las auditorías de los estados financieros y operacional de corte tradicional. Actualmente, la investigación del fraude en los libros de cuentas y en las transacciones comerciales requiere de habilidades combinadas de un auditor bien entrenado y de un investigador criminal, sin embargo, no existe en los contadores ambas características. Como alternativa, se ha considerado que es necesario familiarizar al auditor con las reglas, principios, técnicas y métodos de investigación criminal o proveer a los investigadores del crimen conocimientos de contabilidad y de las reglas, principios, técnicas y métodos de la auditoría.

La globalización de la economía, el fraude y la corrupción crecen más, por tanto, es necesario que existan más auditores de fraude y mejores técnicas para su detección y reducción. En EE. UU., los auditores más experimentados están en el sector gubernamental, en determinadas agencias de investigación (FBI, GAO, IRS y SEC). No obstante, la policía tiene pocos recursos para afrontar los delitos de cuello blanco, por lo cual no son su prioridad.

Para afrontar este problema y lograr un perfeccionamiento de los contadores en la etapa de la investigación, Bologna y Lindquist (1995) establecieron los siguientes trece principios básicos:

1. La auditoría del fraude es diferente a la auditoría financiera, es un conjunto mental más que una metodología.
2. Los auditores del fraude son diferentes de los auditores financieros., pues se centran en excepciones, rarezas, irregularidades contables y patrones de conducta, no en errores y omisiones.

3. La auditoría de fraude se aprende principalmente de la experiencia, no en los textos de auditoría o en los papeles de trabajo del último año. Aprender a ser un auditor de fraude significa aprender a pensar como un ladrón, p. ej., "¿Dónde se encuentran los vínculos más débiles en esta cadena de controles internos?".

4. Desde una perspectiva de auditoría financiera, el fraude es la representación equivocada e intencional de hechos financieros de naturaleza material. Desde una perspectiva de auditoría del fraude, este es una representación equivocada y material de hechos económicos.

5. Los fraudes se cometen por razones económicas, egocéntricas, ideológicas y sicóticas. De las cuatro, el motivo económico es el más común.

6. El fraude tiende a abarcar una teoría estructurada alrededor de motivos, oportunidades y beneficios.

7. El fraude en un ambiente contable computarizado puede ser cometido en cualquier etapa del procesamiento (entrada, proceso y salida). Los fraudes de entrada (ingresos de datos falsos y fraudulentos) son los más comunes.

8. Los esquemas fraudulentos más comunes de los empleados del nivel más bajo incluyen malversaciones (cuentas por pagar, nómina, reclamos por beneficios y gastos).

9. Los esquemas fraudulentos más comunes de los empleados del nivel más alto incluyen alteración de utilidades (diferir gastos, registrar ventas demasiado temprano, sobrevalorar inventarios).

10. Los fraudes contables se causan más por ausencia de controles que por pérdida de controles.

11. Los incidentes del fraude no crecen exponencialmente, pero las pérdidas por fraude sí.

12. Los fraudes en contabilidad se descubren más por accidente que por propósito o diseño de la auditoría financiera. Cerca del 90 % de los fraudes financieros se descubren por accidente.

13. La prevención del fraude es asunto de controles adecuados y de un ambiente de trabajo que dé alto valor a la honestidad personal y al trato justo.

Estos principios pueden modificarse de acuerdo con la detección del fraude, las consideraciones estructurales (jerarquía, recursos financieros, metas en la organización, habilidades y destrezas del personal, estado de la tecnología, estándares de desempeño, eficiencia de las mediciones) y, por debajo, las consideraciones de comportamiento (actitudes, sentimientos, valores, normas, interacción, capacidad de comprensión, satisfacción).

# Cuestionario

- ¿Cómo se define el fraude?
- Cuando se hace una investigación de fraude, ¿qué indicadores de fraude deben tenerse en cuenta?
- Dentro del análisis del perfil del fraude, ¿en qué categorías se agrupan los diferentes riesgos?
- ¿Qué indicios pueden ayudar en una investigación o en la determinación de posibles debilidades de la empresa para el cometimiento de fraudes como riesgos personales?
- ¿Qué indicios pueden ayudar en una investigación o en la determinación de posibles debilidades de la empresa para el cometimiento de fraudes como riesgos culturales?
- ¿Qué indicios pueden ayudar en una investigación o en la determinación de posibles debilidades de la empresa para el cometimiento de fraudes como riesgos estructurales?
- ¿Qué indicios pueden ayudar en una investigación o en la determinación de posibles debilidades de la empresa para el cometimiento de fraudes como riesgos comerciales?
- ¿Qué pasa cuando hay combinación de varios factores de riesgo?
- ¿Cuándo existe corrupción?
- ¿Existe corrupción solamente en el sector público?
- ¿Cuál es la relación de los incentivos en las empresas con el maquillaje de los balances?
- Indique cinco (5) causas de fraude que afectaron a las entidades financieras a partir del año 1982.
- ¿Qué responsabilidad han tenido los auditores frente a los concordatos y quiebras de las empresas?
- ¿Qué determinó el estudio efectuado por una Universidad de los EE. UU. referida a la participación de los auditores externos?
- ¿Qué se entiende por auditoría del fraude?
- ¿Qué se entiende por auditoría forense?
- ¿Cómo se clasifica el fraude administrativo?
- ¿Qué se entiende por revelaciones engañosas?
- ¿Qué se entiende por malversación de activos?
- ¿Qué sistemas de medición del desempeño se han establecido en las empresas para prevenir los fraudes?
- ¿Cuáles son las diferencias y similitudes entre una auditoría del fraude y una auditoría forense?
- ¿En qué se diferencia la auditoria financiera de una auditoría del fraude?

- ¿Qué es el fraude desde una perspectiva de auditoría financiera?
- ¿Qué es el fraude desde una perspectiva de auditoría del fraude?
- ¿Por qué razones se cometen los fraudes?
- ¿En qué etapa se cometen los fraudes efectuados en un ambiente computarizado?
- ¿Cuáles son los esquemas fraudulentos más comunes en los empleados de más bajo nivel?
- ¿Cuáles son los esquemas fraudulentos más comunes en los empleados de más alto nivel?
- ¿Por qué suceden más a menudo los fraudes contables?
- ¿Los fraudes en contabilidad se descubren más por investigación directa o por accidente?
- ¿Cómo se logra una mejor prevención del fraude?
- ¿Cómo pueden modificarse los trece principios formulados por Bologna y Lindquist?

## Discusión

1. ¿Por qué se afirma que la corrupción no es solamente el comportamiento delictivo de unos?
2. ¿Cuál es la relación entre el maquillaje de balances con la corrupción del sector privado?
3. ¿El caso Enron, WorldCom y otros en EE. UU., Europa y Latinoamérica, en qué aspectos alertaron a los gobiernos y a los accionistas, socios y asociados?
4. ¿Por qué las firmas de auditores no se percataron del maquillaje de balances de aquellas empresas que colapsaron en EE. UU. y Europa?
5. Haga una lista de 10 causas de fraude de las empresas manufactureras.
6. Haga una lista de cinco (5) causas de fraude de las empresas cooperativas.
7. De acuerdo con lo que ha pasado, ¿las auditorías externas deben seguirse con los mismos procedimientos de auditoría o hay que reestructurarlos o cambiarlos totalmente?
8. ¿Qué relación tiene la globalización de la economía con relación al fraude y la corrupción?
9. Hay auditores muy buenos para realizar auditoría financiera o interna, y hay contadores investigadores muy buenos también, ¿cómo se pueden combinar las dos prácticas para convertir al auditor financiero, interno y otros en auditor del fraude o en auditor forense?
10. ¿Cómo se logra aprender a ser un buen auditor del fraude?
11. ¿Por qué se afirma que «los incidentes del fraude no crecen exponencialmente, pero las pérdidas por fraudes sí»?

# CAPÍTULO 2

# EL FRAUDE Y SU RELACIÓN CON EL CONTROL INTERNO

Hay que partir de la consideración de que un buen y adecuado sistema de control interno no constituye garantía de la no ocurrencia de irregularidades. Pero, si ese control es eficiente y adecuado en grado sumo, conducirá a una reducción de la posibilidad de que sucedan irregularidades.

## 2.1 Las irregularidades y el control interno

Cuanto se aborda el concepto de control interno se entiende que la extensión del trabajo de auditoría está estrechamente relacionada con el criterio de eficiencia y adecuación que de él se llegue a tener. Sin embargo, es necesario hacer una distinción importante. Con marcada frecuencia se hace referencia al control interno mismo, cuando se manifiesta que un buen sistema de control conlleva la eliminación de las posibilidades de ocurrencia de irregularidades.

No obstante, esto no es así, lo que elimina el sistema de control interno es la probabilidad de irregularidades y no estas como tal. Las irregularidades son dables y posibles ante cualquier sistema de control interno, pero no son ampliamente probables, debido al grado de estructuración y eficiencia del sistema.

Las irregularidades respecto al control interno se gradúan y clasifican en la siguiente forma:

- Irregularidades perpetradas dentro del marco y alcance de un sistema de control interno.

- Irregularidades efectuadas mediante manipulación o enredo de los sistemas y procedimientos del control interno.

- Irregularidades ejecutadas por niveles que se sitúan más allá del sistema de control interno.

Las dos primeras clasificaciones corresponden al marco general de un sistema de control interno. La última, por su parte, tiene un sentido particular, ya que se da en razón a que cualquier organización otorga autoridad y funciones de carácter discrecional a funcionarios que ocupan determinadas posiciones, especialmente en dirección. Este aspecto es una realidad en una organización y hay que entender que un sistema es efectivo o se deteriora si todos se vigilan. Para tratar de subsanar esta debilidad del control interno, se suelen conformar organismos colectivos de autoridad y decisión.

En esta parte se suele hacer referencia al tipo de faltas que suceden y no vuelven a ocurrir. En otros casos, hay situaciones de posición, prestigio, etc., ante las cuales es poco lo que contribuye un sistema de control interno. En otras circunstancias, existe la posibilidad de que funcionarios lleguen al extremo de cometer irregularidades que tienen la particularidad de ser fácilmente detectadas por el auditor, como también lo totalmente opuesto, debido a la posición y facilidades para operar del funcionario.

En el control interno, desde luego, hay un hecho desconocido para el auditor, a saber, las presiones que motivan a las personas que integran el sistema, lo cual se torna más complicado si se tiene en cuenta que tales presiones son cambiantes. Una atracción de simpatía de índole diversa lleva a que un superior tolere u oculte las fallas de un empleado, la presión que ejerce un empleado de mayor antigüedad sería suficiente para que otro quede inhibido de dar a conocer una irregularidad. A este respecto, es necesario aclarar que la ley no tiene en cuenta la situación de subordinación para exonerar al empleado de responsabilidad.

## 2.1.1 Responsabilidad del auditor respecto al control interno

Una vez que el auditor ha concluido la revisión y evaluación del control interno, cuenta con información importante que debe suministrar al interesado. Es bien conocido que la responsabilidad de implantar el control interno es de la empresa, lo mismo que desarrollarlo y mantenerlo. Más allá de las responsabilidades legales que pueden imputársele al auditor, es su deber profesional hacer conocer a su cliente los más importantes peligros, presentes y potenciales del control interno, de manera enérgica y enfática, conforme lo requieran las circunstancias.

En diversas oportunidades se ha discutido la responsabilidad del auditor respecto a informar a su cliente sobre el estado de efectividad y confianza de las prácticas y procedimientos del control interno, detectados por él en la ejecución de su trabajo. Surge de aquí el hecho de que, si el auditor ha realizado una revisión y evaluación del control interno, debe estar habilitado para expresar una opinión fundamentada. Lógicamente, debe cuidarse al emitir su opinión sobre el control interno, debido a que es extremadamente difícil su evaluación como sistema. De modo que es arriesgado conceptuar sobre un sistema de control interno, con términos tales como *bueno, razonable, satisfactorio* u otro afín.

En realidad, es complejo definir las partes o componentes individuales de un sistema de control interno, con el objeto de emitir opiniones por áreas o partes. Pero es conveniente, en lo posible, tratar de separar un control interno en áreas o partes, y, por cada una de ellas, emitir dictamen, porque de esta manera se tendrán mejores elementos de juicio para dar una opinión fundamentada. Bien haría un auditor en abstenerse de expresar opinión sobre la efectividad de un control interno considerado globalmente, en cambio, de la reunión de los criterios o juicios parciales de las respectivas áreas, se puede llegar a un criterio más juicioso y sólido.

## 2.2 Influencia sobre los estados financieros

Las irregularidades que conllevan una presentación deformada de los estados financieros son las que requieren menos esfuerzo para su realización.

Un faltante puede resultar de la reducción de un activo o del incremento de un pasivo, si no se le establece mediante su asiento, los activos pueden exonerarse o los pasivos disminuirse en los estados financieros. Si el faltante se oculta mediante cargo de la partida a alguna cuenta de resultados, el balance general, a primera vista, se considera correcto, porque en realidad está revelando la posición financiera en la forma como existe a esa fecha. El estado de resultados es considerado correcto también ya que indicará o reflejará el resultado neto del período contable, pero afectado por el faltante, esto es, por el cargo que se ha hecho. Pero, si tal cargo no indica la realidad, es decir, se mimetiza o se esconde bajo una imputación tergiversada o falsa, el estado de resultados desde luego será erróneo, porque incluirá de manera impropia tal carga o pérdida. Así se patentiza que una irregularidad afecta simultáneamente al balance y al estado de resultados, o indistintamente a cada uno de ellos.

Así pues, los procedimientos de auditoría deben dirigirse en primer orden a las cuentas de balance, en virtud de que los saldos de estas son reales, es decir, son de una materialidad cierta o de determinada durabilidad. Por lo tanto, pueden examinarse con un mayor grado de exactitud respecto de las cuentas de resultados. Esto es, se tiene mayor evidencia para los conceptos de balance que para los de resultados. Esto llevaría a concluir que el auditor debe asumir mayor responsabilidad por las irregularidades encubiertas en las cuentas de balance, que por las irregularidades en las cuentas de resultados.

Las irregularidades en los estados financieros se clasifican en:

- Las que afectan el balance, ya sea por el aumento o disminución tanto de activos como de pasivos, o porque se ejecutan mediante una descripción impropia dentro del balance.

- Las que afectan el estado de resultados, que pueden ser por aumento o disminución del ingreso neto, según sea el interés que se pretenda y una clasificación propia.

## 2.3 Extensión de encubrimiento

Al tratarse de irregularidades, estas pueden estar disimuladas o al descubierto. La irregularidad disimulada es aquella con la cual se han tomado las suficientes medidas y precauciones para neutralizar o reducir la posibilidad de su descubrimiento.

Las irregularidades al descubierto y disimuladas podrían sucederse de la siguiente forma:

- Por manipulación de registros.
- Omisión de asientos.
- Sumas y asientos falsos.
- Pases y otros procedimientos de registro.
- Por manipulación de documentos.
- Destrucción de documentos.
- Preparación de documentos falsos.
- Alteración de documentos legítimos.

La pericia con que se practique cualquiera de estos procedimientos, la intensidad de ocurrencia o la cantidad involucrada tiene sentido en la posibilidad de descubrimiento por parte del auditor. Por sí misma, esta característica no suministra ninguna guía sustancial hacia la extensión de la responsabilidad que debe asumir el auditor por su detección.

CAPÍTULO 3

# LOS ERRORES DENTRO DE LOS ESTADOS FINANCIEROS

La presentación incorrecta de los estados financieros y el proceso de la contabilidad tienen diversas causas, tales como fraudes, desfalcos, estafas, hurto, abuso de confianza y otras irregularidades. También suelen originarse en errores, políticas o prácticas contables impropias o inadecuadas. Las primeras se distinguen por estar revestidas de intención, es decir, la premeditación. Las segundas, no necesariamente implican tal condición.

Desde el punto de vista de la función de auditoría, hay que hacer distinción entre errores intencionales y no intencionales. Las probabilidades de ocurrencia de errores están estrechamente relacionadas con la eficiencia del control interno.

## 3.1 Errores no intencionales

Cualquier falta no intencional o no deliberada al registrar ingresos depositados mediante cheque probablemente será detectada al efectuar cualquier sobrefacturación no deliberada, saldrá a la luz por reclamos del cliente. Lógicamente, el descubrimiento de esta clase de errores resultará si el sistema es adecuado, las personas relacionadas son competentes y existe la debida separación de funciones. Los errores que tienen como fundamento el mal entendimiento, la deficiente interpretación o las faltas honestas de juicio regularmente están fuera del alcance del control interno.

Esta clase de errores ocurre por:

- Omisión inadvertida de un asiento o efectuado de forma incorrecta, como consecuencia de un deficiente análisis de una operación.
- Falta de claridad en sus términos.
- Cálculo erróneo, ya sea mediante afectación de un documento específico o registro contable.
- Errores de pases, como arrastrar sumas de una página o registro, u otro procedimiento similar.

> **Nota:** en esta modalidad de errores, se pueden incluir las políticas o prácticas contables.

## 3.2 Errores intencionales

Todo aquello que puede ocurrir no intencionalmente puede intentarse deliberadamente. Es necesario agregar que el término *errores intencionales* se interpreta como irregularidades, lo que lleva a afirmar que en tal caso se está ante la premeditación, lo intencional o deliberado.

Los registros contables pueden ser intencionalmente falseados por omisión deliberada de un asiento, entrada de un asiento impropio, un cálculo inadecuado o un pase indebido. Igualmente, los documentos sobre los cuales se basan los registros contables pueden ser sometidos a manipulaciones, los instrumentos originales o legítimos suelen ser destruidos, se utilizan documentos ficticios o, aun siendo genuinos u originales, se alteran y usan nuevamente. En esta clase de errores son increíbles aquellos que tienen por finalidad presentar erróneamente los estados financieros, en pro de propósitos engañosos, como pretender un hecho de convivencia administrativa o gerencial, mediante la utilización de cambios contables.

Las irregularidades por su condición intencional son de carácter engañoso, pero no implican necesariamente una pérdida inmediata de activos. En algunos casos, los ejecutivos u otros empleados, en interés de esconder su incompetencia o negligencia, recurren a hechos como presentar deliberadamente una falsa posición financiera o el estado de resultado de operaciones, lo que se designa *tergiversaciones deliberadas*.

Las tergiversaciones suelen llevarse a cabo de varias formas, tales como aumentos indebidos de ingresos a caja o ventas, disminuciones impropias de devoluciones en ventas, descubiertos en compras o falsas relaciones de inventarios físicos, etc.

## 3.2.1 Delitos punibles

### 3.2.1.1 Tergiversaciones

Generalmente las tergiversaciones consisten en la deliberada falsa presentación de la situación financiera o de los resultados de operaciones.

Una persona con acceso a los estados financieros puede falsear cantidades o clasificaciones importantes. Esto implica que involucra a aquellos empleados relacionados directa o indirectamente con el análisis de las operaciones y con el desarrollo de cálculos u otros aspectos sobre los cuales se fundamenten los estados financieros. No se excluyen de este evento los funcionarios y supervisores inmediatos con posiciones que dominen las actividades del personal subordinado. Además, debe agregarse que estos funcionarios o supervisores pueden estar fuera del alcance del control interno, como ordinariamente suele suceder.

Esta clase de irregularidades no requiere de mayor esfuerzo para su encubrimiento. El control más eficaz es la auditoría independiente; cualquier programa de auditoría debe incluir por lo menos un mínimo de pruebas para descubrir la existencia de esta clase de tergiversaciones.

**Figura 48. Entendimiento del control interno en la revisión de los estados financieros**

Estrategia — Evaluación de riesgo del cliente. Control circundante o ambiente de control. — Compromiso por ejercer un buen control.

Satisfactorio — Aceptable

Deficiente — Modificable

Planeación — Información y comunicación — Manera como el sistema de información respalda clases significativas de transacciones de la entidad.

- Iniciación de transacciones.
- Proceso de transacciones.
- Registros contables, documento, respaldo.
- Información E/F.
- Comunicaciones E/F.

Actividades de supervisión y control — Identificar actividades correspondientes a:
- Los E/F en general.
- Objetivos de auditoría específicos.

- Cómo la gerencia enfoca el riesgo.
- Si son base para evaluar riesgo de control.
- Considerar efectividad para prevenir, detectar, corregir errores e irregularidades.

Consulta de la gerencia

* Esta calificación requiere la consideración de asuntos subjetivos y un juicio de alto novel profesional por parte del auditor.

- Deficiencias de control.
- Desconocimiento de riesgos por la gerencia, ausencia de control.
- Conocimiento de riesgos, pero controles inefectivos.
- Controles ineficaces.
- Controles debilitadas por control circundante débil.

Identificar:
- Errores o irregularidades potenciales.
- Factores que afectan el riesgo de errores e irregularidades.
- Procedimientos sustantivos.

Fuente: elaboración propia.

## 3.2.1.2 Malversaciones

Las irregularidades o faltas que produzca una pérdida inmediata de activos suelen denominarse malversaciones o apropiación de activos, las cuales son llevadas a cabo mediante procedimientos denominados interpretaciones, sustracciones o desviaciones.

- Interpretaciones: malversación de activos antes de que estos sean registrados.
- Sustracciones: malversaciones de activos registrados, efectuadas por no depositar los valores o bienes, por hacer que estos no se encuentren disponibles para su correspondiente uso o por realizar desembolsos falsos.
- Desviaciones: malversaciones de activos registrados, llevadas a cabo mediante falsos abonos o al convertir desembolsos propios o verdaderos en ficticios.

  Las irregularidades o cualquiera de sus diversas denominaciones. Aunque el sistema de control interno sea debidamente adecuado y pretenda hacerlas imposibles, una deliberada desviación de un sistema de control es siempre factible: controles debidamente planeados y estructurados son superados o pasados por alto, los procedimientos son cambiados sin la debida autorización o su cumplimiento es falseado.

Estos conceptos implican no confiar solamente en una descripción de los controles que están en vigor, sino ir más allá de esta concepción, para determinar o fijar los sistemas y procedimientos actuales o requeridos, antes de dictaminar sobre su efectividad en la prevención de errores e irregularidades.

### 3.2.1.3 Colusión

Una de las formas delictivas que vulnera un sistema de control interno es la colusión. Consiste en que las irregularidades son efectuadas mediante el acuerdo de dos o más personas. De esta manera, pocos (si hay algunos) son los sistemas de control interno capaces de prevenir este modo de delinquir, especialmente cuando se recurre al uso de la astucia y habilidad. No obstante, en su estructuración e implementación, los sistemas de control interno deben considerar al máximo esta situación e incluir las medidas suficientes en prevención o detección de esta modalidad delictiva.

### 3.2.1.4 Perpetración

El acto de cometer irregularidades descartando cualquier oportunidad de encubrimiento. Las técnicas o requisitos previos para llevar a cabo la perpetración varían según las clases de anomalías.

### 3.2.1.5 Encubrimiento

Las medidas y acciones tomadas con el objeto de prevenir que las rutinas ordinarias causen el oportuno descubrimiento de las irregularidades.

### 3.2.1.6 Desfalcos no encubiertos

Aquellos que resultan en un faltante abierto de activos, debido a que no son tomadas las medidas para conciliar la responsabilidad de rendir cuenta según los libros con los activos fijos verdaderamente disponibles.

Los desfalcos no encubiertos ocurren si el sistema de control interno omite procedimientos fundamentales o si los funcionarios encargados de su ejecución son incompetentes o no lo suficientemente independientes. El descubrimiento de esta clase de faltas es un objetivo de la comprobación de saldos.

### 3.2.1.7 Encubrimiento temporal

Cualquier acción o medida tomada para prevenir que se descubra que la responsabilidad de rendir cuentas, acordes con los libros, sobrepase los activos disponibles del momento.

En otros términos, se pretende establecer una aparente concordancia entre los libros contables y el activo físico, cuando en realidad no existe esa correspondencia. De esta manera, se manipula una conciliación bancaria para que aparente reflejar el saldo según los libros; los totales de un informe de caja menor pueden ser falseados para que simulen concordar con los registros contables. Esta clase de irregularidades es también un objetivo de la comprobación de saldos.

### 3.2.1.7 Encubrimiento permanente

Las medidas y acciones tomadas en procura de disminuir la responsabilidad de rendir cuentas de los activos según libros, de modo que los montos o saldos, una vez reducidos, concuerden con los activos disponibles.

Se puede llevar a cabo manipulando directamente los registros de contabilidad o de cualquier documento que sirva de soporte a la operación contable o cargando la disminución indebida en una cuenta de ingresos o gastos. El descubrimiento o detección del encubrimiento permanente es un objetivo de las pruebas de las operaciones.

La revisión de un sistema de control interno es más eficiente a medida que se posee mayor conocimiento de las posibilidades de perpetración y encubrimiento de irregularidades. Al efectuar un examen de esta naturaleza, se debe considerar cada una de las factibilidades y juzgar si el sistema alienta tales anormalidades, las permite o las previene eficazmente.

## 3.3 Características de las irregularidades

Pretender dar una definición precisa o única sobre lo que es una irregularidad no es muy dable, debido a sus diversas características y el criterio de subjetividad que le es propio. Respecto a estas, el ordenamiento penal las particulariza de acuerdo con su naturaleza y correspondientes atributos, como también lo relativo a las penas a aplicar para cada una de ellas. Pero desde el ángulo contable y en sentido amplio, se puede afirmar que una irregularidad es cualquier desviación de la verdad en los estados financieros o registros contables, o separación de las políticas establecidas y debidamente autorizadas por una institución o empresa.

En su trabajo, el auditor debe evaluar los riesgos. Esto necesariamente implica tener que efectuar inicialmente un cálculo del concepto de *materialidad* en la planeación de una auditoría. De esta manera, la materialidad es un aspecto importante y de interés en la auditoría, es de concepción relativa y está estrechamente relacionada con el volumen o cantidad del dato que se tome para comparación.

Teniendo en cuenta que el tiempo y el costo son factores determinantes en auditoría, las transacciones, los sucesos e inclusive las irregularidades de poca importancia no son objeto de la atención y cuidado que han de desplegarse a los hechos o irregularidades de trascendencia y significado. Como la materialidad es siempre relativa, conlleva la consideración de la base respecto de la cual se mide este criterio con relación a un rubro o partida específica. Por ejemplo, si se toma como base de materialidad la razonabilidad en la presentación de la situación financiera y el resultado de operaciones, un faltante de cierta cuantía puede ser considerado como no material, dada la importancia, extensión y capacidad de la empresa.

Se presenta otro hecho atinente a la materialidad, a saber, el concepto de honradez que se tenga de las personas. Por ejemplo, un desfalco por su cuantía puede considerarse no representativo de producir efecto sobre la razonabilidad de los estados financieros, desligado desde luego del aspecto de honradez de las personas. Pero cuando el hecho involucra la noción de honradez, la materialidad toma una configuración conceptual diferente, pues se tiene una inquietud que merece tomarse en cuenta, para dilucidar hasta dónde el criterio de honradez podría pesar sobre la condición de razonabilidad de los estados financieros. De este modo, la materialidad, al ser aplicada a irregularidades, se torna en un concepto abstracto y difícil. Hay irregularidades que, en opinión general, son representativas de una materialidad; en cambio se presentarán otras por las que surgen criterios encontrados.

De lo expuesto sobre el concepto de la materialidad, se concluye que la materialidad, frente a las irregularidades, es diferente a la concepción de materialidad respecto a la situación financiera y resultados de operaciones. Además, también se desprende que no existe una determinante precisa entre las irregularidades y las inmateriales.

## 3.4 Resumen sobre irregularidades

Las irregularidades pueden ser involuntarias o intencionales, estas últimas se dividen en las siguientes:

- Las que están destinadas a encubrir únicamente la incompetencia o insuficiencia.
- Las que intentan disimular una falta.

- Aquellas con el propósito de influir sobre la razonabilidad de los estados financieros.

Condensando, se puede esquematizar este punto de la siguiente forma:

- Irregularidades no intencionales:
  - ¤ En mecánica.
  - ¤ En principio resultantes de parcialidad.

La anterior clasificación no es de ninguna forma la única, pues como se expresó, en el aparte anterior, las ordenaciones que se hagan están sujetas a cambios sustanciales en concordancia con sus propias características y la intención de los responsables que las ejecutan.

## 3.5 Incidencia del Código Penal

Las irregularidades en que se actúa con intención o premeditación implican responsabilidad penal, de repercusión económica y social. De acuerdo con el derecho penal, que tiene por fundamento el estudio de las sanciones, el delito y el sujeto delictivo, los actos o acontecimientos irregulares toman diversas denominaciones, según sus características de forma o manera como son llevados a cabo. De tal modo, se tipifican fallas o irregularidades llamadas fraudes, abuso de confianza, hurto, estafa, fraude mediante cheque. Para esta clase de actuaciones delictivas, el Código Penal de los países los agrupa bajo el epígrafe: de "Delitos contra el patrimonio económico".

# Cuestionario
# (Capítulos 2 y 3)

- ¿Un buen control interno constituye garantía de la no ocurrencia de irregularidades?

- ¿El criterio de eficiencia y adecuación del control interno está relacionado con la extensión del trabajo de auditoría?

- Identifique la diferencia entre errores intencionales y no intencionales.

- Identifique las diferencias entre fraude y error.

- ¿Cómo pueden graduarse y clasificarse las irregularidades respecto al control interno?

- ¿Qué consideraciones se deben tener en cuenta cuando se encuentran irregularidades perpetradas dentro del marco y alcance de un Sistema de Control Interno?

- ¿Qué consideraciones se deben tener en cuenta de aquellas irregularidades efectuadas mediante la manipulación o enredo de los sistemas y procedimientos del control interno?

- Indique que responsabilidad le atañe al auditor interno respecto al control interno.

- Indique que responsabilidad le atañe al auditor interno respecto al fraude y error.

- ¿Qué incidencia tiene la revisión y evaluación del control interno respecto a una opinión de los estados financieros?

- ¿Es conveniente que el auditor fundamente su opinión en forma global o en su defecto lo haga por áreas o partes?

- ¿Qué influencia tienen las irregularidades con relación a la presentación de los estados financieros?

- Dé ejemplos que afecten la presentación y clasificación de los estados financieros.

- ¿Qué es conveniente iniciar dentro de los procedimientos de auditoría, para efectuar una evaluación del control interno y determinar su razonabilidad, el análisis de las cuentas del balance general o las cuentas de resultado?

- Respecto a las irregularidades de los estados financieros, ¿cómo se clasifican?

- ¿Qué son irregularidades disimuladas? Dé ejemplos.

- ¿Qué son irregularidades al descubierto? Dé ejemplos.

- ¿Cómo podrían clasificarse las irregularidades disimuladas?

- Por medio de un gráfico presente una posible metodología para el estudio de evaluación de control interno por objetivos.

- ¿Qué responsabilidad tienen los entes de control ante al fraude?

- En un primer examen a estados financieros podrían pasar desapercibidas algunas irregularidades por el auditor, pero pueden ser descubiertas en exámenes posteriores, si tales revisiones están cuidadosamente planeadas y desarrolladas, de conformidad con programas de auditoría. Según esta concepción, ¿qué clasificación sería ideal, en cuanto a la factibilidad de detectar irregularidades?

- Si un faltante o una irregularidad es evaluado de una considerable materialidad y no es descubierto en un primer examen, ¿podría existir responsabilidad en cuanto a su no detección por parte del auditor?, ¿qué consideraciones se deben tener en cuenta al evaluar esta alternativa?

- El hecho de evadir o reducir responsabilidad por medio de acuerdo con los clientes, mediante cartas y otras declaraciones acostumbradas en auditoría, ¿podría considerarse excusa de responsabilidad ante procesos judiciales o ante terceros?

- Qué opinión le merecen los siguientes planteamientos:

- "Mediante el cuidado y diligencia adecuada de los procedimientos de auditoría, puede llegarse a la detección de fraudes y estafas, lo cual se refuerza si el auditor está atento a las posibilidades de que hayan ocurrido actos ilegales de gran impacto en los estados financieros".

- "Ocurren faltas o irregularidades por las que al auditor le es prácticamente factible no aceptar responsabilidad, en razón al concepto de inmaterialidad, por las irregularidades en las que no existe registro ni soportes, es el caso del recibo de efectivo proveniente de ventas misceláneas, las cuales no se registran por actos colusivos.

- Si el auditor ha cumplido con todas las normas de auditoría, ¿se puede responsabilizar, y para ello es indispensable se compruebe con evidencias el cumplimiento de tañes normas en caso de fraudes?

- ¿Qué importancia tiene la norma personal del cuidado y diligencia profesional como requisito fundamental en la detección de algunas irregularidades?

- ¿Por qué el fenómeno de la inflación requiere la preparación de estados financieros suplementarios al balance general y estados de resultados?

- ¿Cuáles son los rubros que se deben ajustar por los efectos de inflación?

- ¿Cuál es el efecto que, en la utilidad y el capital, ocasiona el hecho de no efectuar ajustes por inflación?

- ¿Qué diferencia existe entre los siguientes términos rubros monetarios y no monetarios?

- ¿Cuál es el objetivo fundamental de ajustar los estados financieros por la incidencia de la inflación?

- ¿Cómo incide la inflación en la reserva legal de las entidades y en las reservas estatutarias requeridas para mantener el capital en un nivel representativo al menos de la inversión de origen?

- ¿Cuáles son las principales causas que generan una incorrecta presentación de los estados financieros?

- ¿Las probabilidades de ocurrencia de errores están estrechamente relacionadas con la eficiencia del control interno?

- Explique con ejemplos tres modalidades de errores no intencionales

- ¿Pueden interpretarse los errores intencionales como irregularidades?

- ¿Las irregularidades implican necesariamente una pérdida inmediata de activos?

- ¿Cómo se designa al hecho de presentar posiciones financieras falsas o estados de resultado maquillados, cuando se pretende esconder la incompetencia o negligencia de la gestión de la administración?

- En las organizaciones pueden existir funcionarios y supervisores que dominan actividades del personal subordinado y que lo manipula hasta la presentación errada de los estados financieros, ellos se ubican inclusive fuera del alcance del control interno.

- ¿Qué pruebas incluiría en un programa de auditoría para descubrir la existencia de tergiversaciones?

- Diseñe una estrategia para un mejor entendimiento del control interno dentro de la revisión de los estados financieros.

- ¿Cómo formalizaría una adecuada planeación para cumplir con los componentes de control interno de la información y comunicación, y en cuanto a las actividades de supervisión y control?

- ¿Qué errores e irregularidades potenciales, riesgos y procedimientos sustantivos a realizar se podrían identificar para detectar posibles deficiencias de control?

- ¿Qué son malversaciones?

- ¿Qué diferencia hay entre tergiversaciones y malversaciones?

- ¿Mediante cuáles procedimientos se llevan a cabo las malversaciones o apropiaciones de activos? Explique cada uno de ellos.

- ¿Qué es colusión?, y ¿cómo se desarrolla?

- ¿Es posible que existan fraudes sin que exista colusión? Explique.

- ¿Qué es perpetración?

- ¿Qué es encubrimiento?

- Cuando existe un faltante abierto de activos y no se toman medidas para conciliar la responsabilidad, según libros con los activos físicos, ¿cómo se define esta irregularidad?

- ¿Cuál es la diferencia entre un encubrimiento temporal y uno permanente?
- ¿Se puede dar una definición precisa sobre lo que es una irregularidad?
- ¿Una irregularidad significa un tratamiento contable distinto a un tratamiento penal?
- Exponga el concepto de materialidad en cuanto a la evaluación de riesgos, la planeación de auditoría, el volumen o cantidad de datos comparados, tiempo, costo, noción de honradez, etc.
- Las irregularidades involuntarias o no intencionales, ¿cómo se dividen?
- Describa ejemplos de faltas o irregularidades dentro de los errores intencionales que se consideran actuaciones delictivas y, por tanto, sancionadas por el Código Penal.

## Discusión

1. ¿Cuál es el objetivo de esta parte, *Fraude y error*?
2. ¿Por qué se interrelacionan los conceptos de errores no intencionales vs. irregularidades, y errores intencionales vs. fraudes?
3. ¿Los fraudes ocasionados en el sector público y los del sector privado, en cuanto a su denominación, dentro del Código Penal, tienen el mismo nombre o diferente denominación para fraudes similares?
4. ¿La materialidad del delito tiene incidencia dentro de la responsabilidad de los entes de control o de la misma administración?
5. ¿Qué relación tienen las irregularidades y los fraudes, bajo la óptica de la materialidad, ante los estados financieros?
6. ¿Qué conclusiones le dejó este aparte al estudiante y/o profesional, en la orientación y profundización del control interno en un ente económico específico?

# CAPÍTULO 4

# INEXACTITUD
# EN LA CONTABILIDAD

El término *inexactitud de los datos contables* ha sobresalido en el texto de disposiciones legales, especialmente de carácter impositivo, pero no revestido de un alcance y significado preciso, lo cual crea incertidumbre en la práctica. Por ello, es importante considerar que la inexactitud contable puede provenir de hechos configurativos de irregularidades, esto es, originado en negligencia o dolo, como también en aspectos propios a la misma naturaleza de la contabilidad (ser razonable), tales como los estimativos y provisiones, o su determinación como deducciones, cálculos, etc.

En las consideraciones de negligencia o dolo, y en lo que respecta a la emisión y rendición de estados financieros e informes tributarios, es de tener en cuenta que una revisión efectuada conforme a las normas de auditoría de aceptación general no asegura que todos los fraudes o irregularidades sean detectados. Esto lleva a que es fundamental discernir sobre este aspecto, ya que las disposiciones legales aludidas indican taxativamente que los contadores públicos, relacionados con la preparación, autorización o certificación de estados financieros e informes tributarios, son los responsables si resultan hechos irregulares o inexactitudes en la información tributaria.

De acuerdo con los anteriores considerandos y un sentido de equidad, el término de inexactitud debe estudiarse en dos campos. En un ámbito estrictamente contable, o sea aquellas inexactitudes dadas por la naturaleza misma de la contabilidad, y, en otro campo, desde el punto de vista de aquellas inexactitudes presentadas en la rendición de la información tributaria, que desde luego tendrán un ámbito de ocurrencia más amplio que el contable.

## 4.1 Maquillaje de balances

Las maniobras cada vez más complicadas para maquillar los resultados de las empresas a medida que las empresas crecen tornan indescifrable su contabilidad. Se presenta en este apartado el artículo de Steve Liesman (2002), redactor de The Wall Street Journal, que nos conducen a reflexionar, a los contadores, sobre los hechos que afectan la profesión y a nosotros mismos en Colombia.

Hace apenas treinta años, las normas que regulan la contabilidad empresarial en Estados Unidos eran pocas y podían caber cómodamente en un maletín. Pero desde entonces, las regulaciones se han multiplicado tan rápidamente que hace falta un estante completo para colocar todos los volúmenes.

Como ha puesto en evidencia el doloroso derrumbe de Enron, la complejidad de la contabilidad empresarial ha aumentado de manera exponencial. Lo que en alguna vez fueron conceptos simples y objetivos, como ventas y ganancias, en muchos casos se han transformado en algo complicado y subjetivo.

A esto hay que sumar el hecho de que muchas compañías presentan la menor información posible y los informes financieros de un número cada vez mayor de empresas se han convertido en documentos impenetrables y confusos. Esto se puede aplicar no solo a los inversionistas, analistas de Wall Street y a ejecutivos con maestrías en administración de empresas, sino también auditores externos que tienen que revisar los libros de las compañías.

La consecuencia ha sido un incremento de la llamada contabilidad de caja negra: informes financieros que como los de Enron, son tan opacos que su oscuridad sobrevive incluso a la luz del día. Aun después de la presentación de resultados, los números de algunas empresas se basan en metodologías contables tan complejas y precisan de tal alto grado de conjetura que no se puede determinar exactamente cómo se hicieron los cálculos para llegar a ellos. Difíciles de entender no significa necesariamente impreciso o ilegal, por supuesto, pero algunas empresas aprovechan las holgadas normas contables para manipular sus números (traducción propia).

Conclusión: en la actualidad, los resultados pueden ser interpretados en distintas maneras.

Las empresas latinoamericanas enfrentan problemas similares, especialmente a medida que el mundo se mueve hacia la adopción de estándares contables universales. Irónicamente, los estándares estadounidenses son considerados por la mayoría como los más estrictos.

En varios casos, [los resultados de las empresas en EE. UU.] dan demasiado espacio a la interpretación. La cantidad de revisiones contables en las que las empresas modifican (generalmente a la baja) sus cifras de venta o ganancias alcanzaron un promedio anual de 49 entre 1990 y 1997, según datos de Financial Executives International. La cifra se disparó a 91 en 1998 y a 156 en 2000, cuando las compañías descubrieron que habían calculado erróneamente sus ingresos, valoraciones de inventarios, provisiones por préstamos incobrables e impuestos sobre renta. En muchos casos, estos informes corrigen otros anteriores provocan el desplome del precio de una acción con pérdidas para los inversionistas de miles de millones de dólares en los últimos años.

"La forma en que se hacen negocios parece superar la capacidad de la contabilidad para seguir sus pasos", afirma Robert Willens, analista de contabilidad para Lehman Brothers, en New York. Los inversionistas que compran acciones en estas empresas no saben exactamente lo que están recibiendo, afirmó Al Harrison, vicepresidente de Alliance Capital Management LP, una importante firma de gestión de fondos, en una reunión con periodistas el mes pasado. "Hasta cierto punto, se convierten en acciones de fe", agregó. Alliance era la mayor poseedora de Enron a fines del año pasado.

Tras el colapso de Enron es probable que los inversionistas revisen con mucha mayor atención los libros de las compañías difíciles de entender. [...]

¿Por qué cuesta tanto comprender las cuentas de una compañía? En buena medida por que las empresas y lo que hacen se ha vuelto más complejo.

El sistema de contabilidad [estadounidense] fue, en sus inicios, diseñado para medir los resultados de una compañía industrial. Determinar el costo de fabricar un martillo o un auto, y las ganancias derivadas de su venta, era relativamente sencillo, pero determinar las mismas cifras para un servicio o para un producto como el *software* de una computadora puede involucrar muchas más variables susceptibles de ser interpretadas de distintas maneras.

Además, la mayor competencia, la globalización, la liberación y la ingeniería financiera han vuelto más complicada la naturaleza de lo que hacen las empresas, indica Baruch Lev, profesor de finanzas y contabilidad de la universidad de New York.

Como resultado de la competencia, las empresas han desarrollado formas cada vez más complejas para reducir el riesgo, afirma Lev. Una incursión en los mercados extranjeros genera una necesidad para que en una compañía use derivados, instrumentos financieros que cubren inversiones o que sirven como garantías de crédito. Muchas empresas han acudido a sociedades que mantienen al margen los libros para aislar los riesgos y compartir los costos de expansión. La presión para desarrollar nuevas tecnologías, medicamentos y otros productos lleva a las compañías a establecer alianzas con rivales que limitan su exposición.

Es aquí donde la contabilidad tiene dificultades para mantenerse al tanto de lo que ocurre en términos financieros dentro de una multinacional multifacética. Las reglas contables fueron ideadas para una empresa que fabrica productos sencillos y pueden acabar siendo inadecuadas para una compañía como Enron, cuyo negocio es en buena parte el eje central de una serie de contratos: para negociar capacidad banda ancha, electricidad y gas natural, y contratos para invertir en nuevas compañías tecnológicas.

Los estándares contables relacionados con el cómo registrar el valor de los derivados tienen centenares de páginas. Phillip Livingston, presidente de Financial Executive International, un grupo profesional, calificó a las nuevas formas de "una monstruosidad de estándares contables que nadie entiende", incluyendo a los contadores y directores de finanzas de las empresas.

"Las fronteras de las compañías son cada vez más difusas", afirma Lev. "Lo que hay dentro de una empresa está muy bien definido en términos legales, pero... debemos reestructurar la contabilidad de modo que la entidad principal sea la económica, no la legal".

Ciertamente, las finanzas de las empresas siempre han sido un desafío, porque solo se les exige revelar cierta información. Pero si antes el riesgo de los inversionistas externos era asegurarse de que no se estuviera perdiendo ningún número importante, ahora el problema es determinar hasta qué punto los resultados de una empresa reflejan la salud de sus negocios.

Debido a la libertad que dejan las actuales normas contables, dos empresas de un mismo sector pueden efectuar transacciones idénticas y anunciar cifras distintas. Un ejemplo es como las empresas pueden registrar los costos de investigación y desarrollo. Una la puede extender por diez años, mientras que otra podría extender esos mismos costos por cinco años. Ambas metodologías son permitidas y justificables, pero conducen a resultados distintos.

Otra área donde las empresas tienen libertad para determinar qué resultados usar es en la contabilidad de activos intangibles [...]. En el mejor de los casos, el valor otorgado a estos activos en los balances es un poco hipotético, pero representan una parte cada vez mayor de los activos totales. Luego de estudiar 5.300 empresas que cotizan en bolsa, la firma de mercado Multex. com descubrió que los activos intangibles habían llegado al 9 % de los activos totales, un alza frente al 4 % de hace cinco años.

Las empresas y sus contadores pueden decidir cómo valorar un activo intangible y cómo valorar los cambios de un trimestre a otro. Aunque hay pruebas para determinar el cambio en valor, en la práctica es difícil que los inversionistas externos entiendan cómo se llegó a las cifras o cómo desafiar los cambios que pueden afectar las ganancias.

Otro tema que complica la situación es que muchas empresas se han inclinado a entregar resultados proforma, que, entre otras cosas, normalmente muestran sus ganancias o pérdidas sin estos cambios en valores intangibles.

La consecuencia ha sido virtualmente el establecimiento de un nuevo sistema contable sin reglas fijas, en el que las empresas puedan mostrar sus resultados como mejor les parezca.

Finalmente hay que añadir la creciente importancia del valor de la acción [...]. En estos días, un buen precio accionario no solo es deseable, sino esencial, debido a que las acciones se han convertido en una parte fundamental en la gestión de una empresa. El creciente uso de las opciones sobre acciones para compensar significa que los gerentes necesitan valorizaciones más altas para retener a su mejor gente. [...]

El creciente uso de la bolsa como un lugar en el que las empresas pueden obtener capital significa que el precio de la acción puede marcar la diferencia entre el éxito y el fracaso.

De este modo, las empresas tienen para utilizar una contabilidad agresiva, pero no ilegal, para impulsar sus resultados y la cotización de su acción. (Liesman, 2002, traducción propia).

## 4.2 Presentación fraudulenta de los estados financieros

La conducta intencional o imprudente, ya se trate de acto u omisión, que resulta en estados financieros materialmente equivocados. La presentación fraudulenta de reportes financieros involucra muchos factores y toma muchas formas. Puede conllevar la distorsión grave y deliberada de los registros corporativos, tales como la sobrevaluación de inventarios, transacciones falsificadas en ventas u órdenes ficticias, o la aplicación de principios de contabilidad equivocadamente. Además, puede involucrar empleados de cualquier nivel.

Lo anterior puede ser cometido de manera fraudulenta e imprudente, es decir intencionalmente, denominado típicamente como fraude. No obstante, si los errores no son intencionales no caben dentro de esa definición, aunque afecten sustancialmente los estados financieros, ya la responsabilidad en el último caso será también a los auditores por no haberlos descubierto a tiempo.

En el gran contexto de la auditoría financiera, la auditoría forense tiene como función principal asistir a las compañías en la identificación de las áreas clave de vulnerabilidad y ayudar a desarrollar sistemas para sobreponerse a ellas, adicionalmente se implica en las investigaciones y en los procedimientos legales necesarios para entender la manera en que los acreedores confían en los auditores, cuando usan estados financieros prospectivos en situaciones de alto riesgo, y muchas veces evitar la presentación inadecuada o fraudulenta de los estados financieros.

El cambio principal de una auditoría de fraude se basa en la esencia de atestación y por ello aplica el muestreo selectivo para detectar irregularidades, por su parte, la auditoría forense va hasta el final, con detalle, asegura la información o evidencia con un instrumento fundamental que es la evaluación del riesgo.

Algunas situaciones de quiebra o de baja en bolsas por efectos de maquillajes o de presentación fraudulenta de estados financieros son:

- MicroStrategy: la empresa de *software* reformularía sus resultados de los años fiscales de 1988 y 1999. La acción cayó el 20 de marzo de 2000 a US$ 226,75 del día anterior, un descenso del 62 %. Los problemas derivaron de las agresivas prácticas para registrar ingresos.

- Waste Management: en junio de 2001, Arthur Andersen acordó pagar una multa por US$ 7 millones a la SEC por acusaciones de presunto fraude en relación con las auditorías de los resultados de Waste Management.

- Sumbeam: en las palabras de la SEC, fue "un masivo fraude financiero". El fabricante de productos para el hogar anunció súbitos aumentos en sus ventas. La SEC afirmó que al menos US$ 60 millones en beneficios operativos de Sumbeam en 1997 provenían de fraudes contables. Sumbeam se acogió a la reorganización por bancarrota en febrero de 2001.

- Lernout & Hauspie Speech Products: la empresa belga de *software* de reconocimiento se acogió a la protección por bancarrota en noviembre de 2000. Una auditoría de libros de la empresa reveló que L&H se inventó US$ 373 millones en ingresos, el 45 % de sus ventas, entre principios de 1998 a mediados de 2000, la mayoría de las ventas procedían de operaciones fantasmas en Asia.

- Cedant: en abril de 1998, la compañía de franquicias formada en diciembre de 1997, con la fusión de CUC Intl. y HFS, afirmó que rebajaría sus ganancias de 1997 en más de US$ 100 millones y esperaba que sus resultados de 1998 se viesen reducidos en una cantidad similar. Entre los problemas se encontraban la acumulación indebida de reservas relacionadas con cancelación de miembros.

- Enron Corp.: a finales del 2001, US$ 1200 millones en capital de los accionistas se evaporaron.

- WorldCom Inc.: desde el 10 de mayo de 2002, la calificadora de riesgos determinó que los bonos emitidos por esta empresa eran «bonos basura» y el 25 de junio del 2002 la empresa despidió al director financiero tras descubrirse una cuenta de US$ 3.800 millones de gastos impropiamente contabilizada para tapar las pérdidas netas del 2001 y el primer trimestre de 2002. La compañía anuncia el recorte de 17.000 empleos, más del 20 % del total de la plantilla de personal. El 22 de julio de 2002, la empresa se acoge a la Ley de Quiebras. Se dice que los auditores dejaron pasar el complot de la compañía para inflar las utilidades al tratar inapropiadamente US$ 3.800 millones de gastos operativos como gastos de capital, que se depreciarían con el tiempo, y no registraron como un gasto inmediato los desembolsos operativos.

- Xerox Corp.: a principios del 2002, cerca de US$ 2.000 millones de ingresos desaparecieron.

## 4.2.1 ¿Dónde estaban los auditores?

En EE. UU. se preguntan ¿cómo los auditores no evitaron que estas bombas financieras estallaran? La respuesta es, posiblemente, que estaban mirando en una dirección equivocada, a pesar de que muchos fraudes de esta naturaleza son difíciles de descubrir cuando los principales ejecutivos de una empresa están manipulando los balances.

Los auditores se han concentrado en cómo las compañías generan sus informaciones financieras —los programas informáticos para llevar los balances y los controles internos que supuestamente revisan el sistema— en vez de concentrarse en los números mismos. Esto contrasta con el antiguo estilo de auditoría, bajo el cual los contadores escarbaban en las cuentas de las empresas y estudiaban miles de transacciones para saber si los balances eran correctos.

El cambio genera un problema nuevo, a pesar de que los programas informativos y los controles internos en los que ahora confían los auditores son eficientes para evitar que los empleados de menor nivel tomen pequeñas cantidades de dinero, son burlados por los principales ejecutivos, aquellos que mueven millones o miles de millones de dólares en vez de unos pocos de miles de dólares.

Al confiarse en los controles internos en vez de estudiar las cuentas específicas, se reduce la probabilidad de detectar el fraude. Los auditores deberían trabajar más en el meollo de las operaciones de las compañías, a través de un trabajo más cuidadoso en los balances de las empresas, lo que implica que las firmas de auditores tendrían que cobrar más por sus auditorías.

El cambio de los auditores en la revisión de los balances de sus clientes puede basarse en dos sucesos. Primero, las compañías se inclinaron por las computadoras para manejar sus finanzas. Segundo, la férrea competencia llevó a que los honorarios por auditoría cayeran hasta en un 50 %, lo cual obligó a que los auditores redujeran costos en sus propias firmas, sacrificaran el análisis exhaustivo de cientos de transacciones de empresas, utilizaran como labor eficiente el análisis y evaluación de los controles internos, y permitieran hacer menos trabajos en las cuentas de balances y en las transacciones. En EE. UU., estos problemas han llevado a que los empresarios y el gobierno mismo duden sobre los estándares contables o los PCGA, y sus NAGA al no descubrir los fraudes que han revolucionado no solo a Wall Street sino a las demás bolsas de valores del mundo.

# Cuestionario

- ¿De dónde proviene una inexactitud contable?
- ¿Una inexactitud contable puede ser un hecho irregular intencional o no intencional?
- ¿La inexactitud contable puede referirse a la presentación de informes financieros o informes tributarios?
- ¿Qué responsabilidad tienen los contadores públicos que elaboran y revisan los reportes financieros y tributarios relacionados con una inexactitud contable?
- ¿Qué se entiende por maquillaje de balances?
- ¿Hace cuarenta años existían regulaciones suficientes para prevenir y castigar el maquillaje de balances?
- ¿Qué complejidades de la contabilidad empresarial han aumentado de manera exponencial desde el derrumbe de Enron?
- ¿Cómo salpicó a los auditores externos el derrumbe de Enron?
- ¿Qué se ha llamado «contabilidad de caja negra»?
- ¿Qué provocó el desplome del precio de las acciones en las bolsas de valores, según el Financial Executives Internacional?
- ¿Por qué la mayoría de los investigadores de los derrumbes de empresas en los EE. UU. indicaron que los libros de contabilidad son difíciles de entender? O, en otras palabras, ¿por qué cuesta tanto comprender las cuentas de una compañía?
- ¿Cuál es la relación de la competencia, la globalización, la liberación y la ingeniería financiera con lo que hacen las empresas?
- ¿Cuál es la relación de los estándares contables con el entendimiento de los balances en las empresas?
- ¿Hasta qué punto los resultados de una empresa reflejan la salud de sus negocios?
- ¿La libertad de las normas contables puede llevar a que dos o más empresas de idénticos objetivos efectúen transacciones idénticas y anuncien cifras distintas?
- ¿Los costos de investigación y desarrollo, y el manejo de los intangibles permiten libertad de contabilización en los estándares de contabilidad que afecten una empresa comparada con otra similar?
- ¿Qué descubrió Multex.com después de estudiar 5.300 empresas que cotizan en bolsa?

- ¿Qué se entiende por presentación fraudulenta de los estados financieros?
- ¿Qué factores involucra una presentación fraudulenta de los estados financieros?
- Relacionado con la presentación errónea de los estados financieros, ¿cómo se relacionan los errores intencionales y los no intencionales?
- ¿Tienen alguna responsabilidad los auditores que no hubieren descubierto una presentación errónea de los estados financieros?
- ¿Qué relación tiene la nueva auditoría llamada auditoría forense con el estudio de los fraudes?
- ¿Hay diferencia entre una auditoría de fraude y una auditoría forense?
- Presente cuatro casos de situaciones de quiebra o de baja en bolsas de valores por efecto de maquillaje de balances o de presentación fraudulenta de estados financieros.
- ¿Qué se descubrió en los diferentes estudios efectuados en EE. UU. respecto a la razón de que los auditores no se dieran cuenta de que las bombas financieras estallarían?
- ¿Normalmente cómo efectuaban las auditorías financieras los auditores externos o un revisor fiscal?
- ¿Qué cambios deben formularse en las auditorías financieras para evitar que los auditores no se den cuenta del maquillaje de balances?

## *Discusión*

1. ¿Una inexactitud contable puede tener repercusiones penales o solamente civiles?
2. ¿Qué clase de maquillaje de balances se estudiaron en Wall Street en New York?
3. Desde el año 1991 hasta el año 2000, las ventas y sus ganancias se dispararon, no obstante, algunas compañías descubrieron que hubo maquillaje de balances produciendo bajas incalculables en la bolsa de valores y grandes pérdidas a los inversionistas, indique las posibles causas que se descubrieron.
4. ¿Qué empresas latinoamericanas han tenido problemas de maquillaje de balances que hayan llevado a quiebras, concordatos, fusiones o escisiones? Estudie su país y haga una lista con sus causas principales.
5. ¿En qué caso empresas idénticas pueden efectuar transacciones idénticas y presentar cifras distintas?

6. Investigar, en los nuevos estándares de contabilidad que ha formulado la AIC[73], los cambios fundamentales en los diferidos, depreciaciones e intangibles para prevenir que empresas similares apliquen distintas metodologías contables que les permiten presentar resultados diferentes.

7. ¿Qué diferencias existen en los casos de «maquillaje de balances» con el de presentación fraudulenta de estados financieros?

8. ¿Por qué los auditores no se dieron cuenta de los fraudes que aparecieron posteriormente en las grandes empresas que fracasaron en los EE. UU. y en Europa? Analice el apartado *¿Dónde estaban los auditores?* y dé su opinión.

---

73 Asociación Interamericana de Contabilidad, rama técnica de la Federación Internacional de Contadores - IFAC (por sus siglas en inglés).

# CAPÍTULO 5

# PRÁCTICAS CONTABLES INADECUADAS POR CICLOS TRANSACCIONALES

## 5.1 Ciclo de tesorería

### 5.1.1 Efectivo

Los medios, formas o maneras de llegar a una presentación incorrecta en las cuentas del ciclo de tesorería, como también de los restantes ciclos, pueden ser por errores, presentación de apariencia y otras prácticas inadecuadas. Entre estas prácticas se encuentran cortes incorrectos de ingresos y egresos de caja y bancos, lo cual no implica necesariamente una falsedad o clase de fraude. De manera similar, si los registros de ingresos no se cierran oportunamente pueden dar lugar a la inclusión, en los rubros de caja y bancos, de sumas que corresponden al período contable siguiente. Este hecho sobreestima el efectivo del período contable en cuestión y también otros rubros del activo que, por lo general, suelen ser las cuentas por cobrar. Efecto contrario se tiene si los cortes de ingresos de efectivo se hacen con demasiada antelación.

Al mantenerse los libros o registros de egresos abiertos por un período de tiempo prolongado, respecto a la fecha de cierre del ejercicio contable, tanto el efectivo como las cuentas por pagar pueden mostrar cifras inferiores a las reales, lo que causa un mejor índice de capital de trabajo o liquidez. Si los registros de egresos de caja se cortan con mucha antelación a la fecha considerada de cierre, el efectivo y cuentas por pagar pueden inflarse y los gastos o rubros de resultados sobrestimarse.

Constituye práctica inadecuada no separar ni especificar los fondos que están restringidos, sea porque se encuentren comprometidos en usos o destinos especiales, depósitos o plazos, en fideicomiso o sujetos a gravámenes o embargos, o sea porque no se encuentren disponibles para desembolsos regulares en un momento determinado. Al no tenerse en cuenta esta situación, se presenta incorrectamente la posición corriente o líquida de una empresa. Si se trata de la emisión de estados financieros se debe hacer la revelación de este hecho, como nota integrante de estos documentos.

Se considera también motivo de presentación no adecuada del efectivo si los giros a cargo de una empresa se muestran dentro del pasivo corriente, en lugar de aplicarse al efectivo, ya que esta operación tiene el mismo sentido de los cheques pendientes de pago. Sin embargo, la inclusión de esta clase de obligaciones en el pasivo corriente no debe tenerse como motivo para una revelación o nota.

## 5.1.2 Inversiones

Se presentarán inflados los valores y títulos negociables, si su costo en libros no se ajusta por las bajas significativas que afecten en el mercado de valores a estos instrumentos.

Las inversiones a largo plazo y los títulos o valores susceptibles de esta clasificación se presentarán sobrestimados, al no registrarse en los libros contables las disminuciones o bajas permanentes de valor.

No se expresa aquí ni es una práctica inadecuada el presentar las inversiones por debajo de su costo, ya que se puede manifestar que no constituye postulado generalmente aceptado el ajustar el importe de las inversiones con el objeto de reflejar aumentos por fenómenos de cotización, salvo en los casos de inversiones en venta o especulación en empresas filiales no consolidadas. No obstante, en estos casos, como información y a manera de nota, es prudente indicar en el balance general lo siguiente:

- Precio o cotización de mercado de tales títulos o instrumentos, clasificados en activo corriente o a largo plazo.
- El costo más los incrementos posteriores, en el caso de que estos títulos no se encuentren ajustados en libros.

La situación de liquidez de una empresa estará presentada incorrectamente si las inversiones no se encuentran debidamente clasificadas por su naturaleza en activos corrientes y no corrientes.

### 5.1.3 Patrimonio de los accionistas, valorizaciones y desvalorizaciones

Las cuentas del patrimonio de los accionistas pueden ser objeto de presentación incorrecta al interpretarse y aplicarse erróneamente disposiciones estatales referentes a protocolización de instrumentos de constitución y organización como escrituras, estatutos, reglamentos, convenios, etc.

Así como las afectaciones contables indebidas al superávit pagado por pérdidas o dividendos en lugar de hacerlo contra el superávit ganado. No es apropiado tampoco manejar los registros contables sin hacer una clara distinción entre los conceptos de superávit pagado y superávit ganado, de conformidad con las disposiciones legales o con principios de contabilidad que sean aplicables. Constituyen superávit pagado las cantidades recibidas por venta o cambio de acciones por encima de su costo o del precio asignado al constituirse una empresa, y superávit ganado el saldo de utilidades netas acumuladas después de deducir distribuciones a socios o accionistas y el valor de las reservas capitalizadas.

Puede incurrirse en presentación incorrecta de las distintas cuentas capitalizadas por reservas si su importe no se ha determinado correctamente conforme las disposiciones legales o principios contables con motivo de la asignación de dividendos y división de acciones.

Constituye práctica inadecuada presentar las acciones propias readquiridas como un menor valor del capital de la empresa. Conforme las reglamentaciones existentes y principios de contabilidad, su presentación en el balance general debe hacerse en el superávit ganado, disminuyendo la reserva que por igual valor se debe haber hecho para tal efecto. Es prudente que en nota a los estados financieros se consigne información relacionada con esta clase de operación como volumen de acciones readquiridas, suspensión de los derechos inherentes a tales títulos y su exclusión para determinar el valor intrínseco de las acciones.

En la presentación del capital en acciones y de las reservas capitalizadas (superávit), puede omitirse información al señalar y acatar restricciones importantes o condiciones existentes de carácter legal o reglamentario para el pago de dividendos, el retiro o emisión de capital en acciones. En la legislación colombiana es abundante la normatividad existente, especialmente en el Código de Comercio y otras disposiciones.

En cuanto al patrimonio de los accionistas, es de consideración general que, cuando los activos y los pasivos no se encuentran debidamente presentados, el efecto por tal situación se refleja en el mayor de los casos en el superávit pagado, en el superávit ganado o en el capital de acciones.

## 5.2 Ciclo de ingresos

### 5.2.1 Ingresos

Antes de exponer de manera particular las posibilidades de presentación incorrecta de este ciclo, es importante considerar que los créditos a las cuentas de ingresos, normalmente, representan parte del producto de las ventas. De aquí se deriva que una presentación incorrecta de los ingresos incidirá directamente en una presentación incorrecta de las cuentas por cobrar o el efectivo. De manera semejante, la presentación incorrecta de costos y gastos producirá una presentación incorrecta en cuentas reales relacionadas con estos conceptos.

### 5.2.2 Cortes impropios de ventas

Los ingresos se presentan incorrectamente cuando las mercancías facturadas por ventas a clientes son descargadas de inventarios en el siguiente período o viceversa. También, no efectuar la provisión para devoluciones, bonificaciones y rebajas a que haya lugar por aspectos de producción defectuosa, produce una presentación excesiva de los ingresos.

### 5.2.3 Cuentas por cobrar y cortes impropios por despachos y embarques

En el ciclo de ingreso, las cuentas por cobrar pueden presentarse incorrectamente si en ellas se incluyen cargos por mercancías embarcadas en el período contable siguiente. También constituye presentación incorrecta si las mercancías despachadas en consignación son registradas en cuentas por cobrar, en lugar de figurar en inventarios.

Las cuentas por cobrar estarán presentadas incorrectamente si los cargos por mercancías embarcadas o entregadas se registran o contabilizan en el período contable siguiente. Igualmente, estarán las cuentas por cobrar subestimadas si el libro de caja se mantiene abierto después del corte y el efectivo recibido en el período posterior es registrado con efecto retroactivo en las cuentas de los clientes.

Constituye también presentación incorrecta de las cuentas por cobrar la omisión de la evaluación de las posibilidades de recaudo de los saldos a cobrar y de efectuar provisión para cubrir las posibles pérdidas. Esto puede acarrear una cifra neta inflada en el balance general. De igual manera, por su composición, las cuentas por cobrar pueden presentarse inadecuadamente al incluir saldos importantes que no corresponden a operaciones normales del objeto del negocio (cuentas de funcionarios, empleados, etc.); al omitir la separación de saldos importantes no corrientes o saldos acreedores de consideración; o al no clasificarse como pasivos.

# 5.3 Ciclo de adquisición y pagos (compras y nómina)

## 5.3.1 Prepagos, diferidos e intangibles

En los pagos prepagados, cargos diferidos y activos intangibles, la práctica contable inadecuada en que más se suele incurrir y que lleva a una presentación incorrecta consiste en diferir partidas que no tienen como finalidad el mejoramiento del objeto social y cuyos beneficios o resultados no se extienden a períodos contables posteriores. También constituye práctica contable inadecuada en esta área, de menos ocurrencia que la anterior, no diferir costos de tal naturaleza.

Las patentes, el prestigio mercantil y otros activos intangibles se registran erróneamente por encima del valor razonable de lo entregado a cambio de la propiedad o de derechos adquiridos. El valor nominal de valores emitidos (que puede no guardar relación con su valor razonable) o las valorizaciones de propiedades no efectuadas de manera competente pueden utilizarse para medir o formar criterios equivocados en cuanto al valor apropiado o correcto de los activos que se entregan a cambio de los activos intangibles.

A pesar de que el costo de los activos intangibles sea debidamente contabilizado, posteriormente, puede presentarse erróneamente al no tenerse en cuenta las condiciones o los fenómenos que hacen necesaria la cancelación de los saldos pendientes.

De ese modo, el prestigio mercantil o los productos puede demeritarse en su valor como consecuencia de cambios en los mercados, desarrollo y perfeccionamiento de las técnicas mercantiles e industriales, etc. De esta situación se derivan pérdidas en el valor de estos activos, las cuales pueden no ser registradas en el correspondiente período en que se originan sino extendidas a cubrir ejercicios posteriores, de manera que los afecta inadecuadamente.

La utilización de prácticas equivocadas o erróneas de contabilidad puede llevar a la presentación incorrecta de los pagos prepagados, cargos diferidos y activos intangibles. A manera de ejemplo, los costos de los activos intangibles, a veces, oportunidades son cargados a gastos en el momento de adquirirlos con el pensamiento de que se actúa con un criterio conservador, cuando no es acertado.

También, los gastos de investigación y desarrollo, que se espera cubran períodos futuros, pueden contabilizarse apropiadamente, pero los cargos que paulatinamente se efectúan al estado de resultados se llevan a cabo sobre bases de distribución impropias.

Las partidas correspondientes a gastos pueden presentarse incorrectamente si las facturas y documentos de proveedores, que cubren servicios u otras partidas de gastos, no se registran en el período en que se recibieron los servicios. También, al omitir establecer las provisiones para vacaciones, pensiones, indemnizaciones, garantías de productos, etc. Esto equivale a que los costos y gastos deben guardar relación de causalidad con los ingresos y, por lo tanto, deben aplicarse dentro del ejercicio correspondiente.

## 5.3.2 Propiedades, planta y equipo (activos fijos)

En lo que respecta a la propiedad planta y equipo (propiedades) se presentan situaciones especiales, como aquella en la que resulta difícil lograr una relación satisfactoria entre la depreciación y los ingresos correspondientes, debido a que los ingresos se encuentran expresados en valores monetarios actuales, mientras que la depreciación se efectúa en distintas escalas o niveles de precios, en la medida en que se han adquirido las propiedades.

El caso anterior ubica a las empresas en situaciones críticas de gran magnitud, máxime si estas tienen grandes inversiones en propiedad, planta y equipo, al no operarse con una depreciación expresada en valores monetarios corrientes o actuales. Es de entender que la depreciación proviene de partidas expresadas en la moneda de origen, lo cual incidirá en utilidades infladas, impuestos sobre la renta y pagos por dividendos también deformados, dado que tienen como fundamento las utilidades. Esto se origina en que el capital invertido en propiedades representa diversos niveles en su poder adquisitivo y que los ingresos se encuentran expresados en la moneda de la actualidad o corriente.

Un procedimiento para contabilizar la depreciación afectada por los niveles de precios es utilizar índices de precios para ajustarla a precios corrientes, de esta manera se presenta una diferencia entre la depreciación en precios corrientes y la depreciación basada en costos históricos, lo cual implica un cargo adicional al estado de resultados del ejercicio y, a la vez, al respectivo crédito que se registrará como un superávit de capital.

Lo que aquí se expone es solamente un posible procedimiento para esta situación, pues es de aclarar que el aspecto de la contabilidad ajustada al nivel de precios aún no es considerado por los principios de contabilidad.

### 5.3.2.1 Políticas de capitalización

Para una adecuada presentación de la inversión en propiedad, planta y equipo, se debe utilizar principios de contabilidad sólidos y consistentes, y políticas de capitalización definidas para los desembolsos de esta área. La ausencia de estos requerimientos puede llevar a una presentación incorrecta de la situación financiera y del resultado de operaciones, motivada en que se pueden cargar a gastos, partidas capitalizables o viceversa, o en que partidas, que afectan el estado de resultados, pueden estarse capitalizando.

Configura también práctica inadecuada depreciar las propiedades sobre bases que no se relacionen con el uso físico, deterioro u obsolescencia de los bienes, lo cual lleva a la acumulación de diferencias que afectarán la depreciación acumulada en sumas considerables.

De una deficiente política de capitalización de propiedades se derivan implicaciones de significado para los estados financieros. Así, un desembolso aplicable al estado de resultados del ejercicio que, por error, se capitaliza a las propiedades incide en una sobreestimación de la utilidad neta del ejercicio vigente y en una subestimación de la utilidad neta de los ejercicios posteriores, como consecuencia de mayores cargos por depreciación. Esta clase de errores son de trascendencia, dado que no se compensan de un ejercicio a otro, su efecto perdura hasta tanto no se efectúe la corrección o se deprecie en su totalidad el activo afectado.

Las prácticas inadecuadas en lo atinente a los retiros pueden llevar a la no eliminación del costo y a la depreciación de los activos vendidos o separados del servicio. Este aspecto implica la utilización de registros y auxiliares de propiedades. También es importante resaltar que las cuentas de propiedades pueden presentarse infladas en los estados financieros, al no efectuar las provisiones suficientes por situaciones de obsolescencia y capacidad instalada excesiva, provenientes de cambios económicos, competencia, del objeto social, adelantos y progresos técnicos, sustituciones, consolidaciones de propiedades y políticas deficientes de compras, especialmente en los casos de proyectos de construcciones.

El valor de los terrenos puede estar presentado incorrectamente al no registrarse por su costo de adquisición o por dejar de incluir cargos por honorarios y gastos materiales, privilegios, indemnizaciones pagadas a terceros por concepto de este, comisiones, impuestos de traslación de dominio, gastos de localización, demoliciones, limpia y desmonte, drenajes, contribuciones por obras de urbanización y reconstrucción en otros lugares de propiedades que se encuentran localizadas en el terreno.

### 5.3.2.2 Desarrollo de proyectos y obras

Las propiedades pueden presentarse incorrectamente en los casos de desarrollo de proyectos de obras, por transferencias de materiales usados y cargados a los proyectos como si fueran nuevos, al:

- No retirar del costo del proyecto materiales y equipos de valor importante que son vendidos o transferidos.
- No cargar la depreciación de la maquinaria y equipo utilizados en las obras.
- Tomar en alquiler equipos que permanecen ociosos.
- Adquirir materiales o equipos obsoletos o innecesarios.
- Tener tiempo ocioso del personal.

- Desviar los descuentos concedidos en las compras.
- Tener seguros innecesarios.
- Pagar alquiler de equipos y materiales que exceden su costo.
- Carecer de programas de control y coordinación de las diversas actividades del proyecto.
- Cargar al costo del proyecto, trabajos u obras que por su naturaleza no cabe considerar como partes integrantes del mismo.
- No someter a estudios cuidadosos y a debidas autorizaciones de niveles jerárquicos, las licitaciones para contratos, suministros y reajustes sobre los mismos.

## 5.4 Pasivos

Los pasivos provenientes de las adquisiciones, por aspectos de conveniencia, suelen presentarse en cantidades diferentes, por lo general, por debajo de las cifras reales. Esta situación se deriva de no registrar todas las obligaciones o acreencias, lo mismo que las causaciones o pasivos acumulados por no establecer las provisiones requeridas.

Igualmente, los pasivos acumulados estarán incorrectamente presentados si no se efectúan las provisiones para convenios sobre derechos y privilegios, etc. Estas situaciones a menudo llevan a crear incertidumbre sobre la razonabilidad de la presentación de los pasivos.

También los pasivos pueden estar incorrectamente presentados por omisión de registro de documentos representativos de obligaciones al cierre de un ejercicio contable, como bonos o pagarés, etc. Igualmente, pueden llevar a presentación incorrecta de pasivos, la existencia de acuerdos, estipulaciones o compromisos inadecuados. De esta manera, las obligaciones a largo plazo pueden no tener claramente indicadas pautas o condiciones de amortización o pago, garantías, gravámenes, pignoraciones, compromisos de arrendamiento a largo plazo y contingencias.

## 5.5 Ciclo de información financiera

Para el ciclo de informe financiero, las prácticas inadecuadas se dan fundamentalmente en lo tocante a la presentación de los estados financieros e informes diversos que se rinden.

Las prácticas inadecuadas que pueden ocurrir en este ciclo son principalmente de carácter formal y no de fondo o efecto. Como este ciclo es el reflejo de los que procesan transacciones, los estados financieros e informes rendidos están deformados por hechos de fondo efecto debido a que básicamente han tenido ocurrencia en los ciclos que procesan transacciones (tesorería, adquisición y pago, transformación e ingreso). Desde luego esto no implica que puedan ocurrir en este ciclo hechos de efecto, para corregir situaciones inadecuadas de los otros ciclos o para realizar ajustes, ya sea por aspectos de razonabilidad y objetividad, o para crear situaciones de conveniencia o interés.

Adicionalmente, los hechos de fondo o efecto suceden frecuentemente en los ciclos que procesan transacciones, en cambio, en el ciclo de informe financiero, este aspecto está supeditado a un menor grado, esto es, a las fechas de cortes o finalización de los períodos contables.

Las prácticas inadecuadas en que se puede incurrir en este ciclo, entre otras, son:

- No acompañar los estados financieros con notas explicativas relativas a las políticas contables empleadas, contingencias, transacciones con empresas subordinadas, métodos de valuación utilizados, compromisos, convenios, obligaciones y demás que a buen criterio se considere necesarias de hacer.

- No revelar cambios en los principios y las prácticas contables de un ejercicio a otro y los efectos producidos sobre las cifras.

- Involucrar partidas en cuentas que no corresponden o se ajustan a su naturaleza.

- Incluir valores significativos de diferente naturaleza bajo un mismo título o cuenta.

- No presentar por separado valores actuales considerables respecto de los valores históricos.

- No separar en el activo y pasivo los derechos y obligaciones exigibles en partes corriente y no corriente.

- Hacer compensaciones de saldos deudores y acreedores originados por operaciones diferentes.

- No formular estados financieros consolidados conforme las normas existentes.

- No revelar bases de valuación de inversiones, inventarios, activos fijos, datos concernientes a pignoraciones, gravámenes, contingencias y el monto de las inversiones en futuros planes o proyectos.

Es importante reconocer que, en nuestro medio, la norma legal ejerce gran influencia en la dirección y manejo de la contabilidad, unas veces acoge principios de contabilidad generalmente aceptados y, en otros casos, crea prácticas que se apartan de tales principios o no son razonables, pero de forzoso cumplimiento.

### 5.5.1 Estados financieros e informes necesarios

Para cumplir con una adecuada presentación de la situación financiera se requiere producir al menos los siguientes estados e informes:

- Balance general.
- Estado de ganancias y pérdidas.
- Estado de ganancias no apropiadas.
- Estado de cambios en la situación financiera.
- Notas a los estados financieros.

### 5.5.2 Relación del contador público en la formulación de estados financieros

Es importante agregar que, en las publicaciones de estados financieros en que se encuentre asociado el nombre de un contador público, ya sea como auditor externo, revisor fiscal u otro semejante, se debe advertir al cliente que tal publicación debe ir acompañada de su dictamen y todas las declaraciones o informaciones que contengan esos estados financieros.

# CAPÍTULO 6

## ESTAFAS, DESFALCOS, FRAUDES Y OTRAS IRREGULARIDADES POR CICLOS TRANSACCIONALES

## 6.1 Ciclo de tesorería

### 6.1.1 Efectivo

Como ya se mencionó anteriormente, en esta parte se consideran las actuaciones o hechos que por lo general conllevan la materialización de responsabilidades de carácter penal y se destacan algunos métodos y procedimientos empleados en su ejecución.

El efectivo representa el activo de una empresa que, por diversos aspectos, fácilmente puede emplearse en usos o aplicaciones no autorizados. Constituye también el área en la cual el control interno debe ser mucho más estricto y eficiente, debido al riesgo que por su naturaleza involucra esta clase de bien.

Para efecto de la tipificación de las irregularidades que en el manejo del efectivo se pueden cometer, el derecho penal lo clasifica como cosa mueble.

Las irregularidades que se suelen cometer contra el efectivo pretenden un fin propio o no autorizado, o cubrir faltantes en otros rubros, especialmente en derechos por cobrar. Cuando se realiza esta clase de operaciones, se trata de manipular fraudulentamente o falsear documentos de registro o caja, por ingresos o egresos.

Según las circunstancias en que se realice un acto irregular con el efectivo o con otra clase de bienes, se puede dar lugar no solamente a una clase de delito sino a otras faltas. Así, un apoderamiento de efectivo a través del falseamiento de registros contables configura, de una parte, un delito de hurto y, de otra, una falsedad en documentos de orden público o privado.

Los ingresos desviados de caja, fuera del efectivo, también encierran irregularidades mediante cheques. Los cheques a favor de la empresa pueden ser endosados apócrifamente y consignarse en cuentas particulares, sin registrar estas operaciones en los libros de la empresa. Asimismo, las cuentas bancarias inactivas o que se dejen sin saldar, al aprovechar su inmovilidad, pueden ser utilizadas indebidamente para depositar cheques a la orden de la empresa para posteriormente apropiarse de su importe, de modo que estas operaciones pasan desapercibidas. También suele consignarse cheques sin dejar evidencia en los registros o restituir dinero de cobros previamente desviados o apropiados irregularmente.

El efectivo puede sustraerse al no registrar los ingresos en los registros contables establecidos para tal fin o al sustituir efectivo por cheques en los libros contables.

El apoderamiento de fondos, a través de caja menor o mediante erogaciones en efectivo, regularmente es mucho más fácil que por pagos en cheques. No obstante, las partidas distraídas por manipulaciones de caja menor o egresos de efectivo suelen ser de menor trascendencia por aspectos limitantes, tales como el importe de los fondos por ser de carácter fijo y a menudo rotativos.

Puede realizarse sustracción de efectivo mediante la expedición de cheques al portador o a la orden por falsificación del endoso u obteniendo este mediante procedimientos engañosos. También puede llegarse a la apropiación indebida de efectivo, al lograr el libramiento de cheques a favor de bancos, con el pretexto de realizar giros o traslado de fondos a clientes de la empresa u otros motivos indicados por el defraudador, que se vale de astucias o engaños. En estos casos suele contarse con la participación de empleados de bancos.

Es importante tener presente que los faltantes no ocultados por cargos a cuentas del estado de resultados pueden ser trasladados a cuentas reales o de balance, a través de amaños o artificios, como preparar asientos de diario o falsear sumas, pases a los libros o saldos de estas cuentas.

Se hace uso indebido del efectivo en caja mediante colusión, para lo cual el efectivo es entregado por la persona responsable de su manejo a un cómplice para que este, durante el día (períodos mayores cuando no se realizan regularmente los arqueos), lleve a cabo operaciones comerciales, especialmente de compra y venta de divisas, y se restituye la suma al finalizar el día o el período acordado, según el caso.

## 6.1.2 Faltantes en cajas y bancos

Se facilita la ocurrencia de faltantes al no efectuar arqueos simultáneos o coordinados con las conciliaciones, dado que se puede transferir dinero de cuentas bancarias para ocultar una sustracción de efectivo en caja. Igualmente se puede disfrazar faltante de efectivo, especialmente en caja menor, al incluir cheques, títulos u otros valores ficticios o que no cuentan con el correspondiente respaldo.

Mediante anotaciones impropias o ficticias en los libros o registros de bancos, pueden hacerse figurar traspasos o transferencias de efectivo, con el objeto de ocultar faltantes en una cuenta bancaria. Este procedimiento ordinariamente suele denominarse *centrífuga* o *jineteo*, y se ejecuta mediante el traslado de fondos entre cuentas, entre bancos o entre empresas, lo cual conforma el sentido de la operación: un proceso rotativo con los rubros o sujetos que se utilicen para tal fin.

El encubrimiento de faltantes de efectivo se puede llevar a cabo mediante utilización de los depósitos para registrar falsos depósitos en tránsito, que en ocasiones corresponden a partidas reales de ingresos del siguiente período, o para depositar fondos que no son registrados en los libros contables.

La ocultación de faltantes a través de los egresos puede realizarse eliminando cheques pendientes de las conciliaciones bancarias, con el objeto de hacer corresponder aparentemente los saldos de las cuentas bancarias con los saldos en libros. Estos cheques también suelen ser suprimidos de los estados de cuentas bancarias (extractos) posteriores, de esta forma se alteran tales estados con el fin de refundir el faltante.

Se puede sustraer fondos u ocultar un faltante en Caja, al aprovechar el tiempo que transcurre desde la fecha en que es emitido un cheque hasta la de su pago en el banco. Esta operación se realiza mediante consignación de cheque carente de fondos antes de la fecha de corte, sin dejar evidencia de tal hecho en el registro de caja, de esta forma resulta un saldo en el banco que conciliará con los saldos que muestran los libros.

## 6.1.3 Irregularidades en los ingresos

Para la ejecución de irregularidades en este concepto, suelen emplearse métodos como la centrífuga o el jineteo, al tomar fondos de un cliente y acreditarlos a la cuenta de otro, al cual previamente se le han sustraído dineros de su cuenta. Este método en ocasiones implica la manipulación de los rubros por cobrar o simplemente se intercepta o sustrae dinero o fondos diversos de la empresa.

Las irregularidades factibles de llevar a cabo por este último método se realizan de las siguientes formas:

- Disminuir sumas en las columnas de efectivo del registro de ingresos a caja, compensarlas luego mediante aumentos en otras columnas o descomposiciones de naturaleza débito o por una disminución en las columnas o descomposiciones de naturaleza crédito.

- Reducir sumas de créditos por concepto de ventas u otros ingresos en los respectivos registros contables, corresponder a la vez esta operación con una disminución igual en los rubros por cobrar, apropiarse posteriormente del efectivo que representa tal variación.

- Anotar incorrectamente u omitir registrar en los libros cantidades en igual importe por ventas de contado o por otros ingresos diversos. Estos ingresos también pueden apropiarse indebidamente a través de los egresos, al realizar asientos fraudulentos, como retirar activos cuyo producto no se ha registrado. También, se puede llegar al apoderamiento de efectivo, al falsificar o adulterar las conciliaciones bancarias.

## 6.1.4 Irregularidades en egresos de caja

Las irregularidades que se suelen cometer, relativas a este concepto, en muchos de los casos se ejecutan usando de la colusión, para lograr sobrepasar de esta forma las barreras operantes del control interno. Las erogaciones indebidas abordan los siguientes procederes:

- Registrar, en los libros de caja, titulares por egreso diferentes a los que aparecen en el cheque extendido, de modo que se desvirtúa el nombre del verdadero beneficiario del pago.

- Listar, en el registro de egresos de caja, cheques con conceptos diferentes a los que realmente corresponde el pago, esto es, falsear la naturaleza del egreso. Así se tiene que gastos personales se confunden con los de la empresa, y se cargan como si se tratara de alguna comisión, etc.

- No registrar, en los libros de caja, los cheques girados o librados, o hacerlo por cantidades menores. El primer caso se presta para que sean extraídos los cheques pagados, cuando el banco los regresa con el estado de cuenta (extracto), y en el segundo caso se alteran los cheques pagados para que coincidan los importes de estos con los anotados en los registros de caja. La culminación de la operación se lleva a cabo al aumentar los totales de los créditos en los registros de egresos de caja o al disminuir los débitos en los ingresos de caja, también, al alterar los totales de columnas o descomposiciones de otras cuentas, ya sea en su naturaleza débito o crédito, especialmente descuentos recibidos o concedidos. Igualmente, se oculta esta operación al falsificar las conciliaciones bancarias, para así mostrar saldos que concilien con los de los libros.

- Efectuar reembolsos indebidos de caja menor, al utilizar como soportes comprobantes cuyos importes ya se encuentran restituidos y, por lo tanto, debidamente contabilizados, o al aumentar los montos o valores de los comprobantes a reembolsar mediante su adulteración. También, al utilizar comprobantes o soportes apócrifos, para reembolsar el fondo de caja menor.

- En los pagos por contratos de obras (construcciones, adiciones, mejoras, etc.), suele llevarse a cabo apropiación indebida de efectivo, al insertar, en los documentos soporte o actas de obras, cantidades de labores u obras superiores a las realmente ejecutadas, lo cual conlleva la expedición de cheques por un valor mayor al que realmente representa o corresponde el trabajo realizado.

- Pagos indebidos en nóminas por extensión de cheques o en efectivo a nombre de personas ajenas a la empresa o exempleados. Se altera la suma total de la nómina para ocultar sustracción o egresos indebidos o deducciones por anticipos de salarios; al apropiarse de efectivo o cheques no reclamados por los empleados.

- Anotar cheques, en los registros de egresos de caja, expedidos a favor de proveedores o de terceros que actúan en colusión para: a) obtener pagos dobles de facturas o por adulteración de estas o de cheques por un mayor valor, b) pagar rendimiento de bonos o títulos sustraídos o autorizaciones apócrifas para reintegrar depósitos, salarios no reclamados, saldos acreedores de clientes, etc.

- En caso de sobrantes o acreedores a favor de clientes, suele utilizarse la colusión, pues un empleado se encarga de cambiar las tarjetas contables y demás datos identificatorios del verdadero titular o beneficiario del sobrante, por los de la persona que le sirve de cómplice, para que luego este se presente a reclamar la suma sobrante y se le expida sin ningún sobrante y se le dé el correspondiente cheque. Este procedimiento se utiliza y en forma continuada, cuando las sumas no son tan grandes y se tiene la posibilidad de que no sean reclamadas regularmente por sus beneficiarios.

## 6.1.5 Inversiones

En inversiones, se llevan a cabo malversaciones de dividendos, intereses y rendimientos por venta de valores. Igualmente, al no registrar venta de valores o hacerlo por importes menores a los realizables. También, mediante uso no autorizado de valores como garantía parcial o total de deudas personales.

# 6.2 Ciclo de adquisición y pagos (compras y nómina)

## 6.2.1 Prepagados, diferidos e intangibles

En lo que concierne a los pagos prepagados, cargos diferidos y activos intangibles, prácticamente no encierran fuertes riesgos de ocurrencia de irregularidades. Más que todo, se suelen presenta casos de empresas en proceso de desarrollo, que adelantan programas para la creación de nuevos productos, que muestran incorrectamente las probabilidades de éxito de las futuras operaciones. Lo cual en realidad no constituye fraude, desfalco u otras irregularidades, salvo que se actúe de manera intencional con fines no claros.

## 6.2.2 Propiedades (activos fijos)

Por colusión de proveedores o contratistas con empleados de las empresas, las propiedades pueden llegar a mostrar valores excesivos. En estos casos la colusión opera de diversas formas, ya sea inflando los precios de las adquisiciones, por medios fraudulentos con el objeto de obtener lucrativas comisiones, o mediante la interceptación o desviación de bienes, especialmente en la ejecución de proyectos de construcciones. Asimismo, se cometen irregularidades en esta área, al aprovechar situaciones como no disponer de adecuados inventarios y registros de control para las propiedades, lo cual permite que, sin mayores esfuerzos, se llegue a la apropiación indebida de activos.

Por ausencia también de controles físicos y contables adecuados para las unidades de propiedades, inescrupulosos pueden apoderarse de muebles, enseres y equipos, en beneficio personal. También, puede distraerse o desviarse el producto de las ventas de sobrantes de materiales de construcción o apropiarse físicamente de estos materiales.

## 6.2.3 Costos y gastos por adquisiciones

Los costos y gastos por adquisiciones pueden ser inflados para cubrir u ocultar sustracciones de efectivo o desembolsos fraudulentos. De esta manera, pueden efectuarse registros contables cuyos soportes sean facturas ficticias, duplicadas o alteradas, para apropiarse de sus importes, al actuar junto con los proveedores o empleados de estos. Pueden ser inflados también los gastos, mediante reembolsos excesivos de los fondos fijos. Igualmente, pueden llevarse a cabo desembolsos indebidos de efectivo al afectar cuentas de anticipos o de asignaciones especiales y ocultar el ilícito por medio de contabilizaciones globales.

Los costos y gastos pueden ser objeto también de aumentos indebidos, por figuración en la nómina de empleados que han dejado de pertenecer, por cualquier circunstancia, a la empresa o por el reporte de tiempo no trabajado, especialmente el de carácter suplementario.

Por deficiencias de control interno, las facturas ya canceladas pueden sustraerse y presentarse nuevamente y efectuarse su pago, así se apropian del importe de estos desembolsos.

Por colusión de proveedores y empleados de la empresa, se puede llegar a la aceptación de facturas por valores superiores a los reales, de modo que posteriormente los empleados de la empresa reciben participación del valor pagado en exceso.

## 6.2.4 Pasivos

En los pasivos, se puede incurrir en irregularidades y presentación incorrecta, por distracción de fondos provenientes de préstamos otorgados a la empresa, al no darles entrada a los libros o al usar indebidamente sumas destinadas a su cancelación.

## 6.2.5 Inventarios

### 6.2.5.1 Presentación incorrecta de inventarios

Las irregularidades que ordinariamente llevan a la presentación incorrecta de los inventarios son el hurto, la colusión y la falsificación de los registros de inventarios y de la contabilidad.

Puede realizarse el hurto de manera directa, desde los inventarios, o indirectamente, mediante la constitución de datos y registros ficticios, con el objeto especial de ocultar faltantes de efectivo. También se configura el hurto y se crean inventarios inflados o ficticios por intercepción o desviación de las mercancías, esto es, al no permitir que estas lleguen hasta su destino final, ya sea en su totalidad o en parte. Igualmente, se hurtan mercancías en las entregas o despachos, hasta cantidades por encima de las negociadas.

Otras formas de efectuar hurto de mercancías consisten en formular notas de venta, no registrar la salida de los inventarios, embarcar pedidos a clientes ficticios o no abrir la cuenta respectiva en los libros contables, para recoger posteriormente las mercancías. Se incurre también en apropiación indebida de mercancías, al efectuarla en pequeñas cantidades que parecen diferencias no localizadas o aclaradas. El hurto así planeado se puede cometer durante mucho tiempo. Esta es una de las formas del llamado hurto continuado.

La colusión puede realizarse entre dos o más empleados de la empresa o entre estos y terceros. Así, los registros contables de inventarios se pueden falsear al pretender diversos fines, como presentar una posición financiera y de resultados favorables o de conveniencia. Estas situaciones se pueden efectuar independientemente de si se ha realizado o no el hurto de inventarios o de efectivo, etc.

### 6.2.5.2 Faltantes de inventarios

Los faltantes de inventarios pueden ocultarse al no descargar cantidades expiradas o vendidas, incluir cantidades ficticias en los registros, o falsear documentos tales como informes de recepción de materiales y documentos de embarque o despacho de mercancías.

### 6.2.5.3 Subestimación de medidas de control interno

Cuando se mantienen relaciones comerciales continuas o frecuentes entre vendedor y comprador, se suele crear una sana confianza y consideraciones recíprocas, de modo que se subestiman muchas veces las medidas de control interno, situación aprovechada en ocasiones por empleados o exempleados para solicitar, a nombre de la empresa, el envío o embarque de mercancías sin las debidas autorizaciones de los niveles jerárquicos correspondientes, de modo que se apropian ilegítimamente de los artículos. También se pueden cometer irregularidades en los inventarios, al cambiar mercancías de buena calidad y condiciones, por obsoletas, quedadas o de especificaciones diferentes.

### 6.2.5.4 Distribución y entrega de artículos

Mediante la distribución y entrega de artículos se puede efectuar apropiación indebida de aquellos productos que por su naturaleza (especialmente líquidos) requieren de envases o empaques frágiles. Para el cometimiento del ilícito, una vez trasegado el producto, se procede a deteriorar o romper el envase, y se presentan luego muestras o partes de él como justificantes de una pérdida en las actividades de distribución, para obtener de esta manera la restitución del artículo. También suele llegarse al hurto de artículos de esta naturaleza y condiciones, al solicitar su reposición, pero en este caso, para justificar el hecho, se recurre a la obtención de envases desocupados de marca de este, los cuales son deteriorados para que sirvan como medios justificativos de una pérdida en la distribución o entrega.

### 6.2.5.5 Facturaciones en beneficio propio

Puede efectuarse también hurto de mercancías, al facturar en beneficio personal y cargar su importe a cuentas ficticias o despachar las mercancías a casas o establecimientos de empleados, para su propio beneficio.

### 6.2.5.6 Saqueos en embarques y mercancías en tránsito

Por circunstancias que en ocasiones se escapan al control y prevenciones que puedan ejercer y extender las empresas, se comenten actos irregulares en detrimento de sus intereses, especialmente en sus inventarios en tránsito (importaciones, etc.), debido a la carencia de medidas de seguridad y protección en los puntos de embarque o desembarque, lo cual permite el saqueo y otros actos delictivos de manera insolente. Las aseguradoras se restringen al máximo o se niegan a extender pólizas para cubrir tales situaciones, o si lo llegan a efectuar, sus primas son demasiado onerosas y la franquicia excesivamente alta.

### 6.2.5.7 Sobornos o pagos en efectivo y apropiación de desperdicios

Regularmente los fraudes comprenden pagos en efectivo que efectúan terceros a los empleados de la empresa, que tienen responsabilidad y funciones de compra o venta de productos, incluyendo los desperdicios. De esta manera, junto con un empleado de recepción o almacén, y el proveedor, se entregan artículos o materiales de menor calidad o de especificaciones diferentes o una menor cantidad de la que se factura y cobra (colusión). Igualmente, pueden alterarse los ingresos provenientes de ventas de desperdicios, al reportar pesos o medidas incorrectos, u omitir la obtención de un precio razonable de venta. En ocasiones, para la venta de sobrantes o desperdicios, se procede mediante la formulación y recibo de propuestas. En estos casos es muy probable la componenda o colusión entre empleados de la empresa y los oferentes, para hacerse a los elementos a precios rebajados o exiguos.

## 6.3 Ciclo de ingresos

### 6.3.1 Apropiaciones indebidas de efectivo

Puede llegarse a la apropiación indebida de efectivo, al omitir la entrada contablemente en su totalidad, lo cual se propicia, en ocasiones, por la carencia, falsificación o adulteración de documentos o datos de respaldo, tales como tiras de caja registradoras, boletas de ventas o resúmenes diarios de ingresos a caja. También se suele hacer apropiación indebida de efectivo al dejar de registrar facturas de ventas, como cargos a cuentas por cobrar, para interceptar luego los correspondientes cobros en efectivo. Similar situación puede suceder con las mercancías.

### 6.3.2 Manipulación en las ventas

Los ingresos de las ventas suelen verse disminuidos al cancelar posteriormente cargos efectuados, en principio, a cuentas por cobrar, para ocultar sustracción de mercancías, contra la cuenta de Devoluciones, descuentos y rebajas. También, ingresos provenientes de sobrantes o desperdicios pueden ser apropiados indebidamente, al omitir el registro de la totalidad de las ventas por estos conceptos o al falsear las cantidades o peso de los elementos o materiales.

### 6.3.3 Irregularidades en cuentas por cobrar

Muchas irregularidades en cuentas por cobrar provienen de la práctica denominada centrífuga o *lapping*, que se inicia con la apropiación ilícita de los fondos y la omisión de abonar el pago efectuado por el cliente. En otros términos, es un método para ocultar un faltante que se origina al apropiarse indebidamente de los pagos de clientes, se cubre el faltante de un primer cliente con el pago que efectúe un segundo cliente y así sucesivamente. Existe otra práctica de menor relevancia denominada tejedora o *kiting*, que consiste en una manipulación para ocultar un faltante en caja durante el tiempo que se demora un cheque en ser cobrado en el banco o tratar de impedir que el faltante sea descubierto, mediante la emisión de un cheque carente de fondos que luego puede ser remplazado por otro.

Generalmente estos sistemas se complican para el infractor, de tal manera que a la postre salen a flote las irregularidades. En cuanto al método de la centrífuga, se pueden descubrir las irregularidades al cotejar las partidas individuales, que aparecen en los duplicados de los depósitos debidamente autenticados, contra el libro de caja y las cuentas individuales de los clientes o mediante la confirmación de los saldos de las cuentas. Para la tejedora o *kiting*, las irregularidades son detectables mediante las conciliaciones bancarias y el análisis de las transacciones del mismo orden.

Las cuentas por cobrar pueden ser afectadas indebidamente por hechos tales como:

- Reducción de los créditos por ventas o ingresos y de manera semejante con los cargos a cuentas por cobrar.

- No registrar créditos por ventas o ingresos, e igualmente con los cargos a cuentas por cobrar, tanto en los registros individuales como en las cuentas control o colectivas.

- Registrar créditos o abonos impropios o ficticios en las cuentas personales de funcionarios o empleados, por sueldos, gratificaciones, asignaciones para gastos, etc., con el objeto de compensar cargos indebidos por efectivo u otros conceptos.

- Registrar valores ficticios en las cuentas de control, en las cuentas individuales o en ambas, para aparentar que tales valores representan créditos o abonos por devoluciones, bonificaciones, rebajas o retiro de cuentas incobrables.

#### 6.3.3.1 Detección de irregularidades en cuentas por cobrar

Para detectar irregularidades en las cuentas por cobrar, el método más adecuado es la confirmación directa con el deudor. Para que el procedimiento resulte efectivo se debe ejercer un cuidadoso control sobre la selección, envío y seguimiento de las solicitudes. La efectividad de la confirmación debe ser juzgada en cada situación por el auditor, pues es de su responsabilidad hacerlo, ya que su dictamen estará afectado por el resultado de la aplicación de este método.

En cuanto a la aplicación del método de confirmación, se suelen presentar situaciones en que el auditor no puede llevarlo a cabo directamente con el cliente, de modo que recurre a procedimientos supletorios, que pueden consistir en un mayor volumen de pruebas sobre el control interno, examen más detallado de los registros de ventas, de la documentación que ampara las cuentas por cobrar, contratos de compraventa, garantías recibidas de los deudores, expedientes de correspondencia y cobros realizados posteriormente a la fecha del balance.

Generalmente hay que recurrir a procedimientos supletorios de confirmación, en aquellos casos de saldos a cargo de entidades gubernamentales, deudores en litigio o cuando el acreedor desconoce el monto de los pasivos a su favor, por ejemplo, impuestos por pagar, prestaciones a favor del personal, regalías, dividendos por pagar, créditos mancomunados, etc. Es importante anotar que las observaciones que aparezcan en las confirmaciones, por insignificantes que aparenten ser, deben ser justificadas por el cliente, algo más evidente que una simple conversación.

# 6.4 Ciclo de información financiera

Las irregularidades o hechos delictuosos que se pueden cometer en el ciclo de informe financiero en un alto grado se derivan de la falsedad y el fraude.

## 6.4.1 Falsedad

Es una figura compleja de formalizar jurídicamente, pues implica, por consecuencia, su entendimiento y el análisis y evaluación de elementos de ámbitos diversos, que encierran condiciones difíciles y variadas, que demandan, por lo tanto, un extenso y profundo estudio de la materia. Aquí únicamente se trata de dar una noción simple de esa figura, en sus tres principales formas: a) falsedad material, b) falsedad ideológica y c) falsedad personal.

a. Falsedad material: alteración o simulación de un documento ya existente, lo cual puede consistir en agregar o suprimir expresiones, esto es, alterar o modificar el texto del documento. Esta clase de falsedad comprende aquella que se lleva a cabo cuando se produce o crea totalmente apócrifo el documento.

b. Falsedad ideológica: realizada por el autor del documento al consignar hechos contrarios a la verdad. En otros términos, esta clase de falsedad se circunscribe solamente a la veracidad del contenido del documento, en tanto que la falsedad material hace énfasis en la originalidad y veracidad del documento.

c. Falsedad personal: a grandes rasgos, la sustitución de una persona por otra o la alteración de calidades personales con el objeto de engañar a otra persona o a la comunidad. De una manera más sencilla, es hacerse pasar por otra persona.

### 6.4.2 Fraude

Como se desprende de la definición insertada inicialmente en esta parte, el elemento fundamental del fraude es hacer uso del engaño para cometer de delitos, especialmente contra la propiedad, al sorprender la buena fe, la confianza o ignorancia de las personas.

Dadas estas nociones simples sobre la falsedad y el fraude, se deduce que las irregularidades que se pueden dar en la emisión y presentación de estados financieros están, en su mayoría, enmarcadas por estas dos figuras delictivas.

### 6.4.3 El Código de Comercio y la falsedad

En lo que respecta a la figura de la falsedad, especialmente en lo tocante a la formulación y presentación de estados financieros, suministro de datos a las autoridades o expedición de certificaciones discordantes con la realidad, los códigos de comercio directa o indirectamente se refieren a ella.

# Cuestionario

# (Capítulos 5 y 6)

- ¿El deterioro de los salarios y el del núcleo familiar se pueden considerar como agentes causantes de irregularidades delictuosas?

- ¿Los ciclos empresariales y el planeamiento financiero involucran solamente el sistema organizacional de una empresa?

- ¿Uno de los objetivos de la auditoría del flujo de transacciones es agrupar hechos económicos?

- ¿Una red de transacciones es parte de un ciclo empresarial?

- ¿El ciclo de adquisición y pagos tiene como función principal recolectar información contable?

- ¿El ciclo de tesorería tiene como función esencial el intercambio de bienes o servicios?

- ¿El ciclo de informe financiero tiene como función principal procesar transacciones?

- ¿El ciclo de transformación es propio de las entidades o empresas de carácter financiero o afines?

- ¿Los elementos del control interno son organización, procedimientos, personal y supervisión?

- ¿Los métodos para evaluar un sistema de control interno son información correcta y segura, protección de los activos, y eficiencia de operación?

- ¿La obtención de información correcta y segura se puede clasificar como objetivo del control interno?

- ¿Una transacción comercial es una transacción contable externa?

- *Sistema* es un arreglo de entidades que forman un todo organizado?

- ¿Un hecho económico es solamente un efecto potencial sobre los estados financieros?

- ¿Una transacción es la ejecución de un hecho económico?

- ¿Los registros de nombres o razones de los proveedores de la empresa se pueden considerar como datos estadísticos?

- ¿El ciclo de transformación se interrelaciona principalmente con el de adquisición y pagos, el de ingresos y el de informe financiero?

- ¿Los enlaces o interrelaciones del ciclo de transformación con el de adquisición y pagos se dan en las operaciones de compras, materias primas y erogaciones por mano de obra?

- ¿El sistema de contabilidad de costos estadísticos se basa en tratar los elementos integrantes del costo independiente de los registros de la contabilidad?

- ¿El ciclo de adquisición y pagos involucra las funciones de compras y nómina?

- ¿El ciclo de adquisición y pagos tiene enlaces con el ciclo de tesorería, con el de transformación y con el de información financiera?

- Al no ajustarse en los estados financieros la depreciación histórica a precios corrientes, ¿se contribuye a una posible descapitalización de una empresa?

- Un desembolso, que por su naturaleza debe imputarse al estado de resultados, se capitaliza a las propiedades, ¿tiene como efecto una sobreestimación de la utilidad neta actual y una subestimación de la utilidad neta en los siguientes períodos?

- ¿Una práctica inadecuada en el desarrollo de proyectos y obras de una empresa es no cargar a su costo las depreciaciones de las maquinarias propias utilizadas en su ejecución?

- En la ejecución de proyectos y obras, ¿los honorarios a interventores, intereses por financiaciones son costos indirectos?

- ¿El procedimiento para delinquir denominado colusión puede ser ejecutado por menos de dos personas?

- ¿Las cuentas por cobrar pueden ser objeto de irregularidades, mediante la reducción de los créditos por ventas o ingresos, y de manera semejante con los cargos?

- ¿El ciclo de informe financiero cumple las mismas funciones que los demás ciclos?

- ¿La figura de falsedad se clasifica en tres clases falsedad material, ideológica y concusión?

- ¿La falsedad material se lleva a cabo mediante la alteración o simulación de un documento existente?

- ¿El elemento característico de la figura de fraude es el engaño?

- ¿Los aspectos básicos en la planeación de una auditoría comprenden entrevistas preliminares, objetivos del examen, estudio y evaluación del control interno, y programas de trabajo?

- ¿La planeación del trabajo de auditoría es una de las normas relativas a la ejecución del trabajo?

- ¿Las pruebas de cumplimiento están dirigidas o encaminadas a obtener evidencia de la validez y corrección del manejo contable de las transacciones y los estados financieros o a la detección de errores?

- ¿La indagación y la observación son pruebas de cumplimiento?
- ¿La revisión analítica corresponde a una prueba de cumplimiento?
- Relacione las ocho señales de peligro de fraude más trascendentales que usted recuerde.

# Parte 8
## Análisis de fraudes para su prevención

Cuando se conoce el modus operandi para los fraudes e irregularidades es más fácil establecer medidas o procedimientos preventivos y, además, se pueden detectar con más agilidad y regularidad. Para el efecto en esta parte se describen: a) cómo se han cometido los fraudes, b) los aspectos psicológicos, c) los motivos principales que indujeron a su conocimiento, con el propósito de que el lector analice estos factores y ayude a asesorar e implementar controles y a tomar decisiones encaminadas al establecimiento de procedimientos operativos y de apoyo logístico, fundamentales para una adecuada prevención de fraudes e irregularidades, que afecten los intereses económicos, financieros y de presentación incorrecta del estado financiero y otros informes.

Incluye cinco capítulos y una adenda:

- Mil y un desfalcos cometidos en las empresas comerciales.
- Señales y métodos usados en los desfalcos.
- Manual sencillo de prevención del fraude, con su Adenda. Índice de la percepción de la corrupción 2020.
- El fraude en los sistemas computarizados.
- El fraude y la estafa en los negocios.
- Adenda: Auditoría Gubernamental.

# CAPÍTULO 1

# MIL Y UN DESFALCOS COMETIDOS EN LAS EMPRESAS COMERCIALES[74]

No obstante estimarse que los patronos en los Estados Unidos pierden anualmente quinientos millones de dólares por falta de honradez de los empleados, lo cierto es que en virtud de la selección del personal y por inclinación natural, la mayor parte del personal es honrado.

La falta de honradez, tan vieja como la misma humanidad, no es un fenómeno de los tiempos actuales. Efectivamente, como las demás violaciones de los diez mandamientos, constituye una antigua lacra. El delincuente no es peculiar de determinada ciudad, clima o negocio. Por regla general no es delincuente típico. Ha desempeñado cargos de confianza y responsabilidad, y ha gozado de buena reputación.

Las observaciones de las presentes páginas provienen de mil y un casos de historias de desfalcos cometidos por empleados —hombres y mujeres— cuyo manejo, después del escrutinio previo de su patrón y de la compañía de seguros, fue afianzado por esta compañía. El transcurso del tiempo puso en evidencia que fue equivocado el concepto que de ellos se tuvo, lo cual demuestra la imposibilidad de predecir con absoluta certeza los futuros actos de toda persona.

---

74 Estudio estadístico de las compañías de seguros de los Estados Unidos.

Como nuestros reaseguradores han examinado, durante un año, los antecedentes de cerca de 500.000 empleados, y en el curso de cuarenta años nuestro departamento de reclamos ha recibido diariamente más de cien denuncias por falta de honradez, presumimos que, al hablar, lo estamos haciendo, si no con autoridad, por lo menos con experiencia.

Por otra parte, además de que este estudio puede ayudar a muchas compañías de seguros que tienen establecido el seguro de manejo, juzgamos que también puede tener importancia como comentario acerca de las extravagancias humanas.

## 1.1 Retrato del desfalcador

El desfalcador típico pertenece a la clase de los de cuello blanco. Su edad es de 36 años. Es casado, con esposa y dos hijos. No es psicópata o persona de carácter débil, ni vive en vecindario donde el delito se ha propagado. Su educación ha sido buena. No es el empleado de sueldo más bajo en la empresa de su patrón, pero tampoco devenga el sueldo más alto. Sus amigos y, muy a menudo, su esposa suponen que su remuneración es de us$2.000. al mes o más. Sin embargo, el sueldo se aproxima a us$1.300 al mes.

Ha hecho estudios de bachillerato. Vive con cierto confort. Tiene automóvil de segunda mano, sobre el cual está debiendo un saldo todavía. Sus viajes se han limitado a las vacaciones de fin de semana y a las que le corresponden después de determinados años de servicios. Es individuo simpático. Participa en actividades sociales y de la comunidad. Aficionado a las diversiones, le gusta la bebida, pero raramente lo hace durante las horas de trabajo.

Vive en todos los estados de Norte América y en las provincias del Canadá, tanto en las ciudades grandes como en las ciudades pequeñas. Trabaja como empleado en toda clase de negocios. Es competente e inteligente. Ha desempeñado su puesto actual durante los últimos cinco años y medio. Su patrono tiene de él magnifico concepto y de su honradez. Es persona de absoluta confianza.

En resumen, si se tiene en cuenta su pasado, es individuo de hábitos normales, con una reputación superior al promedio y con perspectivas de excelente futuro. Sin embargo, se convierte en desfalcador.

Ello puede originarse simplemente en el hecho de que es un mediocre hombre de negocios, o a que obtiene o amplía los créditos sin prudencia. En algunas ocasiones no se beneficia directamente del delito.

Puede suceder que sea excesivamente ambicioso y que esté manejando un negocio privado por su propia cuenta, simultáneamente con un empleo, negocio que le exige prestar dinero de los fondos del patrón.

Es probable, igualmente, que haya llegado al convencimiento de que está siendo tratado sin justicia y de que tiene derecho a apropiarse de los bienes de su patrón.

Por otra parte, el patrón puede ser descuidado en vigilar los actos de su empleado y como consecuencia es irresistible la tentación permanente que asalta al subalterno.

Es posible, asimismo, que en una u otra forma el empleado permita que sus deudas se acumulen y luego busca la manera de aliviar la presión de los acreedores pagándoles con el dinero de su patrón.

El desfalcador típico es a menudo víctima de intranquilidades domésticas que lo llevan a gastar por sobre sus posibilidades. Es probable que tenga una esposa derrochadora. Los hijos pueden estar enfermos o tener él una familia ambiciosa con exigencias apremiantes que no puede satisfacer con el sueldo. Sus hijos pueden tener graves problemas sociales y económicos. Su esposa o él inclusive, pueden ser víctimas de la infidelidad. Puede ocurrir, además, que se exceda en la bebida, en el juego o en la especulación. En el 99% de los casos, según lo afirma el empleado, no ha hecho otra cosa que prestar dinero y negaría indignado que es un ladrón.

El delincuente suele sostener que su primera sustracción se debió a grave enfermedad o pérdida económica y que su intención era prestar temporalmente el dinero y devolverlo rápidamente antes que el hecho se conociera.

Como al final se descubre el ilícito, lo más probable es que el desfalcador típico se suicide o que confiese el delito en lugar de fugarse. Si se fuga, generalmente lo hace con una mujer distinta a su esposa.

Cuando trata de vender los bienes de su propiedad para pagar, se encuentra que carece casi totalmente de ellos.

Los mil y un casos que presentamos a continuación se tomaron al azar y representan un promedio bastante aceptable para este estudio.

Los hechos que se analizan se refieren a empresas mercantiles e industriales. Incluyen manufacturas de máquinas textiles, muebles, diversas especialidades y ropa, productores de gasolina, aceites y alimentos, compañías de minas y maderas, empresas de automóviles y de cine, distribuciones, intermediarios y agencias de ventas.

La lista incluye empleados de todas las categorías, desde un vigilante de almacén hasta el propio gerente. Muchos manejaban el dinero de sus patronos, al paso que un número notablemente elevado no lo hacía y desempeñaba puestos en los cuales la posibilidad de desfalco parecía remota. Como este estudio se limita a los desfalcadores comerciales, no presenta casos de empleados oficiales o del gobierno, ni de instituciones financieras.

## 1.1.1 Préstamos

Pocos desfalcadores se conocen por el público y los hechos que se relatan a continuación pueden no coincidir con el criterio popular. Sin embargo, los 963 hombres y 38 mujeres que comprometieron a sus patronos en estos relatos de mil y un casos, fueron realmente desfalcadores y se llevaron más de seis millones de dólares.

Los desfalcos estudiados no se refieren solo a dinero sino también a bienes de otra naturaleza.

Los 963 hombres robaron us$6.127.918.01. En promedio cada hombre robó us$ 6.363.02 y cada mujer us$4.129.42.

Aunque los patronos tenían asegurados bajo fianza a sus empleados contra posibles desfalcos, las pérdidas sufridas, en la mayor parte de los casos, representaron un 90% más que la suma amparada por el seguro, lo que se considera suficiente. En total, las pérdidas excedieron el monto de los seguros en US$2.922.316.28. Esta cifra representa la pérdida de los patronos y es un índice de su error en la apreciación del riesgo de manejo.

### 1.1.2 La gran mayoría eran casados

Entre los hombres, 798 o sea el 83% eran casados, 20 eran divorciados o separados y cuatro eran viudos. De las mujeres, 17 eran solteras, una divorciada y cuatro viudas.

De los hombres, 826 (el 86 %) tenían personas a su cargo. El conjunto de esposas, hijos, parientes y padres que eran sostenidos total o parcialmente por estos 826 hombres excedía de dos mil personas. De las mujeres, 11 tenían personas que dependían de ellas.

### 1.1.3 Edades

Entre los desfalcadores había jóvenes y viejos, el más joven de 18 años y el de más edad, de 85 años. La mayor parte de los desfalcadores oscila entre 30 y 40 años. En efecto, el 44 % de los delincuentes tiene esa edad. El promedio de los hombres desfalcadores es de 36 años. El promedio de las mujeres excede ligeramente de 33 años. La más joven tenía 31 años y la mayor 53.

### 1.1.4 Sueldos

¿Estaban mal remunerados estos delincuentes? A algunos se les pagaban comisiones o bien salarios y comisiones simultáneamente. El promedio por hombre devengaba un sueldo de 1.200 dólares por mes. En las mujeres, el promedio era de 1.050 dólares por mes.

A pesar de que la mayor parte eran empleados de plena confianza y de responsabilidad, los patronos ejercían vigilancia sobre ellos. En el 91% de los casos se practicaban arqueos periódicos de los fondos confiados a su manejo.

## 1.2 Períodos del desfalco

¿Qué período de tiempo cubrieron estos delitos? En muchos casos solo pocos meses. En otros se extendía a varios años. El promedio excede dos años y medio, En determinado número de casos, sumas valiosas de dinero fueron sustraídas en pocas semanas. Las investigaciones comprobaron ciertos casos en los cuales transcurrió un corto período de desfalco, seguido de varios años durante los cuales no se apropió un solo centavo. Durante estos períodos los desfalcadores trataron de ocultar los faltantes.

## 1.3 Duración del servicio

Con anterioridad a este análisis, ningún estudio se había hecho para comprobar si en términos generales, los delincuentes eran empleados recientemente entrados al servicio o de larga duración. Las investigaciones revelan que, en la mayor parte de los mil y un casos, se trataba de empleados antiguos en quienes se tenía plena confianza.

La duración del servicio de los hombres, en promedio, se acerca a nueve años. En promedio, las mujeres habían estado trabajando con el mismo patrón durante siete años. El 44 % de los hombres había permanecido empleado durante 10 años o más en la firma que sufrió la pérdida. Un hombre había servido casi media centuria y una mujer 22 años.

## 1.4 Cargos desempeñados

[Abre cita] Toda clase de puestos están representados entre los mil y un casos de desfalcos. Los hombres desempeñaban casi por igual empleos de oficina y por fuera. Las mujeres, con una excepción, trabajaban en la oficina. [Cierra cita]

## 1.5 Colusión

¿El fraude fue cometido únicamente por el mismo delincuente? Los antecedentes investigados muestran colusión en un 10 % de los casos. Cuando se trata de mujeres, ellas fueron las principales responsables, pero otras se beneficiaron del ilícito. Es decir, el dinero se gastaba en beneficio de terceros, a quienes la mujer desfalcadora les prestaba o les confiaba para diversos fines.

## 1.6 Desaparecimiento y fuga

El número de desaparecidos es pequeño (un poco más del 2 % del total). Se tiene que 22 hombres y 2 mujeres desaparecieron, antes o al mismo tiempo que su delito se descubría. Es rara la ocasión en que el empleado desfalcador tuvo la idea de fugarse cuando sustrajo el dinero por primera vez. Vale la pena destacar aquí el hecho, observando muchas veces, de que un desfalcador, cuando se descubre el delito, rara vez tiene en su poder parte del dinero sustraído.

## 1.7 Suicidios

Un número mayor de delincuentes prefirió suicidarse, en lugar de fugarse: 28 hombres y dos mujeres se quitaron la vida antes o al tiempo de ponerse en evidencia el robo. Por lo demás, hubo cinco casos de muerte repentina, en los cuales el médico legista no profirió diagnóstico de suicidio. En otros 20 casos, los faltantes solo se descubrieron después de haber fallecido el empleado, aparentemente de muerte natural.

## 1.8 Los motivos que lo indujeron

¿Cuáles causas indujeron al robo a estos hombres y mujeres? ¿Qué muestran los antecedentes investigados en relación con la causa de los desfalcos? ¿Fueron los motivos comúnmente conocidos los responsables de los desfalcos? La tabla 35 pormenoriza las principales causas de los fraudes cometidos por hombres y mujeres.

**Tabla 35. Motivos de fraudes**

| Hombres | N° | % |
|---|---|---|
| Venganza | 1 | 0.1 |
| Hijo ladrón | 1 | 0.1 |
| Chantaje | 2 | 0.2 |
| Ahorro para épocas críticas | 2 | 0.2 |
| Reembolso de dinero perdido | 2 | 0.2 |
| Esposas derrochadoras | 7 | 0.7 |
| Inversiones en otro negocio | 13 | 1.3 |
| Irresponsabilidad mental | 14 | 1.5 |
| Remuneración inadecuada | 18 | 1.9 |
| Enfermedad de las esposas o de los hijos | 57 | 5.9 |
| Especulación | 84 | 8.7 |
| Mujeres | 102 | 10.6 |
| Administración de malos negocios | 133 | 13.8 |
| Acumulación de deudas | 156 | 16.2 |
| Nivel de vida por encima de los recursos hab. | 161 | 16.7 |
| Juegos y bebidas | 169 | 17.6 |
| Temperamento criminal | 41 | 4.3 |
| Totales: | 963 | 100 |
| **Mujeres** | | |
| Enfermedad en la familia | 2 | 5.3 |
| Personas a cargo | 4 | 10.6 |
| Inversión en otro negocio | 1 | 2.6 |
| Irresponsabilidad mental | 3 | 7.9 |
| Juego | 2 | 5.3 |
| Hombres | 2 | 5.3 |
| Acumulación de deudas | 11 | 28.8 |
| Nivel de vida exagerado | 13 | 34.2 |
| Totales: | 38 | 100 |

Fuente: elaboración propia.

En algunos casos hubo varias causas concurrentes, combinadas, como, por ejemplo, el juego, el licor y las mujeres. Los grupos de la clasificación inicial (hombres) corresponden a las causas más sobresalientes.

Los datos de las causas del fraude son por vía de aproximación bastante ciertos, pues no se ha tenido en cuenta la confesión del mismo delincuente sino el resultado de las investigaciones efectuadas por individuos expertos en la materia.

## 1.9 Conclusiones

Las informaciones allegadas demuestran que la mayor parte de estos hombres y mujeres, hasta la época en que empezó el desfalco, llevaba una vida normal y absolutamente honrada. Sus antecedentes eran perfectamente irreprochables respecto de los empleos anteriores, tal como se había acreditado por las referencias obtenidas antes de asegurarlos en la póliza de manejo. Se trataba de empleados competentes. En sus empleos anteriores, habían estado sujetos a la tentación, pero no habían caído.

Vivían y trabajaban entre gente honrada. Se les reputaba honorables y sus patronos no tenían razón alguna para desconfiar de ellos. Continuaron con sus hábitos normales y honestos, hasta después de la mitad de sus vidas. Eran personas casadas y sostenían a sus familias por medio de trabajo honrado.

Ciertamente, por sus antecedentes no tenían apariencia de personas criminales. El criminal típico es antisocial, débil mentalmente o tarado físicamente. Sus hábitos difieren radicalmente de los del delincuente desfalcador. Por regla general no se asocia a compañeros honrados. No adquiere los hábitos de vida por medios honrados. No se casa. El estado conyugal es punto importante en la diferenciación del criminal típico, pues los archivos de las cárceles acreditan que los casados son la gran minoría. Mientras están en la cárcel, igualmente, la diferencia entre el desfalcador y el criminal típico es ampliamente conocida.

Los desfalcadores son modelo de presos y son vistos con desprecio por los criminales profesionales, Los desfalcadores no reinciden, en tanto que los criminales ordinarios sí.

Parece justo concluir, por las circunstancias anteriormente relacionadas, que los hombres y mujeres que ocupaban empleos en cuyo desempeño incurrieron en fraude, eran personas honorables hasta la época del desfalco. No consideran ellos que estaban robando. Nunca piensan en la fuga, al contrario, tienen la sensación de estar tomando prestado el dinero y su intención es la de pagar. Cuando se apropian los fondos, confrontan una necesidad real o ficticia.

Cierto número de situaciones típicas aparece en este análisis. Tal ocurre cuando se presenta una urgente necesidad del dinero, creada por emergencias imprevistas. Esta circunstancia, agregada a la oportunidad de cometer el desfalco, prueba que en la mayor parte de los casos se presenta una situación inexorable.

No todo proviene de deudas que se han venido acumulando por el juego o por descuido o por mala fortuna. En estos casos el empleado toma el dinero de su patrono, hasta cuando su suerte cambie.

Una tercera situación la crean los más ambiciosos, que desean o que ven la oportunidad de hacer dinero por medio de la especulación o bien inician un negocio por su propia cuenta, utilizando como capital el dinero de su patrón. En otros casos, el empleado contrae el hábito de vivir por encima de sus posibilidades económicas y adquiere aficiones que su sueldo no le permite satisfacer. Trata entonces de pagar esas aficiones costosas y sus nuevos hábitos o costumbres mediante cuotas o abonos periódicos, utilizando al patrón como sistema de financiación.

La circunstancia de que algunas personas de tendencia evidentemente criminal aparezcan entre los mil y un casos analizados, un número verdaderamente reducido, sirve únicamente para destacar aún más el hecho de que la mayor parte de los delincuentes son personas calificadas como honorables.

Al mismo tiempo, en el temperamento del desfalcador típico existe una debilidad moral que le impide resistir la tentación y las dificultades que otros afrontan con éxito. Examinando la tabla de motivos del fraude, se observará que en la mayor parte de los casos las causas constituyen los riesgos ordinarios de la vida. Sin embargo, a pesar de que se miren con el espíritu más tolerante, estas personas fallaron cuando tuvieron que luchar con los riesgos cotidianos de la existencia, a que todos debemos hacer frente en mayor o menor grado.

El hecho de que el promedio de edad de los delincuentes oscile entre los 30 y 40 años puede servir de base para la opinión de quienes sostienen que estos desfalcadores fallaron en el período en que las dificultades de la vida eran mayores. Por otra parte, la misma circunstancia puede ser usada como argumento en favor de la teoría de quienes afirman que la guerra tuvo algo que ver con la delincuencia. En cuanto a la edad de los responsables indica también que, en muchos de los casos, estos habían prestado el servicio militar en la contienda.

Un rasgo común, en la mayoría de estos infractores, es el hecho de que la mayor parte de ellos vivían por encima de sus condiciones económicas, situación que de haberla manejado con un poco más de cuidado, la probabilidad de haber llegado a ser delincuentes habría sido bastante remota.

El fraude comenzó efectivamente cuando tomaron el primer dinero, porque sucesivamente de ahí en adelante aumentaron la frecuencia y cuantía de los desfalcos típicos, continuando de mal en peor y por lo tanto agravándose la situación hasta verse las personas comprometidas en el delito.

Es evidente que los males no vienen solos. Casi todos los contraventores tuvieron necesidades y a ellas se adicionaron otras emergencias. Si uno de ellos usó el dinero para apostar en las carreras de un caballo que se reputaba como seguro ganador, el caballo perdió. Las acciones compradas, con la esperanza de un alza repentina y rápida, bajaron de precio. Si se presentaron dificultades en la casa, ellas se agravaron. Si el empleado comenzó a llevar un género de vida exagerado, estos apetitos se desbordaron y ya no hubo manera de frenarlos.

En circunstancias más favorables, estos desfalcadores quizá no hubieran cometido el delito a pesar de que, en todos los casos, aparece manifiesta su tendencia más o menos acentuada a delinquir.

Por último, la división entre los sexos, representados en los mil y un casos de fraude (963 hombres y 38 mujeres), no puede tomarse como base para conclusiones en cuanto a la honradez de los hombres y de las mujeres. Hay ciertamente un menor número de mujeres empleadas y probablemente un menor porcentaje de ellas llega a ocupar puestos de responsabilidad. Por lo demás, las mujeres que alcanzaron tales posiciones están generalmente más vigiladas.

Al respecto y en cuanto a las mujeres, cabe pensar que esta situación actualmente puede ser muy diferente, por el hecho de que, hoy día, la mujer ha incursionado tremendamente en el campo laboral, con una tendencia creciente.

# CAPÍTULO 2

# SEÑALES Y MÉTODOS
# USADOS EN LOS DESFALCOS

## 2.1 Señales de desfalco

- El pedir pequeñas sumas a compañeros de trabajo.
- El colocar cheques personales en la caja chica o en los fondos para cambio (cheques sin fecha, con fecha adelantada y con fecha atrasada), y pedir al cajero que retenga los cheques sin depositar o hacerlos efectivos.
- Cheques personales que han sido cobrados y devueltos por el banco por razones anormales.
- La presencia frecuente de cobradores y acreedores en la oficina y el uso excesivo del teléfono para espantar a los acreedores.
- El colocar en la caja chica vales sin aprobación o persuadir a los empleados, que pueden autorizarlos, a aceptar vales que en realidad constituyen préstamos a corto plazo.
- La inclinación a cubrir ineficiencias y a tapar errores en las cifras.
- La constante crítica a los demás con el fin de alejar sospechas.
- Dar explicaciones pomposas y sin sentido en cualquier investigación. Un proceder raro y peculiar.
- Ser aficionado a cualquier tipo de juegos de azar, sin tener posibilidades de afrontar las pérdidas.

- El beber excesivamente, *cabaretear* y asociarse con individuos de conducta dudosa.
- El comprar automóviles y muebles costosos.
- El tratar de explicar un nivel de vida alto como consecuencia de haber obtenido herencia, lo que muchas veces amerita una investigación confidencial.
- El distinguirse cuando se hacen preguntas razonables.
- El mostrar gran serenidad bajo un interrogatorio severo.
- El negarse a dejar a otros durante el día la custodia de los registros.
- El negarse a tomar vacaciones, por miedo a que descubran los errores o malos manejos, el no aceptar ascensos.
- El trato y agasajo constantes, por parte de un miembro del personal, a un proveedor.
- El mantener una gran cuenta bancaria o la compra de grandes valores.

## 2.2 Principales métodos usados en los desfalcos

Varios investigadores internacionales han analizado, con base en casos particulares, los principales métodos usados en los desfalcos, que conviene analizar para que sean tenidos en cuenta como medida de protección de los entes económicos:

- El hurtar los sellos de correo y timbres fiscales.
- El hurtar mercancías, herramientas y otras partidas del equipo.
- El apropiarse de pequeñas sumas de los fondos de caja y de registradoras.
- El colocar en la caja chica vales o cheques sin fecha, con fecha adelantada o con fecha atrasada.
- El no registrar algunas ventas de mercancía y apropiarse del efectivo.
- El crear sobrantes en los fondos de caja y en las registradoras, sin registrar o registrar por menos determinada transacción.
- El sobrecargar las cuentas de gastos con gastos ficticios (kilometrajes, gastos de representación, etc.).
- El malversar el pago recibido de un cliente y sustituirlo con pagos posteriores a este o de otros.
- El apropiarse de pagos hechos por clientes y emitir el recibo en un pedazo de papel.
- El cobrar una cuenta atrasada, guardar el dinero y cargarla a cuentas incobrables.
- El cobrar una cuenta ya cargada a cuentas incobrables y no informarlo.
- El acreditar falsos reclamos de clientes o por mercancías devueltas.

- El no depositar diariamente en los bancos o depositar solo parte de lo cobrado.
- El alterar las fechas en las planillas de depósito para cubrir apropiaciones.
- El hacer depósitos por sumas redondas tratando de cubrir los faltantes a fin de mes.
- El mostrar personal imaginario en las nóminas de pago.
- Mantener en las nóminas de pago a empleados con posterioridad a la fecha de su despido.
- El falsear los cálculos y las sumas en las nóminas de pago.
- El destruir las facturas de venta.
- El alterar las facturas de venta después de entregar la copia al cliente.
- El anular las facturas de venta por medio de falsas explicaciones.
- El retener dinero proveniente de ventas al contado usando una falsa cuenta deudora.
- El registrar descuentos de caja que son injustificables.
- El aumentar las sumas de los pagos hechos al contabilizar los gastos.
- El uso de copias de comprobantes o facturas cuyo original ya fue pagado.
- El uso de facturas de gastos personales para cubrir dinero salido de la caja.
- El usar de nuevo un comprobante debidamente aprobado del año anterior cambiando un número de la fecha, etc.
- El uso de facturas preparadas por uno mismo y la falsificación de las aprobaciones.
- El pago de facturas falsas, obtenidas en colusión con los proveedores.
- El aumento de la suma de las facturas, en colusión con los proveedores.
- El cargar a la compañía compras personales utilizando indebidamente órdenes de compra.
- El facturar mercancías para beneficio personal con cargo a cuentas ficticias.
- El despachar mercancías a la casa de un empleado o parientes para su aprovechamiento.
- El falsificar los inventarios para cubrir hurtos.
- El usar adelantos para gastos del negocio en beneficio personal.
- El cobrar por sí cheques pagaderos a favor de la empresa.
- El falsificar los endosos de los cheques pagaderos a los proveedores.
- El insertar en los libros hojas con cuentas o cantidades ficticias.
- El demorar deliberadamente la reconciliación de la cuenta del cliente.
- El mostrar sumas erradas en los registros de entradas y salidas de caja.

- El confundir, deliberadamente, los asientos en las cuentas de control y de detalle.
- El hacer nuevas hojas para los libros, con el fin de evitar que se descubran las manipulaciones.
- El no cerrar el libro de entradas de caja a su debido tiempo.
- El vender materiales sobrantes o de desecho, y apropiarse del producto de la venta.
- El "vender" la combinación de la caja o bóveda por un precio.
- El vender el uso de las llaves por un precio.

# CAPÍTULO 3

# MANUAL SENCILLO DE PREVENCIÓN DEL FRAUDE

## 3.1 Prevención del fraude

El fraude es una decisión intencional de una persona o varias, de forma directa internamente o por colusión de persona externa, con la esperanza de lograr apoderarse o beneficiarse de dinero, elementos o interés futuro por medio del robo, engaño o maquillaje de balance en una empresa.

**Tabla 36. Tipos de fraude**

| | |
|---|---|
| **Relacionados o no con el negocio.** | Informes financieros fraudulentos. |
| **Interno o externo.** | Mala apropiación de los activos. |
| **Contra o para la empresa.** | Desembolsos y pasivos con un propósito indebido. |
| **Con o sin participación de la dirección.** | Ingresos y activos obtenidos por fraude. |
| **Criminal, civil o contractual.** | Costos y gastos evitados por medio del fraude. |
| **Motivado por necesidad, codicia u oportunidad.** | Mala conducta por parte de la alta gerencia. |

Fuente: elaboración propia.

**Tabla 37. Indicadores de riesgo elevado de fraude**

| | |
|---|---|
| **Controles internos ausentes, débiles o ignorados.** | Fuertes reveses económicos, pérdidas financieras o de porción del mercado, obsolescencia de productos o de personas. |
| **Personal no revisado por honestidad, integridad o capacidad.** | Recursos de auditoría interna y seguridad inadecuados. |
| **Personal mal administrado, explotado, abusado, sujeto a estrés.** | Indigente ejemplo por la alta gerencia, corrupta, falta de ética, floja, ineficiente, incompetente, no idónea. |
| **Serios problemas de personal, salud, esposa(o) con problemas, alcohol, drogas, juegos, codicia.** | Tradición de corrupción en la industria. |

Fuente: elaboración propia.

**Tabla 38. Cómo se detectan los fraudes**

| Tipo de detección | Porcentaje de detección |
|---|---|
| Accidente | 51 |
| Auditoría | 19 |
| Controles gerenciales | 10 |
| Parejas o amantes enfadados | 20 |

Fuente: elaboración propia.

## 3.2 Evolución típica de un fraude

Siguiendo a Bologna y Shaw (1997), se afirma que el acto fraudulento evoluciona de la siguiente manera:

- Motivación: necesidad, codicia, venganza.
- Oportunidad: acceso a recursos o registros.
- Debilidades de controles: deberes incompatibles, falta de pistas de auditoría, pobre supervisión, etc.
- Formulación del intento: racionalización como un préstamo, no un robo, estoy mal pagado, etc.
- El acto de robo, fraude o desfalco.
- Encubrimiento: registros modificados, falsificados, removidos, destruidos.
- Indicios: detección de variación, alegatos, cambio de comportamiento o estilo de vida.
- Inicio de auditoría: detección de irregularidades.
- Inicio de investigación: evidencia obtenida, pérdida confirmada o documentada, sospechosos interrogados.

- Denuncia recomendada: recuperación, búsqueda en acción civil, reclamo de seguros presentados.
- Juicio: presentación de los hechos y el testimonio.

## 3.3 Programa antifraude

Para evitar el fraude es necesario:

1. Dar un fuerte ejemplo desde la alta dirección.
2. Realizar un preexamen de postulantes de cargos para determinar grado de honestidad.
3. Tener fuertes controles internos.
4. Tener un código de conducta ética.
5. Realizar acciones inmediatas para divulgar y castigar.
6. Tener una Auditoría Interna y seguridad fuertes.
7. Estar alerta a indicadores de fraude

## 3.4 Recomendaciones para prevenir el fraude

Elementos que deben poseer los auditores del fraude:

1. Conocimientos de planes de fraude.
2. Actividades de control y saber cómo son esquivadas.
3. Indicadores de fraude.
4. Conocimientos sobre cómo llevar a cabo interrogaciones (diferente a las entrevistas).
5. Conocimientos sobre cómo recuperar las pérdidas y disminuir daños.
6. Conocimiento de cómo no dañar evidencia y actuar bajo el marco de ley.
7. Conocimiento para examinar y verificar la suficiencia y efectividad de las acciones que toma la gerencia para desempeñar sus responsabilidades.
8. Conocimiento sobre llevar a cabo evaluaciones de fraude separadas de las auditorías internas.
9. Un plan documentado con alcance y metodología claros.

Los auditores pocas veces descubren fraude cuando:

1. Hacen la misma auditoría cada vez.
2. No están preparados adecuadamente para descubrir el fraude.
3. Se basan en sumas materiales.
4. Verifican que los controles están presentes y funcionen. Quienes cometen fraude muchas veces conocen los mismos controles.

5. La gerencia circuye o deroga controles.

6. No tienen tiempo o experiencia (miran el fraude, pero no lo ven).

7. Se enfocan en asuntos contables (no conocen procesos).

Recomendaciones de acuerdo con la experiencia:

- Establecer un programa de alerta.
- Establecer procedimientos para recibir, retener y evaluar quejas e información confidencial de empleados o de terceros.
- Hacer una auditoría al programa de alerta.
- Decidir si es mejor que un externo maneje el programa y le brinde servicio continuo.
- Establecer procedimientos para emplear y promover empleados.
- Revisar los antecedentes personales.
- Retener información en los archivos de Recursos Humanos y del gerente inmediato.
- Verificar grados universitarios, historial laboral y antecedente criminal.
- Comunicar la política contra el fraude frecuentemente.
- Establecer protocolo para evaluar fraudes.
- Identificar quiénes participan en la investigación (auditoría interna, dpto. legal, recursos humanos, informática).
- Determinar qué información y cuándo se le entrega al Comité Ejecutivo.
- Hacer saber a los empleados que los alegatos sobre no cumplimiento se investigan a fondo, en forma profesional y expedita. Aquellos encontrados culpables se les castigará rápida, firme y justamente, sin importar rango en la organización.
- Tener un contrato con proveedores.
- Tener más de un proveedor a la mano.
- Identificar cómo se protegerán los documentos y la información.
- Asegurarse que el dpto. legal y el comité de auditoría estén de acuerdo.
- Conducir una evaluación de riesgos de fraude que sea distinta a una evaluación de riesgos y que determine la probabilidad de fraude y su impacto.
- Conocer los controles que protegen a la organización contra estos fraudes (80 % de los controles protegen contra el fraude).
- Dedicarle tiempo a planear bien las auditorías.
- Incluir procedimientos para detectar indicios de fraude.
- Preguntar a los auditados si son testigos de fraude.

- Preguntar a los auditados si saben a quién contactar en caso de que sepan o sospechen que hay fraude.

- Incluir procedimientos para buscar fraude, incluyendo contacto a terceros (proveedores).

- Usar técnicas para analizar el perfil de conducta de personas.

- Identificar cambios en el volumen, tono de voz o la conducta.

- Analizar cambios en su memoria de eventos.

- En una auditoría, tener en cuenta cómo responde una persona a las preguntas. Señalar qué no contesto y repetir la pregunta.

- Tener en cuenta cuando una persona presente sudor, sonrisas muy amigables, ojos movidos, inquietud, manejo de manos y el pelo, estilo de vida.

- Es necesario entender y conocer a la persona, por ejemplo, si la misma es tímida y habla poco, aunque sea inocente.

- Proveer capacitación adecuada a los auditores y a la gerencia.

- Comunicar el éxito al descubrir y corregir el fraude.

- Usar tecnología para prevenir y descubrir el fraude (por ejemplo, ACL, *exception report*); el cambio súbito en el volumen, tipo o destino de transacciones; el cambio súbito en el rendimiento de empleados o departamento.

**Tabla 39. Resumen**

| Auditorías e investigaciones de fraude no son lo mismo. | Buscar la participación del comité ejecutivo y del comité de auditoría. |
|---|---|
| La percepción de los empleados es esencial. | Recibir ayuda y apoyo de expertos y colegas. |
| Obtener capacitación adecuada sobre el fraude. | Obtener confianza de los empleados para que le informen cuando hay fraude. |

Fuente: elaboración propia.

# 3.5 Adenda

## Índice de la percepción de la corrupción 2020

A continuación, se transcribe el Resumen Ejecutivo, del *índice de Percepción de la Corrupción 2020*, realizado por Transparencia Internacional[75].

---

75 "Transparencia Internacional es un movimiento global con una visión: un mundo libre de corrupción en los gobiernos, las empresas, la sociedad civil y la vida cotidiana de los ciudadanos. A través de sus más de cien capítulos en todo el mundo y su secretariado internacional en Berlín, la organización lidera el movimiento anticorrupción con el objetivo de hacer realidad esta visión" (Transparency International, 2021, p. B).

**Tabla 40. Percepciones del nivel de corrupción en el sector público en el mundo**

| Puntos | País/Territorio | Posición |
|--------|-----------------|----------|
| 88 | Dinamarca | 1 |
| 88 | Nueva Zelanda | 1 |
| 85 | Finlandia | 3 |
| 85 | Singapur | 3 |
| 85 | Suecia | 3 |
| 85 | Suiza | 3 |
| 84 | Noruega | 7 |
| 82 | Países Bajos | 8 |
| 80 | Alemania | 9 |
| 80 | Luxemburgo | 9 |
| 77 | Australia | 11 |
| 77 | Canadá | 11 |
| 77 | Hong Kong | 11 |
| 77 | Reino Unido | 11 |
| 76 | Austria | 15 |
| 76 | Bélgica | 15 |
| 75 | Estonia | 17 |
| 75 | Islandia | 17 |
| 74 | Japón | 19 |
| 72 | Irlanda | 20 |
| 71 | Emiratos Árabes Unidos | 21 |
| 71 | Uruguay | 21 |
| 69 | Francia | 23 |
| 68 | Bután | 24 |
| 67 | Chile | 25 |
| 67 | Estados Unidos de América | 25 |
| 66 | Seychelles | 27 |
| 65 | Taiwán | 28 |
| 64 | Barbados | 29 |
| 63 | Bahamas | 30 |
| 63 | Catar | 30 |
| 62 | España | 32 |
| 61 | Corea del Sur | 33 |
| 61 | Portugal | 33 |
| 60 | Botsuana | 35 |
| 60 | Brunéi Darussalam | 35 |

| Puntos | País/Territorio | Posición |
|--------|-----------------|----------|
| 60 | Israel | 35 |
| 60 | Lituania | 35 |
| 60 | Eslovenia | 35 |
| 59 | San Vicente y las Granadinas | 40 |
| 58 | Cabo Verde | 41 |
| 57 | Costa Rica | 42 |
| 57 | Chipre | 42 |
| 57 | Letonia | 42 |
| 56 | Georgia | 45 |
| 56 | Polonia | 45 |
| 56 | Santa Lucía | 45 |
| 55 | Dominica | 48 |
| 54 | República Checa | 49 |
| 54 | Omán | 49 |
| 54 | Ruanda | 49 |
| 53 | Granada | 52 |
| 53 | Italia | 52 |
| 53 | Malta | 52 |
| 53 | Mauricio | 52 |
| 53 | Arabia Saudí | 52 |
| 51 | Malasia | 57 |
| 51 | Namibia | 57 |
| 50 | Grecia | 59 |
| 49 | Armenia | 60 |
| 49 | Jordania | 60 |
| 49 | Eslovaquia | 60 |
| 47 | Bielorrusia | 63 |
| 47 | Croacia | 63 |
| 47 | Cuba | 63 |
| 47 | Santo Tomé y Príncipe | 63 |
| 45 | Montenegro | 67 |
| 45 | Senegal | 67 |
| 44 | Bulgaria | 69 |
| 44 | Hungría | 69 |
| 44 | Jamaica | 69 |
| 44 | Rumanía | 69 |
| 44 | Sudáfrica | 69 |

| Puntos | País/Territorio | Posición |
|---|---|---|
| 44 | Túnez | 69 |
| 43 | Ghana | 75 |
| 43 | Maldivas | 75 |
| 43 | Vanuatu | 75 |
| 42 | Argentina | 78 |
| 42 | Baréin | 78 |
| 42 | China | 78 |
| 42 | Kuwait | 78 |
| 42 | Islas Salomón | 78 |
| 41 | Benín | 83 |
| 41 | Guyana | 83 |
| 41 | Lesoto | 83 |
| 40 | Burkina Faso | 86 |
| 40 | India | 86 |
| 40 | Marruecos | 86 |
| 40 | Timor Oriental | 86 |
| 40 | Trinidad y Tobago | 86 |
| 40 | Turquía | 86 |
| 39 | Colombia | 92 |
| 39 | Ecuador | 92 |
| 38 | Brasil | 94 |
| 38 | Etiopía | 94 |
| 38 | Kazajistán | 94 |
| 38 | Perú | 94 |
| 38 | Serbia | 94 |
| 38 | Sri Lanka | 94 |
| 38 | Surinam | 94 |
| 38 | Tanzania | 94 |
| 37 | Gambia | 102 |
| 37 | Indonesia | 102 |
| 36 | Albania | 104 |
| 36 | Argelia | 104 |
| 36 | Costa de Marfil | 104 |
| 36 | El Salvador | 104 |
| 36 | Kosovo | 104 |
| 36 | Tailandia | 104 |
| 36 | Vietnam | 104 |

| Puntos | País/Territorio | Posición |
|---|---|---|
| 35 | Bosnia- Herzegovina | 111 |
| 35 | Mongolia | 111 |
| 35 | Macedonia del Norte | 111 |
| 35 | Panamá | 111 |
| 34 | Moldavia | 115 |
| 34 | Filipinas | 115 |
| 33 | Egipto | 117 |
| 33 | Esuatini | 117 |
| 33 | Nepal | 117 |
| 33 | Sierra Leona | 117 |
| 33 | Ucrania | 117 |
| 33 | Zambia | 117 |
| 32 | Níger | 123 |
| 31 | Bolivia | 124 |
| 31 | Kenia | 124 |
| 31 | Kirguistán | 124 |
| 31 | México | 124 |
| 31 | Pakistán | 124 |
| 30 | Azerbaiyán | 129 |
| 30 | Gabón | 129 |
| 30 | Malaui | 129 |
| 30 | Mali | 129 |
| 30 | Rusia | 129 |
| 29 | Laos | 134 |
| 29 | Mauritania | 134 |
| 29 | Togo | 134 |
| 28 | República Dominicana | 137 |
| 28 | Guinea | 137 |
| 28 | Liberia | 137 |
| 28 | Birmania | 137 |
| 28 | Paraguay | 137 |
| 27 | Angola | 142 |
| 27 | Yibuti | 142 |
| 27 | Papúa Nueva Guinea | 142 |
| 27 | Uganda | 142 |
| 26 | Bangladés | 146 |
| 26 | República Centroafricana | 146 |

| Puntos | País/Territorio | Posición |
|:------:|-----------------|:--------:|
| 26 | Uzbekistán | 146 |
| 25 | Camerún | 149 |
| 25 | Guatemala | 149 |
| 25 | Irán | 149 |
| 25 | Líbano | 149 |
| 25 | Madagascar | 149 |
| 25 | Mozambique | 149 |
| 25 | Nigeria | 149 |
| 25 | Tayikistán | 149 |
| 24 | Honduras | 157 |
| 24 | Zimbabue | 157 |
| 22 | Nicaragua | 159 |
| 21 | Camboya | 160 |
| 21 | Chad | 160 |
| 21 | Comoros | 160 |
| 21 | Eritrea | 160 |
| 21 | Irak | 160 |
| 19 | Afganistán | 165 |
| 19 | Burundi | 165 |
| 19 | Congo | 165 |
| 19 | Guinea Bisáu | 165 |
| 19 | Turkmenistán | 165 |
| 18 | República Democrática del Congo | 170 |
| 18 | Haití | 170 |
| 18 | Corea del Norte | 170 |
| 17 | Libia | 173 |
| 16 | Guinea Ecuatorial | 174 |
| 16 | Sudán | 174 |
| 15 | Venezuela | 176 |
| 15 | Yemen | 176 |
| 14 | Siria | 178 |
| 12 | Somalia | 179 |
| 12 | Sudán del Sur | 179 |

Fuente: Transparency International, 2021, pp. 2-3.

**Resumen Ejecutivo**

Este año, el Índice de Percepción de la Corrupción dibuja un paisaje sombrío. La mayoría de los países evaluados no ha registrado ningún avance en la lucha contra la corrupción y más de dos tercios puntúan por debajo de 50. El análisis de Transparencia Internacional indica que la corrupción no solo socava la respuesta sanitaria global a la covid-19 sino que también contribuye a mantener la democracia en un estado de crisis permanente.

2020 ha resultado ser uno de los peores años de la historia reciente debido al estallido de la pandemia de la covid-19 y sus devastadoras consecuencias. Su impacto en la salud y la economía de las personas y comunidades ha sido catastrófico en todo el mundo. Más de 90 millones de personas han sido infectadas y cerca de dos millones han perdido la vida.

Este turbulento año ha demostrado que la covid-19 es más que una crisis sanitaria y económica. La corrupción socava la posibilidad de una respuesta global justa y equitativa y sus insidiosas consecuencias han causado un número incalculable de víctimas mortales.

Durante la crisis de la covid-19, las noticias de casos de corrupción han dado la vuelta al planeta. Desde el soborno hasta la malversación de fondos, pasando por la inflación de precios y el favoritismo, la corrupción en la sanidad adopta formas muy variadas. Si no aprendemos las lecciones del pasado en tiempos de crisis nos arriesgamos a perder todavía más.

A pesar de la covid-19, en el pasado año se han producido manifestaciones multitudinarias en el mundo entero contra la corrupción y en favor de la justicia social y el cambio político.

Estas protestas han llegado a los titulares y han puesto de manifiesto el poder de la acción colectiva para alzar la voz, lo que se ha visto reflejado en las encuestas de opinión, que demuestran que la mayoría de la gente abriga la esperanza de contribuir positivamente a la lucha contra la corrupción.

Las actuaciones de emergencia en respuesta a la covid-19 han revelado profundas grietas tanto en los sistemas sanitarios como en las instituciones democráticas, poniendo de relieve que, en multitud de casos, las personas que están en el poder o controlan las finanzas del estado sirven a sus propios intereses en lugar de los de las personas más vulnerables. En la fase de recuperación tras la crisis, es esencial que la lucha contra la corrupción no se quede atrás en sus esfuerzos por lograr un resurgimiento justo y equitativo en toda la comunidad global.

**Recomendaciones**

Para luchar contra la COVID-19 y mitigar la corrupción, es esencial que los estados se comprometan a:

1.  Reforzar los organismos de supervisión

    La acción contra la COVID-19 ha expuesto los puntos débiles de una supervisión endeble y una transparencia insuficiente. Para lograr que los recursos lleguen a la población más necesitada sin peligro de robo por personas corruptas, las instituciones anticorrupción y los organismos de supervisión deberán contar con fondos, recursos e independencia suficientes para cumplir su cometido.

2.  Procesos de contratación abiertos y transparentes

    Muchos gobiernos han relajado drásticamente sus procesos de contratación, con procedimientos precipitados y opacos que presentan grandes oportunidades para la corrupción y el desvío de recursos públicos. Los procesos de contratación deben mantenerse abiertos y transparentes a fin de combatir irregularidades, identificar conflictos de interés y garantizar precios justos.

3.  Defender la democracia y fomentar el espacio público

    La crisis de la COVID-19 ha exacerbado el debilitamiento de la democracia. Algunos gobiernos han aprovechado la pandemia para suspender parlamentos, dar la espalda a los mecanismos de rendición de cuentas públicas e instigar la violencia contra los disidentes. La defensa del espacio público requiere que los colectivos de la sociedad civil y los medios de comunicación estén en condiciones de pedir cuentas a los gobiernos.

4.  Publicar datos pertinentes y accesibles

    La publicación de datos desglosados sobre gastos y distribución de recursos es especialmente relevante en situaciones de emergencia, ya que permite actuar con políticas justas y equitativas. Asimismo, los gobiernos deben proporcionar a la población información sencilla, accesible, oportuna y pertinente, garantizando el derecho a la información. (Transparency International, 2021, pp. 4-5.)

# CAPÍTULO 4

# EL FRAUDE EN LOS SISTEMAS COMPUTARIZADOS

Los fraudes cibernéticos e informáticos son realizados a través del uso de una computadora o del Internet, mediante el uso de herramientas tecnológicas sofisticadas para acceder a distancia a una computadora con información confidencial o logrando la intercepción de una transmisión electrónica, mediante el robo de la contraseña, el número de cuenta de una tarjeta de crédito u otra información confidencial sobre la identidad de una persona natural o jurídica, alterando o borrando información almacenada o simplemente copiando información en USB o CD, tal como es el fraude común de la piratería informática.

Los delincuentes sofisticados pueden reescribir los códigos de *software* y cargarlos en la computadora central de un banco para que este les suministre las identidades de los usuarios, usando esa información para realizar compras no autorizadas con tarjetas de crédito.

La Organización de Naciones Unidas (Segu-Info ene 18/17) reconoce los siguientes tipos de delitos informáticos o fraudes cometidos mediante manipulación de computadoras:

- Manipulación de los datos de entrada: este tipo de fraude informático conocido también como sustracción de datos, representa el delito informático más común ya que es fácil de cometer y difícil de descubrir.
- La manipulación de programas: consiste en modificar los programas existentes en el sistema o en insertar nuevos programas o rutinas. Es

muy difícil de descubrir y a menudo pasa inadvertida debido a que el delincuente tiene conocimientos técnicos concretos de informática y programación.

- Manipulación de los datos de salida: se efectúa fijando un objetivo al funcionamiento del sistema informático. El ejemplo más común es el fraude del que se hace objeto a los cajeros automáticos mediante la falsificación de instrucciones para la computadora en la fase de adquisición de datos.

- Fraude efectuado por manipulación informática: aprovecha las repeticiones automáticas de los procesos de cómputo. Es una técnica especializada que se denomina "técnica del salchichón" en la que "rodajas muy finas" apenas perceptibles, de transacciones financieras, se van sacando repetidamente de una cuenta y se transfieren a otra. Se basa en el principio de que 10,66 es igual a 10,65 pasando 0,01 centavos a la cuenta del ladrón $n$ veces.

# 4.1 Técnicas de fraude informático

A continuación, se describen algunas de las técnicas de fraude que normalmente se presentan en los sistemas computarizados.

## 4.1.1 Manipulación de transacciones

La manipulación de transacciones ha sido el método más utilizado para cometer fraudes, en ambientes computarizados.

El mecanismo para concretar el fraude sistémico o informático consiste en cambiar los datos antes o durante la entrada al computador. Puede ser ejecutado por cualquier persona que tenga acceso para crear, registrar, transportar, codificar, examinar, comprobar o convertir los datos que entran al computador. Por ejemplo, alterar los documentos fuente y modificar el contenido en alto relieve de las tarjetas de crédito, entre otros.

## 4.1.2 Técnicas de Salami

La técnica de Salami consiste en sustraer pequeñas cantidades (tajadas) de un gran número de registros, mediante la activación de rutinas incluidas en los programas aplicativos corrientes. La empresa es la dueña del salami (archivo de datos), del cual el desfalcador toma pequeñas sumas (centavos), para llevarlos a cuentas especiales conocidas solamente por el perpetrador del fraude. Aquí, normalmente, los totales de control no se alteran y, en consecuencia, se dificulta descubrir el fraude y a quién lo comete.

La técnica de Salami es muy común en los programas que calculan intereses, porque allí se facilita la sustracción de residuos que generalmente nadie detecta, de modo que se configura cómodamente el fraude.

### 4.1.3 Técnica del caballo de Troya

La técnica del caballo de Troya consiste en insertar instrucciones, con objetivos de fraude, en los programas aplicativos, de manera que, además de las funciones propias del programa, también ejecute funciones no autorizadas. Las instrucciones fraudulentas se esconden dentro de las demás, para obtener acceso libre a los archivos de datos normalmente usados por el programa.

Esta técnica es muy común debido a la facilidad que se presenta para ocultar las instrucciones fraudulentas dentro de cientos de instrucciones que generalmente componen los programas aplicativos. Sin embargo, no siempre la técnica del caballo de Troya se configura en programas de aplicación, también se acostumbra en sistemas operacionales y en programas utilitarios.

Para efectos de incluir la instrucción en un programa legítimo, el programador aprovecha la autorización para hacer cambios corrientes a los programas y, en ese momento, incluye las instrucciones fraudulentas, evidentemente no autorizadas. A esto se debe que la técnica haya adoptado el nombre de *caballo de Troya*.

### 4.1.4 Las bombas lógicas

Las bombas lógicas son una técnica de fraude, en ambientes computarizados, que consiste en diseñar e instalar instrucciones fraudulentas en el *software* autorizado, para ser activadas cuando se cumpla una condición o estado específico. Esta técnica de fraude informático es difícil de descubrir, porque mientras no sea satisfecha la condición o estado específico, el programa funciona normalmente y procesa los datos autorizados sin arrojar sospecha de ninguna clase.

Cuando la condición de fraude se cumple, automáticamente se ejecuta la rutina no autorizada, de esta manera se produce el fraude. Entre las condiciones más frecuentes para la práctica de este tipo de fraude están: abonar un crédito no autorizado a una cuenta, cuando el reloj del computador alcance determinado día y hora; hacer un traslado de fondos, cuando el computador encuentre una determinada condición, como por ejemplo una fecha.

Esta técnica de fraude se diferencia de la del caballo de Troya, básicamente, en que la instrucción o instrucciones fraudulentas se incluyen en el programa, cuando se está generando originalmente el sistema. En cambio, en el caballo de Troya, se incluyen las instrucciones fraudulentas cuando es autorizada una modificación al programa. Es decir que se ejecutan las modificaciones autorizadas y se aprovecha la oportunidad para agregar instrucciones fraudulentas.

### 4.1.5 Juego de la pizza

El juego de la pizza es un método relativamente fácil para lograr el acceso no autorizado a los Centros de PED, así estén adecuadamente controlados. Consiste en que un individuo se hace pasar por la persona que entrega la pizza y en esa forma se garantiza la entrada a las instalaciones de PED durante y después de las horas de trabajo.

### 4.1.6 Ingeniería social

Esta técnica consiste en planear la forma de abordar a quienes pueden proporcionar información valiosa o facilitar de alguna manera la comisión de hechos ilícitos. Se recurre luego, a argumentos conmovedores o a sobornar a las personas para alcanzar los objetivos deseados.

Esta técnica combina las características del petulante y del jactancioso para conseguir el hecho fraudulento. Además, normalmente, usan un estilo de actuación importante, vestido elegante, amenazas sutiles y porciones aisladas de información clave de la organización para influir en la otra persona.

### 4.1.7 Trampas-puerta

Las trampas-puerta son deficiencias del sistema operacional, que se dan desde las etapas de diseño original (agujeros del sistema operacional).

Los *systems programmers* o expertos programadores del sistema pueden aprovechar las debilidades del sistema operacional para insertar instrucciones no autorizadas en tal sistema, con el objeto de configurar fraudes informáticos. Las salidas del sistema operacional permiten el control a programas escritos por el usuario, lo cual facilita la operacionalización de fraudes, en numerosas opciones.

### 4.1.8 Superzapping

El *superzapping* deriva su nombre de *SuperZap*, un programa de IBM de un alto riesgo por sus capacidades. Permite adicionar, modificar y eliminar registros de datos, datos de registro o agregar caracteres dentro de un archivo maestro, sin dejar rastro y sin modificar ni corregir los programas normalmente usados para mantener el archivo.

Este programa permite consultar los datos para efectos de conocimiento o para alterarlos omitiendo los controles y seguridades en actividad establecidos. Hay otro programa similar al *SuperZap*, en el sistema 34 de IBM, denominado DFU. Los sistemas de computación tienen programas de alto riesgo como el *SuperZap*, los cuales funcionan como especie de llaves maestras o programas de acceso universal.

### 4.1.9 Evasiva astuta

Esta técnica surge de un método inventado como consecuencia de la aparición de los compiladores. Los *system programmers* se inventaron la forma de comunicarse con la computadora a través del lenguaje de máquina. Esta técnica también se conoce con el nombre de *parches*. Es un método limpio para entrar en la computadora, modificar las cosas, hacer que algo suceda y modificarlas de nuevo para que vuelvan a su forma original, sin dejar rastros para auditoría. En la medida en que se fue sofisticando la tecnología de esta metodología de fraude, se le llamó DEBE: *Does Everything But Eat* (una rutina que hace todas las cosas menos comer). Es usada por los fanáticos de los bits, quienes literalmente desean hablar con las computadoras.

### 4.1.10 Recolección de basura

La recolección de basura es una técnica para obtener información abandonada o alrededor del sistema de computación, después de la ejecución de un JOB. Consiste en buscar copias de listados producidos por el computador o papel carbón para de allí extraer información, en términos de programas, datos, *passwords* y reportes especiales básicamente.

### 4.1.11 Ir a cuestas para tener acceso no autorizado

Se trata de una técnica de fraude informático para lograr el acceso no autorizado a los recursos del sistema entrando a cuestas de alguien influyente (*piggyback*) o por imitación (suplantación).

El *piggybacking* físico consiste en seguir un funcionario autorizado, dentro de un área de acceso controlada, protegida por puertas cerradas electrónicamente. El *piggybacking* electrónico consiste en usar una terminal que está activada o una secreta conectada a una línea activada para acceder a la información del sistema, comprometiendo el régimen de seguridad.

La imitación, sea física o electrónica, implica la obtención de *passwords* y códigos secretos, y la suplantación de personas autorizadas para entrar al área de computación.

### 4.1.12 Puertas levadizas

Esta técnica consiste en la utilización de datos sin la debida autorización, mediante rutinas involucradas en los programas o en los dispositivos de *hardware*.

Métodos sofisticados de escape de datos pueden ser ejercidos en ambientes de alta seguridad y alto riesgo. Por ejemplo, la información robada es decodificada, de modo que el personal del centro de PED no puede descubrir que está pasando. Tal información puede ser reportada por medio de radios transmisores en miniatura (BUGS) capaces de transmitir el contenido de los computadores a receptores remotos, de esta manera se concreta el escape de datos a través del concepto de puertas levadizas.

El personal de PED puede construir puertas levadizas en los programas o en los dispositivos de *hardware* para facilitar la salida y entrada de datos sin ser detectados.

Los perpetradores del fraude no necesariamente deben estar presentes en el momento de su ejecución.

### 4.1.13 Técnicas de taladro

Esta técnica consiste en utilizar una computadora para llamar o buscar la manera de entrar al sistema con diferentes códigos, hasta que uno de ellos sea aceptado y permita el acceso a los archivos deseados.

Mediante el sistema de ensayo permanente se descubren las contraseñas del sistema para entrar a los archivos y extraer información en forma fraudulenta.

### 4.1.14 Intercepción de líneas de comunicación

Esta técnica de fraude informático consiste en establecer una conexión secreta telefónica o telegráfica para interceptar mensajes.

Normalmente, las conexiones activas o pasivas se instalan en los circuitos de comunicación de datos entre:

- Terminales y concentradores.
- Terminales y computadores.
- Computadores y computadores.

De otra parte, la intercepción de comunicaciones por microondas y vía satélite es también posible técnicamente.

## 4.2 Modalidades de fraude con tarjetas y cajeros automáticos

Además, existen otro tipo de fraudes que no son realizados directamente accediendo a los sistemas informáticos de la empresa. Estos son los fraudes relacionados con las tarjetas y los cajeros automáticos, los cuales utilizan las siguientes técnicas.

- Tarjeta caliente.
- Tarjeta alterada.
- Falsificación integral.
- Comprobantes previamente elaborados.
- Falsificación de la banda magnética.

- Fraudes con telemercadeo.
- Uso indebido de la tarjeta.
- Suplantación de la razón social.
- Tarjeta expedida con datos falsos.
- Suplantación del tarjetahabiente.
- Tarjetas dobles.
- Fuga de información general.

Todas estas modalidades y técnicas permiten que se cometa una gran variedad de delitos financieros, tales como:

- Aumento de cupo de tarjetas de crédito.
- Programas de información ficticios.
- Creación de empresas fachada.
- Clonación de tarjetas.
- Plaquetas a los cajeros automáticos.
- Autorizaciones pasadas varias veces.

## 4.3 Prevención del fraude en el computador

A fin de prevenir el fraude en el computador, es necesario desarrollar:

- Controles.
- Seguridades físicas.
- Auditoría de sistemas.
- Técnicas de detección de fraudes.

De la misma manera, para prevenir el fraude en el programa, es necesario desarrollar y realizar:

- Programas de simulación.
- Revisión de la codificación.
- Comparación de la codificación.
- *Software* de las librerías.
- Pruebas a los sistemas.

Así mismo, para prevenir transacciones fraudulentas, es conveniente implementar:

- *Software* de búsqueda.
- *Software* de auditoría involucrado.
- Confirmaciones a clientes.
- Análisis estadísticos y de tendencias.

Adicionalmente, es importante conocer las operaciones fraudulentas, tales como:

- Análisis de los listados de consola.
- Análisis de los listados producidos por las rutinas de contabilidad del sistema.
- Revisión de uso de programas de utilidad.
- Fraude electrónico.
- Pánico económico en Internet.
- Acceso indebido a bases de datos.
- Modificación de archivos.
- Virus para borrar información.
- Robo de CD, USB, discos y copias de seguridad.
- Interferencia electrónica.

## 4.4 Fraudes y control en las organizaciones virtuales

El avance tecnológico y la tendencia moderna de las organizaciones, ante la competencia, muestran que día a día las empresas reducen su logística para ser más eficientes y livianas en sus costos de operación. Con la aparición masiva de internet, nace una nueva cultura en el mundo, a saber, la cultura de la información y del conocimiento. Así, el control físico de documentos y bienes se torna ahora intangible, lo cual implica un auge en los negocios, pero también un auge en el delito, ya que las transacciones serán electrónicas. Es aquí precisamente cuando los organismos de control deben orientar sus esfuerzos para combatir el delito con modernas técnicas de análisis de información soportadas especialmente por programas y tecnologías a la par con los avances actuales.

**Figura 49. Clasificación de los riesgos según su origen**

**De la naturaleza** • Incendio • Inundación • Terremoto

**Fallas de hardware**
- Daño del computador.
- La unidad daña el disco.
- La unidad daña la cinta.
- El disco o la cinta no se pueden leer.
- Daño de la impresora.
- Daño del equipo de transcripción.
- Daño en la transmisión.
- Daño de la información en CD o discos.
- Caída de sistema en cajeros automáticos.
- Fallas técnicas en la lectura de tarjetas débito.
- Dobles procedimientos en el registro de operaciones.

**Fallas humanas**

Error de
- Reporte
- Transcripción
- Transmisión

Error del
- Programador
- Operador
- Cintotecario

**Fallas humanas intencionales**
- Saqueos
- Sabotajes con o sin violencia
- Violación de la privacidad
- Fraude
- Colusión
- Acceso indebido a información confidencial
- Adquisición de información para la competencia
- Modificación de registros
- Instalación de virus para borrar datos
- Pánico económico mediante el uso de correo electrónico
- Ofrecimiento de servicios por internet con fines mal intencionados
- Manejo de páginas Web
- Suplantación de firmas reconocidas
- Manipulación de código de barras
- Uso de mecanismos fraudulentos en cajeros automáticos

# 4.5 Casos de estudio sobre fraudes en estudios informáticos[76]

## 4.5.1 Caso de estudio N °. 1

Un hombre de negocios abrió una cuenta en un banco de Florida (EE. UU.). Dos semanas después, mediante una comunicación electrónica, un banco de California autorizó el pago de tres millones de dólares a su cuenta. Entonces, el señor se fugó con el dinero. Cuando el banco cargó el pago a su banco corresponsal, descubrió que no había autorización para ese pago.

El banco de California le encomendó al administrador de seguridad la investigación del caso. Este señor inició su trabajo averiguando qué empleados habían sido despedidos últimamente y encontró que Gloria había sido desvinculada recientemente de la organización y que, además, estaba en plan matrimonial.

El administrador de seguridad buscó inmediatamente a Gloria y la encontró esperando a su prometido para dirigirse a España en viaje de luna de miel. Cuando le mostró la foto, Gloria reconoció a su futuro esposo. Entonces se le preguntó si su prometido le había solicitado que hiciera alguna cosa en particular con la consola de computador que ella operaba. "Sí", contestó nerviosa, "Él me dijo, en una oportunidad, que tenía un compañero en un banco de Florida y me pidió que digitara un mensaje de manera que pudieran saludarse los dos. Se trataba de unos pocos números que yo digité sin la menor malicia". De esta manera, Gloria resultó involucrada en un fraude de tres millones de dólares.

Se pide indicar los controles que aseguren la reducción de la probabilidad de que este tipo de fraude pueda volverse a presentar.

## 4.5.2 Caso de estudio N °. 2

La señora Susy, responsable de la Cintoteca de un Centro de PED, supo con un buen tiempo de anterioridad que sería despedida de la organización.

Susy sabía que las cintas de respaldo enviadas por ella misma al lugar de seguridad, fuera de la entidad, como protección contra posibles desastres, no serían usadas, a menos que se presentaran problemas en los archivos respaldados. Ante esa situación Susy decidió sustituir las cintas de respaldo de los archivos maestros por cintas en blanco o de borrador, y cambió las etiquetas externas.

---

76 Tomados de Pinilla (1997).

Después de unos días, cuando ella estuvo segura de que era prácticamente imposible reconstruir los archivos maestros sin el auxilio de los *back-ups* correspondientes, borró muchos de los archivos críticos que se encontraban en la Cintoteca y se retiró de la entidad. Como es de fácil entendimiento, la empresa tuvo serios problemas para recuperar sus archivos.

Se pregunta, ¿qué controles se aconsejarían para evitar problemas como los anteriores?

## 4.5.3 Caso de estudio N °. 3

El técnico de mantenimiento informático de una entidad altamente competitiva consideró que era fácil vender los listados de los clientes, debido a que los controles para el efecto eran supremamente débiles.

Tal señor descubrió que todos los lunes por la mañana se procesaba, en el computador, la actualización de los archivos de clientes y se preparaban los prospectos. Entonces, el técnico de mantenimiento decidió construir un pequeño radiotransmisor para que actuara sobre el circuito de computador, produciendo una falla cuando se transmitiera determinada señal. De esta manera, él será llamado cuando se presenten las fallas, a fin de que las corrija.

En el momento de correr el programa de actualización del archivo maestro de clientes, se produce la falla e inmediatamente se llama al técnico para que atienda el problema. El técnico hace un vuelco (*dump*) de la memoria del computador, mediante el uso de un utilitario y luego le saca una fotografía para cometer el ilícito. Después, devuelve el listado a la sala del computador, para que sea destruido de acuerdo con las normas de seguridad vigentes. El problema ha sido corregido por el técnico y el listado ha sido destruido oportunamente para evitar que sea utilizado con objetivos de fraude.

El *dump* en poder del técnico contiene los datos de cinco clientes y el programa usado para actualizar el archivo de clientes y generar los prospectos. Tras analizar la información de los cinco clientes, el técnico establece que existe un buen mercado para esa información.

A este nivel, el técnico provoca otra falla en el computador y hace correr un nuevo programa que combina su programa de vuelco de memoria con la rutina que accede a los archivos de clientes y prospectos, hallados en el vuelco del programa que él fotografió.

El siguiente lunes, el técnico provoca otra falla en el computador y hace correr su nuevo programa. El operador observa esta pasada como un vuelco de memoria, sin detectar nada extraño. Por otra parte, el técnico, aprovecha el archivo de clientes y prospectos para su beneficio personal.

Se pide preparar los controles que deben implementar para evitar este tipo de fraudes.

### 4.5.4 Caso de estudio N°. 4

El señor Hans Dimaté, auditor de una prestigiosa firma, se dirigió al centro de PED con el objeto de realizar una visita de observación general en relación con el control interno vigente. Al entrar en las instalaciones de PED, le preguntó a la secretaria en dónde se encontraba el señor director. Ella le respondió que el señor director acababa de salir y que se demoraba. Acto seguido invitó al auditor a sentarse en la sala de espera contigua al computador. El señor Hans pensó: "este lugar resulta agradable para esperar, porque se divierte uno viendo como trabaja el computador. Qué bueno que todas las empresas siguieran este ejemplo"

Después de un buen rato de esperar, el señor Hans observó que había un sistema de señalización hacia el computador y decidió dirigirse a las instalaciones de PED, observando la gente que se encontraba en la cafetería, al lado del computador. Igualmente, le llamó la atención que dos empleados estaban jugando con los anillos de las cintas magnéticas, en la sala de computador, como si fuera usual hacerlo todos los días.

El señor Hans continuó caminando y leyendo letreros por todas partes. En uno de ellos se leía: "Señor usuario, usted sabe que aquí procesamos los datos en la medida en que van llegando. No se le olvide que todos los viernes puede venir por los resultados y recogerlos de la mesa grande que está al frente del Centro de PED como lo ha hecho siempre". En otro letrero se leía: "Hemos decidido que, para facilitar el trabajo, los errores serán corregidos en adelante por los operadores de equipo".

El señor Hans observó que, en una biblioteca de vidrio abierta, al lado del computador, se veían unas cintas magnéticas cuyos rótulos decían: archivo maestro de cuentas por cobrar, maestro de nómina, registro de accionistas y libro mayor, entre otros.

Más adelante, el señor auditor encontró una sala de grabación grande, en donde los usuarios depositaban los documentos fuente para su proceso de conversación. Al frente había un letrero que decía: "Los documentos fuente se procesan por el método de últimos en entrar primeros en salir".

Al llegar a la sala de cómputo, el señor Hans encontró a un señor quién, al identificar al auditor, se presentó como el supervisor permanente de informática. Hans entró a la sala del centro de PED y observó que el operador estaba modificando el programa de nómina. Al lado se encontraba una caja grande con los *back-ups* y junto a ella estaba la greca del centro de PED. Cerca de la mesa de la greca, había otra caja destinada a colocar allí los disquetes. Hans pensaba: "afortunadamente no la colocaron debajo de la mesa".

Por fin llegó el director del centro de PED, quien presentó disculpas por la demora e invitó al auditor a continuar observando las instalaciones de computación.

Hans caminaba y de pronto se detuvo para mirar cómo el operador destruía los cheques que habían salido con errores, mientras unos empleados de finanzas, amigos del operador, discutían los sueldos del personal directivo de la entidad.

Una vez terminada la visita, el director del centro de PED, le preguntó al auditor cómo le había parecido el nivel de organización y de control. "Excelente", le contestó Hans, "Solamente haré unas pequeñas observaciones de forma", tales como:

- No se ha hecho mantenimiento a los extinguidores.
- El computador está ubicado exactamente debajo del baño del segundo piso.
- Los contratos de mantenimiento están vencidos.
- No se tienen *back-up* en sitios seguros y alejados del centro de cómputo.
- No hay plan de contingencias.
- Hace ocho meses no se cambian los *passwords*.
- No existe UPS ni fuente propia de energía.
- Los operadores de equipos no han salido a vacaciones desde hace cinco años.

Se pide evaluar las políticas y normas de seguridad correspondientes al centro de PED, preparar una lista de debilidades de control interno, hacer una crítica a la auditoría desarrollada por Hans.

## 4.6 Nuevos enfoques y procedimientos de la auditoría moderna

Ante los constantes cambios del ambiente empresarial, la auditoría debe ser sinónimo de asesoría integral. Aunque comúnmente se piensa que la labor de auditoría es una actividad exclusiva para contadores, lo cierto es que la globalización de la economía sumada a los avances de la tecnología y las comunicaciones han generado nuevos entornos socioculturales que obligan a los auditores a ir más allá de la parte fiscal y financiera, conformar equipos multidisciplinarios que incluyen ingenieros de sistemas, economistas, administradores de empresas, sicólogos, contadores y profesionales de las ramas del conocimiento relacionadas con la actividad del negocio auditado.

### 4.6.1 Retos de la auditoría

Se imponen nuevos retos para las empresas de auditoría que consisten en vigilar procesos como el comercio electrónico o diseñar estrategias de control ante el desarrollo de las empresas virtuales.

El mundo y la comunidad de negocios cada vez se integran más, por eso las estrategias deben orientarse a brindar servicios integrales, para acompañar a las empresas durante los procesos de cambio.

Los usuarios del servicio de auditoría no buscan recomendaciones utópicas, sino planes que se ajusten a sus necesidades, que básicamente son tres; inversión en tecnología, entrenamiento y ampliación del conocimiento.

## 4.6.2 Prevención y visión de futuro

Como consecuencia de la globalización, a las compañías se les exige ser más eficientes y entrar en la onda de las alianzas estratégicas, como una manera de obtener mayor provecho de sus negocios.

La auditoría moderna debe pensar a futuro, para así dar mejores aportes a sus clientes; calcular lo que puede ocurrir, por ejemplo, al establecer indicadores como la inflación, la devaluación o los intereses; e incluso calcular lo que puede suceder con fenómenos como la corrupción, el narcotráfico, el desempleo y proyectar variables relacionadas con el costo de mano de obra, los impuestos, las comunicaciones, los precios de la tecnología, etc., para saber hacia dónde orientar la actividad empresarial.

Prestar un servicio de auditoría, cuyos conceptos y procesos sean modernos y acordes al nuevo entorno empresarial, requiere no solamente un esfuerzo de las entidades que prestan el servicio, sino de la voluntad de cada auditor para apasionarse con la investigación, la innovación y su autocapacitación, de lo contrario, todo lo nuevo lo sorprenderá y quedará a expensas de reaccionar después de que ocurran los hechos.

## 4.6.3 Responsabilidad de la auditoría

Tradicionalmente el auditor ha evadido la responsabilidad, al ampararse en las normas de auditoría consideradas como marco global, sin establecer específicamente límites de actuación. En cuanto a la importancia y materialidad, han sido desvirtuadas por jueces a quienes les interesa la minucia y no aspectos exclusivamente materiales, como lo determinan las normas de auditoría, lo cual lleva a replantear la responsabilidad de la auditoría, enfoque, desarrollo y conclusiones, tal como ha sucedido en diversos casos juzgados.

# Cuestionario
# (Capítulos 1 a 4)

- ¿El desfalcador típico trabaja como empleado en toda clase de negocios?
- ¿El desfalcador típico es competente e inteligente?
- ¿El desfalcador típico en su puesto actual ha estado menos de tres años?
- ¿Su patrono desconfía del desfalcador típico?
- ¿El desfalcador típico es un empleado de absoluta confianza?
- ¿En la empresa, el desfalcador típico es un empleado sin futuro?
- ¿El desfalcador típico es un mediocre hombre de negocios?
- ¿El desfalcador típico es prudente en la obtención de sus créditos?
- ¿El desfalcador típico es a menudo víctima de las intranquilidades domésticas?
- ¿La gran mayoría de los desfalcadores eran solteros?
- ¿Entre qué edad están los desfalcadores analizados en el capítulo 1?
- ¿El sueldo promedio convertido a moneda de su país, cuál es?
- ¿Los delitos cometidos, en su mayoría, fueron en corto tiempo?
- ¿Qué antigüedad promedio tenían los desfalcadores?
- ¿Durante qué tiempo desempeñó un solo cargo?
- ¿Los delitos cometidos fueron la mayoría por colusión?
- ¿Normalmente esta clase de desfalcadores desaparecen y se fugan?
- ¿Una minoría de los desfalcadores se suicidaron?
- Establezca una tabla de motivos de fraude para los hombres.
- Establezca una tabla de motivos de fraude para las mujeres.
- ¿Cuáles eran los antecedentes de los desfalcadores en las empresas donde laboraron anteriormente?
- ¿Cómo justifican los desfalcadores generalmente su comportamiento?
- ¿Cuál es el principal hecho de que los desfalcadores, analizados en el capítulo 1, oscilen entre 30 y 40 años?
- ¿Es válido el argumento en cuanto a la teoría de que la guerra tuvo algo que ver con este tipo de delincuencia?
- ¿Se puede concluir que un hecho contundente para esta clase de delitos está dado por la circunstancia de vivir por encima de las condiciones económicas?
- En la muestra analizada de los mil y un casos de fraude, ¿cómo se concluye acerca del hecho de observar un mínimo porcentaje de mujeres involucrado en delincuencia, frente al número de hombres?

- ¿Cómo considera la tendencia de la mujer en el campo de la delincuencia, teniendo en cuenta su amplia incursión en el campo laboral?
- Identifique las principales señales de peligro de fraude:
    - ¤ Por medio de cheques y vales de caja.
    - ¤ Comportamiento ante acreedores.
    - ¤ Actitudes sospechosas.
    - ¤ Negocios particulares.
    - ¤ Modos de vida.
    - ¤ Juegos de azar y consumo de bebidas.
    - ¤ Explicaciones exageradas y pomposas ante interrogatorios.
    - ¤ Tratamiento de sus vacaciones.
- Identifique los principales métodos usados en los desfalcos, en cuanto a afectaciones directas a cuentas de los estados financieros, tales como:
    - ¤ Caja.
    - ¤ Deudores y cuentas por cobrar.
    - ¤ Por inventarios.
    - ¤ Por cuentas de gastos.
    - ¤ Por creación de pasivos.
    - ¤ Por manejo de nómina.
    - ¤ Por ventas de productos terminados y materia prima.
    - ¤ Por venta de activos fijos.
    - ¤ Por venta de desperdicios.
    - ¤ Por uso inadecuado de comprobantes soportes.
    - ¤ Por facturas de proveedores.
    - ¤ Por manejo de cheques.
    - ¤ Por conciliaciones extemporáneas.
    - ¤ Por ajustes y reclasificaciones inadecuados.
- Describa en orden de prioridades las cinco técnicas de fraude informático que le parecieron más sofisticadas.
- ¿Cuáles técnicas de fraude informático conoce usted que no se hayan descrito en este libro?
- Analice la responsabilidad del auditor, frente al fraude informático.
- Describa cinco ejemplos, en los cuales se pueda configurar un fraude tipo Salami.
- ¿Técnicamente, cuál es la diferencia entre los tipos de fraude informático bomba lógica y caballo de Troya?

- ¿Qué diferencia encuentra entre los tipos de fraude técnica del taladro e intersección de líneas?
- Respecto a los casos de estudio del capítulo 4:
    - ¤ Evalúe las políticas y normas de seguridad correspondientes al centro del PED.
    - ¤ Prepare una lista de debilidades de control interno.
    - ¤ Haga una crítica de la auditoría desarrollada en el caso 4.
    - ¤ En los desfalcos cometidos en los entes económicos, establezca el retrato de un desfalcador típico.
    - ¤ En cuanto estudios, comportamiento, vivencia, hábitos, etc., indique independientemente los siguientes conceptos, contestando sí o no.
    - ¤ ¿La mayoría son profesionales?
    - ¤ ¿Solo ha hecho estudios de bachillerato?
    - ¤ ¿Vive pobremente?
    - ¤ ¿Tiene automóvil nuevo?
    - ¤ ¿Viaja frecuentemente?
    - ¤ ¿Participa en actividades sociales y de la comunidad?
    - ¤ ¿Bebe bebidas embriagantes durante las horas de trabajo?
    - ¤ ¿Vive principalmente en la ciudad capital?
    - ¤ ¿Trabaja como empleado en toda clase de negocios?
    - ¤ ¿Es competente e inteligente?
    - ¤ ¿En su puesto actual ha estado menos de tres años?

## Discusión

1. ¿Cuál es el objetivo de la parte 8, *Análisis de fraudes para su prevención*?
2. ¿Considera que el estudio de casos aporta positivamente en la prevención del delito?
3. Identifique cinco aspectos que le llamaron más la atención, con respecto al capítulo 1, *Mil y un desfalcos cometidos en los entes económicos*.
4. En orden de importancia relativa y materialidad, clasifique los principales métodos de desfalcos descritos en el capítulo 3.
5. ¿Está usted de acuerdo con las principales señales de peligro descritas frente al fraude?
6. ¿Algunas de ellas las ha observado? ¿En su empresa pueden estar ocurriendo estos casos? Haga una investigación al respecto.

7.  Los delitos informáticos en las empresas tradicionales pueden preverse y controlarse mediante técnicas más conocidas, ya que la existencia de soportes y logística facilita la detección de estos hechos. ¿Cuál es su opinión frente al fraude en organizaciones virtuales?

8.  Haga un breve comentario sobre el segmento *Nuevos enfoques y procedimientos de la auditoría moderna*.

# CAPÍTULO 5

# EL FRAUDE Y LA ESTAFA EN LOS NEGOCIOS

Miguel Antonio Cano C., CP (Q. E. P. D.)

## 5.1 Reflexiones

El delito más temido por las empresas, en países desarrollados, es el fraude, aún frente a otros crímenes como el terrorismo, el secuestro, el sabotaje y el hurto. Lejos de estar bajo control, este flagelo aparentemente está adquiriendo fuerza, ayudado en gran parte por una mayor complejidad en los negocios, la creciente globalización de los movimientos de fondos, las dificultades implícitas en el trato con diferentes culturas y un mayor uso de tecnologías como el Internet. Todo ello ha llevado a una sensación de mayor riesgo entre los empresarios de los más diversos sectores y países.

Las compañías no se protegen lo suficiente contra el fraude y los defraudadores se les están adelantando a los controles, especialmente en las áreas de sistemas y de compras. De hecho, los fraudes más temidos son los que se hacen a través de computadores y tarjetas de crédito. Después se anotan otras áreas como el robo de efectivo, fraudes en tesorería, fraudes en impuestos, fraudes en seguros y fraudes por negociación directa. Sin embargo, en todos los casos puede prevenirse y puede volver a ocurrir bajo las circunstancias actuales de control.

Un alto porcentaje de fraude cuenta con la participación de empleados de las empresas en donde ocurre el hecho.

## 5.1.1 Actitud reactiva frente al fraude

La actitud de la gerencia frente al fraude suele ser reactiva. Más de la mitad de los fraudes en las empresas son descubiertos por coincidencia, ya sea por información obtenida por medios externos, accidentes o cambios en la administración, entre otros factores.

### 5.1.1.1 Falta de conocimiento del negocio

Por lo general, las directivas tienen un conocimiento menos que bueno de las operaciones en los negocios principales y, en menor grado, de sus operaciones en otros países. Así mismo, se observa cierta falta de coordinación en lo que se refiere al manejo de la información entre las subsidiarias y la casa matriz.

Los directivos tienden a delegar la responsabilidad de implementar controles para prevenir grandes fraudes. La mayoría piensa que los auditores deben poder detectar los fraudes sustanciales como parte de sus auditorías normales, a la vez que no están dispuestos a pagar más por pasarle la responsabilidad a sus auditores.

Lo anterior sugiere que la gerencia debe asumir plenamente la responsabilidad o admitir que en el momento se le delega a la gente equivocada.

### 5.1.1.2 Los controles no siempre sirven

Se piensa que los altos directivos pueden sobrepasar los controles. Un alto directivo o gerente que busque realizar un gran fraude puede sobrepasar los controles internos establecidos.

Una mínima parte de las empresas que han tenido casos de fraude los han denunciado. En lo que respecta a las empresas que no denuncian los fraudes, los costos, el temor a que el caso afecte su imagen y la incertidumbre con respecto a los resultados son las principales razones para no hacerlo.

### 5.1.1.3 La acción de las autoridades frente al fraude

La gran mayoría considera que las cortes (el sistema judicial) no entienden la complejidad de los principales casos de fraude y, por lo tanto, no fallan de manera satisfactoria.

## 5.1.2 Estrategias efectivas contra el fraude

A continuación, se presentan estrategias que, por su efectividad, han venido ganando importancia en la lucha contra el fraude:

- La capacitación de los empleados es imperativa, especialmente en lo que se refiere al manejo de sistemas, ya que una deficiencia en esta área puede ser desastrosa.

- La delación de los empleados de la misma compañía o la información anónima, ello ha llevado a la creación de líneas telefónicas (*hot-lines*) u oficiales de la compañía, que operan fuera del negocio.

- El intercambio de información entre compañías ya sea por sector o por ubicación geográfica. Se debe obrar con cautela, puesto que, si se discute abiertamente, puede implicar acciones contra la empresa por difamación.

- El diseño e implementación de políticas claras de prevención, detección e información de casos dentro de la misma compañía. Muchos fraudes se podrían evitar con la planeación y los sistemas de control adecuados.

- Establecimiento de leyes sencillas contra el fraude, pues los abogados defensores tienden a complicar los casos en las cortes.

- Ayudarle a la gerencia a minimizar la ocurrencia del fraude mediante el establecimiento y mantenimiento de controles internos efectivos.

- Trabajar con la gerencia para desarrollar y cumplir los procedimientos de detección de fraude.

- Ayudarle a la gerencia en la concientización de los empleados de la compañía sobre las características del fraude y los pasos a seguir para informar sobre un posible fraude.

- Investigar los indicios de un posible fraude o de actividades potencialmente fraudulentas identificadas por medio de auditorías internas, sin importar si tales fraudes están dirigidos hacia la compañía o hacia sus clientes.

- Instituir procedimientos previos de investigación del fraude.

- Administrar el plan de prevención del fraude en la compañía de conformidad con los requisitos reglamentarios.

## 5.1.3 El fraude en la actividad bancaria

El fraude ha aumentado de una manera fenomenal durante los últimos años, especialmente en lo que se refiere a fraudes internos y al crimen organizado. Aunque nunca vamos a lograr un universo perfecto en donde no exista el fraude, sí es claro que cada vez que somos víctimas de este crimen, no es porque los *malos de la película* son muy inteligentes, sino porque les hemos dado oportunidades fantásticas para lograr su cometido.

De ahí la importancia de que la detección del fraude deje de ser una actividad reactiva y pase a ser un elemento de la gestión, planeación y estrategia gerencial del empresario moderno.

### 5.1.3.1 ¿Quién paga las consecuencias de un fraude?

Cuando un fraude o una serie de fraudes suceden en un sector, todos se ven afectados:

- Los directivos en muchas formas, empezando por su reputación y por la pérdida de confianza por parte de los accionistas y de sus mismos colegas.

- Los empleados, quienes se ven afectados por la desmoralización que un fraude genera en un grupo de trabajo.

- Los accionistas, por el efecto de un fraude en los resultados financieros, en el valor de la empresa y en la imagen de esta en el mercado.

- Los auditores, quienes muchas veces no han podido o no han sabido reconocer los indicios de fraude.

- Las compañías aseguradoras por las indemnizaciones que pagan.

- Todos nosotros en tanto miembros de la sociedad.

### 5.1.3.2 Evolución del fraude

Aproximadamente el 27 % de los fraudes se cometen hoy en día contra bancos, el 29 % contra individuos y el resto contra empresas (21 %), gobiernos (19 %) y otros.

De otra parte, solo un 10 % de los casos son reportados a las autoridades, ya sea porque la empresa no sabe cómo reaccionar ante el fraude o bien porque quiere evitar exponer un fraude erróneamente ante la opinión pública.

## 5.1.4 Tendencias actuales

Conviene analizar las tendencias que han favorecido el desarrollo del fraude.

- Mayor presencia del crimen organizado: pequeñas mafias, de dos o tres individuos, cuya actividad empresarial es dedicarse a encontrar objetivos fáciles. En efecto, el crimen organizado podría ser responsable de la gran mayoría de los fraudes externos, sin embargo, no hay que olvidar que estos solo pueden ser exitosos con la participación interna de un empleado corrupto.

- Mayor corrupción de empleados: al empleado que, por una serie de razones éticas y morales, decide que es más fácil ganar dinero de otra forma, ya sea en colaboración con el crimen organizado o por su propia iniciativa.

- La aparición del *tecnofaucrata*: aquella gente bien preparada, muy conocedora de los negocios y de los mercados, que considera que lo importante es ganar dinero a costa de lo que sea.

- Desarrollo de técnicas más asequibles de falsificación: la tecnología ha permitido lograr verdaderas maravillas que no tienen aquel aspecto artesanal de antaño: acciones, bonos, formularios y billetes falsificados perfectamente.

- Más oportunidades de fraude por errores operativos: la necesidad de crecer y de ganar nuevos mercados ha llevado a algunas empresas a reducir erróneamente los gastos. Lanzan nuevos productos sin tener buenos procedimientos operativos ni contar con una buena formación para los empleados que van a vender, administrar y procesar esos productos.

- Fraudes multijurisdiccionales: esta tendencia se viene observando, sobre todo, en los grandes fraudes en los que aparecen las susodichas mafias. Esto ocurre cuando un fraude se realiza en un país A y los fondos son transferidos a un país B. Frente a esta situación, se deben emprender y coordinar acciones legales en los dos países, lo que es difícil debido a que, a veces, hay diferencias en el tratamiento y en la penalización de las actividades ilícitas.

- Defraudadores dispuestos a presentar batalla legal: la inefectividad en la acción legal por parte nuestra hace que el defraudador se salga con la suya. Incluso, a veces el defraudador se va contra la empresa, alegando daños y perjuicios.

- Mayor velocidad en el movimiento de fondos: hoy en día, un empleado solo necesita cinco minutos para cometer un fraude.

¡Buenas noticias! Conviene resaltar que, en la lucha contra el fraude, también hay nuevas tendencias, estas son:

- El gran éxito en la lucha contra el fraude de tarjetas de crédito: el desarrollo tecnológico ha llevado a unas reducciones increíbles en el fraude de tarjetas. Aun así, hay una gran articulación en el crimen organizado en tarjetas, manejada por gente de una capacidad y agresividad notables.

- Nuevas leyes y nueva legislación antifraude: esto incluye lo relacionado con el lavado de activos y tipificación del fraude electrónico.

- Mayor cooperación entre instituciones: muchas organizaciones utilizan *networking*, es decir, crean bases de datos comunes y equipos de trabajo, sacan estadísticas y realizan estudios pormenorizados de mercados, para analizar y entender mejor las tendencias y detectar aquellos sectores y ramos en donde prevalece más el fraude.

Sin embargo, hay noticias susceptibles de mejoría en la lucha contra el fraude. Estas son:

- Los defraudadores se han sofisticado más.

- El fraude aparece como un negocio fácil y barato, y como una buena inversión.

- Los empleados son cada día más corruptos.

- Se ha dado la profesionalización del fraude.

- Los valores están en desorden.

### 5.1.4.1 Los delitos financieros

Los delitos financieros, incluyendo el lavado de dinero y el financiamiento al terrorismo, fraude, corrupción y cibercrimen, son una constante amenaza para las empresas. En México, 67 % de las empresas consideran que los controles implementados actualmente para mitigar los riesgos de los delitos financieros que pudieran presentarse son inadecuados o necesitan reajustarse, y únicamente 33 % considera que son adecuados. Por otro lado, el costo promedio del fraude alcanza 1,400,000 pesos por evento; no obstante, 8% de las empresas no pueden cuantificar la pérdida. Además, 72 % considera que la corrupción en nuestro país representa costos para su negocio; 90 % estima que el daño se encuentra entre 5 % y 35 % de las utilidades netas, y 7 % considera que los costos ascienden a 50 % o más de dichas utilidades, de acuerdo con el estudio *El impacto de los delitos financieros. Prevención, detección y respuesta* [...]

Shelley M. Hayes, Socia Líder de Forensic de KPMG en México y Centroamérica, comenta: "En los últimos años, hemos observado avances en los esquemas de prevención y control de los delitos financieros; sin embargo, aún falta que las compañías maximicen sus esfuerzos para crear un sistema integral y eficiente que contemple prevención, detección y respuesta oportuna. Hay tareas pendientes en cuanto a la evaluación de los sistemas y políticas existentes, así como la inversión requerida y el uso de tecnologías para combatir los crímenes financieros".

[...]

### El impacto de la corrupción

La corrupción sigue creciendo y dispersándose a nivel global, a pesar de las medidas que se han implementado a nivel mundial y local para luchar contra ella. En ese aspecto, un poco más de la mitad las empresas mexicanas (53 %) afirman contar con un programa de integridad empresarial (política anticorrupción). Entre los elementos que componen estos programas están tener manuales en los que se delimitan las funciones y responsabilidades y se especifican claramente las cadenas de mando (79 %); un código de conducta debidamente publicado (77 %), y una política anticorrupción (62 %). (KPMG, 2020)

El gobierno de los Estados Unidos (USA.gov en español, 2021) identifica los siguientes delitos comunes antes y después de la COVID-19:

- Aumento de precios.
- Reporte a estafadores que dicen ser de la oficina de impuestos.
- Estafas telefónicas.
- Robo de identidad tributaria y no tributaria.
- Estafas bancarias.
- Fraude de afinidades.
- Estafas de Esquemas piramidales.

- Estafas de obras de caridad.
- Estafas de trámites migratorios.
- Estafas de subvenciones del gobierno.
- Estafas de Lotería y Sorteos.
- Fraudes y estafas relacionados con covid-19.

Fraudes y estafas relacionados con covid-19

[…]Las amenazas más comunes incluyen:

- Sitios de internet relacionados con covid-19 que contienen *malware*
- Correos de *phishing* disfrazados con actualizaciones de covid-19, mediante los cuales los criminales roban las credenciales de los empleados y obtienen acceso a los sistemas de la organización
- Ataques de *ramsonware*, por medio de los cuales los delincuentes comprometen la seguridad de los servidores críticos y las terminales conectadas para luego exigir un rescate, frecuentemente en criptomonedas
- Otras estafas mediante aplicaciones móviles. (kpmg, 2021)

Según usa.gov, en español (2021),

Durante el brote de coronavirus (covid-19), los estafadores pueden tratar de aprovecharse de usted con amenazas para asustarlo y difundiendo información falsa. Es posible que lo contacten por teléfono, correo electrónico, mensajes de texto, correo postal o redes sociales. Proteja su dinero y su identidad al no compartir información personal como el número de su cuenta de banco, número de Seguro Social o fecha de nacimiento. Aprenda a reconocer y denunciar las estafas de vacunas de covid-19 y otros tipos de estafas relacionadas con el coronavirus.

Aunque los estafadores cambian sus métodos con frecuencia, las estafas actuales de coronavirus incluyen:

- Estafas de robo de identidad cuando las personas publican una foto de su tarjeta de vacunación en las redes sociales: no publique una foto de su tarjeta de vacunación en línea. Los estafadores pueden ver y robar su nombre, fecha de nacimiento y otro tipo de información personal.
- Estafas relacionadas con vacunas, pruebas y tratamientos: no confíe en ofertas para tener acceso anticipado para las vacunas autorizadas. Los estafadores también se dirigen a los beneficiarios de Medicare (en inglés) para ofrecerles pruebas que supuestamente detectan el covid-19. En realidad lo hacen para intentar robar su información personal.
- Cheques del Gobierno: alguien que asegura que trabaja en el Gobierno le pide su información personal o intenta cobrarle cuotas falsas para obtener su cheque de estímulo. También pueden ofrecerle una manera de obtener el dinero más rápido.

- Estafas de obras de caridad: las organizaciones caritativas falsas aparecen durante los desastres. Los estafadores también pueden afirmar que provienen de organizaciones benéficas reales. Aprenda cómo proteger su dinero.

- Estafa del abuelo y de miembros de las Fuerzas Armadas: un estafador finge ser un nieto o un miembro del [sic] las Fuerzas Armadas que está enfermo o en problemas debido al coronavirus. Le piden que envíe dinero para pagar gastos médicos o de viaje falsos.

- FDIC y bancos (en inglés): los estafadores simulan llamar desde la Corporación Federal de Seguro de Depósitos (FDIC) o desde su banco y dicen que usted podría dejar de tener acceso a su cuenta bancaria o retirar efectivo. La intención de esas personas es obtener su información personal.

- Estafa de asistencia para gastos fúnebres COVID-19: los estafadores se hacen pasar trabajadores del Programa de asistencia para pagar gastos fúnebres de FEMA y llaman para ofrecer la inscripción en el programa a los familiares de las personas que han fallecido a causa de la COVID-19. De este modo, los estafadores roban los números del Seguro Social y otra información personal de los familiares.

### 5.1.5 Conclusión

Para analizar la situación actual del fraude conviene discutir, necesariamente, sobre una serie de factores que lo facilitan, estos son:

- Debilitamiento de valores éticos tradicionales: el fin justifica los medios.
- Una legislación desfasada: a veces nos encontramos con autoridades judiciales que desconocen el ambiente financiero y bancario.
- Falta de cultura de prevención: otros aspectos de la situación actual incluyen a empresas desprotegidas contra el fraude y una cultura de prevención inexistente.
- Productos y procesos más complejos: acompañados por una falta de formación y de conocimiento de la dinámica de ese producto y del proceso.
- Desarrollo del Ciberespacio: negocios fabulosos e interesantísimos que aparecen en Internet. Esto se ha constituido en una fuente tremenda de fraude, por las dificultades de dar con los responsables.
- Oportunidad de un desastre sanitario o ambiental.

## 5.2 Modalidades de fraude

- Panorama general del fraude contable.
- Administración del riesgo en las organizaciones financieras.
- Fraude en el sector bancario.

- Fraude en las organizaciones empresariales.
- Evasión y elusión de impuestos como fraude.
- Modalidades de fraude con tarjeta de crédito.

## 5.2.1 Panorama penal del delito

Con la existencia de diversos obstáculos jurídicos, la etéreo del delito y la multiplicidad de propósitos colectivos, quienes aplican justicia son víctimas de la desinformación del aparato legislativo.

La gravedad del asunto toma sus verdaderas magnitudes cuando se conoce la existencia de funcionarios judiciales que traicionan la confianza del Estado. Estrictamente, la inexistencia de una política anticriminal clara, penas reales, apoyo logístico, participación en el diseño de reformas y compromisos de la sociedad hacen aún más difícil la lucha para combatir este delito.

Las normas jurídicas requieren agilización, flexibilización y precisión. El poder judicial debe emitir conceptos previos a la expedición de normas para evitar los excesos que confunden los procedimientos empleados en los casos judiciales. Es imperioso promulgar una coherencia ideológica para legislar, frente a la integración de entidades de control, en pro de una lucha contra este flagelo.

En el delito económico y financiero, la tipificación es de carácter residual o subsidiario, razón por la cual esencialmente procede la prueba indiciaria. En los demás delitos contra la administración pública, procede la plena prueba. Esto quiere decir que la duda racional se impone en los sistemas de apreciación de delitos de carácter contingente, entendiéndose como tales aquellos hechos indicadores aún no comprobados, que indicarían nuevos hechos.

Una vez se comprueben los hechos indicadores, la premisa que prueba la acción conduce necesariamente a un resultado que se conoce como *hecho indicado*. El conjunto de los hechos indicados, que guarden unidad, convergencia, gravedad y conexidad, será la prueba indiciaria que hará parte de la valoración jurídica de la investigación.

Esta valoración jurídica comprende la valoración de las pruebas, el análisis sustantivo y procesal y el análisis jurídico aplicado al estudio inferencial del caso (juicios y razonamientos).

**Tabla 41. Normatividad internacional y tipificación de los delitos y el fraude**

| Marco general de delitos tipificados en los códigos penales | |
|---|---|
| Testaferrato.<br>Lavado de dinero y activos.<br>Enriquecimiento ilícito.<br>Contrabando.<br>Receptación.<br>Encubrimiento.<br>Complicidad.<br>Competencia desleal.<br>Dumping.<br>Usura.<br>Evasión de impuestos.<br>Absorción.<br>Desviación de crédito.<br>Captación masiva indebida.<br>Reserva bancaria. | Prevaricato.<br>Peculado.<br>Cohecho.<br>Concusión.<br>Colusión.<br>Contratación indebida.<br>Tráfico de influencias.<br>Abuso de autoridad.<br>Abuso de confianza.<br>Usurpación.<br>Hurto.<br>Estafa.<br>Extorsión.<br>Chantaje. |
| **Clasificación del delito** | |
| Contra la fe y la administración pública. | |
| Contra el patrimonio natural y económico. | |
| El delito informático. | |

Fuente: elaboración propia.

## 5.2.2 Panorama general del fraude contable

**Tabla 42. Presentación de irregularidades**

| Cómo se presentan las irregularidades | | |
|---|---|---|
| Disimuladas | | Al descubierto |
| **Manipulación de registros** | **Manipulación de documentos** | |
| Omisión de asientos. | Destrucción de documentos. | |
| Sumas y asientos falsos. | Preparación de documentos. | |
| Pases y otros procedimientos de teneduría. | Alteración de documentos legítimos. | |

Fuente: elaboración propia.

### 5.2.2.1 Delitos por fraude contable o financiero

- Activos
- Pasivos
- Patrimonio
- Ingresos

- Egresos
- Cuentas de orden

Algunas modalidades de fraude en las organizaciones empresariales son:

- Manejo circulante:
  - ¤ Caja menor y adulteración de transacciones.
  - ¤ Recibos provisionales.
  - ¤ Dobles reembolsos.
  - ¤ Apropiación indebida de dinero sin registro.
  - ¤ Jineteo de efectivo o cheques.
  - ¤ Sustitución de dinero por cheque o tarjeta.
  - ¤ Consignaciones adulteradas.
  - ¤ Destrucción de facturas y comprobantes.
  - ¤ Autopréstamos.
  - ¤ Clonación de recibido en operaciones de efectivo.
  - ¤ Complicidad en atracos.
- Ingenierías contables:
  - ¤ Incremento de gastos de viaje y representación.
  - ¤ Falta de legalización de anticipos.
  - ¤ Creación de activos o pasivos ficticios.
  - ¤ Compras inexistentes.
  - ¤ Pagos dobles a proveedores.
  - ¤ Cargos indebidos a clientes.
  - ¤ Falta de oportunidad en las conciliaciones.
- Manejo indebido de los activos:
  - ¤ Uso indebido de líneas telefónicas.
  - ¤ Uso indebido de computadores.
  - ¤ Riesgos por programas no protegidos.
  - ¤ Actividades prohibidas en las instalaciones.
- Uso indebido de claves de acceso:
  - ¤ Claves compartidas en horas no hábiles.
  - ¤ Protección de claves en las mismas instalaciones.
  - ¤ Claves permanentes sin cambios oportunos.

- Manejo de títulos, facturas o documentos negociables:
  - ¤ Omisión de control consecutivo.
  - ¤ Documentos gemelos o alternos.
- Evasión y elusión de impuestos:
  - ¤ Definición.
  - ¤ Modalidades contables.
  - ¤ Violación del Manual Contable
  - ¤ El contrabando.
  - ¤ Controles de la Administración de Impuestos Nacionales.
  - ¤ Sanciones penales.
  - ¤ Sanciones civiles y códigos de ética.
  - ¤ Estrategias internacionales
  - ¤ Responsabilidades de los contadores, abogados y ejecutivos de la administración.

### 5.2.3 Modalidades de fraude bancario

- Robar o sustraer valores. Este tipo de fraude suele ser demasiado complicado por la serie de controles físicos que se deben pasar. Sin embargo, aún existe.
- Falsificar cheques. Esta sigue siendo la principal fuente de fraude en el sector bancario, en gran parte por la excelente calidad de las falsificaciones.
- Manejo de transferencias. Las empresas demandan un movimiento rápido y efectivo de sus fondos, cuyo monto de transacciones alcanza volúmenes enormes. Los bancos tienen que responder a ese reto con un servicio más rápido y ágil. Para evitar fraudes, es necesario establecer una serie de controles bastante efectivos. Por ejemplo, cada vez que un cliente pide una transferencia por teléfono, por fax o por carta, siempre hay una persona independiente dentro del banco que llama al origen y pide que certifique los datos de esa operación.
- Falsificar facturas de proveedores. Esta modalidad se da en coalición con otro empleado. Hay un dicho que reza: "En cuanto dos empleados se pongan de acuerdo, se pueden robar el banco". Por ello, siempre debe haber un tercero verificando independientemente las actividades o transacciones que pudieran resultar en un fraude.
- Interceptar o modificar instrucciones electrónicas de pago. Personas muy preparadas interceptan una serie de transferencias de varias compañías, lo cual genera una pérdida bastante importante.
- Recibir depósitos de clientes y no contabilizarlos. Cuando un empleado desarrolla una relación muy estrecha y directa con sus clientes, a veces se

genera una confianza corroída que lleva a que el cliente, por mala cultura financiera, entregue fondos sin pedir a cambio recibos ni preocuparse por recibir el extracto con la frecuencia y la forma debida.

- Conseguir que un banco emita una carta de garantía (*Prime Bank Instrument*). Este negocio tuvo un auge fantástico a principios de los 90, cuando muchos empleados e instituciones, por falta de conocimiento, llegaron a emitir este tipo de instrumentos. Afortunadamente hoy en día se sabe cómo funcionan y qué tipo de instrumentos existen, aun así, se sigue emitiendo y continúan en circulación.

Otras modalidades que también son importantes fuentes de fraude son:

- Conceder préstamos a clientes inexistentes.
- Manipulando la contabilidad.
- Ofrecer garantías.
- Corromper a un empleado del banco.

### 5.2.3.1 ¿Qué controles existen?

Al definir una estrategia para prevenir el fraude, es útil pensar como un defraudador. He aquí algunas de las preguntas que se deben plantear:

- ¿Cuáles son los puntos débiles del proceso del que soy responsable?
- ¿Cuánto tiempo tardaría mi organización en descubrir un fraude?
- ¿Cómo puedo destruir las pruebas?
- ¿Cómo puedo engañar a los auditores?

Hay otros elementos que se deben evaluar y tener en cuenta para cualquier programa de prevención del fraude, tales como:

- En mi negocio, ¿cómo se aprueban y controlan las excepciones? Vale recordar que una excepción es una transacción inusual que no cumple con los requisitos ni con los procedimientos establecidos y, por ende, puede ser indicativo del origen o de la intención de un fraude.
- ¿Cómo se controlan las cuentas por correo retenido y extractos devueltos? En casi todos los fraudes, este elemento aparece siempre como una falla dentro de todo el proceso.
- ¿Qué controles físicos existen sobre efectivo, valores y garantías?
- ¿Qué controles hay sobre cuentas inactivas? La cuenta inactiva es el refugio y la forma más eficaz para ocultar una salida de fondos o para encubrir una actividad cuestionable.
- ¿Qué procedimientos existen para abrir nuevas cuentas y documentar transacciones? El concepto *Know your customer* (conozca a su cliente) se utiliza

no solamente para combatir el fraude, sino también para asegurarnos de que estamos cumpliendo con las regulaciones locales y de que no favoréceme actividades ilícitas, como el lavado de dinero.

- ¿Qué controles físicos hay sobre los formularios numerados? Controlamos bien todos esos papeles que, una vez que llevan un encabezamiento de la empresa y una firma, pueden convertirse en algo de mucho valor y representar una responsabilidad financiera para la empresa.

### 5.2.3.2 ¿Cómo identificar las señales de alerta?

Estas son señales de alerta que se deben buscar en cualquier organización o negocio:

- No existe una separación de funciones en los procesos.
- Un solo individuo es una transacción.
- Tenemos que ser productivos, eliminemos los controles innecesarios.
- Liderazgo por miedo.
- Empleados sin vacaciones.
- Conflictos de interés.
- Compartir *passwords*.

Estas son algunas de las muchas bombas de tiempo que conducirán a que ocurra un fraude y a tener problemas. Estos elementos deberían ser la base para establecer un plan estratégico de prevención de fraudes.

Vale la pena recordar la siguiente frase: "Si un negocio parece demasiado bueno para ser verdad, probablemente lo es". El ilusionismo solo debe formar parte de los espectáculos de magia. Nunca puede ser la base para hacer negocios en una actividad.

## 5.2.4 Conclusión

1. Establecer códigos de conducta y estándares éticos claros para toda la empresa. Esto debe ser efectuado en todo nivel, desde la alta gerencia hasta el nivel operativo.

2. Establecer un canal confidencial de denuncias. Un comité de personas independientes, a nivel gerencial, recibe cualquier denuncia o sospecha de que existe un fraude y una recompensa a aquellos empleados que ayudan a detectar problemas en una forma rápida. Este es un instrumento muy rápido y eficaz en la detección del fraude.

3. Establecer controles antifraude en todos los niveles y verificar periódicamente su funcionamiento. Para lograrlo, se debe identificar los procesos, canales de venta y productos expuestos al fraude y establecer, a nivel de unidad o de departamento, una evaluación periódica.

4. Compartir experiencias con otras instituciones y aprender de las experiencias negativas. No se debe actuar como elementos aislados y ocultar los problemas, ya que el intercambio de información es fundamental para la prevención y la lucha contra el fraude.

5. Enfrentar a los defraudadores es una medida difícil de adoptar y de poner en práctica, ya que entablar acciones legales siempre es muy penoso y costoso. El mundo criminal dedicado al fraude sabe qué instituciones puede atacar y cuáles no, bien porque le va a costar tiempo y dinero generar un fraude, o bien porque esa institución tiene el conocimiento y las armas legales para irse contra ellos.

6. Fomentar el escepticismo como actitud dentro de nuestros empleados, pues los empleados deben estar alerta. Cada vez que encuentren una propuesta de un negocio o una transacción que no entiendan, no la deben aceptar ni procesar. De esta forma, no entran en relaciones peligrosas con terceros, incluso con sus propios compañeros.

Además, hay una regla fundamental: Conozca a sus empleados y conozca su empresa. Esto significa conocer a sus empleados desde el punto de vista de todo el proceso, a saber:

- ¿A quién contratamos?
- Pueden ser técnicamente muy buenos, pero ¿conocemos realmente cuál en su catadura moral?
- ¿Qué hábitos de vida tienen?
- ¿Cómo se van a relacionar con los compañeros de trabajo?

### 5.2.4.1 Perfil de un defraudador

Un empleado que está metido en un fraude, en la gran mayoría de los casos, siempre incurre en este tipo de actitudes:

- Concentración de funciones.
- Imprescindibilidad.
- Disponibilidad en la resolución de problemas.
- Nunca toma vacaciones.
- Inestabilidad financiera.
- Cambios en los hábitos de consumo y nivel de vida.

### 5.2.4.2 Actitud ante el fraude

- Recuperar el dinero.
- Entablar acciones legales.
- Reforzar procesos.

Si al descubrir un fraude se cumple con solo una de ellas y se deja cualquiera de las otras dos abiertas, no se combate efectivamente el fraude. Es necesario enfrentar a los defraudadores.

Por último, cada vez que seamos víctimas de un fraude, es necesario pasar por el ejercicio duro de volver a revisar dónde se ha fallado y qué se puede hacer para evitar que esto vuelva a ocurrir.

## 5.3 Fraude en los seguros

La mayoría de la gente pensaría que el fraude involucra reclamaciones engañosas, perpetradas en contra de un asegurador. Aunque esta respuesta intuitiva es correcta, es incompleta. El fraude en el seguro incluye, pero no se limita, al fraude en las reclamaciones. También afecta a una amplia gama de víctimas, incluyendo los asegurados, posibles clientes, los empleados y la misma compañía de seguros.

### 5.3.1 El costo real del fraude

Nadie conoce el costo real del fraude en el seguro. Según *Insurance Fraud: The Quiet Catastrophe* (Fraude en los Seguros: la Catástrofe Silenciosa), de Conning & Co. (1996), se estima que los aseguradores pierden, aproximadamente, US$120 mil millones anualmente solo en reclamaciones fraudulentas: US$95 mil millones en reclamaciones fraudulentas de salud, US$20 mil millones en reclamaciones de daños y US$5 mil millones en reclamaciones de incapacidad y de vida.

Pese a que estas cifras son impresionantes, se debe tener en cuenta que las compañías de seguros hacen bastante más que cobrar primas y pagar siniestros. Los aseguradores invierten billones de dólares en títulos y otros rubros, millones de dólares en la adquisición de activos fijos y miles de millones de dólares en bienes raíces propios. También gastan millones en los servicios de vendedores, agencias y asesores profesionales, y, además, mantienen cantidades masivas de información sobre operaciones de compañías de seguros, productos y clientes. La lista sigue y sigue. La industria de seguros está expuesta al riesgo del fraude en cada una de estas áreas.

### 5.3.2 Tipos de fraude

Las causas del fraude, en general, se clasifican en dos categorías: el fraude interno y el externo. Los fraudes internos son aquellos perpetrados contra una compañía o sus asegurados por agentes, administradores u otros empleados. Los planes externos del fraude, por otra parte, se dirigen contra las compañías y son realizados por individuos o entidades, tan diversos como médicos, asegurados, beneficiarios, vendedores de seguros y criminales de carrera.

El fraude interno frecuentemente involucra el hurto de información privilegiada u otra propiedad de la compañía, relaciones inadecuadas con vendedores o asesores que llevan a conflictos de intereses, la desviación de fondos de los asegurados o de la compañía por los mismos empleados, el uso de información confidencial o la tergiversación intencional por agentes a posibles clientes sobre las características o cobertura de los productos de compañía.

El fraude externo involucra esquemas tales como reclamaciones fraudulentas de vida, automóvil, salud o incapacidad, el uso de productos de seguros con ventajas tributarias para ocultar los orígenes de fondos ilícitos al igual que la negociación de cheques falsificados.

### 5.3.3 Una estrategia tripartita contra el fraude

Las compañías necesitan definir el fraude en el seguro tan ampliamente como sea posible con el fin de comprender no solo reclamaciones fraudulentas y testimonios falsos en las aplicaciones de seguro, sino también el hurto y la malversación de los activos de los asegurados o de la compañía. La aseguradora debería clarificar, tanto por escrito como por sus acciones, que considera cualquier actividad fraudulenta como ilegal y prohibida, al igual que toma seriamente su responsabilidad legal y ética de combatir el fraude.

De hecho, la responsabilidad de combatir el fraude debería recaer claramente en la gerencia de la compañía, así como también en el cargo y hoja de vida del empleado. Se sugiere el establecimiento de las siguientes responsabilidades:

1. Centralizar los sistemas de control en la gerencia:

   Como fue recomendado en el informe *Internal Control Integrated Framework* (Marco Interno con Control Integrado, 1992) de la Comisión de Organizaciones Patrocinadoras - COSO del Treadway Comission[77], la gerencia debe tener el manejo del sistema de controles internos de la organización. Esto incluye fijar los valores de una organización en relación con la ética y la honradez, así como también establecer procedimientos y políticas específicas para asegurar la eficiencia y eficacia de operaciones, la confiabilidad de informes financieros y, finalmente, el cumplimiento de leyes, reglamentos y políticas de la compañía. Por consiguiente, en el área de prevención y detección del fraude, la gerencia deberá:

   a. Identificar las áreas de exposición al fraude y los indicios relacionados con este.

---

77   Traducido al español por Samuel Alberto Mantilla (2005).

b.　Desarrollar y mantener procedimientos y pólizas de control específicamente diseñados para combatir el fraude.

Por otro lado, los principios del coso especifican que la estructura interna de control debería incluir los siguientes elementos:

a.　Una declaración clara sobre la filosofía de la organización en lo que se refiere a la ética y honradez, incluyendo las sanciones posibles por violar dicha filosofía.

b.　Procedimientos detallados para:

    i.　La autorización y aprobación de negocios claves.

    ii.　La alimentación constante de bases de datos y negocios claves.

    iii.　La separación de las funciones clave.

    iv.　La asignación de responsabilidades para la verificación continua de actividades críticas, incluyendo el uso de herramientas sofisticadas de verificación electrónica.

    v.　La capacitación de empleados para que comprendan su papel y responsabilidades, así como para reconocer los indicios de un posible fraude.

Según los requisitos de los estatutos relacionados con el fraude en varios estados, la gerencia debería notificar, lo antes posible, toda sospecha de fraude a la organización de control del fraude interno de la compañía.

2.　Capacitar a los empleados sobre el fraude:

Si de hecho están ocurriendo actividades fraudulentas, un empleado frecuentemente estará en la mejor posición de detectar a tiempo un posible problema. Por ejemplo, un cambio súbito en los hábitos de vida de un compañero de trabajo, los problemas personales, familiares, financieros o de salud; o bien el descubrimiento de un negocio conexo de propiedad de un compañero de la oficina o de un pariente puede ser indicador de actividades fraudulentas.

Como se mencionó anteriormente, los empleados deberían capacitarse para reconocer los indicios del fraude; además, se les debe informar que parte de su responsabilidad consiste en mantenerse alerta sobre tales indicios en las áreas de operación de la compañía con la que ellos entran en contacto. Si se sospecha o se identifican actividades fraudulentas, los empleados deben tener instrucciones para informarlo, ya sea a su superior inmediato o directamente a la organización de control del fraude.

### 5.3.4 Lavado de activos en compañías aseguradoras

El lavado de activo en el sector asegurador puede ocurrir en los siguientes escenarios:

- Bien a través de la constitución de aseguradoras sin controles administrativos apropiados, en aquellos países en donde es posible o bien a través de la inversión en pólizas de seguro sobre bienes y la posterior simulación de siniestros para cobrar los valores correspondientes.

- En sectores económicos en recesión, se facilita lavar dinero mediante la compra de acciones en entidades que tienen prestigio y trayectoria moral para ganar dominio administrativo, lo cual facilita flexibilizar u omitir controles.

El problema de lavado de activos en los seguros involucra altos componentes de ahorro o inversión. Los seguros se utilizan cada día más como un medio para lavar dineros procedentes de todo tipo de actividades ilícitas, incluidos el tráfico de drogas, trata de blancas o explotación sexual y los atracos, entre otros. Una larga cadena de múltiples operaciones financieras permite poco a poco disimular el origen de los fondos, especialmente en países donde la reglamentación al respecto es laxa o ambigua. Es, sin duda alguna, el riesgo más alto que tendrán que enfrentar los aseguradores en los próximos años.

Hay varios mecanismos que se utilizan para tal efecto:

- La suscripción de un contrato de prima única muy cuantiosa, por poco tiempo, con pago en efectivo o con cheque bancario. Si no hay controles estrictos con respecto a la identidad del cliente o el origen de los fondos (especialmente al nivel de los intermediarios), es muy posible que la operación pase desapercibida. El asegurado cambiará de opinión al poco tiempo y pedirá reembolso. Aún si hay una sanción de por medio por la cancelación indebida del contrato, esta operación repetida una y otra vez por diferentes asegurados logrará lavar una cuantía considerable de dinero.

  Una estrategia sencilla y muy efectiva contra esta modalidad de fraude es que la compañía de seguros, en vez de girar un cheque, haga un reembolso en efectivo. Esto le pone fin a esta práctica, pero, aun así, hay muchas compañías que no actúan de esta manera.

- La suscripción de un contrato con primas periódicas se presta para que otra persona entre a remplazar al asegurado si hay problemas de pago.

- También existe otra práctica inmoral, pero de todas formas legal, en países como EE. UU., donde hay personas que compran la póliza de seguro de vida a un asegurado moribundo, invitándolo a disfrutar del dinero del seguro mientras aún vive.

### 5.3.4.1 Modalidades en el lavado de activos y en los delitos de cuello blanco

Las modalidades más comunes en el lavado de activos y en los delitos de cuello blanco son:

- Constitución de empresas ficticias.
- Adquisición de documentos negociables.
- Contrabando y cambio de divisas.
- Contrabando de bienes y efectivo.
- Compra de acciones y títulos negociables.
- Sobrefacturación y subfacturación.
- Utilización de loterías.
- Sistemas bancarios clandestinos.
- Compra y venta de bienes lujosos.
- Utilización de finca raíz.
- Comercio de servicios.
- Inversión en compañías aseguradoras.
- Otros.

## 5.4 Modalidades de fraude con tarjetas de crédito

Los delitos financieros, que generalmente se incrementan en las épocas de vacaciones, tienen varias modalidades, las cuales se explican a continuación y que es necesario analizar, especialmente con la utilización de tarjetas de crédito.

- Aumento fraudulento de cupos: se aumentan los cupos de tarjetas de crédito para luego retirar efectivo en cajeros o compras. Posteriormente se vuelven a modificar los cupos a su valor inicial, como operaciones ficticias que afectan directamente a la empresa, pues aparentemente entra, pero no existen en las arcas de la entidad.

  Esta modalidad se ha preferido en los últimos meses, pues debe haber una persona dentro de la entidad para poder hacer la transacción con la cuenta ficticia, quien por esta operación recibe un importante porcentaje de comisión.

  También se crean programas ficticios dentro de un programa de información, desde donde se hacen desvíos de centavos o pesos, o retiros de una cuenta diaria y la desvían a alguna cuenta-objetivo determinada para el ilícito.

  Aunque no se conoce con exactitud el número de casos de ilícitos realizados a través de los sistemas electrónicos, los organismos de investigación han detectado diversos casos que involucran bandas organizadas alrededor del ilícito.

El *modus operandi* de los delincuentes, como se dijo arriba, consiste en aumentar exageradamente el cupo de la tarjeta de crédito, a través de la modificación del registro de la tarjeta en el sistema de cómputo.

Posteriormente se presentan avances en efectivo por cajero automático, hasta terminar por completo la cantidad asignada ilícitamente, para luego entrar nuevamente al sistema en donde realizan los pagos de los avances y bajar el cupo como se encontraba inicialmente.

Los delitos operan gracias a la colaboración de funcionarios, exfuncionarios asociados con tarjetahabientes que prestan sus cuentas para ser colmadas, luego de la transacción del dinero por parte de la entidad.

A partir de esta experiencia las entidades financieras han comenzado a reportar sospechas por fraudes que involucran personal de la misma entidad.

- Clonación de tarjetas: se han creado mecanismos para robar la información contenida en la banda magnética, la cual inmediatamente pasa por el datáfono. Desde el mismo sistema, se sabe el contenido de la banda magnética; luego es quemada en otra banda, o se hace un montaje de prepago para servicio telefónico celular.

  Después, en los lugares de fachada, pasan la tarjeta por montos considerables con un cupo elevado para así copiar la información. Hacen una plaqueta sobre la información de la tarjeta y después el váucher prepago lo pasan varias veces por ese lado, de modo que pareciera que la persona hubiera hecho la transacción.

- Tarjeta caliente: utilizada por los delincuentes antes que el tarjetahabiente mismo llame a la entidad para pedir que la bloqueen por pérdida o robo. Este tipo de fraude es muy común, especialmente en supermercados y oficinas.

- Tarjeta alterada: fraudes cometidos con tarjetas plásticas cuya información se ha modificado total o parcialmente. Los delincuentes toman la tarjeta, construyen una cédula falsa y le cambian el número. Ellos conocen y calculan el dígito de chequeo y demás información, consiguen números válidos de personas influyentes que tienen bastante cupo, cambian el nombre y empiezan a utilizarlas.

- Falsificación integral de la tarjeta: en esta clase de fraude los delincuentes pintan un plástico, se sobrepone la información y crean una tarjeta con datos verdaderos, con una alta probabilidad de que en el comercio la reciban como una tarjeta original.

- Plástico falsificado: algunos delincuentes hacen falsificaciones bastante malas, como hologramas desprendidos, logotipos incompletos, micro textos que no aparecen. Sin embargo, muchas de estas tarjetas pasan en el comercio.

- Comprobantes previamente elaborados: otro nombre de esta modalidad de fraude es *comprobantes falsos* o *lavado de comprobantes*. En ella se imprimen comprobantes con elementos diferentes de la misma tarjeta, se distribuyen en comercios debidamente autorizados y pasan como auténticos. Por desgracia, algunos comerciantes se prestan para realizar la transacción fraudulenta, por ejemplo: el delincuente se presenta con un comprobante falso diligenciado mientras que el comerciante, desde su casa, pide la autorización y acto seguido le da al antisocial el 60 % del dinero.

- Falsificación de la banda magnética: el flagelo del siglo XXI. Se obtiene la información de una tarjeta, se graba y luego la puede leer un datáfono. Nota: las empresas fabricantes de máquinas realzadoras, que son las que graban la banda magnética, únicamente pueden venderlas a entidades y no a personas naturales. Además, el nombre de la entidad compradora queda registrado en un banco de datos.

  Naturalmente, una máquina puede perderse o ser robada en un atraco a una entidad, pero si hay bastante control. Se hacen revisiones por parte de personas del exterior, incluso por el *United States Secret Service*, que tiene como función investigar fraudes financieros.

- Fraudes con telemercadeo: un fraude muy común, el delincuente llama a una de las muchas empresas de telemercadeo y hace el pedido de un artículo con cargo a la tarjeta de crédito. Toda la información que solicitan es verdadera, incluso los sitios de recepción de la mercancía. Este delito se combate haciendo firmar contratos especiales a los comerciantes, en los que se responsabilicen por los fraudes que ocurran en esta modalidad. En los países latinoamericanos se ha disminuido este sistema, las entidades financieras se han preocupado por tener claridad en los contratos con estas empresas, mientras que, en Estados Unidos y Europa, el porcentaje de fraude es bastante alto.

- Uso indebido de la tarjeta: otro fraude muy común, que no sucede solamente en puntos de pago, sino también en cajeros automáticos. Las entidades financieras reciben una infinidad de reclamos en los que el cliente aduce que lo atracaron, que se le perdió la clave, que probablemente el empleado que trabajaba hace seis meses con él le sustrajo las tarjetas y niega las transacciones. Incluso hubo un caso en que la novia del cliente era la que le sustraía la tarjeta para ir a gastar en otro sitio y con un suplente.

  Además, existen prácticas negligentes de los mismos usuarios que imprudentemente escriben el código de acceso, por ejemplo, en la misma tarjeta plástica para no olvidar el número, lo cual facilita el fraude ante una posible pérdida, atraco o paseo millonario.

- Suplantación de la razón social. (falsificación de placa): fraude realizado suplantando al establecimiento afiliado, mediante la impresión en comprobantes de venta de la placa real o falsificada, solicitando por lo general la apertura de una nueva cuenta con documentación falsa y consignando en esta comprobantes fraudulentos.

  Esta clase de fraude está de moda. Hay delincuentes que crean comercios con el nombre de otros muy conocidos, pero para que esta suplantación tenga éxito se necesita la participación de un funcionario bancario. Adicionalmente, en algunos países las cédulas de ciudadanía son muy fáciles de falsificar, aspecto que ocasiona bastantes problemas a las entidades bancarias y al comercio en general. Por eso, se recomienda tener centrales de información y métodos de medición del crédito y de análisis del riesgo bien claros, con el objeto de reducir al mínimo este delito.

- Autoría del tarjetahabiente: ocurre cuando el tarjetahabiente, personalmente o a través de terceros, utiliza o facilita su tarjeta en transacciones que posteriormente rechazará.

- Tarjeta expedida con datos falsos: tarjetas legítimamente elaboradas por el banco, pero con documentación falsa. El delincuente abre una cuenta con datos y nombres falsos, y el banco, por fallas de análisis de crédito y de la documentación, le expide la tarjeta.

- Carteles de fiadores prefabricados: esta modalidad de fraude tiene en alerta a los bancos, especialmente a quienes se confían en confirmaciones telefónicas y no verifican mediante inspección física a los codeudores.

- Cédula falsa: un problema que se presenta constantemente en el sector bancario, tanto por fallas en la revisión de información y falta de entrenamiento adecuado por parte de los empleados que cumplen estas tareas, como por la vulnerabilidad que ofrecen organismos del Estado.

- Retiros por cajero automático fraudulento: en algunos casos, los empleados de la institución pueden conocer el NIP del cliente y tienen acceso al plástico de manera simultánea.

- Suplantación del tarjetahabiente en el proceso de entrega: el delincuente se da cuenta de que cierto cliente pidió una tarjeta y, seguramente por influencias, le otorgaron un cupo alto; entonces, en unión con el empleado del banco, presenta una cédula falsa y reclama la tarjeta, pero el cliente real nunca la recibe.

- Solicitud de una tarjeta con información falsa: muchas personas escriben datos que no corresponden a la realidad. Por esta razón los funcionarios del centro de información de cada entidad deben realizar su labor de mejor manera posible, so pena de verse involucrados en delitos, tales como el fraude consentido.

- Cambio de tarjeta, por una que ha sido robada o bloqueada: la confianza del usuario al permitir un fácil acceso a su tarjeta facilita a los delincuentes que esta sea remplazada por un plástico robado sin que se percate del hecho, posteriormente se observa que la tarjeta que porta el usuario no corresponde a su identidad.

- Doble facturación: fraude muy común en Brasil, Colombia y en Centroamérica. La persona paga la cuenta de un restaurante o un bar con tarjeta de crédito, pero el mesero pasa la tarjeta dos o tres veces, y luego trata de imitar la firma del cliente en los otros dos recibos.

  La doble facturación es un tipo de fraude que crea bastantes problemas, porque en él, se manipulan datos; si no hay estrategias de manejo de la informática, el sector va a tener enormes pérdidas no solamente con tarjetas de crédito, sino en la operación bancaria y en la parte relacionada con el manejo de la información en las instituciones financieras.

- Tarjeta gemela: tarjeta exactamente igual a otra que ha sido emitida legítimamente por una entidad, teniendo, en consecuencia, las mismas características en materia de seguridad, calidad e información, incluidos los datos procesados en la banda magnética. Esta modalidad es difícil de detectar, excepto cuando se recupera el plástico utilizado para el fraude y puede corresponder a procesos de doble emisión en la misma entidad, por actividad dolosa de funcionarios que tienen que ver con esta etapa del proceso.

  Hay empleados que, en sus centros de realce, hacen una tarjeta para el banco y otra para ellos, por lo que los datos son auténticos y absolutamente iguales. La cédula de ciudadanía no es un problema, pues hay delincuentes que por poco dinero solucionan tal inconveniente. Esta modalidad es difícil de prevenir: tener cámaras en los centros de realce o al capturar la tarjeta se puede detectar el fraude.

- Fraude en la devolución de tarjetas entregadas por el cliente: la devolución de la tarjeta de crédito por parte de un usuario requiere de controles eficientes para minimizar fraudes, se dan casos en los cuales no se anulan los plásticos ni se presenta la evidencia de devolución y posteriormente aparecen cargos fraudulentos ejecutados por funcionarios internos generalmente.

- Fuga de información general: delito unido al fraude electrónico, al fraude de banda magnética y a la fuga de información. Como primera medida se contacta a un empleado que tenga facilidad de entregar 50 o 55 números de tarjeta cada viernes a un delincuente. Naturalmente, la entidad financiera va a sufrir pérdidas bastantes grandes.

- Empresas de fachada: funcionan como entidades legales que adulteran su contabilidad para justificar el incremento de operaciones, especialmente ventas ficticias con tarjetas de crédito para luego lavar el dinero por tal compra.

- Empresas ficticias: compañías de papel que, aunque están registradas en la Cámara de Comercio, no poseen instalaciones físicas y nunca desarrollan su objeto social. Sin embargo, en ellas se generan operaciones con tarjetas de crédito robadas o para la obtención de efectivo cuyo costo se convierte en usura.

- Colusión y funcionarios infieles: diferentes ilícitos por parte de los empleados, quienes vulneran los controles para activar tarjetas y usarlas antes de entregarlas al verdadero usuario.

- Lavado de dinero mediante el uso de tarjeta de crédito: hace poco un cliente, con visa de residente en Estados Unidos, llegó a pedir US$30, US$40 y US$50 con tres tarjetas de crédito americanas. La primera se la negaron, pero las otras dos se las aprobaron. Al preguntar posteriormente con quien vivía y dónde trabajaba, contestó que él no pretendía llevarse el dinero, sino constituir unos CDT con esos avances. Sin embargo, poco después resultó preso por narcotráfico; ese es un típico caso de lavado de activos que cierra su ciclo cuando se normaliza el cupo, con pagos hechos por el usuario, producto de operaciones ilícitas.

  Nota: el dueño de la información es el banco emisor del plástico, pues es el que tiene la responsabilidad de administrar la información del cliente; en el caso de que algo anormal ocurra, el banco deberá responder, por cuanto al momento de la vinculación tuvo que haber realizado una profunda investigación comercial de sus clientes.

- Fraude electrónico: manipulación o alteración que pueden realizar una o varias personas al *software* de una entidad con el fin de copiar, activar, reactivar, modificar, suprimir, adicionar, etc., información relacionada con tarjetas de crédito.

- Fraude en operaciones de comercio electrónico en la red: en la era de comercio electrónico, las facturas, los cheques y las órdenes de compra tienen los días contados y, seguramente, tenderán a desaparecer, por lo menos, en papel impreso, en los próximos años. Esto, debido al auge que ha tenido el Internet para la realización de negocios. Así, la papelería en general será remplazada por medios electrónicos más dinámicos como el correo electrónico y las páginas Web.

  Los impresos serán remplazados por documentos electrónicos que estarán respaldados por firmas digitales y entidades certificadoras especializadas que minimizan el riesgo de operaciones con dinero plástico.

Además, los negocios que se realicen exclusivamente en la electrónica también estarán respaldados por una legislación que asegure y garantice la legitimidad y veracidad de cualquier operación realizada, principalmente, por Internet. Con esto, se podrá hacer un negocio absolutamente virtual, sin necesidad de imprimir un solo texto.

El 64 % de los usuarios de internet en América Latina creen que la red no es segura (una estadística poco alentadora para quien esté apostando al negocio de ventas en línea). El reto es generar confianza en el uso del e-commerce. En internet se presentarán grandes oportunidades económicas en los próximos años. La penetración de internet está creciendo rápidamente en toda América Latina y para nadie es un secreto que muchos negocios del futuro se darán en línea.

Comercio electrónico es la palabra clave. Realizar transacciones vía internet es la obsesión de la mayoría de las empresas para volver más eficientes sus relaciones con proveedores, clientes corporativos y consumidores finales. La venta de libros, música, software, computadores y muchos artículos más está cambiando por causa del *e-commerce*.

No obstante, en América Latina apenas han empezado a desarrollarse por las barreras culturales que aún existen, la penetración de la red y el nivel de ingreso de las familias que, además de no ser muy alto en el contexto mundial, se ha deteriorado aceleradamente en los últimos dos años.

Pero el desarrollo del comercio electrónico es solo cuestión de tiempo y en la nueva economía de internet, ese recurso es realmente escaso. Otros factores de seguridad: hasta el más sofisticado esquema de seguridad es vulnerable, ya que estos se diseñan para permitir el acceso a personas dentro de las compañías (ingenieros, programadores, administradores de red y demás). Barry Collin, socio investigador en el Instituto de Seguridad e Inteligencia de la Universidad de Stanford, afirma: "debemos separar amigos de enemigos... el problema es que el hombre puede romper cualquier cerradura que el hombre haya creado".

Las tecnologías actuales no pueden cubrir requerimientos muy importantes de seguridad, como el de la violación a los derechos de propiedad intelectual, extorsión, difamación escrita, infidelidad de empleados, fraude, etc. ¿Qué reglamentación se aplica en internet? ¿Hay límites geográficos? Algunos países ya iniciaron la aprobación de una ley de comercio electrónico, lo que representa una ventaja competitiva, pero estas leyes no se aplican en los más de 200 países que utilizan internet. SafeOn-Line, una empresa británica, dio un paso importante para responder a las necesidades e inquietudes de las empresas que ya están trabajando en internet, al ofrecer una variedad de pólizas de seguros que permitirán a las empresas manejar efectivamente los riesgos asociados con internet. Entre los cubrimientos que ofrecen las pólizas están protección contra difamación, extorsión, fraude, transmisión de virus, daños al website por parte de terceros, deshonestidad e infidelidad de empleados, protección para el consumidor y el vendedor en el uso de tarjetas de crédito, en *e-commerce*, protección contra *hackers*.

El progreso del *e-commerce* dependerá de inversiones en tecnología y alianzas entre los empresarios del comercio y las entidades financieras. Los acuerdos entre estos dos agentes para implementar sistemas de comercio seguros serán la clave en el futuro. El SSI o SET funcionará si las entidades financieras y empresarios fijan una agenda común para el desarrollo de autopistas de comercio y centros comerciales virtuales, que seguramente crearán riqueza. Los grandes avances tecnológicos acuden hoy en día a las seguridades biométricas, que proporcionan sistemas novedosos, que revolucionan la concepción sobre seguridad y que consisten en máquinas computarizadas que pueden reconocer las características personales que un simple control no logrará. Ese reconocimiento puede estar en las huellas digitales, la disposición de los vasos sanguíneos en la retina del ojo, patrones de voz y hasta el ritmo con que se escribe a máquina.

Estos mecanismos biométricos tienen sensores especiales que reciben las características, las convierten en un código digital y las comparan con los datos memorizados, para lograr una total correspondencia entre los datos contenidos y la persona a quien se presume le pertenecen. La infalibilidad realmente hace atractivo este tipo de sistemas, ya que no son susceptibles de ningún tipo de copia, alteración o robo. Más de veinte compañías norteamericanas están trabajando en la producción de este tipo de sistemas o que se utilizan prácticamente, por su excesivo costo, en sistemas de defensa nacional, bancos, plantas nucleares y laboratorios. Pero además son propios para incorporar a los sistemas de cajeros automáticos para verificar que la persona que los está utilizando sea evidentemente la autorizada.

> Creció la cantidad de empresas que se volcaron a la venta online en tiempos de pandemia
>
> […] repasando los números en distintos países de Iberoamérica [sic], en México, datos de la Asociación Mexicana de Venta Online revelan que este año 6 de cada 10 PyMEs [sic] se volcó a las ventas por Internet, mientras que en 2019 la cantidad llegaba a solo 3; un aumento que en términos porcentuales fue del 94 %. Y para comprender el factor de la pandemia, 2 de cada 10 PyMEs [sic] que comenzaron a vender a través de Internet lo hizo a raíz de la cuarentena.
>
> En Argentina, datos de la Cámara Argentina de Comercio Electrónico publicados en agosto de este año hablan de que el incremento de la facturación del comercio electrónico en el primer semestre fue del 106% en comparación con el mismo período de 2019. En España ocurrió algo similar. Datos de la Comisión Nacional de los Mercados y la Competencia (CNMC) aseguran que el crecimiento del comercio electrónico a partir de marzo aumentó hasta un 70 %, mientras

que en algunos sectores la cifra fue superior. De acuerdo a [sic] cifras de una encuesta realizada por la cnmc, una de cada dos personas dijo haber aumentado su frecuencia de compra en plataformas online durante la cuarentena.

[…]

A nivel internacional, distintos organismos emitieron alertas a lo largo de este 2020 advirtiendo acerca del incremento de los engaños y estafas en compras online. En España, a mediados de abril las estafas por Internet habían aumentado en un 70 %, afirman datos de la Guardia Civil, mientras que en Argentina, en julio el aumento de los delitos por Internet era del 50 %, aseguran datos de la Unidad Fiscal Especializada en Ciberdelincuencia (ufeci).

Como decíamos, las estrategias y técnicas utilizadas por los criminales a nivel global no son nuevas. El fbi, por ejemplo, en agosto publicó una alerta en la que explica que registraron un aumento en la cantidad de denuncias. Por ejemplo, de víctimas a las que no le llegaron los productos que compraron, personas que reportan que fueron dirigidas a sitios a través de anuncios en redes sociales luego de buscar en sitios de compras online.

Muchas denuncias hacen referencia a sitios falsos cuyo contenido había sido copiado de sitios legítimos y que utilizaban dominios que en lugar de ser .com eran ".club" o ".top". Por otra parte, que esos sitios habían sido registrados recientemente y de manera privada para evitar divulgar información personal de sus registrantes, y que muchos de estos falsos sitios se promocionaban a través de anuncios en redes sociales, explica el fbi.

**Ejemplos de estafas y ataques orientados a las compras en línea**

Mediante estrategias como el uso de anuncios falsos en plataformas sociales, campañas de phishing, perfiles falsos en plataformas de comercio electrónico o ataques de web skimming, los cibercriminales buscan robar dinero, los datos de tarjetas de crédito, contraseñas u otro tipo de información personal.

Entre los casos que se reportaron en medios de Argentina, México, Colombia, Perú o España, una usuaria denunció que a través de MercadoLibre compró una computadora y le enviaron una botella. En otro caso un usuario a través de la misma plataforma compró un teléfono celular y le enviaron una piedra. Pero también los vendedores han sido víctimas. Según publicó Infobae, un vendedor de un teléfono no solo perdió el equipo, sino el dinero de la venta. La mayoría de las veces los estafadores se aprovechan de vulnerabilidades humanas, ya sea por desconocimiento o inexperiencia de los compradores y vendedores. Estos errores van desde no comprobar la identidad de la persona que realiza la compra o continuar la operación por fuera de la plataforma donde se realiza la transacción, quedando en estos casos el vendedor sin el respaldo de la plataforma.

**Sitios de compra online comprometidos por ataques de web skimming**

Además de las compras y ventas realizadas a través de plataformas como MercadoLibre o Amazon, por nombrar algunas de las más conocidas en los países de Iberoamérica, también existen otras plataformas para crear tiendas online utilizadas por empresas o emprendedores para comercializar sus productos.

Pese a que según los datos de la encuesta realizada por ESET el 74 % de los usuarios cree los pequeños comercios son un blanco que interesa a los cibercriminales y el 79 % cree que la información que los cibercriminales pueden obtener de pequeños comercios es valiosa, las pequeñas empresas muchas veces no se detienen a pensar lo suficiente los riesgos de seguridad que existen o creen que no son un blanco atractivo para los criminales por el tamaño de su negocio.

Sin embargo, muchas tiendas creadas mediante plataformas como Magento, Prestashop, Shopify, Woocomerce, Wix Stores o gestores de contenidos con WordPress, han sido víctimas a lo largo de los últimos años —incluido este 2020— de ataques conocidos como web skimming (robo de información) o Magecart. Para realizar este tipo de ataque los cibercriminales comprometen el sitio e inyectan código malicioso con el objetivo de robra [sic] los datos de las tarjetas de crédito durante el proceso de compra, ya sea para realizar transacciones en su nombre o para comercializar luego estos datos en el mercado negro.

En julio, por ejemplo, se conocía una campaña de web skimming global que comprometió más de 550 tiendas online para robar datos de las tarjetas, muchas de las cuales eran de países de América Latina y también de España. En esta campaña las plataformas de ecommerce utilizadas por las víctimas era en el 85 % de los casos Magento, aunque algunas de las tiendas online comprometidas utilizaban Shopify, BigCommerce y PrestaShop, además de WordPress. Además de este caso, en septiembre se conoció otro ataque de web skimming que afectó a más de 2.800 tiendas online que utilizaban una versión desactualizada de Magento.

Para realizar estos ataques los cibercriminales aprovechan vulnerabilidades tanto en las plataformas como en los plugins (programas pequeños de aplicación web) desactualizados utilizados por los propietarios de los sitios. En muchos casos también se han registrado ataques de inyección de SQL [lenguaje de consulta estructurada].

En cuanto a las vulnerabilidades en plugins para plataformas como WordPress, este año hemos dado a conocer cuatro casos de ataques y fallos de seguridad alrededor de estos complementos, como fue el caso de la vulnerabilidad en el plugin de Chat de Facebook para WordPress, la vulnerabilidad crítica en el plugin ThemeGrill Demo Importer, la vulnerabilidad en el plugin File Manager que registró millones de intentos de ataque, o el importante fallo que se descubrió en octubre en el plugin Loginizer (Harán, 2020).

## 5.4.1 Modalidades de fraude en cajeros automáticos

Cada cajero es prácticamente, una pequeña oficina. Los cajeros multiplican las posibilidades de atender a los clientes, en forma cercana, permanente, rápida, eficiente y con el mínimo de molestias. Pero como en toda innovación, los cajeros amplían el campo de las responsabilidades en materia de seguridad y lo dispersan considerablemente, tanto en el espacio como en el tiempo. Los clientes usuarios, el personal que los sirve, el personal que les da seguridad y las máquinas mismas, crean necesidades de protección, muy asociadas a la eficiencia del sistema. Y la eficiencia del sistema justifica plenamente el esfuerzo.

Actualmente se desarrollan estrategias para minimizar el riesgo, inclusive se insiste en que los cajeros tengan video para registrar a quienes realizan las transacciones, ya que el mayor índice de fraudes y delitos se registra cuando no hay video de seguridad, ejemplo: retiros por personas no autorizadas, retiros de efectivo por usuarios coaccionados y retiro de la máquina por métodos violentos, entre otros.

### 5.4.1.1 Proceso de delincuencia

#### Obstrucción del movimiento de la ventanilla

La primera de las formas adoptadas por la delincuencia fue la de impregnar de algún tipo de pegamento (goma) la ventanilla móvil, para impedir su movimiento. El cliente se quedaba esperando que aquella se abriera y terminaba retirándose, atribuyéndole mal funcionamiento o falla. El delincuente esperaba que el cliente se alejara, con un instrumento (variados), forzaba la ventanilla y retiraba el dinero del frustrado cliente.

La misma finalidad se lograba al poner elementos extraños, como piedras, pedazos de suela de zapato (de goma), paletas de helados, etc. que impedían el levantamiento de la ventanilla.

Para engañar al cliente, se cubría la ventanilla real con una falsa que, aunque la real se levantara, la falsa se mantenía, de manera que impedía al cliente retirar su dinero. Al retirarse el cliente, los delincuentes quitaban la falsa y se apoderaban del efectivo dispensado. Esta modalidad tuvo variantes en el tipo de impedimentos que colocaban y las medidas tomadas no tardaban en ser burladas mediante algún otro truco.

La falsa ventanilla tenía un aspecto muy similar a la real. Era construida en lata o fórmica, y forrada en papel *contact* de color negro mate. De material similar eran los cartones que se usaban para recibir el dinero que debería caer en el receptáculo que existe detrás de la ventanilla. Posteriormente se las ingeniaron para hacer una S metálica, con la que lograban obstruir el movimiento ascendente de la ventanilla, una vez que el dinero había caído en el citado receptáculo.

Emplearon el sistema de obstruir con la mano la salida del efectivo que, usando la tarjeta, ellos habían solicitado. Con lo que provocaban el error de que el cajero actuara como si el dinero no hubiera sido dispensado y, por lo tanto, lo dejara de cargar en la cuenta del delincuente usuario. Después provocaban, con el uso normal de su tarjeta, el levantamiento de la ventanilla y colocaban en la salida del efectivo hacia el lugar de dispensación, una lámina con las dimensiones exactas y necesarias para retener tras ella el efectivo dispensado a un usuario y hacer creer al cliente que por alguna razón el cajero no había dispensado el dinero. Como siempre, al retirarse el cliente, venía el delincuente y, forzándola o usando su tarjeta, hacía abrir de nuevo la ventanilla, retiraba su dispositivo y lo que había sido dispensado al cliente, que se había quedado entre la salida normal y la lámina que le había sido colocada.

### Retención fraudulenta de la tarjeta

Otro modo de delincuencia, muy ingenioso y que han perfeccionado, es el de introducir por la ranura por la que se debe insertar la tarjeta, una cinta de determinadas dimensiones que entra y su extremo vuelve a salir, pegando ambos extremos, uno hacia arriba de la parte superior interna de la ranura y el otro hacia abajo en la parte inferior. La cinta es del material que se usa para las radiografías y tiene un ancho que no obstruye la lectura de la banda magnética de la tarjeta. La cinta lleva además cortada una uña que sirve de retención, de manera que, al introducir la tarjeta por el cliente, se va hasta el fondo, pero luego no sale, porque con esa uña se le impide su salida.

Al terminar su transacción, que puede realizarse en forma normal, el cliente espera la devolución de su tarjeta por parte del cajero. Al notar que esta ha sido retenida, supone que algo raro ha pasado y normalmente molesto se retira. Lo aconsejable de inmediato es llamar a los teléfonos del banco que se han suministrado para esos casos y notificar lo ocurrido. Durante el corto lapso de la espera del cliente, normalmente aparece un buen ciudadano en su auxilio y le pregunta que le ha ocurrido. Entonces, muy amablemente le recomienda marcar su número clave tres veces seguidas, con lo que el cajero le devolvería su tarjeta.

Al proceder el ingenuo cliente a marcar tres veces su clave, el delincuente la capta, se la aprende, y como esto no sirve para obtener devuelta su tarjeta, el cliente se retira. Entonces, el delincuente, con unas pinzas, retira su cinta que arrastrará consigo la tarjeta. Ahora tiene la tarjeta y la clave. Entonces inicia, tan pronto como le sea posible los retiros, antes de que el cliente telefónicamente solicite que le anulen su tarjeta.

Es importante poner atención en el reclutamiento y selección del personal que sirve a los cajeros, de los técnicos, etc., y, además, llevar un registro de aquellos que han prestado ese servicio y se han retirado, tanto de nuestro banco, como de otros bancos del país y si le es posible del extranjero. Pues hay algunos de estos procedimientos difícilmente aplicables sin el conocimiento o el asesoramiento de quienes dominen bien las intimidades técnicas de nuestras máquinas.

El caso, por ejemplo, del empleo de un taladro con el que perforan en las vecindades de las ventanillas, justo en un lugar donde, penetrando luego con un instrumento fino (tipo alambre) y de una longitud determinada provocan la activación de un pestillo que, al presionarlo, libera el mecanismo que facilita la apertura de la ventanilla.

### Usurpación de identidad

Citaré ahora un procedimiento que es en realidad una estafa, pero que se inicia a través de los cajeros, aprovechando sus características. Nosotros lo calificamos como usurpación de identidad. El delincuente abre una cuenta de ahorros con un monto mínimo. Solicita luego su tarjeta para uso del cajero. Ubica, mediante complicidad de algún empleado del banco, cuentas con saldos elevados, se elabora una cédula de identidad con los datos del cliente propietario de esas cuentas, pero con su foto (la del delincuente), y hace la solicitud de incorporar aquellas cuentas a su tarjeta. Al lograrlo, empieza a hacer transferencias de estas a su cuenta de ahorros y los correspondientes retiros. Abandona pronto el trabajo, por el lógico temor a ser descubierto, mientras se busca a otra víctima. Lo normal es que la documentación usada para abrir esa cuenta de ahorros sea falsa, por lo que su identificación y captura se dificulta.

Los clientes con cuentas de saldos muy elevados hacen poco uso de la tarjeta, por eso no notan lo que les ocurre. Como para afiliar otras cuentas a una nueva, se requiere anular la tarjeta con la que podían mover las anteriores, el delincuente, al pedir que se afilien las nuevas cuentas a su tarjeta, empieza por solicitar la anulación de la anterior; lo que logra al identificarse como propietario de ellas. Generalmente da como explicación haber olvidado el número de su clave.

Claro que, cada vez que uno de estos procedimientos se empieza a aplicar, se inicia la investigación y la consecuente toma de las medidas que lo dificulten. Al conseguirlo, pasa poco tiempo antes de aparecer el nuevo modo de operar. Cada caso va dejando sus experiencias que siguen siendo útiles, por si algún día regresan a la vieja modalidad. Pero entre el personal de protección física, el de investigaciones y el técnico hay un buen trabajo de equipo y se demora menos en descubrir nuevas modalidades.

## 5.4.2 Concientización al usuario y advertencia del riesgo

A pesar de las medidas de seguridad que las tarjetas de crédito llevan integradas en su propio sistema, no hay nada totalmente seguro. El fraude en las tarjetas de crédito es un problema grande y costoso que debe ser atacado con un esfuerzo de todos, pero principalmente capacitando y concientizando al usuario de su responsabilidad y de los riesgos que asume.

Por esto las medidas de seguridad deben procurarse no solamente por las entidades prestatarias de servicios financieros automatizados, sino también por parte de la misma clientela (consumidores) y crear responsabilidades ante actitudes negligentes.

Administrar la tarjeta y protegerla del abuso es algo que lleva muy poco tiempo y esfuerzo. Unos pocos minutos ahora pueden ahorrarle horas de frustración más tarde.

Los delincuentes una vez tienen el número de cuenta de la tarjeta y su fecha de caducidad, pueden comprar prácticamente lo que sea (por catálogo o por teléfono comprar tiquetes de avión, por ejemplo). Y ellos utilizan todo tipo de tretas, desde un comprobante previamente elaborado (que es un documento falso) hasta realizar una compra fraudulenta por teléfono.

Por ello, se recomienda que:

- Tenga cuidado a la hora de facilitar información sobre su tarjeta de crédito.
- Guarde todos los recibos y compárelos cada mes con su estado de cuentas.
- Si ve una compra que no reconoce o nota inconsistencias, llame o escriba a la entidad emisora de su tarjeta de crédito inmediatamente (concilie oportunamente).
- No revele ninguna información personal cuando use su tarjeta de crédito.

Además, tenga en cuenta que:

- El vendedor solo puede exigir su tarjeta de crédito vigente, su documento de identidad, el teléfono y su firma.
- Si un miembro cercano de su familia toma prestada su tarjeta de crédito para realizar una compra, usted es el responsable. Trate su tarjeta de crédito como la importante propiedad privada que es.
- Si usted se separa o divorcia, y su cónyuge es cotitular de la tarjeta, podría ser responsable por las compras que realice. Asegúrese de modificar el estatus de su tarjeta de crédito cada vez que su estado civil cambie.
- No olvide que su tarjeta le ofrece grandes ventajas y beneficios, pero también requiere de usted todos los cuidados y la máxima responsabilidad en su manejo.
- Las tarjetas, como la confianza, también se pueden perder y no volverse a recuperar.
- En caso de que se realice una transacción fraudulenta con su tarjeta, una vez extraviada, usted estará cubierto por el seguro de fraudes, siempre y cuando haya informado el hecho oportunamente.

- Cuando realice compras, no permita que retiren su tarjeta para legalizar la compra en otro sitio.
- Exija que el comprobante de pago sea tramitado en su presencia.
- No arroje a la basura la copia del comprobante de pago.
- Nunca porte sus documentos de identificación junto con las tarjetas débito o crédito.
- Cuando reciba su clave personal, memorícela y destruya el documento donde venía. Si decide anotarla, no la registre junto con los documentos que porta habitualmente.
- Si recibe llamadas donde le solicitan información personal, constate que se trata de la entidad financiera que le otorgó su tarjeta.
- Si perdió sus documentos y le avisan que fueron encontrados, pero que necesitan su clave para realizar el bloqueo, por favor no la suministre. Se trata de una estafa.

### 5.4.2.1 ¡Advertencia! Evite que su nombre se vea involucrado en una estafa

En temporada navideña, el número de estafas con tarjetas de crédito aumenta considerablemente, el consumidor o transeúnte desprevenido tendrá que cuidar que sus tarjetas de crédito y documentos de identidad no pasen a manos de bandas de estafadores.

Todo el ilícito comienza con el atraco callejero, cuando rompen las ventanas de los carros y les quitan los bolsos a las señoras, cuando, además, roban billeteras a personas desprevenidas o utilizan sustancias alucinógenas. Robados los documentos, estos son vendidos por los delincuentes a los estafadores en un mercado negro, que generalmente operan en sectores de alta peligrosidad.

Con los documentos en mano comienzan a realizar una serie de compras ilegales, suplantando a ciudadanos de bien o utilizando sus documentos de identidad. Por esto, es sumamente importante que el ciudadano, al sentirse robado, denuncie el ilícito ante las autoridades correspondientes, con lo cual evitará que su nombre se encuentre involucrado en una estafa y la entidad podrá, por lo menos, bloquear comercialmente su tarjeta de crédito.

## 5.4.3 Listas de chequeo para administrar el riesgo de fraude con tarjetas de crédito

El sistema de crédito de consumo, por medio de tarjetas personales o empresariales, requiere controles para prevenir su utilización ilegal. La colaboración del personal interno de la entidad garantiza el cumplimiento de las normas vigentes y el cobro adecuado de intereses y comisiones. Verificar el cumplimiento de los procedimientos facilita administrar el riesgo, para ello podemos recurrir al siguiente cuestionario:

¤   ¿Existe un programa que verifique el cumplimiento de requisitos mínimos para la asignación de cupos, por ejemplo, que no se otorgue más de un cupo a un mismo cliente?

¤   ¿Se verifican las solicitudes de cobranza y las solicitudes de confirmación de saldos con los últimos informes de saldos? ¿Lo efectúa alguien que no maneje efectivo?

¤   ¿Están los procedimientos de ajuste a cuentas de tarjetas de crédito debidamente aprobados y verificados? ¿Los verifica alguien diferente al personal operativo?

¤   ¿Existe informe diario que resuma cargos, avances, intereses y comisiones ganadas para respaldar los asientos contables? ¿Los revisa alguien diferente a quién los elabora?

¤   ¿Existen procedimientos de revisión de informes de ampliaciones, renovaciones y asignación de tarjetas de crédito?

¤   ¿Existen controles para que las partidas recibidas fuera de horarios normales y retenidas sean obligatoriamente procesadas al día siguiente?

¤   ¿Hay controles automatizados de variaciones mensuales en los montos de pago a comerciantes?

¤   ¿La auditoría hace revisión periódica sobre los cálculos de comisiones a favor del banco?

¤   ¿Se verifican en forma automatizada los controles sobre tarjetas empresariales? Por ejemplo, que el cupo sumado de todas las tarjetas no supere el cupo total asignado a la empresa.

¤   ¿Se verifica que los extractos reflejen el cupo asignado y el monto por utilizar?

¤   ¿Se verifican periódicamente por programa:

- cuentas cuyo saldo excede el límite de crédito?
- cuentas cuyo saldo no varía?
- cuentas que permanecen cerca del límite de crédito?

¤   ¿Se producen informes para revisar las ventas fraudulentas y determinar su concentración en:

- determinados comerciantes?
- determinados vendedores?
- personal del banco que maneja cualquier porción del crédito?

¤   ¿Son las cuentas de empleados revisadas periódicamente?

¤   ¿Se controla el pago en la primera cuota de por lo menos el treinta por ciento (30 %) del valor de la mercancía o servicio, cargándola a la tarjeta?

¤   ¿Se controla que los plazos fijados para el pago están limitados a 3, 6, 9 o 12 meses, según lo fijado por las reglamentaciones vigentes?

¤   ¿Se controla que la tasa fijada se mantenga estable durante todo el período de financiación?

¤   ¿Existen listados informativos para el cliente sobre:

- alza de interés a cobrarse?
- costo de manejo de la tarjeta?
- costo de la prima del seguro?

## 5.4.4 Reglas de oro para la seguridad de operaciones en cajeros automáticos

- Prestar la tarjeta, revelar la clave personal o autorizar a otras personas ocasionan problemas en el manejo de la seguridad de su cuenta.

- Observe a los alrededores, si encuentra situaciones sospechosas postergue la realización del retiro.

- Antes de introducir la tarjeta verifique que no exista ningún elemento extraño que interfiera su operación.

- Absténgase de solicitar o recibir ayuda de extraños y de ser necesario solicítela únicamente a personal autorizado.

- Guarde los recibos que le entregue el cajero automático para verificarlos posteriormente contra su extracto.

- Ante cualquier inconveniente con su tarjeta, bloquéela inmediatamente con su entidad, no importa el día ni la hora.

- El avance de la tecnología ha popularizado el uso de las máquinas dispensadoras de dinero, conectadas directamente al computador central de las entidades. Estos cajeros pueden pertenecerle directamente a la entidad o hacer parte de una red que pertenezca a una compañía especializada en este servicio.

- Cualquiera sea el caso la auditoría, debe ejercer control sobre los programas de comunicaciones, políticas para topes máximos y sistemas de seguridad de *hardware* y *software*.

El siguiente cuestionario facilita la administración del riesgo en esta clase de operaciones:

- ¿Existen controles para topes máximos de efectivo que se entrega al cliente en períodos determinados de tiempo?

- ¿Existe un control para la retención de tarjetas por mala identificación del cliente?

- ¿Se controlan las tarjetas bloqueadas cuando el cajero está fuera de línea?
- ¿Existen controles en la máquina para desactivarla cuando se presenten problemas eléctricos o fallas en sus dispositivos básicos?
- ¿Existen programas para detectar utilización excesiva del cajero automático por un mismo cliente?
- ¿Existe segregación de funciones para la entrega de las claves de acceso al cajero automático a cada cliente?
- ¿Existe un procedimiento (automatizado o manual) que controle los tiempos muertos de cajeros automáticos?

## 5.5 Investigación de delitos económicos y financieros

Para lograr una eficaz indagación de estos delitos, vale la pena evaluar la ocurrencia de:

- Omisión de documentos.
- Simulación contable.
- Cancelación repentina de cuentas corrientes.
- Encubrimiento de ingresos.
- Endeudamiento ficticio.
- Manipulación de contratos.
- Utilización de cuentas cifradas.
- Manipulación de la edad de los bienes.
- Subescrituración.
- Multiplicidad de cuentas corrientes a nombre de terceros.
- Multiplicidad de cuentas de ahorro a nombre de terceros.
- Usurpación de identidades.
- Utilización de testaferros.
- Exportaciones ficticias y lavado de dólares.
- Asignación de bienes en confianza.
- Maquillaje tributario (aumento de ganancias inexistentes).
- Entierro de dinero (dólares), pesos, oro, joyas.
- Personas ficticias.
- Encubrimiento bancario por movimiento.
- Fondo negro (utilización de cuentas corrientes legítimas de terceros).
- Ganancias ficticias legalizadas.
- Ocultamiento de pérdidas, incendios, destrucción.
- Subvaloración de bienes.

- Mercado clandestino de títulos valores.
- Particiones familiares y venta entre vinculados.

Además, se debe elaborar el de plan de cuadros de:

- Flujo financiero.
- Flujo de caja.
- Estado de inversiones.
- Estado de origen y aplicación de recursos.
- Estado de capital de trabajo.
- Relaciones económico-financieras.
- Análisis financiero-estático tradicional.
- Relaciones financiero-tributarias.
- Estudio de precios y valores.
- Análisis gráfico y tendencial.
- Balance general y estado de pérdidas y ganancias.
- Políticas financieras.
- Análisis bancario.
- Análisis del gasto.
- Estudios económicos de sociedades.
- Análisis financiero integral o compuesto considerando la inflación estática - dinámica.

### 5.5.1 Análisis de información

#### 5.5.1.1 Información de impuestos nacionales y secretaría de hacienda.

Las ganancias se determinan de acuerdo con las disposiciones tributarias, y la utilidad contable se determina basándose en las normas de contabilidad generalmente aceptadas. Las ganancias fiscales son diferentes a la utilidad contable. Existen dos clases de diferencias a saber:

- Diferencias temporales: tienen un efecto directo sobre el cálculo del impuesto, ya que son susceptibles de aumentarlo o disminuirlo en un período determinado, tal es el caso de las ventas a plazos, provisiones, intereses por cartera en mora y la depreciación flexible, entre otros.

  Diferencias permanentes: conlleva la concordancia del cálculo del impuesto con el pasivo contabilizado, como el componente inflacionario, los gastos y costos no deducibles, los descuentos tributarios y las rentas exentas.

En el cálculo del impuesto se debe proceder a:

- Conciliar renta comercial con la renta fiscal y determinar el impuesto.
- Determinar diferencias en el tiempo y su efecto impositivo.
- Sumar resultados y determinar el impuesto.

## 5.5.1.2 Pruebas documentales de datos económicos

- Bancos:
  - ¤ Extractos bancarios.
  - ¤ Recibos de consignación.
  - ¤ Cheques.
  - ¤ Notas bancarias ND, NC.
  - ¤ Contratos bancarios.
  - ¤ Pagarés.
  - ¤ Garantías.
  - ¤ Contragarantías.
  - ¤ Preguntas para establecer:
    - El manejo financiero de las cuentas (origen o procedencia, desembolso, relación de los desembolsos con las inversiones, relación de los desembolsos con las inversiones, relación de las consignaciones con los ingresos, deudas, etc.).
    - La no inclusión o tránsito de dineros por los bancos (razones de operaciones en efectivo) para demostrar la capacidad económica.
    - Las razones de cambios bruscos en los fondos del año.
- Inmuebles:
  - ¤ Promesa de compraventa.
  - ¤ Recibos de pagos de obligaciones: efectivo de pagaré o especie.
  - ¤ Hipotecas.
  - ¤ Pagarés.
  - ¤ Escritura (convenio de las partes titularidad y condiciones).
  - ¤ Análisis técnico.
  - ¤ Condiciones de negociación (circunstancias de tiempo, modo, lugar, y otros).
  - ¤ Oportunidad (momento económico).
  - ¤ Productividad, objeto de la inversión.

- Inversiones:
  - ¤ Renovación de matrícula mercantil.
  - ¤ Balance o estados financieros.
  - ¤ Contabilidad (Soportes (datos) - Libros oficiales).
  - ¤ Contratos.
  - ¤ Títulos valores.
  - ¤ Papeles negociables.
  - ¤ Escrituras (constitución, reforma, aumento capital).
  - ¤ Prueba de la rentabilidad: mediante la comparación de rentabilidad de los dos últimos años se establece la justificación de la variación de los inventarios de los bienes.
  - ¤ Prueba de incrementos: se busca determinar con su aplicación si existe sobrevaluación en los inventarios de bienes u otras cuentas de alto riesgo.
  - ¤ Prueba de los precios: se efectúa con el fin de determinar la correspondencia entre los promedios del costo de lo vendido, el inventario de bienes y las ganancias con promedio de desembolsos o endeudamientos.
  - ¤ Prueba del costo: se persigue obtener la participación del costo de lo vendido y los gastos intermedios de un año a otro en el incremento de las ganancias.
  - ¤ Prueba de activo corriente: al calcular el incremento del activo corriente de un año a otro se comprueba su correspondencia con los remanentes obtenidos en un año investigado y con los incrementos patrimoniales y decrementos de los inventarios de bienes.

## 5.5.2 Auditoría integral para el control de fraudes

### 5.5.2.1 Generalidades

- Definición.
- Conceptos básicos.
- Antecedentes y desarrollo.
- Administración del riesgo y las contingencias.
- Auditoría integral aplicada para el control del fraude administrativo:
  - ¤ Auditoría a estrategias.
  - ¤ Auditoría al control interno y cumplimiento.
  - ¤ Auditoría operativa y de procesos.
  - ¤ Auditoría al sistema integrado de información.
  - ¤ Monitoreo y auditoría de seguridad.

**5.5.2.2** Responsabilidad del auditor frente al fraude

Los fraudes pueden ser de una gran variedad y por tanto es muy difícil establecer un procedimiento estandarizado que permita a los auditores la investigación sistemática de fraudes, ya que estos, por su naturaleza, son imaginativos y por tanto sus variedades y posibilidades son innumerables.

Como sea que el fraude no es un hecho demasiado frecuente, el auditor no puede, en la mayoría de los casos, desarrollar demasiada experiencia en su investigación, aunque sí puede conocer teóricamente la mecánica de los tipos más importantes de fraude.

El auditor puede llegar a tener un conocimiento del fraude por muchos caminos: denuncias personales o anónimas, sospechas por parte de la dirección, anomalías al establecer series analíticas, actuaciones sospechosas, etc., pero también se puede descubrir un fraude en el transcurso de una fiscalización ordinaria, aunque esto no sea muy frecuente.

Así pues, como posible sistemática para su investigación, el control del cumplimiento de la legalidad tiene que figurar en la fiscalización y el auditor debe evaluar el control interno del ente fiscalizado, para conseguir una razonable seguridad de que los errores, actos ilegales o abusos serán descubiertos; seguridad que, evidentemente, no podrá ser nunca absoluta.

Las medidas tomadas por los auditores en cada fiscalización deberán prever la posibilidad de que existan irregularidades, pero que sin que tal previsión se convierta en el objetivo principal del trabajo a realizar, salvo en aquellos casos específicos de investigación.

Del cuidado y diligencia profesional y de una adecuada evaluación de control interno depende la responsabilidad del auditor frente al fraude (SAS 53 y SAS 82).

# Cuestionario

- ¿Por qué el fraude en las empresas es tan temido?

- ¿Las empresas en la actualidad se están protegiendo suficientemente del fraude o de los defraudadores?

- ¿Cuál es la actitud de la gerencia frente al fraude?

- ¿Por qué la mayoría son descubiertos por simple coincidencia?

- Indique que estrategias son las más efectivas para prevenir el fraude.

- ¿En qué sector económico ha crecido con más intensidad la actividad delictiva de los llamados delitos de cuello blanco?

- ¿Quién paga las consecuencias de fraude?

- ¿Cuáles son las tendencias que más han favorecido para el desarrollo del fraude?

- ¿Qué factores han facilitado el incremento de la situación actual del fraude?

- Indique las modalidades más conocidas en el cometimiento del fraude.

- Haga un cuadro sinóptico de la normatividad internacional y tipificación de los delitos y el fraude

- ¿Qué áreas se afectan contablemente por los fraudes en las empresas?

- Indique cinco modalidades de fraudes en las organizaciones empresariales en el manejo de las siguientes actividades: manejo circulante, ingenierías contables, evasión y elusión de impuestos.

- Indique dos modalidades de fraudes en las organizaciones empresariales en el manejo de las siguientes actividades: manejo indebido de los activos, uso indebido de claves de acceso, manejo de títulos.

- Indique cinco modalidades de fraude bancario.

- ¿Qué controles existen para controlar un fraude bancario?

- ¿Qué otros elementos se deben evaluar y tener en cuenta para cualquier programa de prevención de fraude?

- ¿Cómo se deben identificar las señales de alerta que debemos buscar en cualquier organización para detectar un fraude?

- ¿Qué reglas fundamentales se deben tener en cuenta para conocer a sus empleados y conocer su empresa?

- ¿Qué actitudes se deben descubrir para detectar el perfil de un defraudador?

- ¿Qué actitud debe seguir la empresa ante el descubrimiento de un fraude?

- Cada vez que seamos víctimas de un fraude debemos revisar donde hemos fallado y que debemos hacer para evitar que vuelva a ocurrir en el futuro. Describa la estrategia tripartita contra el fraude.

- ¿Cuáles son los riesgos del lavado de activos que más se suceden?

- Indique seis modalidades de lavado de activos y en los delitos de cuello blanco.

- Haga una lista de las principales modalidades de fraude con tarjetas de crédito.

- Explique las siguientes modalidades de fraude: clonación de tarjetas, tarjeta alterada, comprobantes previamente elaborados, falsificación de la banda magnética y suplantación de la razón social.

- ¿Qué se recomienda tener en las centrales de información para reducir los delitos por tarjeta débito y crédito?

- ¿Qué métodos han implementado los departamentos de seguridad de las entidades financieras para detectar y evitar que se propague esta clase de delitos?

- Indique las principales modalidades de fraude por medio de los cajeros automáticos.

- ¿Cómo se debe atacar el fraude por tarjeta?

- ¿En qué época se incrementa esta clase de delito?

- Indique las recomendaciones que se deben seguir en el caso de pérdida de una tarjeta.

- Indique las listas de chequeo para administrar el riesgo de fraude con tarjetas de crédito.

- Indique cinco preguntas que se deben tener en cuenta para el diseño de un cuestionario de verificación en el cumplimiento de administración de riesgo.

- Indique cinco reglas de oro para la seguridad de operaciones en cajeros automáticos.

- Para lograr una eficaz indagación de estos delitos, se debe evaluar la ocurrencia de varias situaciones, indique quince de ellas.

- ¿Qué pruebas documentales se deben tener en cuenta para la investigación de bancos, inmuebles e inversiones?

- El análisis financiero es fundamental para las investigaciones, explique cómo se deben elaborar las siguientes pruebas: rentabilidad, incrementos, precios, costos y activos corrientes.

- ¿Cómo se debe organizar una auditoría integral de fraudes?

- ¿Qué responsabilidad asume el auditor frente al fraude?

- ¿Cuáles son las normas de procedimientos en la fiscalización pública, según las normas internacionales?

- Según las normas de auditoría gubernamental, determine:
  - ¤ Errores, irregularidades y actos ilícitos.
  - ¤ Ejemplos de condiciones o hechos que incrementan el riesgo de fraude o error.
  - ¤ Presiones inusuales internas o externas.
  - ¤ Transacciones inusuales.
  - ¤ Problemas para obtener evidencia de auditoría suficiente y competente.
- En un ambiente de sistemas de información sic, ¿qué factores se relacionan con las condiciones y hechos mencionados en la pregunta anterior?

# ADENDA 1

## AUDITORÍA GUBERNAMENTAL - PERFIL DEL RIESGO DE FRAUDE

Cualquier empresa está en riesgo de fraude y sus directivos deben manejar profesionalmente ese riesgo, con las mismas técnicas que se aplican a los problemas del negocio: analizar el alcance y la escala del riesgo, desarrollar una estrategia para minimizarlo e implementar estrategias.

Existen algunos indicadores del fraude que deben tenerse en cuenta cuando se hace una investigación y que sirven de indicios para prevenirlos, como son el análisis del perfil del riesgo, que recoge cuatro categorías: los riesgos de personal, los culturales, los estructurales y los comerciales.

Dentro de cada factor de riesgo hay varios indicios que ayudan en la investigación o en la determinación de posibles debilidades de la empresa, que la hacen vulnerable para el cometimiento de fraudes, estos son:

- Riesgos personales:
  - ¤ Estilo de manejo autocrático.
  - ¤ Desajuste entre personalidad y estatus.
  - ¤ Comportamiento inusual.
  - ¤ Actos ilegales.
  - ¤ Estilo de vida costosa.
  - ¤ Vacaciones sin tomar.
  - ¤ Calidad pobre del personal.
  - ¤ Moral baja.

- ¤ Alta rotación del personal.
- ¤ Compensación vinculada al rendimiento.

- Riesgos culturales:
  - ¤ Resultados a cualquier costo.
  - ¤ Compromiso deficiente con el control.
  - ¤ Sin código de ética comercial.
  - ¤ Obediencia incuestionable del personal.

- Riesgos estructurales:
  - ¤ Estructuras complejas.
  - ¤ Lugares remotos pobremente supervisados.
  - ¤ Varias firmas de auditores.

- Riesgos comerciales:
  - ¤ Estrategia comercial definida.
  - ¤ Utilidad excesiva por encima de las normas de la industria.
  - ¤ Desajuste entre el crecimiento y el desarrollo de los sistemas.
  - ¤ Reputación pobre.
  - ¤ Problemas de liquidez.

# ADENDA 2
## TIPOLOGÍAS DEL FRAUDE

En las empresas hay dos clases de errores, los no intencionales (denominados errores simplemente) y los intencionales (sinónimo de fraude), en los primeros participa una sola persona, en el segundo normalmente aparecen dos o más personas (colusión, desfalco, corrupción, malversación de activos o los denominados delitos de cuello blanco hacia los estados financieros).

**Figura 50. Triángulo del fraude**

Elementos generalmente presentes cuando ocurre un fraude

1. Incentivos o presiones

¿Por qué cometer fraude?

2. Oportunidades

3. Racionalización o actitudes

Los auditores solo influyen en el punto 2.

Fuente: elaboración propia.

## Figura 51. Tipología de fraude y sus derivados

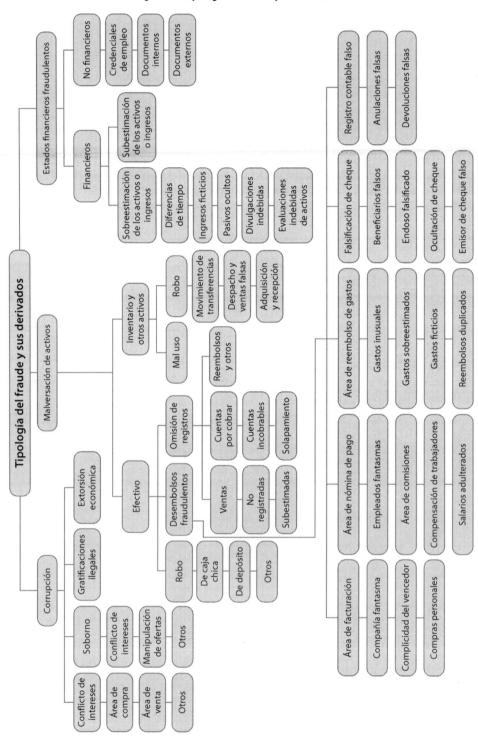

Fuente: "Adaptación ACFE 2014-2018 Árbol del fraude".

# BIBLIOGRAFÍA

Asociación Iberoamericana de Gestión de Riesgos y Seguros [AIGRYS] (2020). *Análisis encuesta COVID-19*. https://www.aigrys.com/wp-content/uploads/2020/05/Informe-COVID19-AIGRYS-2020.pdf

Bologna, J. & Shaw, P. (1996). *Corporate crime investigation*. Butterworth-Heinemann, Reed Elsevier group.

Bologna, J., & R. Lindquist (1995). *Fraud Auditing and Forensic Accounting. New Tools and Techniques (2nd Ed.)*. John Wiley, Universidad de Michigan.

Circular Básica Contable y Financiera N. 004 de 2008 [Superintendencia de la Economía Solidaria]. http://www.supersolidaria.gov.co/es/normativa/circular-basica-contable-y-financiera

Comité de Procedimientos del AICPA (1949). *Normas profesionales de la AICPA*.

Committee of Sponsoring Organizations of the Treadway Commission [COSO] (1992). *Internal Control - Integrated Framework*.

Committee of Sponsoring Organizations of the Treadway Commission [COSO] (2005). *Control Interno* (Trad. Mantilla, S.). Ecoe Ediciones. (Trabajo original publicado en 1992).

Committee of Sponsoring Organizations of the Treadway Commission [coso] (2004). *Enterprise Risk Management - Integrated Framewor, Executive Summary.* https://www.coso.org/Pages/erm-integratedframework.aspx

Committee of Sponsoring Organizations of the Treadway Commission [coso] (2007). *Gestión del Riesgo Empresarial, Integrando estrategia y desempeño, Resumen ejecutivo* (Trad. PwC e Instituto de Auditores Internos de España). https://incp.org.co/Site/publicaciones/info/archivos/Resumen-Ejecutivo-Espanol-10072018.pdf

Committee of Sponsoring Organizations of the Treadway Commission [coso] (2015). *Aprovechar el coso en las tres líneas de defensa* (Trad. Fundación Latinoamericana de Auditores Internos). https://global.theiia.org/translations/PublicDocuments/coso-2015-3LOD-Thought-Paper-Spanish.pdf

Conning & Co. (1996). *Insurance Fraud: The Quiet Catastrophe.*

Consejo Mundial de Cooperativas de Ahorro y Crédito [woccu] (2005). *Gobernabilidad en las Cooperativas de Ahorro y Crédito.* http://www.woccu.org/documents/Gobernabilidad_de_CAC

Decreto 2649 de 1993, Por el cual se reglamenta la Contabilidad en General y se expiden los principios o normas de contabilidad generalmente aceptados en Colombia. 29 de diciembre de 1993. Diario Oficial No. 41.156.

Decreto 410 de 1971, Por el cual se expide el Código de Comercio. 27 de marzo de 1971. Diario Oficial No. 33.339.

Deloitte México - Galaz, Yamazaki, Ruiz Urquiza, S. C. (2015). coso *Marco de referencia para la implementación, gestión y control de un adecuado Sistema de Control Interno (1ª sesión).* https://www2.deloitte.com/mx/es/pages/risk/articles/coso1.html#

Harán, J. M. (2020, noviembre 25). Crece el ecommerce y aumentan las estafas y los incidentes de seguridad. *We live security by eset.* https://www.welivesecurity.com/la-es/2020/11/25/crece-ecommerce-aumentan-estafas-incidentes-seguridad/

Institute of Internal Auditors [iia] (2009). *Consejo para la práctica 2010-2: uso del Proceso de Gestión de Riesgos en el Plan de Auditoría Interna* (Trad. Instituto de Auditores Internos de Colombia). https://www.iiacolombia.com/52468ggf7/consejos/Consejos2000/2010-2.pdf

Institute of Internal Auditors [iia] (2013). *Declaración de Posición: Las Tres líneas de defensa para una efectiva gestión de riesgos y control* (trad. Instituto de Auditores Internos de Chile). https://na.theiia.org/translations/PublicDocuments/PP%20The%20Three%20Lines%20of%20Defense%20in%20Effective%20Risk%20Management%20and%20Control%20Spanish.pdf

Institute of Internal Auditors [IIA] (2019). *Tres líneas de defensa*. https://global. theiia.org/translations/PublicDocuments/3LOD-IIA-Exposure-Document-Spanish.pdf

Institute of Internal Auditors [IIA] (2020). *El modelo de las Tres líneas del IIA 2020* (trad. Fundación Latinoamericana de Auditores Internos). https://na.theiia. org/translations/PublicDocuments/Three-Lines-Model-Updated-Spanish.pdf

KPMG Cárdenas Dosal, S. C. (2020, junio 25). *KPMG presenta: El impacto de los delitos financieros en México*. https://home.kpmg/mx/es/home/sala-de-prensa/ press-releases/2020/06/kpmg-presenta-el-impacto-de-los-delitos-financieros-en-mexico.html#:~:text=En%20M%C3%A9xico%2C%2067%25%20de%20 las,33%25%20considera%20que%20son%20adecuados

Liesman, S. (2002, enero 23). Many Accounting Practices Are Difficult to Penetrate, *The Wall Street Journal*. https://www.wsj.com/articles/SB1011739030177303200

Mantilla Blanco, S. A. (2003). *Auditoría 2005*. Ecoe Ediciones - Pontificia Universidad Javeriana.

Nava Villareal, A. (2013). Evolución y cambio de la organización y su administración. *Daena: International Journal of Good Conscience, 8*(2), 101-111. http://www. spentamexico.org/v8-n2/A6.8(2)101-111.pdf

Pinilla, J. D. (1997). *Auditoría de sistemas en funcionamento*. Editora Roesga.

Price Waterhouse Coopers Colombia [PwC] y Alcaldía de Medellín (2014). *Marco Integrado de Control Interno COSO 2013*. https://www.medellin. gov.co/irj/go/km/docs/pccdesign/SubportaldelCiudadano_2/Plande-Desarrollo_0_20/Publicaciones/Shared%20Content/Documentos/2014/ SEMControlAuditoriaInterna/COSO%202013%20-%20Marco%20Integrado%20 de%20Control%20Interno_V2.pdf

Resolución de 19 de enero de 1991 [Instituto de Contabilidad y Auditoría de Cuentas - ICAC], por la que se publican las Normas Técnicas de Auditoría. https://www.icac.gob.es/node/106

Transparency International (2021). *Índice de Percepción de la Corrupción 2020*. https://transparenciacolombia.org.co/2021/01/28/indice-de-percepcion-de-la-corrupcion-2020/

USA.gov en español (2021, marzo 26). *Estafas y fraudes comunes*. https://www.usa. gov/espanol/estafas-fraudes-comunes#item-214624

Westreicher, Guillermo (2018, octubre 8). Comité de riesgos, en *Economipedia*. https://economipedia.com/definiciones/comite-de-riesgos.html

World Compliance Association (s. f.). *Acerca del Compliance.* https://www.worldcomplianceassociation.com/que-es-compliance.php

World Economic Forum & Marsh & McLennan (2020). *Perspectiva de riesgos del COVID-19: Mapeo preliminar y sus implicaciones.* https://coronavirus.marsh.com/mx/es/insights/research-and-briefings/COVID-19-risks-outlook-preliminary-mapping-and-implications.html

World Economic Forum, Marsh & McLennan, & Zurich Insurance Group (2020). *COVID 19 Risk Outlook: A Preliminary Mapping and its Implications.* https://es.weforum.org/reports/COVID-19-risks-outlook-report-1

# Sistema de Información en Línea

## Bienvenido

Estimado lector, en esta página se encuentra el serial de registro al *Sistema de Información en Línea (SIL)* de Ecoe Ediciones.

Si ingresa al sistema usted podrá:
— Obtener información adicional sobre los libros adquiridos de nuestro fondo.
— Consultar y descargar actualizaciones de los textos.

Instrucciones para registrarse en el *Sistema de Información en Línea - SIL -* de Ecoe Ediciones.

1. Ingrese a www.ecoeediciones.com y haga clic en - SIL-
2. Regístrese en el SIL completando la información solicitada.
3. El sistema le enviará un correo electrónico para que confirme su registro.
4. Una vez registrado, el usuario siempre será su e-mail y tenga en cuenta la clave de acceso para futuras consultas. Solo puede registrarse una vez.

### Serial de registro:

Este libro fue compuesto en caracteres
Minion a 11 puntos, impreso sobre papel
Bond de 75 gramos y encuadernado con el
método hot melt en Bogotá, Colombia.

Made in United States
Orlando, FL
27 November 2024

54577513R00276